Jörg Schönbohm

Wilde Schwermut

ERINNERUNGEN
EINES
UNPOLITISCHEN

Mit Beiträgen von
Eveline Schönbohm

LANDTVERLAG

WILDE SCHWERMUT

INHALT

I.

HEIMAT BRANDENBURG
ODER DAS ALTE LIED

Bis 1945

»O Jammer sie ist hin«

Im Sommer 2008 fuhren wir, meine Frau Eveline und ich, auf familiärer Spurensuche nach Gransee, eine gute Autostunde nördlich von Berlin. Der Ort hat eine für die Gegend typische Geschichte. »Es ist das alte Lied«, schrieb Theodor Fontane: »erst großes allgemeines Dunkel, nur hier und da durch ein Streiflicht erhellt; dann Kirchen und Klösterbau; dann Säkularisierung; dann Schweden und die Pest; dann ein Dutzend Feuersbrünste mit Hinrichtung dieses oder jenes Brandstifters, dann Beglückung der Stadt durch ein paar Garnison- oder Invalidencompagnien und in der Regel damit zusammenfallend: Benutzung alter Klostermauern zu Schul-, Kasernen- und Gefängniszwecken. In dieser Aufzählung ist nicht nur die Geschichte der Stadt, sondern zugleich auch die Charakteristik der einzelnen Jahrhunderte gegeben, wobei sich's trifft, daß das 17. immer als das traurigste, das 18. immer als das prosaischste auftritt. Die große Zeit Gransees war wohl (wie für so viele Städte unserer Mark) das 16. Jahrhundert, die Joachimische Zeit. Damals gedieh alles und das Kleinbürgertum wuchs fast über sich hinaus.«

Wir besuchten eine der wichtigsten Sehenswürdigkeiten der Stadt. Das von Karl Friedrich Schinkel entworfene Luisen-Denkmal vergegenwärtigt auf dem wohlproportionierten Platz bis heute eindrucksvoll die Nacht vom 25. auf den 26. Juli 1810. Damals machte der Leichenzug mit der in Hohenzieritz jung verstorbenen Königin auf dem Weg nach Berlin in Gransee Station. Das Denkmal: Sockel, Sarg und Baldachin, wurde schon am 19. Oktober 1811 eingeweiht. Bei der Besichtigung stießen wir rasch auf die berührendste der Inschriften: »An dieser Stelle hier, ach, flossen unsre Tränen, als wir dem stummen Zuge betäubt entgegen sahen; o Jammer sie ist hin.«

Eine andere Inschrift nennt die Namen der an der Errichtung des Denkmals Beteiligten, darunter Friedrich Christian Ludwig Emil von Zieten auf Wustrau, Sohn des berühmten Husarengenerals Friedrichs des Großen »Zieten aus dem Busch« und von 1800 bis 1841 Landrat des Kreises Ruppin. Zieten hatte in einer eigens einberufenen Versammlung die Bürger von Gransee um Spenden für das Denkmal gebeten. Und in diesem Zusammenhang wird die Familie Keue erstmals aktenkundig. Ein Ururgroßvater meiner Frau Eveline, »Bürger Keue«, gab als erster die nicht geringe Summe von einem Taler. Die Keues (von frz. *queue*) gehörten zu den rund 20 000 protestantischen Hugenotten, die auf der Flucht vor den Verfolgungen durch Ludwig XIV. am Ende des 17. Jahrhunderts in Brandenburg eine neue Heimat fanden.

Die Keues wurden den wirtschaftlichen Erwartungen, mit denen man sie in Preußen empfing, gerecht und erarbeiteten sich ein Monopol für das aus Frankreich importierte Weißbrot. Es wird dem Geschäftssinn eines weiteren Unternehmers der Familie zugeschrieben, dass er den ersten Verkaufsraum in Gransee einrichtete: ein Keue als Pionier des Ladengeschäfts! Die Bauanträge im Archiv des Ortes zeugen von einer tüchtigen und angesehenen Familie, die im Laufe der Zeit mehrere Geschäftshäuser in guter Lage baute.

Eveline Schönbohm Mein Großvater Friedrich Keue, 1876 als Sohn eines Spitzenhändlers in Gollnow/Pommern geboren, wurde um 1900 in einem renommierten Berliner Hotel tätig. Friedrich Keue war leidenschaftlicher Spieler und Croupier, und auch mein Großvater mütterlicherseits, Albert Palwizat, war ein Spieler und konnte mit Soldatensold und Kartenglück während des Ersten Weltkriegs sogar sein Haus abzahlen. In Berlin jedenfalls lernte der Croupier Friedrich Keue bald Ella Grabow kennen. Sie war hübsch, fleißig, willensstark und erst siebzehn, als sie Friedrich heiratete, unterstützt von ihrer gut zuredenden Familie, die »Krümelchen«, so Ellas Spitzname, gern an der Seite des stattlichen, weltgewandten jungen Mannes sah. Von drei Söhnen, die in den ersten drei Ehejahren geboren wurden, überlebte nur Fritz Adolf, geboren 1903: mein Vater.

Fritz wurde von meinem Großvater entführt, weil dieser der mütterlichen Fürsorge seiner Frau nicht länger traute, und bei Verwandten in Schlesien versteckt. Erst nach Monaten gelang es der verzweifelten Mutter, den Freunden ihres Mannes den Aufenthaltsort zu entlocken und den kleinen Fritz wieder in ihre Arme zu schließen. Von meinem Großvater ließ sie sich scheiden.

Meine Großmutter Ella heiratete erneut und war erst 23 Jahre alt, als ihr zweiter Ehemann den kleinen Fritz als so störend empfand, dass es wiederum zur Scheidung kam. Von Männern, sagte sie später, habe sie fortan die Nase voll gehabt. Ella hatte ohnedies Wichtigeres zu tun im Berlin der ausgehenden *Belle Époque*. Als gelernte Schneiderin verdiente sie sich ihren Lebensunterhalt mit Damenoberbekleidung. Den kleinen Fritz, der schon als Dreijähriger auf einem Foto recht unternehmungslustig dreinschaut, gab sie in die Obhut ihrer Mutter. Als Fritz vierzehn war und konfirmiert werden sollte, sagte er: »Ich möchte mal allen Kindern aus dem Kiez zeigen, dass ich auch einen Vater habe!« Bald darauf schrieb ihm Friedrich Keue eine Feldpostkarte, und im Frühjahr 1917 kam er sogar auf Heimaturlaub nach Berlin. Fritz nahm seinen Vater an die Hand und ging mit ihm durch die Straßen: »Alle sollen dich sehen.« Danach war er zufrieden. Sein Vater musste zurück an die Front nach Verdun. Dort, im Land seiner Vorfahren, ist er gefallen.

Meine Eltern sind fünfzig Jahre später hingefahren und haben seinen Namen auf einem Grabstein gefunden. Meine Mutter muss das sehr berührt haben, denn sie war fünf, als mein anderer Großvater, der glückreiche Kartenspieler Albert Palwizat, eingezogen wurde – ein Schmied, der eben erst in der Ketschendorfer Neuen Straße 27 sein Zweifamilienhaus gebaut und bezogen hatte. 1884 unehelich geboren, hat er nie erfahren, wer sein Vater war, und war darüber sehr unglücklich. Elfriede sah im August 1914 als Vierjährige zu, wie ihr Vater seine Uniform anzog. Sie bat ihn: »Nimm mich mit in deinem Tornister. Ich mache mich auch ganz klein.« Bis zum Sammelplatz durfte sie ihn begleiten. Im August 1917 bekam er zu spät Urlaub, um pünktlich zur Beerdigung seines dreijährigen Sohnes Albert einzutreffen. 1918 kehrte er endgültig heim, mit Gasvergiftung und zwei Eisernen Kreuzen. Bevor er das Haus betrat, entledigte er sich der verseuchten Uniform und wusch sich in der zum Hof gelegenen Waschküche.

Des Knaben Wunsch

Mein Vater Fritz Keue nahm auf jeder Treppe zwei Stufen auf einmal. Hausaufgaben erledigte er oft erst kurz vor dem Unterricht auf den Knien. Als junger Mann entdeckte er seine berufliche Zukunft im Automobil. Er chauffierte in Berlin und um Berlin herum, begleitet von seinem Hund Mohrchen. Eines Tages folgte Fritz seiner Mutter Ella nach Ketschendorf, heute Fürstenwalde-Süd, im Landkreis Oder-Spree. Dort sollte Fritz seine Frau Elfriede Palwizat kennenlernen, meine Mutter.

Elfriede kam aus einer Familie von Schiffseignern; das war typisch für die Gegend, die ihren frühen Wohlstand der Tatsache verdankte, dass gen Osten die Spree nicht weiter schiffbar war und an dieser Endstation alle Waren umgeladen werden mussten, um auf dem Landweg die Oder zu erreichen. Als ältestes von fünf Kindern hätte Elfriede trotz aller Ängste und Entbehrungen, die der Erste Weltkrieg für sie und ihre Eltern mit sich brachte, eine glückliche Kindheit erlebt – wäre nicht ein 1914 geborener Bruder als Dreijähriger gestorben. Im Garten spielend hatte meine Mutter, damals acht Jahre alt, auf ihn aufpassen sollen. Als sie von den Erdbeeren naschte, dachte sie eine Zeitlang nicht an ihn, suchte ihn dann und fand ihn bewusstlos – er starb in der folgenden Nacht an dem Genuss von unreifem oder giftigem Obst. Ein Leben lang machte sie sich Vorwürfe. Der andere Bruder, Jahrgang 1910, ertrank zwanzigjährig im Petersdorfer See. 1918, mit neun, bekam Elfriede eine kleine Schwester, der sie den Namen ihrer Lieblingslehrerin geben durfte: Gertrud.

Mit 18 Jahren hatte Elfriede eine Lehre bei der Schifffahrtsbank *Einigkeit* in Fürstenwalde abgeschlossen, und nun radelte sie täglich zu ihrem Arbeitsplatz. Als sie an dem gerade eröffneten Konfektionsgeschäft *Knöll & Keue* vorbeikam, kichernd wegen der komischen Namen, ahnte sie nicht, dass sie selbst bald den Namen Keue tragen würde. Paul Knöll war Textilkaufmann und der Schwager meiner Großmutter Ella Keue.

Fritz Keue traf Elfriede Palwizat, als ihr ein lose am Lenkrad hängender Schuhkarton herunterfiel. Mit einem »Lassen Sie nur, Fräulein, ich hebe ihn auf!« nutzte mein Vater die Gelegenheit. »Ziemlich frech«, befand meine Mutter. Als Fritz seine Elfriede bald darauf ständig von zuhause abholte oder zur Bank begleitete, fragte mein Großvater Albert: »Was arbeitet der junge Mann eigentlich?« Er hatte soeben seine Schlosserlehre beendet, bereitete sich auf die Meisterprüfung vor und liebte sportliche und musische Geselligkeit gleichermaßen. Fritz hatte ein Nebeneinkommen als Bademeister und gewann als aktives Mitglied im Schwimmverein »Hellas Berlin« Pokale und Medaillen, die wir bis heute hüten. Bis ins hohe Alter traf er regelmäßig seine früheren Schwimmkameraden. Elfriede durfte ihn schließlich heiraten, schon damit die Lauferei ein Ende nahm: »Aber nur, wenn der Fritz keine Schulden hat!« Er hatte keine.

Am 3. August 1929 wurden meine Eltern, Fritz und Elfriede Keue, in der Martin-Luther-Kirche zu Ketschendorf getraut. Die Hochzeitsreise im Cabrio mit Überseekoffer führte nur zu einem Onkel in Bremerhaven. Zurück in Ketschendorf, wohnte das junge Paar vorübergehend zur Untermiete bei Fritzens Onkel Paul Knöll, *Knöll & Keue* eben. Meine Mutter arbeitete weiter als Bilanzbuchhalterin bei der Bank, und mein Vater machte seine Meisterprüfung. Er lernte nachts, und dafür brauchte er Licht. Die Stromkosten wurden dem Onkel erstattet. Ansonsten sparte das junge Paar jeden Pfennig – fürs eigene Geschäft.

Meine einstmals alleinerziehende Großmutter Ella hatte es geschafft, mit Schneiderarbeiten und den Erträgen aus dem Konfektionsgeschäft genug zurückzulegen, um ein Wohn- und Geschäftshaus in der Ketschendorfer Chausseestraße 28 zu bauen, mit einer großen Tordurchfahrt, wie sie das aus Berlin kannte. In diesem Haus eröffneten Fritz und Elfriede Keue am 30. November 1930 ihren Motorradladen mit Vertretungen für Audi, DKW, Adler und Triumph. Im Hof richteten sie eine Reparaturwerkstatt ein, und vor dem Haus standen bald zwei Zapfsäulen für Benzin. Ein Freund aus der Wandervogelzeit und vom Schwimmverein »Hellas Berlin« betrat als erster Kunde den Laden und kaufte eine Motorradbrille, die er überhaupt nicht brauchte, da er kein Motorrad fuhr. Das sollte Glück bringen und tat es auch. Aber nicht alle waren meinen Eltern so wohlgesinnt. Einmal hörte mein Vater zufällig mit an, wie ein Kunde vor dem Geschäft zum anderen sagte: »Der macht schneller wieder zu, als er aufgemacht hat.« Der Lästerer hatte aber die Rechnung ohne meine Mutter gemacht: »Und wenn wir Steine essen müssen, wir halten durch«, beruhigte sie ihren Fritz.

Seit dem 30. März 1930 war Heinrich Brüning Reichskanzler. Es begann die Zeit der Notverordnungen und Präsidialregierungen. Großvater Albert Palwizat brachte damals weit verbreitete Ahnungen und Motive des Bürgertums auf den Punkt, als er sagte: »Mit Hitler wählen wir den Krieg. Aber wir wollen keinen Kommunismus.« Im Herbst verschärfte sich spürbar die Weltwirtschaftskrise, die Deutschland bis dahin weitgehend verschont hatte, aber die Jungunternehmer ließen sich auch davon nicht beirren.

Der größte Teil ihres Kapitals stammte aus einer Hypothek, die meine Großeltern Palwizat auf ihr Haus aufgenommen hatten. Oma Keue half mit, indem sie die Miete für die Geschäftsräume stundete. Meine Mutter arbeitete weiterhin nachmittags von drei bis halb sieben auf der Bank – einerseits, um den Lebensunterhalt zu sichern, andererseits, weil man sie als tüchtige Arbeitskraft gern so lange wie möglich behielt. Ursprünglich wollte sie Jura studieren, aber das konnte nicht bezahlt werden. Was meine Mutter auf der Bank gelernt hatte, half ihr später, die Gehälter abzurechnen, die Steuern abzuführen und die Buchhaltung sowie die geschäftliche Korrespondenz zu erledigen, wobei sie manchmal schlaflose Nächte über der Frage verbrachte, ob und wie die fälligen Wechsel pünktlich eingelöst werden könnten. Auch als die Wirtschaftskrise 1931/32 in Deutschland ihren Höhepunkt erreichte, hielten meine Eltern durch. Sie sollten nie Konkurs machen.

Mein Vater hatte mit seiner Einschätzung richtiggelegen, dass die Zukunft dem motorisierten Verkehr ein starkes Wachstum bescheren würde. Am 6. August 1932 eröffnete der Kölner Oberbürgermeister Konrad Adenauer nach dreijähriger Bauzeit zwischen Köln und Bonn die erste öffentliche Autobahn, damals noch »Kraftwagenstraße« geheißen. Nach der Fertigstellung weiterer Teilstrecken setzte die Weltwirtschaftskrise dem Programm ein vorläufiges Ende, bis 1933 auf Hitlers Weisung das Gesetz über den weiteren Autobahnbau beschlossen wurde. Das förderte auch den Absatz von Motorrädern. Die Zschopauer Firma DKW (»Dampfkraftwagen«) für Kleinwagen und Motorräder war mit einem Zweitakt-Spielzeugmotor (»Des Knaben Wunsch«) und einem Fahrradhilfsmotor großgeworden, dem Verkaufsschlager des Jahres 1921, beworben als »Das kleine Wunder«, »... fährt bergauf wie andere runter!«. Ab 1928 größter Motorradhersteller der Welt, fusionierte DKW 1932 mit den Firmen Audi, Horch und Wanderer zur »Auto-Union«, vor dem Krieg der zweitgrößte Autohersteller nach Opel. In diesen Jahren war die kleine DKW RT 100 in Monatsraten zu 37 Mark der Renner im Geschäft meiner Eltern.

Schicksalsschläge

Die ersten Geschäftsjahre, in die auch die Machtübernahme durch die Nationalsozialisten fiel, vergingen für meine Eltern mit viel Arbeit und ohne besondere Vorkommnisse. Im April 1935 wurde ich geboren. Im Herbst 1935 trat schon mein künftiger

Schwiegervater in unser Leben. Ein Mann namens Horst Schönbohm kaufte bei meinen Eltern eine Motorradbrille – die er auch wirklich brauchte. Zufällig lag ein Katalog für Kleinkindutensilien auf dem Ladentisch, an dem sich ein Gespräch entzündete; Horst Schönbohm hatte seit Mai ebenfalls eine Tochter. So kam es zu einem Treffen der Elternpaare, das ihre lebenslange Freundschaft begründete.

Unser Betrieb erwies sich als ausbaufähig. Glücklich fielen sich meine Eltern um den Hals, als sie ganz in der Nähe, in der Chausseestraße 131, kurzfristig zwei Grundstücke mit zusammen 5 000 Quadratmetern erwerben konnten. 1938 errichteten sie darauf eine Aral-Tankstelle, dahinter eine große Werkstatthalle mit Aufenthalts- und Büroräumen, Ersatzteillager sowie Dusch- und Sanitäranlagen. Die Chausseestraße war Durchfahrtsstraße nach Bad Saarow, dem bevorzugten Erholungsort und Treffpunkt der Berliner Kultur- und Filmszene der »Goldenen Zwanziger«. Viele Prominente hatten sich dort zu Beginn des 20. Jahrhunderts parkähnliche Villengrundstücke gekauft, darunter Max Schmeling, der 1933 in Bad Saarow die Schauspielerin Anny Ondra heiratete. Der Ort war bekannt für seine Thermalquelle und den mineralreichen Schlamm zur Heilung von Hautkrankheiten. Der zu Beginn des 20. Jahrhunderts aufkommende Kurbetrieb behob die Armut, in der man in dieser Gegend bis ins späte 19. Jahrhundert gelebt hatte.

Die gute Lage seines Geschäfts brachte es mit sich, dass mein Vater an die Berliner Prominenz Autos verkaufte und manchen auch Fahrunterricht gab, wie zum Beispiel einer Berliner Opernsängerin, die ihm zum Dank eine samtbezogene Sesselgarnitur schenkte. Dann aber, als würden die kommenden Schrecken ihre Schatten vorauswerfen, brachten die ersten Wochen des Jahres 1939 unserer Familie gleich zwei schwere Schicksalsschläge. Im Januar wurden in Fürstenwalde meine Schwestern Helga und Jutta geboren, Helga mit 3 ¾ und Jutta mit 3 ¼ Pfund. Die pränatale Diagnostik war noch nicht so weit entwickelt, dass die Klinik auf die Geburt zweier Kinder vorbereitet gewesen wäre, die nicht aus eigener Kraft überleben konnten. Jutta bekam als schwächeres Kind das einzige Wärmebettchen. Helga starb noch am selben Tag. Der kleinen Jutta musste meine Mutter alle zwei Stunden Milch einträufeln. Tag und Nacht war sie mit ihr beschäftigt.

Als das Kind aus der größten Gefahr heraus war, sollte meine Tante Elsbeth, die jüngste Schwester meiner Mutter, heiraten. Im März 1939, an einem sonnigen Sonntag, brachen die Großeltern Palwizat mit dem Brautpaar zur künftigen Schwiegermutter nach Senftenberg auf, um die letzten Hochzeitsvorbereitungen zu besprechen. Bald nach ihrer Abfahrt klingelte bei uns in Ketschendorf das Telefon. Die Polizei war am Apparat, und meiner Mutter rutschte kurz darauf der Hörer aus der Hand. Alle vier waren aus nie geklärter Ursache tödlich mit dem Auto verunglückt, das völlig ausgebrannt war. Nur das Kennzeichen und unser Firmenschild waren noch lesbar.

Am 54. Geburtstag meines Großvaters Albert wurden die vier auf dem Friedhof in Ketschendorf begraben; auf dem Sarg meiner Tante lag ihr Brautkleid. »Das Leben gleitet nur noch an mir vorbei«, sagte meine Mutter zu mir, »meine Tränen reichen nicht, um alle gleichzeitig zu beweinen«. Meine Mutter hatte mit dreißig Jahren drei Geschwister und ihre Eltern verloren. Sie hatte jetzt nur noch eine jüngere Schwester, die bereits erwähnte Tante Gertrud: »Tante Tutti«, die im Juni 1941 einen gebürtigen Russen namens Alexander Maiwald heiratete, dessen Familie vor der Oktoberrevolution nach Deutschland geflüchtet war. Als einziger von drei Geschwistern fasste er Fuß in Berlin, machte sein Abitur und studierte. Er sollte in seinem Leben noch eine zweite Flucht vor dem Kommunismus zu bewältigen haben – von Ost-Berlin nach Westdeutschland. Die Hochzeit wurde in der festlichen Atmosphäre des großen Kurhotels »Esplanade« in Bad Saarow gefeiert. Meine Schwester Jutta und ich trugen Organza-Kleider und streuten Blumen. Unter den Gästen waren auch meine tanzfreudigen künftigen Schwiegereltern. Bei dieser

Gelegenheit entdeckte ich meine eigene Freude am Tanzen. Onkel Alex wurde Ingenieur und baute später in Ost-Berlin eine alte Großmarkthalle zu der 1992 abgerissenen Werner-Seelenbinder-Halle um. Von nun an wurde ich öfters zu Schönbohms nach Bad Saarow geschickt, damit ich nicht immerfort die traurigen Gesichter zu Hause sah. Wenn mich das Heimweh packte, tröstete mich Mutter Schönbohm und manchmal auch ein Pflichtjahrmädchen. Jörgs Schwester Christiane und ich waren bei Ausbruch des Krieges vier Jahre alt.

Vater Schönbohm war wie die meisten Männer Soldat und seit September 1939 eingezogen. Als auch meinem Vater der Einberufungsbefehl schon vor dem Kriegsbeginn am 1. September 1939 zugestellt wurde, war er nicht zuhause. Er überführte gerade einen Neuwagen. Als Inspektor einer Nachschub-Ersatzteil-Staffel erlebte er bald darauf in Frankreich die Flucht der Bevölkerung vor den deutschen Besatzern. Ahnungsvoll schrieb er nach Hause: »Hoffentlich bleibt uns so etwas erspart.« – »Wir arbeiten mit Unterschuss«, berichtete meine Mutter ihm nach Frankreich. Sie führte den Betrieb in Ketschendorf allein weiter. Als mein Vater einen Ersatzmann fand (vermutlich ein Freigestellter, der von zuhause fortwollte), durfte er heimkehren, um wieder seinen »wehrwichtigen« Betrieb zu leiten. Ostern 1941 wurde ich mit knapp sechs Jahren eingeschult. Zuerst lernte ich noch die Sütterlinschrift, die im selben Jahr verboten wurde, danach die lateinische Ausgangsschrift. Den Unterricht erteilten vorwiegend Lehrerinnen oder alte Lehrer. Zu meiner und meiner Eltern Freude wurde ebenfalls 1941 mein Bruder Peter geboren.

Die Gesichter der Erwachsenen wurden ernster. Immer mehr Frauen gingen in Trauer. Die Sirenen heulten in Ketschendorf und nicht in Bad Saarow, meistens bei klarem Wetter am Vormittag oder in der Nacht. Ich musste meine Sachen so auf den Stuhl legen, dass ich sie immer ganz schnell anziehen konnte. Dann ging es am Treppengeländer entlang vorsichtig hinunter in den Luftschutzkeller. Manchmal zitterte die Luft, wenn die Bomber über unsere Häuser dröhnten. In der Nacht sah man am Himmel einen roten Schimmer über Berlin. Mir war unheimlich zumute. An der Tür zum Kinderzimmer hing eine große Landkarte, in die mein Vater Fähnchen steckte, um den Frontverlauf zu markieren. Er ahnte nicht, dass auch er eines Tages dieses riesige Land durchfahren würde – bis nach Sibirien am östlichen Rand der Karte. Gewöhnliche Sorgen gab es obendrein: Im Sommer 1943 musste meine Mutter wegen einer Bauchhöhlenschwangerschaft zwei Operationen über sich ergehen lassen und drei lange Wochen im Krankenhaus verbringen. An einem Juliabend 1944 wurde meine jüngste Schwester Sybille geboren, die ich als deutlich Ältere unter meine Fittiche nahm. Gleichstand mit der Schönbohmschen Kinderschar!

Im Winter 1944/45 standen eines Tages die ersten Flüchtlingstrecks mit schwer beladenen Pferdewagen vor dem Ketschendorfer Gemeindeamt. Mein Vater machte die Werkstatttore weit auf und schob die Reparaturwagen an die Seite, damit sich die Flüchtlinge in den beheizten Räumen waschen und aufwärmen konnten. Der Spediteur auf der gegenüberliegenden Straßenseite folgte nur widerwillig seinem Beispiel. Bald war doch Weihnachten, und kein Frieden. Heiligabend war die Kirche übervoll. Wir beteten, inniglich und vergeblich.

Die Glocken von Neu Golm

Jörg Schönbohm Zu meinen frühesten Kindheitserinnerungen gehört Evi, denn sie war schon immer um mich herum – wie meine ältere Schwester Christiane – und wurde fast zu einem Mitglied der Familie. Sie buk Sandkuchen am Strand des Scharmützelsees für mich, und ich versuchte, sie mit einem Sprung vom Dreimeterbrett zu beeindrucken.

Eines Tages hatten unsere beiden Eltern die »wahnwitzige Idee«, wie Evi noch heute lachend sagt, nach Afghanistan auszuwandern. Der afghanische König Amanullah Khan, der die soziale und politische Modernisierung seines Landes in die Wege leiten und es dem Westen, insbesondere Deutschland und dem britischen Empire, wirtschaftlich öffnen wollte, hatte 1928 Berlin besucht. Mein Vater war vermutlich der *spiritus rector* der Idee, und ihm war klar, dass er sich in der Ferne auf das Können von Fritz und Friedel Keue würde verlassen können. Um nähere Umstände in Erfahrung zu bringen, traf sich mein Vater mit einem Botschaftsangehörigen. Daraufhin wurde der Plan verworfen. Vater Schönbohm bemerkte gegenüber Vater Keue, dass sein Gesprächspartner schiefe Absätze gehabt habe und dergleichen nichts Solides verheiße!

Der Name »Schönboom« stammt ursprünglich aus dem Ostfriesischen. Meine Großeltern väter- und mütterlicherseits sind vor dem Ersten Weltkrieg zu Wohlstand gekommen und haben danach alles verloren. Meinen Geburtsort Neu Golm und das dortige Rittergut, das mein Großvater Georg Asselborn als Spätfolge der Inflation wie seine anderen Güter verkaufen musste, habe ich erstmals nach dem Fall der Mauer besucht.

Besonders am Herzen liegt mir die 1495 erbaute Kirche mit dem erhaltenen Wehrturm aus Feldsteinen und einem 1877 im Stil der märkischen Backsteingotik errichteten Kirchenschiff. »Sand und Seen, Kiefern und Kasernen«, das sind für Günter de Bruyn, zu dessen 80. Geburtstag wir 2006 eingeladen waren, wesentliche Merkmale dieses Landstrichs. Dazu gehören auch die schönen alten Dorfkirchen, die als Zeichen des Glaubens den Menschen jahrhundertelang Gemeinschaft, Schutz und Orientierung gegeben haben.

Die ursprünglichen Bronzeglocken der Kirche von Neu Golm – im Sommer 1917 im Auftrag des damaligen Reichsmilitärfiskus bis auf eine einzige entfernt und dem Vaterlande geopfert – wurden in den zwanziger Jahren durch neue Stahlglocken ersetzt. 1923 stiftete mein Großvater Georg Asselborn anlässlich der Geburt seiner jüngsten Tochter Anna-Marie eine 628 Kilogramm schwere »Tauferinnerungsglocke« im Ton A zu einem Preis von

376,80 Goldmark. Im Pfarramt verwahrte Briefe meines Großvaters und der Glockengießerei sowie die Gravur der Glocke selbst (»116 Buchstaben«) dokumentieren bis heute seine Spende. Wie an vielem Traditionellen ist die DDR-Ideologie auch an dieser Kirche nicht spurlos vorübergegangen. In den siebziger Jahren wurde die hohe Kanzel entfernt, die Wandmalereien wurden übertüncht und die Bänke grün gestrichen. Erst 1997 konnte das Gebäude umfassend saniert und der Kirchenraum wiederhergestellt werden.

Ursprünglich kam Georg Asselborn aus dem Bergischen Land. Er war im Holzhandel reich geworden, sodass er jedem seiner vier Kinder ein landwirtschaftliches Gut kaufen konnte. Im 1918 erworbenen Gutshaus Neu Golm – auch »Schloss« genannt – verbrachten meine Mutter und ihre Schwester Kindheit und Jugend. Es war 1904 von einem gewissen Baron und Rittmeister von Sörma-Jelch (im Dorfmund »Freiherr von Sauermajell«) im »Sanssouci-Stil« erbaut worden. Obwohl es das kleinste der von Georg Asselborn erworbenen Anwesen war, musste er auch dieses als letzte seiner Besitzungen 1927 aufgeben. Es erfuhr danach eine abwechslungsreiche Nutzung als Jagdschloss und Sitz der Fachgewerkschaft der Eisenbahner, nach 1933 als Schule des »Vereins für das Volkstum im Ausland«, im Krieg als Militärlager und -ausbildungsstätte für die Flugabwehr sowie als Lazarett und schließlich als Unterkunft für sowjetische Soldaten und Offiziere, die im Schloss auf Birkenreisig schliefen.

Bei meinem ersten Besuch im Februar 1991 wurden meine Brüder und ich vom damaligen Hausmeister, den wir zuvor angerufen hatten, recht freundlich mit einer kleinen Führung empfangen: »Ich wusste, dass Sie eines Tages kommen würden. Das Haus hat doch mal Ihrer Familie gehört!« Die Freude war allerdings getrübt, da es zwei Jahre früher unserer alten Mutter, die die Stätte ihrer Kindheit und Jugend in Begleitung meiner ältesten Schwester aufgesucht hatte, nicht möglich gewesen war, das Haus zu betreten: Sie hatte keine Besuchserlaubnis vorlegen können. Ein Zeitenwechsel hatte stattgefunden innerhalb dieser zwei Jahre: Deutschland war nicht mehr geteilt in zwei Hälften.

Nach dem Verkauf des Gutes Neu Golm eröffnete mein Großvater Asselborn 1930 in Königs Wusterhausen ein am Wasser gelegenes Ausflugslokal, das von den Besuchern des dortigen Jagdschlosses Friedrich Wilhelms I., des »Soldatenkönigs«, lebte. Meine Mutter, 1909 geboren und in der Berliner Kaiser-Wilhelm-Gedächtnis-Kirche getauft, hatte Hauswirtschafterin gelernt, weil der Vater aufgrund seiner misslichen wirtschaftlichen Lage ihr das ersehnte Studium der Archäologie nicht mehr ermöglichen konnte. Aushilfsweise mit ihrer Schwester Lieselotte in dem gut besuchten Lokal ihres Vaters kellnernd, lernte sie ihren späteren Mann kennen. Sie heirateten im November 1934. Beide waren geprägt von den tief einschneidenden Folgen des Ersten Weltkrieges. Diese gemeinsame Jugenderfahrung muss ihnen später geholfen haben, ihre Familie heil und sogar glücklich durch die Wirren des Zweiten Weltkriegs und die schweren Nachkriegsjahre zu bringen.

Mein Vater Horst Schönbohm wurde als Jüngstes von sieben Kindern 1906 im pommerschen Stolp geboren. 1930 lag bereits ein bewegtes Leben hinter ihm. Bald nach dem Ersten Weltkrieg hatte er eine Drogerielehre absolviert. Sein zwei Jahre älterer Bruder Hans, einer der jüngsten Soldaten unter General Paul von Lettow-Vorbeck, dem Kommandeur der Schutztruppe für Deutsch-Ostafrika, war nach dem Krieg in Indien von den Briten interniert worden, bevor er nach Deutschland zurückkehren konnte. Mit diesem Bruder ging mein Vater, dem es im Drogeriewesen zu langweilig geworden war, 1927 nach Kolumbien. Mit einer kleinen finanziellen Unterstützung durch meinen Großvater, aber von jeglicher Sachkenntnis ungetrübt, wollten sie eine Farm übernehmen. Schon der Kauf scheiterte an unklaren Besitzverhältnissen. So verlegten sie sich darauf, ein Verfahren zum Aufhellen angelaufener Spiegel zu entwickeln. Auf diese Weise konnten sie sich wohl über Wasser halten, aber mehr auch nicht.

Während mein Onkel in Südamerika blieb (seine Nachfahren leben heute noch dort, in gutbürgerlichen Verhältnissen), kehrte mein Vater eineinhalb Jahre später nach Deutschland zurück. Er arbeitete zunächst im heimatlichen Stolp in der Fabrik seines Schwagers Karl Wunder, den 1945 das Schicksal ereilen sollte, das den Schönbohms aus dem Ersten Weltkrieg vertraut war: Er verlor alles, denn am 8. März besetzten die Russen die Stadt. Auch die Tätigkeit in der Fabrik seines Schwagers hatte meinen Vater nicht befriedigt. Nach intensivem Suchen wurde er für die Firma *Energol* tätig, einer Vorläuferfirma der späteren *British Petroleum Company* (BP). Ihm wurde der Vertrieb für das gesamte Gebiet zwischen Berlin und Frankfurt (Oder) anvertraut. Auch er profitierte also vom Wachstum des automobilen Verkehrs.

In Stolp hatte mein Vater noch die aufkommenden politischen Unruhen der späten Weimarer Republik erlebt und war dort auch am Ende der zwanziger Jahre der NSDAP beigetreten. Wie so viele andere hatte er sich von der dem Kommunismus »benachbarten und zugleich entgegengesetzten Bewegung« (Ernst Nolte), von der Verbindung der nationalen mit der sozialen Frage, eine Lösung erhofft. Er wurde Ortsgruppenleiter von Bad Saarow, gab das Amt aber 1938 nach der sogenannten »Reichskristallnacht« aus Protest gegen das antijüdische Pogrom ab. Mein Vater hatte den Nationalsozialismus in seinen Anfängen für eine unterstützenswerte bürgerliche Kraft gehalten. Nach Kriegsende und Flucht zog er aus seinem Irrtum eine geradezu altmodisch anmutende Konsequenz: »Ich habe mich so schrecklich geirrt, dass ich kein Recht habe, jemals wieder politisch tätig zu werden.«

Ein Buchhändler alten Stils

Meine Großeltern väter- und mütterlicherseits haben nach dem Ersten Weltkrieg von vorn anfangen müssen. Mein Großvater Heinrich Schönbohm, geboren 1870 in Jena, hatte als Bankier ein Vermögen gemacht, bevor er Verleger, Schriftsteller, Buchhändler und Antiquar wurde. Sein gesamtes in Reichskriegsanleihen angelegtes Geld verlor er durch den Ausgang des Ersten Weltkriegs. Danach machte er einen Buchladen in Lindau am Bodensee auf, wo er zu bescheidenem Wohlstand kam. Heinrich Schönbohm war in besseren Tagen viel gereist. Als er sich um 1903 geschäftlich in Griechenland aufhielt, wo seine Tochter Evlambia geboren wurde, hat er mit seinem Fachwissen beim Umzug der griechischen Nationalbibliothek zu Athen in ihren neoklassizistischen Neubau geholfen. Diesem bemerkenswerten Bildungsbürger alter Schule, angesehener Ratsherr in Stolp, hat der ebenfalls dort geborene Maler George Grosz in seinen Erinnerungen *Ein kleines Ja und ein großes Nein* dieses Denkmal gesetzt:

»Eines Tages machte ich die Bekanntschaft des Buchhändlers Schönboom. Er war ein Idealist und Besitzer der größten Buch- und Kunsthandlung in Stolp. Sehnsüchtig und verliebt stand ich oft vor seinen Schaufensterauslagen, betrachtete neidisch das wunderschöne Malgerät, die vielerlei Studienkästen, die schon fertig aufgespannten Rahmen mit Leinwand. Eine ganze Malerwerkstatt war da aufgebaut, noch unbenutzt – und wie gerne hätte ich vieles davon gekauft! Aber im Verhältnis zu meinem bißchen Taschengeld waren all diese schönen Sachen ziemlich teuer.

Als ich gelegentlich dort einmal Farben kaufte und ein Buch in der Leihbibliothek umtauschte, kam ich zufällig mit dem Besitzer ins Gespräch. Ich durfte danach, so oft ich wollte, in die besondere Kunstabteilung seines Ladens kommen und mir sämtliche Kunstblätter nach Herzenslust anschauen. Ein kleiner Schritt vorwärts in die unbekannte Zukunft!

Ich kopierte eben aus der *Gartenlaube* ein mich sehr interessierendes Gemälde von Prof. Werner Simmler, ein etwas düsteres Genrebild mit dem Titel: ›Überrascht‹. Zwei Wilderer mit geschwärzten Gesichtern sind im tiefsten Waldesdickicht von einem Förster ertappt worden. Gerade waren sie dabei, ein unrechtmäßig erbeutetes Reh auszuweiden. Der eine, unheimlich anzusehen, hebt bereits seine Büchse; jetzt – und eben diesen dramatischen Spannungshöhepunkt hat der Maler für seine Darstellung gewählt – kommt es darauf an, wer zuerst schießen wird ... Das Bild gefiel mir großartig. Ich malte es mit Liebe ab und legte all mein Können in die Kopie. Ich war sehr damit zufrieden, und als sie fertig war, stellte mein Gönner Schönboom sie nett gerahmt in seinem Schaufenster aus, zu meinem und meiner Freunde großem Stolz. Wie glücklich war ich aber erst, als mein Werk nach kurzer Zeit an einen Gutsbesitzer verkauft wurde und Herr Schönboom mir 4 Mark 85 dafür aushändigte! Es war ein wundervolles Gefühl, für ein so großes Vergnügen auch noch Geld zu bekommen.

Der Buchhändler blieb weiterhin mein Gönner. Er hatte etwas außerhalb der Stadt ein Landhaus mit schön gepflegtem Garten, wo ich ihn gelegentlich aufsuchen durfte. Wir wandelten dann zwischen den mit großem gärtnerischem Verständnis angelegten Blumenbeeten einher. Und während Schönboom sich ab und an zu einer Rose niederbeugte, führte er tiefernste pädagogische Gespräche mit mir. An einer verborgenen Gartenecke stellte er sich plötzlich vor mich hin, sah mir mild und streng zugleich in die Augen und sagte eindringlich: ›Ich glaube, Du wandelst auf schlechten Wegen.‹

Ich wurde sehr rot, stammelte dumm und verwirrt etwas Zusammenhangloses und entfernte mich später tiefbekümmert. Fürwahr, sofort wollte ich ein neues Leben beginnen; noch am selben Tage vernichtete ich eine kleine Sammlung an Bildausschnitten kitschig schöner, halbbekleideter Damen, die ich im Laufe der Zeit aus der halb kriminalistischen, halb erotischen Zeitschrift *Reporter* gesammelt hatte. Ohne das Geringste von dem Dichter Wedekind zu wissen, tat ich es seinem Helden Moritz Stiefel gleich und versenkte voll guter Vorsätze die zerrissenen Bilder in unser neuangelegtes Wasserklosett. Ich fühlte mich durchaus als Sünder. Ich ging so weit mit mir ins Gericht, daß ich den Fleischgenuß als Ursache des Übels ansah; dazu kam noch der Einfluß einer schauerlichen Propagandabroschüre. Meine

Mutter konnte gar nicht verstehen, warum ein saftiges Roastbeef mich auf einmal völlig kalt ließ.

Schönboom war der echte deutsche Buchhändler alten Stils: immer etwas belehrend und sich der kulturellen Vermittlung durchaus bewußt, die ja ein wenig zum Buchhändlerberuf gehört. In seinen Reden war neben verstehender, belehrender Güte stets der leicht erhobene Zeigefinger des deutschen Oberlehrers – einer Gattung, deren einstigem Typ er auch äußerlich glich. So steht er heute noch vor mir mit seiner goldenen Brille, mit dem rötlich-blonden Spitzbart, den humanen Bildungsidealen und den Reiseerinnerungen an Griechenland. Er war Familienvater, hatte zwei außergewöhnlich vorlaute und freche Sprößlinge und war nebenbei Anhänger einer halb fleischlosen Ernährungsweise und Protektor einer Jugend-Abstinenzlerloge.«

Einer der beiden »vorlauten« Sprösslinge war möglicherweise mein Vater als jüngstes Kind. Zu dem Kunstbesitz, den Großvater Heinrich hinterließ und der heute auf seine Enkel verteilt ist, gehört ein Bild aus der Düsseldorfer Schule von Friedrich Klein-Chevalier. Als er das Bild erwarb, musste sich mein Großvater zwischen diesem Bild und einem Werk Max Liebermanns entscheiden. Ich bin froh, dass die Wahl auf Klein-Chevalier fiel, an dem ich mich noch heute erfreue, denn der sehr viel wertvollere Liebermann wäre im Lauf der Zeit längst verkauft worden. Man erstaunt und erstaunt doch nicht, dass man denselben kunstsinnigen Heinrich Schönbohm auf einem Ölporträt, das seine Frau gemalt hat und das ihn in den Mittsechzigern zeigt, das Goldene Parteiabzeichen der NSDAP tragen sieht, das an die ersten 100 000 Parteimitglieder verliehen wurde. Das Bild zeigt die Gutgläubigkeit, mit der ein solcher Bildungsbürger früh auf die neue Bewegung setzte, der es nach Jahren der Depression und Bürgerkriegszustände propagandistisch recht wirkungsvoll gelang, Fortschritt und Traditionsbewusstsein, »Zivilisation« und »Kultur«, miteinander zu verbinden. Die Tatsache, dass Heinrich Schönbohm das Goldene Parteiabzeichen trug, verwundert noch weniger, wenn man bedenkt, wie geschickt die Nationalsozialisten auf die Integration dieses ordnungs- und traditionsbewussten, national gesinnten, »idealistischen« Bürgertums (George Grosz) setzten, das sich eher in den Farben Schwarz-Weiß-Rot wiedererkannte als in Schwarz-Rot-Gold, von Rot allein ganz zu schweigen.

Der Diplomat Richard Holbrooke, der 1993 für neun Monate amerikanischer Botschafter in Deutschland war und der eines Abends zum Gänseessen zu uns kam, hat es später in einem Artikel für die *New York Times* ausdrücklich begrüßt, dass ein Deutscher, dessen Namen er nicht nannte, seinen Großvater trotz des Goldenen Parteiabzeichens in Ehren hält. Mit diesem eher wortkargen und verschlossenen Großvater, den ich mit dreizehn Jahren erst nach dem Krieg kennenlernte, habe ich über das Dritte Reich nicht mehr sprechen können. Die letzten Jahre bis zu seinem Tod 1954 lebte er im württembergischen Aalen in der Nachbarschaft eines älteren Sohnes. Die einzige Familienangehörige dieser Generation, die ich näher kennengelernt habe, war meine 1873 in Berlin-Tiergarten geborene Großmutter Margarethe (geb. Stürmer), die Ehefrau Heinrich Schönbohms. Sie hatte an der Berliner Hochschule der Künste studiert. In ihren späten Lebensjahren hat sie mir anhand von Stereoskopien mit Begeisterung von ihren Erlebnissen in Griechenland und Ägypten erzählt, wo sie jeweils längere Zeit mit ihrem Mann gelebt hatte. Sie starb 1959 nahezu erblindet ebenfalls in Aalen.

Meine Eltern heirateten also im November 1934 in Königs Wusterhausen. Die Hochzeit wurde im Ausflugslokal des Brautvaters Georg Asselborn gefeiert. Das Paar lebte zunächst in einer Mietwohnung in Neu Golm, wo 1935 meine Schwester Christiane und 1937 ich geboren wurde. Bald darauf zogen wir in ein gemietetes Haus mit Vorkaufsrecht in der Lindenstraße von Bad Saarow, hinter dem ehemaligen Moorbad.

Ich wuchs unter der Obhut einer liebevollen und anteilnehmenden Mutter heran. Meinen Vater sah ich immer nur kurz auf Fronturlaub anlässlich der Geburt weiterer Geschwister. 1943 wurde ich als Sechsjähriger eingeschult. Da war mein Vater schon seit vier Jahren im Krieg, von dem ich anfangs nur die Bomber am Himmel mitbekam. Die fand ich ziemlich interessant, ebenso wie den kleinen Luftschutzbunker und den Schützengraben im heimischen Garten. Ich wollte natürlich Pilot werden, und die Vorführung, mit der den älteren Schülern der Gebrauch der Panzerfaust erklärt wurde, war für mich vor allem ein aufregender Höhepunkt im Schulalltag.

Mit Tante Lieselotte, der jüngeren Schwester meiner Mutter, besuchte ich das erste Mal den Berliner Zoo. Inmitten der Affen, Löwen und Elefanten gab es plötzlich Fliegeralarm. Von den anderen Besuchern geschoben, gelangten »Tante Lotti« und ich in den Bunker am Bahnhof Zoo, wo wir den schweren Angriff überstanden – ich mit abenteuerlichen Gefühlen. Als alles vorbei war, fuhren wir mit der S-Bahn bis Erkner, das besonders schwer getroffen worden war: Die Raffinerie in der Nähe des Bahnhofs, auch der Bahnhof selbst waren zerstört. Die Brücke über das Flakenfließ, über die normalerweise der Zug nach Fürstenwalde und Bad Saarow fuhr, konnten wir nur noch zu Fuß überqueren.

Als wäre es gestern gewesen, erinnere ich mich, dass uns auf der Brücke ein Mann entgegenkam, aus dessen Ohren Blut lief und der fürchterlich schrie. Offensichtlich hatte ihn der Druck einer Luftmine schwer verletzt. Ich sehe auch noch die grünen, schief herunterhängenden Fensterläden einiger Häuser in der Nähe des Bahnhofs vor mir. Unter Mühen erreichten wir schließlich Bad Saarow. Meine Mutter fiel uns weinend um den Hals: »Ich dachte schon, ihr seid bei dem Angriff ums Leben gekommen. Wir haben gesehen, was passiert ist. Ihr riecht ja auch nach Feuer und Rauch!« Das war einer meiner wenigen unmittelbaren Eindrücke von den Schrecken des Krieges. Weihnachten 1944 feierten wir bei Freunden meiner Eltern, Sägewerksbesitzer mit einer schönen Villa am Scharmützelsee. Ich bekam einen Spielzeugpanzer mit Feuersteinmechanik geschenkt, der beim Fahren schießen konnte. Als die ersten Flüchtlinge in Bad Saarow eintrafen, verstand ich überhaupt nichts. Woher kamen sie? Warum kamen sie? Was hatte das zu bedeuten?

Was euch albern klingt

Eines Morgens im Februar 1945 wurde ich früh geweckt. Die Autos waren schon bepackt. Ich sah zusammengenähte graue Decken, deren Inhalt ich nicht kannte. Die Hühner durften mit, aber meine Spielsachen nicht: »Nein, es geht nichts mehr rein.« Ich war vollkommen durcheinander. Beruhigt hat mich nur, dass auch Mutter Keue mit den vier Kindern im Aufbruch begriffen war. Meine Mutter, Tante Lotti und die fünf Kinder fanden genug Platz im Auto. Tante Lotti war ausgebildete Volkspflegerin und hatte ihren geplanten Einsatz in Thorn an der Weichsel nicht mehr antreten können. Sie hat uns nach dem Krieg ihre Erinnerungen niedergeschrieben, und darin heißt es:

Lieselotte Asselborn (Tante Lotti) Am 18. Dezember 1944 machte ich in Danzig-Oliva mein Staatsexamen als NSV-Volkspflegerin. Ganz in der Nähe unseres Seminars waren Luftkämpfe, wir aber schrieben in Ruhe unsere Arbeiten, denn wir waren überzeugt, dass der Führer mit der angekündigten Geheimwaffe noch siegen würde. Der Gauamtsleiter, der unser Geschichtsdozent war, bot mir an, nach dem Examen in der Kreisamtsleitung von Thorn zu arbeiten, und ich freute mich über dieses Angebot, da es eine Auszeichnung war. So fuhr ich denn am 20. Dezember 1944 zu Euch nach Saarow, um mit Euch Weihnachten zu feiern. Ende Januar muß es wohl gewesen sein, daß ich Euch wieder verließ, um meinen Dienst in der Kreisamtsleitung Thorn anzutreten. Muttis Freundin Thea Werner hielt mich für verrückt, »jetzt noch zu den Russen zu fahren«, während sie überlegten, nach West- oder Süddeutschland zu flüchten – nur nicht wußten wohin. Sie hörten die Feindsender und waren daher nicht so naiv gläubig, muß man heute schon sagen, wie wir es noch lange gewesen sind.

Auf der Fahrt nach Danzig kamen wir ungestört nach Dirschau, wo ich umsteigen mußte und die ersten Flüchtlingswaggons sah. Es fror, es lag Schnee, und auf offenen Güterwagenloren hockten die vermummten Menschen. Vom Bahnhof Langfuhr zum Heim schliddernd, im Schnee rutschend, fallend und den Koffer suchend war auch dort das Dröhnen und Orgeln in der Luft: Die Panzerschlacht um Thorn hatte begonnen. Heute frage ich mich, wieso ich keine Angst hatte und nicht versuchte, nur wieder fortzukommen. Aber, wie schon gesagt, wir waren wie hypnotisiert von dem Gedanken, der Sieg wäre noch möglich, und hatten ja auch mit dem Kriegsgeschehen – außer den Luftangriffen – noch keine Berührung gehabt.

Als ich in unser verdunkeltes Internat in Oliva kam, es muß spät gewesen sein, empfing mich Eva Gottschalk schon im Bademantel, eine Kerze in der Hand, mit den Worten: »Alte, warum kommst Du noch, wir gehen morgen auf die Flucht.« Es klingt Euch wohl heute albern. Als ich aber am nächsten Tag in der Kreisamtsleitung Danzig anrief, was ich tun solle, hieß es: »Wenn Sie für Thorn vorgesehen sind, müssen Sie natürlich auch dort hin.« Unsere Seminarleiterin traf dann die Entscheidung für mein »preußisches Pflichtgefühl«. Mutti sei mit ihren fünf Kindern allein, der Mann an der Front – *dort* sei meine Pflicht, nicht hier, wo ich noch gar keinen Platz hätte. Sie sah die Situation wohl ganz klar, hatte die Schülerinnen ohne die Erlaubnis der Kreisamtsleitung in ihre Heimatorte geschickt. Wie lange wir im ganzen von Danzig bis Berlin brauchten, weiß ich nicht mehr genau. Ich meine, nach drei Tagen kamen wir abends auf dem Stettiner Bahnhof an. Gegen Mittag des folgenden Tages fuhr ich dann zu Euch nach Saarow, wohl ohne Schwierigkeiten, und fand einen völlig veränderten Bahnhofsplatz vor. Wo sonst das gemächliche Saarower Leben sich abspielte, die hübschen Anlagen waren und ebensolche Geschäfte, war nun Etappe. Soldaten regelten den Verkehr, und fast nur Militärfahrzeuge waren unterwegs. Bei Euch angekommen, hatten die Eltern mit Keues und Tritzens beschlossen, daß wir zu

Tante Anna flüchten sollten. Wir stellten damit die Unterkunft, Keues unser Fluchtauto, Rose Tritz fuhr es und würde es wieder zurückbringen, und Hannes Tritz, der Bahnhofskommandant war, besorgte uns die Papiere, damit wir unbehindert noch in die Altmark kommen könnten. Papa [d. i. Horst Schönbohm] war ja noch Soldat und in den Kämpfen um Berlin eingesetzt – zu der Zeit ganz in unserer Nähe – und konnte daher mitplanen.

Jörg Schönbohm Meine Mutter schildert in den Aufzeichnungen, die sie über unsere Flucht angefertigt hat, dass kurz zuvor die Frauenführerin der NSDAP in die Garage schauen wollte – sie habe von Fluchtplänen gehört, und wenn da etwas dran sei, müsse sie Anzeige erstatten. Zum Glück war das Auto an diesem Tag nicht da, weil es dazu diente, eine andere Kinderschar nach Grabow ins Wendland zu bringen. Meine Mutter vermerkte bitter und empört, dass die NS-Frauenführerin ihre eigenen Kinder schon eine Woche zuvor in Sicherheit gebracht hatte, was sie offenbar nicht daran gehindert hätte, andere Familien bei Gefahr der Todesstrafe zu denunzieren.

Tante Lotti Es war besprochen, daß ich bei Keues mitfahren sollte, da in Muttis Auto kein Platz mehr war. Neben ihr und Tante Rose saß Horst auf Muttis Schoß, die die Füße über Nähmaschine und Radio hatte. Ihr anderen hattet mit Eurem Mädchen Herta hinten keinen Platz mehr. Unsere Hühner hatten wir in einer kleinen Kiste noch hinten mit reingestopft. Sie wurden dann aber später auf der Autobahn ausgesetzt. Als ich nun am Abfahrtstag zu Keues in den Wagen wollte, zeigte sich, daß kein Platz für mich war. Hannes Tritz meinte, ich solle in Saarow bleiben und wenn die Russen kämen, mit dem Rad in die Altmark fahren. Ich hatte Angst, wollte ja auch nicht allein sein, ohne Euch, aber auch nicht feige erscheinen. Dazu kam, daß Mutti, schon im Auto sitzend, so kurz nach Horsts Geburt mich beschwor mitzukommen und siehe da, Keues Mädchen rief auf einmal, »Fräulein

Lotti, hier ist doch Platz!« Sie hatte einen Eimer von dem einen Sitz genommen, und so kam ich denn mit auf die Fahrt über die schon teilweise beschädigte Autobahn zu Tante Anna nach Peertz bei Klötze in der Altmark.

Es lebte sich ein

Eveline Schönbohm Nach langer Fahrt kamen wir erschöpft an. Das Dorf lag zwischen Salzwedel und Wolfsburg; man baute Zuckerrüben an. An der einzigen Dorfstraße standen die Häuser lang aufgereiht, jeweils mit einer großen Toreinfahrt. An den drei Seiten des Hofes standen die Scheunen und die Ställe für Pferde (die es schon damals kaum noch gab), Kühe und Schweine. Dahinter lag der Küchen- und Blumengarten. Dort wurden die Blumen geholt, mit denen man sonnabends auf dem Friedhof die Gräber schmückte. Jeden Morgen, wenn der Schweinehirt tutete, liefen die Schweine quiekend aus allen Toren zusammen, um in die außerhalb des Dorfes liegende Schweinesuhle getrieben zu werden. Zweimal am Tag wurden die Kühe gemolken, und jeden Morgen fuhr der Milchwagen die großen vollen Milchkannen zur Molkerei nach Klötze.

Jörg Schönbohm Meine Vorfahren mütterlicherseits lebten seit dreihundert Jahren in Peertz. Einmal haben wir erlebt, dass ein Flieger abstürzte, der tief über das Dorf hinwegging und brannte, aber ansonsten war es wie verwunschen. An unserem Zufluchtsort spielten wir Märchen nach! In der kleinen Dorfkirche hing noch das Eiserne Kreuz, das einer meiner Vorfahren im Krieg gegen Napoleon erhalten hatte. Die Zwangskollektivierung wurde im Grunde die große Tragödie dieses Zweiges der Familie, denn von den Nachkommen ist niemand mehr Landwirt. In der DDR sind dreihundert Jahre bäuerlicher Familientradition zu Ende gegangen.

Tante Lotti Tante Anna hatte uns eigentlich die Großmutterstelle ersetzt; sie war ja die einzige Tante unserer verstorbenen Mutter. Ihr Hof am Ende der Straße, mit den Stallungen, dem beschrifteten Fachwerkbalken, Grasgarten und dem Gärtchen mit Rosenlaube und Buchsbaumeinfassungen, mit Nußbaum und Plumpsklo, war für uns eine Insel des Friedens. Als wir nun bei ihr ankamen, froh, durch Kontrollen und ähnliches gekommen zu sein, nahm sie beim Anblick von fünf Erwachsenen und zehn Kindern eine Schutzhaltung an und sagte: »Ich kenne Sie nicht.« Als dann aber Onkel Reinhard und der Bürgermeister auftauchten und besonders der Letztere ihr klarmachte, daß, wenn sie ihre Verwandten nicht aufnähme, man ihr Fremde ins Haus setzen würde, ging es doch. Sie hatte in dem großen Haus bisher nur zwei ältere Frauen als Flüchtlinge aufnehmen müssen. Zehn Kinder gaben natürlich Unruhe, und Ihr fandet es schön, die Hühner auf dem Hof zu jagen und ähnliches. Es lebte sich aber ein.

Eveline Schönbohm Tante Anna wohnte in ihrem Altenteil allein mit ihrer gleichnamigen, treuen Magd und ganz auf ihre eigenen Bedürfnisse eingestellt. Mit unserem Einzug veränderte sich ihr Leben schlagartig. Ständig war der Herd besetzt von Müttern, die Fläschchen wärmten, Brei kochten oder einfach nur warmes Wasser brauchten. Überall hopsten, liefen, krabbelten Kinder herum, immer waren ihre hellen Stimmen zu hören, Lachen und Weinen. Es gab kein Badezimmer, und die Toilette befand sich auf dem Hof. Im ganzen Haus wurden Töpfchen verteilt. In den Zimmern standen Kachelöfen. Aber wo Holz und Kohle herbekommen? Und wie beschaffte meine Mutter die Lebensmittel? Sie kaufte bei den Bauern ein. Das Dorf hatte keinen Laden und keinen Arzt. Das sollte meiner kleinsten Schwester im Oktober 1945 zum Verhängnis werden.

Tante Lotti Muttis Topf war der magerste, was ich mit einem schnellen Griff in Tante Annas Topf manchmal korrigieren konnte. Denn ich aß mit Tante Anna und deren Magd Anna. Diese Anna hatte ihre Menschlichkeit bewahrt, und wenn wir drei am Tisch saßen, vielleicht sonntags beim Kaffee, und [Jörgs Bruder] Wulf kam dazu, so blaß und zart wie der damals war, und sah sehnsüchtig nach dem auf unserem Tisch stehenden Kuchenberg, dann mußte Anna sagen: »Aber Frau! Der Kleine möchte ein Stück Kuchen!« Und dann tat Tante Anna überrascht, »ach ja, natürlich«, und er bekam sein Stück.

Beide Eltern [Schönbohm] hatten einmal im Nachbarort bei Bauern gearbeitet. Es hatte den ganzen Tag geregnet, und da waren sie eben auch durchgeregnet und schmutzig. Aber Mutti sagte strahlend: »Hier!«, und warf einen lebenden kleinen Hahn in die Küche, den sie von dem Bauern bekommen hatte. So ein kleiner Hahn, aber es war eben ein Zuschuß in unseren mageren Topf. Mal arbeitete sie den ganzen Nachmittag für ein großes Brot. Besonders Jörg bekam nie genug davon. Welche Freude, wenn es dann bei dem Bauern, bei dem wir auf unsere Marken Brot holten, mal ein Brot ohne Marken gab.

Eveline Schönbohm Ich freundete mich mit einer benachbarten Bauerntochter an. Inge war so alt wie ich. Ihre achtzehnjährige Schwester bewirtschaftete mit ihrem Vater allein den Hof! Sie schuftete wie zwei Knechte und Mägde zusammen. Ihre Mutter bewältigte alles Häusliche. Sie waren dankbar für jede hilfreiche Hand, auch für die eines Kindes. Und mir machte es Freude zu arbeiten: Das selbstverdiente Butterbrot unter freiem Himmel schmeckte besonders gut in Gesellschaft der anderen Feldarbeiter. Ich lernte melken. Als Inges Mutter meiner Schwester Jutta einen Becher frisch gemolkener Milch anbot, antwortete sie pikiert: »Nein, ich trinke nur Milch aus dem Laden!«

Eines Vormittags radelten meine Mutter und ich nach Klötze, um eine Bratpfanne zu kaufen; die Geschwister blieben in der Obhut von Jörgs Mutter. Als wir im Laden standen, heulten die Sirenen. Bombenalarm! Meine Mutter fragte die Verkäuferin nach dem nächstgelegenen öffentlichen Luftschutzkeller und erfuhr, dass es nur den am Bahnhof gab. Das erschien ihr zu gefährlich, denn Bahnhöfe waren ein beliebtes Bombenziel. Wir kannten uns in Klötze wenig aus und radelten so schnell wie möglich über die Bahngleise hinweg die Landstraße hinunter – auf der einen Seite freies Feld, auf der anderen Wald. Unsere Räder blitzten in der Sonne. Das Dröhnen der Flugzeuge kam schon näher. Meine Mutter warf ihr Rad in den Graben und hieß mich, dasselbe zu tun. Da lagen wir auch schon auf dem Bauch, sie hielt mir die Ohren zu und wir wühlten uns in die Erde, meine Mutter über mir. Es waren Tiefflieger. Die Erde bebte von Einschlägen. Um uns herum nur noch Lärm. Es kam uns vor wie eine Ewigkeit. Als das Inferno endlich nachließ, erhoben wir uns vorsichtig und sahen hinter uns den ganzen Bahnhof zerstört und in Rauchwolken gehüllt. So schnell wir konnten, radelten wir nach Hause. Glücklich umarmte meine Mutter Jutta, Peter und Sybille. Peertz war friedlich wie immer. Im Dorf gab es nicht einmal eine Sirene.

Es gab aber ein Schulhaus mit dem dahinter liegenden Friedhof und einer alten Backsteinkirche samt Orgel. Herr Voss, unser Lehrer, unterrichtete alle Kinder bis zur vierten Klasse immer abwechselnd in *einem* Klassenzimmer. Dort saßen Jörg und ich für einige Monate zum ersten und letzten Mal im selben Klassenraum. Anna erlaubte mir, zur Erntezeit im Garten Beeren zu pflücken, die ich selbst aufessen durfte. Ostern gingen alle Kinder des Ortes mit kleinen Taschen oder Körben von Haus zu Haus und sagten einen Spruch auf: »Has, Has, Osterhas – gib uns Kindern was!« Wir waren glücklich über die hartgekochten Eier, die unsere Körbe füllten.

Zu meinem zehnten Geburtstag im April 1945 besuchte uns überraschend mein Vater. Wir freuten uns unendlich, ihn zu sehen, aber nicht über das, was er aus Berlin und Ketschendorf zu erzählen hatte: Dass die Russen nach schweren Kämpfen um die Seelower Höhen und in der Mark Brandenburg Berlin schon fast erreicht hatten. Die folgenden Familienfeste mussten wir ohne ihn feiern. Mein Vater wurde zehn Tage nach seiner Rückkehr von der sowjetischen Geheimpolizei NKWD (»Volkskommissariat für innere Angelegenheiten«) ohne irgendeinen Grund verhaftet. Der Apotheker von nebenan, der in der NSDAP war, hatte nur einen einzigen Namen nennen müssen, um sich selbst zu entlasten. Meine Eltern waren nie in der Partei gewesen; mein Vater hatte sich nicht für Politik interessiert. Erst dreieinhalb Jahre später sahen wir ihn wieder.

An einem warmen Sommertag hörten wir plötzlich Panzer. Es kamen Soldaten, die keine deutschen Uniformen trugen. Es waren Farbige dabei. Das konnten nur Amerikaner sein! Die Wohnhäuser mussten geräumt werden. Meine Mutter warf unsere Bettdecken aus dem Fenster. Als sie herunterkam, gesellte sich ein amerikanischer Offizier dazu, der ihr in feinstem Wienerisch Avancen machte, dann aber sagte: »Gnädigste, meine Männer würden auch gern in Betten schlafen!« Er versuchte einen Handkuss, dem sich meine Mutter entzog, indem sie Sybille auf den Arm nahm und entschlossenen Schrittes, umringt von meinen Geschwistern und mir, das Lehrerhaus ansteuerte – ohne Betten. Zum Glück fanden wir dort Obdach. Später wohnten wir auf dem Hof des Bürgermeisters Schulz. Die Bauern arbeiteten auf ihren Höfen und Äckern, nur die Wohnhäuser waren »Besatzungsgebiet«. Wir Kinder freuten uns an den wundersamen Süßigkeiten, die uns die Amerikaner schenkten: Kaugummi!

Als die Kapitulation bekanntgegeben wurde, platzten nicht nur Tante Lottis Illusionen, wobei das volle Ausmaß des Leides, das die zurückliegenden Kriegsjahre gebracht hatten, noch nicht einmal bekannt war. Als das Radio »Deutschland, Deutschland über alles« spielte, liefen unseren Müttern die Tränen. Was sollte nun werden? Eines Tages stand ein mitgenommen aussehender Mann vor dem Haus. »Ja, bitte?«, fragte meine Mutter. »Erkennst du mich denn nicht mehr, Friedel?« Es war Jörgs Vater.

Jörg Schönbohm Ich weiß noch, dass ich zum ersten Mal einen Neger sah, einen schwarzen Mann, wie ich ihn bis dahin nur aus dem *Struwwelpeter* von Heinrich Hoffmann kannte, wo der »große Niklas« die Kinder, die sich über den Mohren lustig machen, zur Strafe in ein Tintenfass taucht: »Der Mohr voraus im Sonnenschein, die Tintenbuben hinterdrein; und hätten sie nicht so gelacht, hätt' Niklas sie nicht schwarz gemacht.« Wir Kinder liefen natürlich zu den Soldaten hin. Sie waren freundlich, lachten uns an und gaben mir Kaugummi, eine Banane und eine Apfelsine. Ich lief nach Hause und zeigte freudestrahlend meiner Mutter, was ich geschenkt bekommen hatte. Wir kannten alle die fremdländischen Früchte nicht, aber fanden heraus, dass und wie man sie schält. Kaugummi schluckten wir hinunter. Große Aufregung gab es, als mein Onkel Reinhard verhaftet und an die Wand gestellt wurde. Wollte man ihn erschießen, den Ortsbauernführer? Man ließ ihn laufen.

Mein Vater war unter größten Schwierigkeiten als Soldat der Armee Wenck aus dem von sowjetischen Truppen umstellten Kessel bei Halbe südwestlich von Berlin heil herausgekommen, dann aber in amerikanische Gefangenschaft geraten. Er hatte den Sowjets übergeben werden sollen und war geflohen. Die Geschichte wird in der Familie unterschiedlich erzählt, aber auf jeden Fall wusste er, dass wir in Peertz waren. Er kam nachts an ein Haus, von dem er dachte, dass wir da wohnten. Da öffnete sich ein Fenster, und man schoss auf ihn. Dabei merkte er, dass die Amerikaner da waren. Also zog er sich zurück und spazierte am nächsten Tag mit Mütze und Schaufel als Landarbeiter ins Dorf.

Tante Lotti Als die Amerikaner kamen, waren manche Kinder mit ihren Müttern nicht zufrieden. Die Amerikaner hatten die reizende Art, am Gartenzaun zu stehen und in der einen Hand eine Tafel Schokolade, in der anderen ein Präservativ zu zeigen. Die Kinder wollten natürlich die Schokolade und brüllten, wenn die Mütter sie dann hochroten Kopfes ins Haus zogen.

Es muß noch zur Zeit meiner ersten Melkversuche gewesen sein, daß die Magd Herta in den Stall gestürzt kam und rief: »Herr Schönbohm ist da!« Er war nur in Hemd und Hose und die Füße waren völlig wund gelaufen. Sie hatte ihn im ersten Augenblick für einen Fremdarbeiter gehalten. Die Uniform hatte er bei einem Bauern getauscht. Einen kleinen Sack hatte er benutzt, wenn Militär aufgetaucht war, indem er, ruhig über das Feld gehend, so getan hatte, als streue er Kunstdünger. Grundsätzlich war er aber nur nachts gelaufen und über Tag im Wald versteckt geblieben – und nun war er wieder bei uns. Weil die Amerikaner da waren, musste er jetzt nachweisen, dass er kein Offizier gewesen war. Auch wird Vater einen schönen Schreck gehabt haben, als er in Peertz hörte, dass Mutti jetzt beim Bürgermeister lebe.

Die befreiten polnischen Zwangsarbeiter schlugen vor dem Dorf ihren deutschen Wachmann tot. Noch im Haus bei Tante Anna hörten wir von ferne eine Unruhe, ohne zu wissen, worum es sich handelte. Keiner der Bauern regte auch nur eine Hand, dem Unglücklichen zu helfen.

Jörg Schönbohm Unser Vater ergriff gleich die Initiative, indem er versuchte, durch seiner Hände Arbeit für unseren Unterhalt zu sorgen, damit wir nicht von der Hilfsbereitschaft unserer Verwandten abhängig blieben. Es war ja klar, dass sie, wie alle Bauern, von der Vielzahl der Flüchtlinge vollkommen überfordert waren.

Die Russen kommen

Tante Lotti Gegen Pfingsten wurde gemunkelt, daß die Russen als Besatzer die den Amerikanern gefolgten Engländer ablösen würden. Wir waren also wieder in Unsicherheit. Ich weiß noch, wie ich bei Papa vorbeifuhr, der vor dem Dorf pflügte, um es ihm zu erzählen. Er setzte sich in den Graben, vollkommen müde, und sagte, dann müssen wir nun doch so schnell wie möglich fort. Er fuhr mit Mutti über die nahe Grenze nach Niedersachsen, eine

Unterkunft für uns zu suchen. Für sich und Mutti hätte er immer etwas gefunden als Erntearbeiter. Wenn er aber sagte: »Wir haben fünf Kinder«, war nichts mehr.

Jörg Schönbohm Unsere Flucht hatte noch kein Ende. Meine Eltern borgten sich Fahrräder, um weiter in Richtung Westen zu fahren. Auf der Suche nach Quartier klapperten sie mehrere Dörfer in Niedersachsen ab, aber überall wurde ihnen beschieden, man habe keinen Platz mehr, es sei bereits alles mit Flüchtlingen belegt, und eine Familie mit fünf Kindern könne man schon gar nicht aufnehmen. Dann kamen sie nach Boitzenhagen, einem kleinen Dorf mit 250 Einwohnern und ebenso vielen Flüchtlingen, 30 Kilometer westlich von Peertz gelegen. Auch dort wurden sie zunächst abgewiesen, bis die Tochter des Bürgermeisters sagte, es gebe doch noch das ehemalige Lager für die französischen Kriegsgefangenen, ein vormaliger Kuhstall, der nicht genutzt werde und dem Bauern Körtje gehöre. Der wusste mit der Kate nichts anzufangen und sagte zu meinen Eltern: »Wenn Sie da wohnen wollen, können Sie das machen.« Vor den Fenstern waren noch Gitterstäbe; das Haus war eigentlich nicht bewohnbar. Mein Vater meinte, das könnte er seiner Familie nicht zumuten, aber meine Mutter fand, das wichtigste wäre, dass die Familie zusammenbliebe. Alles andere würde sich schon finden. So entschlossen sich meine Eltern ein zweites Mal zur Flucht nach Westen, um nicht unter den Sowjets leben zu müssen.

Mein Onkel stellte uns einen Wagen mit Gummireifen und zwei Pferden zur Verfügung, und wiederum war wenig Platz für die nun vier Erwachsenen und neun Kinder, denn Keues sollten und wollten mitkommen. Ein Knecht würde den Wagen die dreißig Kilometer bis Boitzenhagen fahren und zurückbringen. Unsere Verwandten hätten sich nur ungern von Bettzeug und anderen Dingen getrennt, sodass wir auf das Leben in einem eigenen Haushalt praktisch gar nicht vorbereitet waren, mit den wenigen Dingen, mit denen wir aufbrachen.

Tante Lotti Tante Anna, deren Erben wir in guten Tagen immer sein sollten, trennte sich schwer von ein paar für uns notwendigen Sachen, und die alte Magd Anna schenkte uns ihren Schrank. Noch in Peertz erlebten wir das Ende des Dritten Reiches. Friedel Keue rief uns in ihr Zimmer, wir sollten schnell kommen – und da kam es aus dem Radio Hamburg. Es war wohl der Intendant, der zu den Hörern sprach und so ähnlich sich verabschiedete: »Die Engländer haben unsere Stadt besetzt. Sie werden meine Stimme nicht mehr hören, und so möchte ich mich von Ihnen verabschieden. Es lebe Hamburg, es lebe Deutschland.« Und dann kam das Deutschlandlied und eine Violinsonate von Beethoven, und wir heulten alle drei wie die Schloßhunde und fühlten uns im luftleeren Raum.

Eveline Schönbohm In Boitzenhagen suchten wir zunächst nach einer Unterkunft. In meiner Begleitung fragte meine Mutter auf jedem Bauernhof nach einem Zimmer. Aber wer nahm schon eine Mutter mit vier Kindern? Überall hieß es »Nein«. Schönbohms wurde eine Kate mit zerschlagenen Scheiben angeboten, ohne fließend Wasser, Herdstelle und Heizung, nur mit Stroh auf dem nackten Fußboden. Was blieb ihnen anderes übrig, als sie zu nehmen? Da richteten sie sich ein: ohne Bett, Tisch oder Stuhl. Meine Mutter traf ihre Entscheidung. *Sie* brachte Pferd und Wagen zurück nach Peertz.

II.

GETRENNTE WEGE

1945 – 1959

Jörg Schönbohm Mutter Keue wollte mitkommen, war sich aber unschlüssig, ob sie unter den in Boitzenhagen zu erwartenden Bedingungen bei uns bleiben würde. Zumal sie zu dieser Zeit noch nicht wusste, wo ihr Mann war. So brachen wir also auf, und meine Mutter ging hinter dem Pferdewagen her – mit einem Kinderwagen, in dem mein jüngster Bruder Horst lag. Jeder wollte etwas von den Bauern in Boitzenhagen: Unterkunft, Arbeit, Verpflegung. Es ging ihnen ja vergleichsweise gut, plötzlich standen sie im Mittelpunkt des Geschehens. Meine Mutter hat uns dazu diese Schilderung hinterlassen:

Elisabeth Schönbohm Es hieß: »Schon wieder Zigeuner aus dem Osten!« Ermutigen konnte uns das wenig, aber entmutigen schon lange nicht. Später hatten wir mit diesen Leuten ein gutes Verhältnis, da sie merkten: Wir konnten und wollten arbeiten. Nun standen wir in unserem neuen Zuhause, das erst einmal dazu gemacht werden mußte: kein Herd, kein Wasser, kein Ausguß. Löcher in den Wänden, erbaut mit halben Ziegelsteinen. Vergitterte Fenster. Draußen ein übervolles Klo, das Papa bald abriß. Wir benutzten dann das Klo im Schweinestall mit, das Heines, unseren Nachbarn, gehörte. Es war unbeschreiblich. Tante Lotti und Papa konnten einige Tage danach noch einmal nach Peertz fahren. Sie holten einen Kanonenofen, Decken, Töpfe und anderes, was Tante Anna noch herausgab.

Tante Lotti Als wir in unsere neue Behausung zurückkamen, hatte eure Mutti versucht, mit viel Phantasie und gutem Willen die Kate heimelig zu machen. Vor dem Ofen im Wohnzimmer stand Papas Offizierskiste, darauf lag die kleine Brücke und darauf stand die schmiedeeiserne kleine Stehlampe, die mit auf die Flucht gegangen war, weil Mutti sich nicht von ihr trennen konnte. Was so an Bettzeug da war, lag malerisch auf der Erde, und Mutti sah Papa aufmunternd an, wie noch oft in den kommenden Jahren. Es wäre doch gar nicht so schlecht. Daß sie Recht hatte, wurde uns bald klar, denn höchstens eine Woche, nachdem wir gekommen waren, wurden die Leute »von drüben« von den Engländern wieder an die Grenze und zu den Russen gebracht – aber Schönbohms nicht.

Elisabeth Schönbohm Es war ein kühler Juni nach einem unmöglichen Mai, und wir froren. Wir hatten auch keine richtige Arbeitskleidung, kein trockenes Holz im ersten Jahr. Der kleine Kanonenofen wurde bald von einem gemauerten Herd abgelöst. Die Ofenplatte fand euer Papa in einem Bauernhof auf dem Boden. Das Haus war stark zerstört durch Beschuß und verlassen. Wir gingen als erstes an die Säuberung der Zimmer. Zuerst hatten wir die Küche – einen kleinen Wohnraum mit angrenzendem Zimmer – für Euch fünf zum Schlafen. Wir stopften Strohsäcke und versuchten mit primitiven Mitteln, ein bißchen Wohnlichkeit zu schaffen. Der erste Sommer war besonders schwer durch Um- und Eingewöhnung. Aber Papas Erfindungsgeist half ihm, eine Kommode zusammenzunageln aus Platten, die bei Körtjes, unserem Bauern, in der Scheune standen. Wir kamen uns wie Pioniere vor und freuten uns, wenn wieder ein Engpaß überwunden war.

Jörg Schönbohm Familie Heine, unsere Nachbarn im anderen Teil der Kate, war hilfsbereit und aufgeschlossen. Oft sind gerade diejenigen großzügig, die selbst wenig haben. Einer der beiden Söhne wurde mir im Laufe meiner Kindheitsjahre in diesem Dorf zu einem echten Freund. Das neue Leben brachte es mit sich, dass wir Kinder alles vergaßen. Der kleinste Bruder war ein Baby, von den übrigen musste sich jeder um alles kümmern. Vor allem ich als Ältester, wenn auch erst 7 ½ Jahre alt, musste immer mit ran. Die erste Schwierigkeit war, Wasser zu holen aus zwei-, dreihundert Meter Entfernung vom benachbarten Hof. Anfangs benutzten wir den Kinderwagen, später hatten wir einen Handwagen, auf dem wir eine mit Wasser gefüllte Wanne transportieren konnten, bis wir dann ausreichend viele Eimer und Milchkannen besaßen. Wenn ich über das Gewicht klagte, sagte mein Vater trocken: »Dann mach die Eimer nicht so voll und lauf zweimal.«

Mutter arbeitete als Tagelöhnerin, Vater als Knecht. Mutter half, wo immer möglich. Dann blieb meine Tante zuhause, oder umgekehrt. Wir brauchten ja ein Minimum an Geld, um einzukaufen, wenn der Lebensmittelwagen kam. Mein Vater bemühte sich frühzeitig, Ackerland zu bekommen, und wie stolz und glücklich waren meine Eltern, als sie zum Herbst drei Morgen Land pachten konnten und wir eine Ziege hatten und Hühner. Für jeden Tag, den uns der Bauer während der Saat- und später während der Erntezeit das Pferdegespann lieh, mussten meine Eltern gemeinsam drei Tage arbeiten. Das war die Währung. Es gab aber noch andere Währungen, die für Tauschgeschäfte immer wichtiger wurden: Auf dem Land waren das Fleisch- und Wurstwaren sowie Schnaps.

Deshalb entschloss sich mein Vater, zusammen mit dem Nachbarn Willi Heine Schnaps zu brennen. Im Winter 1945/46 wurde eine Art Kartoffelsud im großen Kessel in der Waschküche erhitzt, dazu der Deckel mit Lehm abgedeckt, ein Loch hineingebohrt und ein gebogenes Aluminiumrohr zur Kondensation angeschlossen, das aus dem zerstörten VW-Werk in Wolfsburg stammte. Das alles hatte sich mein Vater ausgedacht. Offenbar nützten ihm die Kenntnisse, die er viele Jahre zuvor als Drogerielehrling erworben hatte und die ihm schon in Südamerika geholfen hatten zu überleben. Jubel bei Nachbar Heine und meinem Vater, als die ersten Tropfen aus dem Kondensationsrohr herauskamen! Sofort wurde gekostet: In der Tat, es war hochprozentiger Alkohol, viele Tauschgeschäfte waren damit in Sicht. Mit Hilfe seiner reichen Phantasie entwickelte mein Vater einen Likör, den er »Pudekack« nannte – Kartoffelschnaps mit Sirup und Sahne – und der bei den Bäuerinnen bald sehr beliebt war.

Meine Eltern brauchten aber auch Fleisch, und das hieß: Ein Schwein musste her. Schweinebestände wurden überwacht. In den Besitz eines Schweins zu gelangen, ohne dass es auffiel, war eigentlich nur möglich, indem ein Tier als tot gemeldet und beim neuen Besitzer versteckt wurde. So geschah es; unser Schwein befreite sich aber aus dem Holzschober, indem es lange genug buddelte und dann auch noch eine Tür aushebelte, und lief ausgerechnet während der Kontrolle friedlich über die Dorfstraße. Frieda Heine kam zu meiner Mutter und sagte: »Lisbeth, euer Schwein löpt op de Straat.« Natürlich wusste niemand, wem es gehört, und nach der Kontrolle haben wir es wieder eingesperrt. Die nächste Hürde war das Schlachten. Nachbar Heine holte für eine Flasche Schnaps einen Bekannten mit einem Bolzenschussgerät über die grüne Grenze. Der Plan bestand darin, das Schwein während des Fressens mit einem Kopfschuss in die Stirn zu töten, aber das ging offenbar schief. Ich war gerade in der Küche, und mich durchfuhr wie alle anderen ein jäher Schreck. Der Todeskampf war im ganzen Dorf zu hören.

Als unser erstes »schwarzes« Schwein eben geschlachtet, verarbeitet und verwurstet war, hieß es wieder, es käme eine Kontrolle. In solchen Fällen wurde der Bürgermeister über das einzige Telefon gewarnt, und dann griff das Frühwarnsystem des Dorfes. Wir verteilten unsere Fleisch- und Wurstkonserven auf alle möglichen Verstecke, auch im Schlafzimmer, und ich wurde als vermeintlich hochansteckender Mumpskranker ins Bett verfrachtet. Alles umsonst, die Kontrolle blieb aus.

Ohne Kerzen und Lametta

Nur dank der Tauschgeschäfte mit Schnaps und Fleisch hatten wir die Aussicht, vor Einbruch des Winters an einen Kaminofen zu kommen. Mein Vater lernte zufällig einen Ofenbauer kennen, und aus einem zerschossenen Bauernhaus holten wir Ofenkacheln. Der Ofenbauer meinte, dass er einen Kamin bauen könne, der das Wohnzimmer, in dem die Eltern schliefen, und das benachbarte Schlafzimmer der Kinder beheizen würde. So wurde es gemacht, und mit Fleisch und Schnaps bezahlt. Nun konnten wir notdürftig heizen, mit Holz aus den Wäldern und mit getrocknetem Torf, den meine Eltern im Sommer unweit des Dorfes gestochen hatten.

Die Naturalien, die meine Mutter im Sommer verdient hatte, und die fünf Reichsmark Tageslohn meines Vaters reichten aber nicht, um über den Winter zu kommen, in dem es bei den Bauern keine Arbeit gab. Angeregt von einem Grafiker, der ebenfalls im Dorf wohnte, beschlossen meine Eltern, handbemalte Märchenfiguren aus Holz herzustellen. Als Vorlage dienten die drei oder vier Märchenfiguren meiner Schwester Christiane, die sie heimlich eingepackt hatte – gegen das ausdrückliche Verbot meiner Eltern, Spielzeug auf die Flucht mitzunehmen. Mein Vater als ehemaliges Parteimitglied traute sich aber nicht, einen Gewerbeschein zu beantragen. Also übernahm das meine Tante und nannte den Betrieb nach ihrem Mädchennamen »Kunstgewerbe Asselborn«.

Durch Tausch kamen wir an Sperrholz, das in Fließbandarbeit nach Entwürfen des Grafikers bemalt wurde. Mein Vater schnitt in einem Tischlereibetrieb die Figuren grob aus, und meine ältere Schwester und ich bekamen den Auftrag, die Feinheiten mit Laubsäge und Sandpapier nachzuarbeiten. Die erwachsenen Frauen, meine Mutter, meine Tante und eine Freundin der Familie, machten mit Hilfe von Schablonen kenntlich, welche Flächen mit welcher Farbe zu bemalen waren. Das größte Problem bestand darin, an die Farben zu kommen: Sie mussten leuchten, haltbar sein und wasserfest. Im Dorf gab es so etwas nicht.

Tante Lotti Wir stahlen nicht und bettelten nicht, aber wir hatten nicht das Nötigste und nichts, was das Dorf hatte. Den anderen Flüchtlingen ging es teilweise besser, aber die konnten wir doch nicht fragen. Unsere Kinder liefen auf Holzsohlen, weil wir kein

Leder hatten, und welches Glück, daß es den Mann im Dorf gab, der Holzsohlen unter die normalen Schnürschuhe klebte und nagelte. Wir liefen auf Holzpantoffeln und trugen bei der Arbeit im Wald gefundene Wehrmachtshosen und -jacken. Ich fuhr zu einem Farbengeschäft in Brome und wurde wie vor der Flucht als »gnädiges Fräulein« angesprochen, was mein ramponiertes Selbstgefühl enorm steigerte!

Jörg Schönbohm Tante Lotti brachte also Farben mit, und nun konnte gemalt werden, an den Winterabenden, in der Küche, wenn es keinen Strom gab, auch keine Kerzen, nur Kienspan und dann als großen Fortschritt eine Petroleumlampe. Manchmal tropfte es von der nassen Babywäsche auf die frische Farbe, dann gab es Ärger, aber – der Plan ging auf. Wir hatten Figuren aus »Das tapfere Schneiderlein«, »Sieben auf einen Streich« und »Hänsel und Gretel« sowie die »Bremer Stadtmusikanten« im Angebot. Sie wurden tatsächlich gekauft. Mein Vater packte sie in einen Rucksack und fuhr nach Bremen, Braunschweig, Hannover und Hamburg und ging von Tür zu Tür. Und immer kam er mit einem leeren Rucksack zurück und brachte Geld mit. Die Spanplatten waren bald verbraucht, und deshalb fertigte mein Vater aus Erlenholz dünne Platten, die wir ebenfalls zu Figuren verarbeiteten.

So schlugen sich meine Eltern schließlich bis 1948 durch. Der erste Winter war besonders kalt, und wir spürten diese Kälte sehr, obwohl wir doch nun einen Herd hatten und den Kachelofen. Aber das Haus war sehr leicht gebaut, und unser Kinderzimmer sah morgens aus wie ein Kristallpalast. Von innen war alles gefroren, unsere Betten kalt und klamm, so dass meine Schwester und ich bald an Tuberkulose erkrankten. Mein Vater besorgte bei den Bauern Stroh, das meine Mutter und meine Tante zu Matten flochten, die mein Vater von innen an die Wände nagelte. Erst zum Winter 1947/48 gelang es ihm, wiederum durch Tausch und gegen Arbeit, zur Isolierung unserer Kate Spanplatten anzubringen.

Es war für meine Eltern nicht leicht, unter diesen Bedingungen das Weihnachtsfest vorzubereiten, ohne Kerzen, ohne Lametta, nur mit einem Baum. Es gab auch keine Geschenke, nur ein paar Kleinigkeiten für jeden von uns. Tante Lotti als Zeremonienmeisterin brachte uns Gedichte bei, die jedes Kind, bis auf die Kleinen, aufsagte. Meine Schwester las die Weihnachtsgeschichte vor. Kienspan und Petroleum erhellten die weihnachtliche Küche. Wir Kinder spielten Märchen. Christiane gab Frau Holle, Wulf die Goldmarie, ich die Pechmarie, meine zweite Schwester Susanne spielte das zu schüttelnde Bäumchen, und der kleinste Bruder Horst, noch kein ganzes Jahr alt, lag auf dem Tisch und stellte das Brot dar, das vor dem Verbrennen aus dem Ofen gerettet werden musste. Wenn er irgendwelche Laute von sich gab, was er ständig tat, hieß das eben: »Holt mich hier raus!« Es war sogar eine Decke als Theatervorhang durch die Küche gespannt.

Es gab kaum Streichhölzer, um Licht zu machen. Auch hier wusste mein Vater Rat und entwickelte eine Lösung, die heute gegen alle möglichen TÜV-Bestimmungen verstoßen würde: Er nahm zwei Sägeblätter und befestigte sie im Abstand von einem halben Zentimeter auf Kork an der Wand, schloss an die Sägeblätter zwei elektrische Drähte an – Plus und Minus – und fädelte durch ein kleines, durchlöchertes Metallrohr Schafwolle, die mit Spiritus getränkt wurde. Damit ging man zwei-, dreimal über die Sägeblätter, die daraufhin Funken sprühten und den Docht in Brand setzten. Wichtig war, dass wir stets Feuer machten, bevor die Stromsperre einsetzte.

Meine Schwester und ich gingen in eine Dorfschule, die an Wilhelm Busch erinnerte, in der acht Klassen gleichzeitig unterrichtet wurden und der Lehrer uns Kinder abrichtete, indem er mit dem Rohrstock dorthin schlug, wohin zu schlagen er jeweils für zweckmäßig hielt, auf Hände oder Ohren. Daneben blieb genug Zeit für die üblichen Kinderstreiche der Dorflümmel, an denen ich mich gern beteiligte: Wir nahmen Vogelnester aus oder bastelten kleine Wurfgranaten aus Patronen, die wir irgendwo gefunden hatten, und ließen sie auf der Dorfstraße explodieren, bis wir etwas hinter die Ohren bekamen.

Die neue Dorfgemeinschaft wuchs gut zusammen. Eines Tages hatte der Sohn des Kolonialwarenhändlers Bonbons dabei. Auf die Bitte, ein paar abzugeben, warf er sie in die Luft und freute sich darüber, dass die Dorfjungen sich darum prügelten. Ich scheuerte ihm links und rechts eine und sagte zu ihm: »Wenn du Bonbons hast, dann gib einfach jedem einen.« Das hat mein Ansehen gesteigert, aber mein Leben erschwert. Sonntags konnte ich beim Bauern Borchert zu Mittag essen. Wir hatten ständig Hunger oder »Appetit«, wie mein Schwiegervater später sagte, und waren extrem abgemagert. Bei diesem Bauern gab es immer fettes Schweinefleisch, das mir sehr schmeckte, mit dicker Soße. Fritz, der Sohn des Bauern, sagte eines Tages, als Flüchtlinge müssten wir doch irgendwann dahin zurückgehen, wo wir hergekommen waren, was wir eigentlich hier wollten? Ich fühlte mich in unserer schwierigen Lage von ihm beleidigt und sagte: »Nimm das zurück.« Das tat er nicht, ich verprügelte ihn und ging nicht mehr zum Essen. Meiner Mutter konnte ich das nicht erzählen und so gab mir Nachbar Heine sonntags etwas trocken Brot, manchmal auch mit Schmalz oder mit Belag, bis Frau Borchert meine Mutter fragte, warum ich nicht mehr käme, was denn passiert sei. Ihr Sohn hatte nicht gepetzt. Ich beichtete meiner Mutter den Vorfall und ging dann wieder zum Essen.

Eines Tages arbeitete ich mit meinem Vater auf dem Feld, das zu den drei Morgen gehörte, die wir gepachtet hatten. Da kam ein uns bekannter Mann aus dem Dorf mit blankgeputzten Schaftstiefeln und sah uns eine Weile zu. Auf einmal sagte er: »Aber Herr Schönbohm, wie können Sie denn solche Arbeit machen, das ist doch nichts für Sie. Sie müssen sich etwas anderes suchen.« Mein Vater sagte: »Ich habe eine Familie mit fünf Kindern, die ich mit meiner Hände Arbeit ernähren muss. Es gibt doch gar keine andere Möglichkeit.« Vierzehn Tage später wurde bekannt, dass dieser Mann in Wittingen und anderen Orten mit einer Rotkreuzbinde um den Arm Geld gesammelt hatte – in Wirklichkeit für sich selbst.

Meine Eltern haben im Dorf viele Leute kennengelernt, zu denen sie ein sehr gutes und persönliches Verhältnis hatten. Und meine Mutter schildert in ihren Erinnerungen auch, wie sie zusammenkamen und was sie erlebten.

Auf der Oberschule

Elisabeth Schönbohm In den Dörfern, in den Wäldern arbeiteten viele Menschen wie wir, die von jenseits der Grenze gekommen waren und die nicht zurückkonnten in die russisch besetzte Zone. Eine Verbundenheit in der Fremde war da, aber Freundschaft wurde es selten. Wir waren mit einem, der in Berlin eine Druckerei hatte, befreundet. Einen Architekten aus dem Baltikum und einen Zahnarzt aus Scheven kannten wir gut von gemeinsamen Abenden. Wir trafen uns ab und zu reihum, und jeder brachte das mit, was er hatte, Papa seinen berühmten Schnaps, und so wurden es oft ausgelassene Abende. Ich erinnere mich besonders an ein Fest bei uns. Die schäbigen Wände der Küche waren unter Girlanden aus Heidekraut versteckt, aus denen Kasperleköpfe herausguckten, geschnitzt aus Kartoffeln und angemalt. Wir tanzten und sangen. Wir hatten einen Offizier, der aus Salzwedel (Altmark) stammte, dazu eingeladen. Er lebte vom Holzfällen, ohne Familie. Zu mir sagte er mehrere Male: »Ist ja klotzig, gnä' Frau!« Das wirkte unwahrscheinlich komisch in dieser Umgebung, und ich mußte lachen. Er nahm das als Kompliment.

Jörg Schönbohm »Ist ja klotzig, gnä' Frau« wurde bei uns in der Familie, vor allem bei meiner Schwester Christiane und mir, eine häufig benutzte Floskel, um deutlich zu sagen, dass uns etwas gefiel. Dabei haben wir uns durchaus mit allem angefreundet und in alles geschickt, wie es nun einmal war. Und doch wurde erkennbar, dass es auf Dauer nicht so weitergehen konnte. Es begann damit, dass Christiane von Boitzenhagen aus keine höhere Schule besuchen konnte. So wurde sie über Freunde von uns in eine andere Familie gegeben, um von dort aus zur Schule zu gehen. Für meine Eltern war das eine schwere Entscheidung und für meine Schwester ebenso. Ich wusste noch nicht, dass es mir kurze Zeit später nicht anders ergehen würde.

Mein Vater sagte eines Tages zu mir: »Ich kann dir nichts vererben, ich kann nur dafür sorgen, dass du eine gute Ausbildung machst. Was du einmal kannst und in dir trägst, das kann dir niemand mehr nehmen.« 1947 entschieden meine Eltern, mich zu der befreundeten Familie Tritz zu geben, die, ebenfalls aus Bad Saarow, in die Nähe von Lüchow im Wendland geflohen war, nicht weit von Gorleben. Familie Tritz hatte ein Schloss gepachtet, das Obergut Grabow, und darin ein Kriegsversehrtenheim eingerichtet. Dort lebten sie mit ihren beiden Jungs, die etwa in meinem Alter waren, und einer jüngeren Tochter. Ehepaar Tritz holte mich mit seinem kleinen Auto ab – von Boitzenhagen nach Grabow nördlich von Lüchow sind es etwas mehr als sechzig Kilometer –, und so kam ich in ein ungewöhnliches Internat.

Gemeinsam mit den Söhnen Tritz, einem Grafen Lambsdorff, ebenfalls Flüchtling, sowie mit Eberhard von Plato, dem Sohn des Obergutbesitzers, und Maren von Blottnitz vom Untergut sollte ich auf die Oberschule gehen. Wir bekamen zunächst von einem der vielen kriegsversehrten Lehrer ein Jahr lang Privatunterricht in einem kleinen Raum im Gutshaus, um uns auf die Prüfung für den Besuch der Oberschule in Lüchow vorzubereiten. Ich merkte bald, dass mir vor allem die Aufgabe zugedacht war, den Söhnen Tritz mit gutem Beispiel voranzugehen und sie zu motivieren, denn ihre schulischen Leistungen ließen einiges zu wünschen übrig. Mit beiden verstand ich mich gut, aber mit manchen Kriegsversehrten noch besser. Ich lernte viele junge Männer kennen, die zum Teil schwere und schwerste Verletzungen hatten und trotzdem noch Lebensmut ausstrahlten. Von einem, der beide Hände verloren hatte, lernte ich, Tischtennis zu spielen. Mit seinen kurzen Armen konnte er gut täuschen, aber er kam nicht an alle Bälle heran. Diesem Tischtennislehrer hatte ich viele spätere Erfolge in meiner Schulzeit zu verdanken. Es gab Männer, die niemals sprachen. Diese Kriegsversehrten und wie sie mit ihrem Schicksal umgingen – das hat mich als zehn-, elfjährigen Knaben beschäftigt.

Wir Jungen und ein Mädchen gingen regelmäßig in unseren Unterricht und hatten einen Hauptlehrer, dem weitere Lehrer nach Bedarf halfen. Regelmäßig waren Hausaufgaben zu erledigen und Arbeiten zu schreiben. Meinem Freund Volker Tritz hatte sein Vater einen Tischtennisschläger gekauft, der in unerreichbarer Höhe im Unterrichtszimmer hing, mit der Maßgabe, dass er 15 Zentimeter heruntergelassen würde, wenn Volker eine gute Arbeit schrieb und 15 Zentimeter hinaufgezogen, wenn er eine schlechte Arbeit schrieb. Wäre diese Regel eingehalten worden, hinge der Schläger wohl heute noch dort, aber er wurde irgendwann trotz der schlechten Leistungen heruntergelassen, während ich weiterhin mit meinem Holzbrett vorliebnehmen durfte. Ich fand das natürlich ungerecht.

Aber immerhin bekam ich in Grabow mein erstes, freilich noch herzurichtendes Fahrrad geschenkt, das ich als Reverenz an den »Roten Baron« Manfred von Richthofen, den erfolgreichsten deutschen Jagdflieger des Ersten Weltkrieges, rot anstrich. Richthofen hatte eine Verwandte, die ebenfalls auf dem Obergut lebte. Sie war Großmutter und führte mich eines Tages auf den Dachboden des Gutshauses und entnahm einem Stahlschrank eine Mappe, deren Inhalt mich tief beeindruckte. Es handelte sich um eine von Kaiser Maximilian, dem »letzten Ritter«, unterzeichnete Urkunde, die von den Sicherungsaufgaben handelte, die die Familie von Plato im »Wendenland« an der damaligen Grenze des Heiligen Römischen Reiches Deutscher Nation zu übernehmen hatte.

Wir Kinder sind Schlittschuh gelaufen, haben im Moor gespielt und mit Karbit gedonnert – all das, was Jungs eben so anstellen. Wenn ich abends schlafen ging, vermisste ich natürlich den mütterlichen Gutenachtkuss, obwohl mein Vater mich ermuntert hatte, tapfer zu sein. Dafür haben wir viel gelernt. Im Kriegsversehrtenheim sah ich zum ersten Mal die Aufführung eines Schauspiels – unter primitiven Bedingungen, aber mit welch einer lebendigen Sprache! Und als Herr Tritz merkte, dass ich an Büchern interessiert war, durfte ich auch in die Bibliothek. Er wies mich darauf hin, wie wichtig es sei, die deutsche Geschichte zu kennen und die deutsche Dichtung wertzuschätzen, die mindestens ebenso lebenswichtig wären wie das Geld. Wie meine Tante sagte: »Wir haben nicht gestohlen und nicht gebettelt.« Wir hatten nichts, aber die Bildung ging uns über alles, und ich bin meinen Eltern bis heute dankbar, dass sie mir mit der Zeit in Grabow eine neue Welt öffneten.

Ich fuhr also im Sommer 1948 optimistisch in die Kreisstadt Lüchow zur Aufnahmeprüfung, die ich dann auch bestand, sodass ich froh und stolz war, als Elfjähriger die Oberschule besuchen zu dürfen. Die zehn Kilometer Schulweg bewältigten wir mit der Bahn oder mit dem Fahrrad. Ich erlebte wiederum eine schöne Zeit; nur sonnabends, wenn die Sirene ging, erschrak ich und suchte einen Unterstand, wofür meine Kameraden mich auslachten. Mich erinnerte das jedesmal an den Luftangriff auf Berlin.

Ein Jahr Schule in Grabow, ein Jahr Schule in Lüchow. Es galt, Abschied zu nehmen von der dörflichen Idylle.

Wo fliehn wir hin, wohin?

Eveline Schönbohm Seit meine Mutter in Boitzenhagen keine Unterkunft gefunden hatte und nach Peertz zurückgekehrt war, waren die beiden Familien auseinandergerissen. Würden wir Schönbohms jemals wiedersehen? Vierzehn Jahre lang sollten wir von nun an getrennte Wege gehen und uns erst 1959 in Italien, an der ligurischen Küste, wiedertreffen.

Das Bilderbuchdorf Peertz verlor nach unserer Rückkehr rasch seinen Glanz. Entsprechend den Vereinbarungen der Vier Mächte zogen die USA und Großbritannien ihre Truppen Anfang Juli 1945 aus Sachsen-Anhalt ab. Dafür rückten sie in die für sie vorgesehenen Westsektoren Berlins ein. Eines Tages war das Dorf voll mit Panjewagen, fremde Laute umgaben uns. Die Russen waren da. Ich glaube, sie haben sogar gesungen, als sie einzogen. Die Frauen konnten sich nicht wehren und waren der Willkür der neuen Besatzer hilflos ausgeliefert. Die Atmosphäre veränderte sich auf beängstigende Weise. Die Russen waren insgesamt leiser als die Amerikaner, das machte sie auch unheimlicher. Und ihre Sprache verstanden wir noch weniger. Peertz gehörte von nun an zur Sowjetischen Besatzungszone (SBZ). Die Russen besetzten jedes zweite oder dritte Haus. Alles Mobiliar blieb in den Wohnhäusern, die Kühe und Schweine blieben in den Ställen. Für ihre kleinen Pferde brauchten sie wenig Platz. Das Benehmen der Besatzer war seltsam. Keiner mochte in die von ihnen bewohnten Häuser gehen, vor allem nicht die Bäuerinnen, obwohl es doch ihre eigenen Häuser waren. Sie waren aufgefordert zu melken, sauberzumachen, die Wäsche zu waschen – zu tun, was von ihnen verlangt wurde. Angst machte sich breit. Wie konnte man dieser Willkür entkommen? Die Frauen machten sich hässlich. Das nützte nicht viel. Auch die Männer konnten ihre Frauen nicht beschützen. Die Russen taten das, was ihnen vom Oberbefehlshaber als Siegermacht zugestanden worden war: plündern, vergewaltigen.

Meine Mutter und wir Kinder bezogen unsere alten Zimmer im ersten Stock bei Tante Anna, wo es ohne Schönbohms seltsam leer und still war. Am 29. Juli, als Sybille ein Jahr alt wurde, hatten wir noch immer nichts von meinem Vater gehört. Meine Mutter beschloss, mit mir eine Erkundungsfahrt nach Ketschendorf zu machen. Meine drei Geschwister überließ sie der Obhut der Frau des Dorflehrers. Die Reise wurde zu einem lebensgefährlichen Wagnis, sie führte durch das völlig zerstörte Magdeburg.

Peter Steins *Wallenstein*-Inszenierung erinnerte mich 2007 aufs lebhafteste an das, was wir damals gesehen hatten, besonders durch Goethes Gedicht »Die Zerstörung Magdeburgs«, das in den Umbaupausen zu hören war: »Dein Vater lieb ist hin,/ Die Bürger alle fliehn;/ Schon fließt das Blut die Straße hin,/ Wo fliehn wir hin, wohin?« Ich sah mich wieder mit meiner Mutter 1945 durch die völlig zerstörte Stadt laufen auf der Suche nach dem Bahnhof. Ausgebrannte Häuser, eine gesprengte Brücke, alles in Schutt und Asche. Die meisten Menschen liefen in eine Richtung. Wir schlossen uns dem Strome an und erreichten schließlich, was vom Bahnhof übrig war. Keiner wusste, wann der nächste Zug Richtung Berlin einfahren würde, aber dort wollten alle hin! Wir verbrachten eine kalte Nacht in einem übervollen Warteraum, bis endlich ein Zug einfuhr. Mir war angst und bange beim Anblick der nervösen Menschenmenge, die auf dem Bahnsteig wogte. Jeder trug so viel Gepäck wie möglich.

Meine Mutter hielt mich ganz fest an der Hand, aber gegen die Menge kam auch sie nicht an. Wir wurden getrennt, und ich schrie so laut, dass ich über mich selbst erschrak. Eine mitleidige Seele hob mich durchs Abteilfenster, auf das ich zeigte, während ich »Mutti!« rief. Drinnen war jeder kleinste Winkel ausgefüllt mit Menschen, Koffern, Taschen, Körben, Säcken. Mutige klammerten sich auf den Dächern fest oder auf den Trittbrettern. Alle durchfuhr ein Aufatmen, als sich der Zug endlich in Bewegung setzte. Bei jedem Halt auf freier Strecke wurde es totenstill; die Angst vor sowjetischer Willkür schnürte jedem die Kehle zu. Die Fahrt dauerte den ganzen Tag. Jeden Schluck und jeden Bissen »teilten« wir mit den gierigen Blicken der Mitreisenden.

Ein Mann betrachtete meine Mutter mit unverhohlener Aufmerksamkeit. Irgendwann fragte er sie, ob sie aus Ketschendorf komme. Meine Mutter war misstrauisch und beantwortete die Frage nicht gleich. Der Mann stellte sich vor und erzählte, wobei natürlich alle interessiert zuhörten, dass er meinen Vater geschäftlich kenne und meine Mutter schon immer sehr geschätzt habe. Er erwies sich als unser Retter, als der Zug – schon in Berlin – von Russen überfallen wurde. Wir standen auf offener Strecke in einem der städtischen Wälder. Jeder raffte sein Bündel und reihte sich ein in die Schlange zur Tür. Meine Mutter hatte keine Orientierung, aber der unbekannte Mitreisende wusste in etwa, wo wir uns befanden, und wir erreichten nach einem einstündigen Fußweg eine bewohnte Gegend, in der er sich auskannte. Nach einer weiteren Stunde hatten wir das Ziel erreicht und standen vor seiner Wohnungstür. Seine Frau bereitete uns eine warme Suppe, und wir konnten im Wohnzimmer auf Couch und zwei zusammengeschobenen Sesseln übernachten.

Am nächsten Morgen brachen wir auf nach Fürstenwalde. Unser Retter brachte uns noch auf den richtigen Weg. Uns begegneten viele Menschen, in jeder Richtung, und alle waren sie schwer beladen. Ohne zu tauschen gab es ja nichts zu essen. Abgezehrte, von Entbehrung gezeichnete Gesichter. Angstvolle Momente: Wenn eine Uniform nahte, schlugen wir uns seitwärts in die Büsche. Endlich kam Fürstenwalde in Sicht. Da dachte ich wirklich, ich könne nicht mehr weiter. Wir nahmen die einzige Brücke, eine Behelfsbrücke, nach Ketschendorf, und schon sahen wir unsere Tankstelle und unsere Werkstatt. Lädiert zwar, aber insgesamt erhalten! Nun war es nicht mehr weit bis zur Chausseestraße 28. Wir seufzten vor Erleichterung.

Als wir vor der Wohnungstür meiner Großmutter standen, konnte sie es kaum fassen, uns wiederzusehen. Dann das große Erschrecken: Mein Vater war inzwischen als »Kapitalist« vom NKWD abgeholt worden, und keiner wusste, wo er war und ob er überhaupt noch lebte. Über die schlimmste aller Möglichkeiten wurde weder nachgedacht noch gesprochen. Nachforschungen waren gefährlich und erschienen sinnlos. Es bedurfte selbstverständlich keines gerichtlichen Beschlusses, um jemanden verschwinden zu lassen. Es genügte die Behauptung eines anderen, der von sich selbst ablenken wollte. In unserer Vierzimmerwohnung wohnte in jedem Zimmer eine Flüchtlingsfamilie. Meine

Mutter wagte sich aufs Gemeindeamt, um sich zurückzumelden. Dort wurde ihr wegen der angespannten Ernährungs- und Wohnungssituation geraten, Ketschendorf zu verlassen und erst im nächsten Jahr, 1946, wiederzukommen. Wir mussten ohnedies zu meinen Geschwistern. Nach wenigen Tagen machten wir uns also auf den Rückweg nach Peertz.

Schon im Oktober gab es empfindlich kalte Tage und Nächte. Sybille erkältete sich, bekam Fieber und konnte bald kaum noch schlucken. Mit dem röchelnden kleinen Mädchen gingen wir einen Kilometer nach Bandau zum nächstgelegenen Bahnhof, um mit dem Zug nach Klötze zu fahren, in der Hoffnung, ein Krankenhaus oder wenigstens einen Arzt zu finden. Im Zug bekam Sybille kaum noch Luft. Als wir nach verzweifeltem Umherirren endlich eine Praxis fanden, wagte der unerfahrene junge Arzt nicht den einzig rettenden Luftröhrenschnitt – oder hatte er Angst, dass Sybille in seiner Praxis sterben könnte? Wir fuhren und liefen zurück. Meine Mutter trug Sybille auf dem Arm und konnte ihr nicht helfen. Am Abend krochen Jutta, Peter und ich voller Angst zusammen ins Bett. In der Nacht hörte ich von nebenan in der Stille das verzweifelte Schluchzen meiner Mutter, als Sybille der Diphterie erlegen war – erstickt.

Gulag in Deutschland

Im Februar 1946 hielt meine Mutter die Ungewissheit über das Geschehen in Ketschendorf nicht länger aus. Wir reisten wieder nach Hause. Wie schaffte sie das bloß, mit der Trauer um Sybille und mit der Angst um meinen Vater, allein mit drei Kindern und all dem Gepäck?

In unserer Wohnung war nur noch ein Zimmer von einem älteren freundlichen Ehepaar aus Schlesien bewohnt, mit dem wir nun Küche und Bad teilten. Sie waren sehr dankbar. Welch ein Glücksgefühl, als wir wieder in unseren eigenen Betten schlafen konnten! Meine Großmutter hatte auf alles aufgepasst. Aber bald war das Eingemachte im Keller verzehrt, und der Kohlenhaufen wurde auch immer kleiner. 720 Mark zahlte meine Mutter an einen befreundeten Fleischer in Fürstenwalde für ein Pfund Schmalz. Es gab Lebensmittelkarten wie im Krieg, aber die Rationen reichten nicht, um den Hunger zu stillen.

Eines Tages erhielten wir einen Briefumschlag mit einem Zettel. Unsere Adresse lies die Handschrift meines Vaters erkennen; auf dem Zettel stand nur: »Bin in Buchenwald«. Trotz der schlimmen Nachricht fielen sich Mutter und Großmutter in die Arme. Sie erzählten niemandem etwas. Immer wieder verschwanden Menschen, wobei die Angehörigen nichts über die Gründe und ihren Verbleib erfuhren. Und die Behörden verdächtigten jeden, der nachfragte. Kurz danach besuchte uns Onkel Alex, bei dessen Hochzeit in Bad Saarow Jutta und ich einst Blumen gestreut hatten. Meine Mutter fuhr mit ihrem Schwager fort und erklärte, dass sie erst am Abend zurück sein würden.

Erst viel später verriet sie mir, dass sie mit Onkel Alex, dessen Muttersprache ja Russisch war, versucht hatte, so nah wie möglich an das Lager Buchenwald heranzukommen, um meinem Vater ein Lebenszeichen von uns zu geben. Sie wurden beschossen und mussten unverrichteter Dinge umkehren. Meine Mutter wollte nicht auch noch Alex gefährden: »Niemals hätte ich es mir verziehen, wenn meine Schwester durch meinen Leichtsinn ihren Mann auch noch verloren hätte«, sagte sie. Wir wussten damals noch nicht einmal, dass es in Ketschendorf selbst das Speziallager Nr. 5 gab, in dem mein Vater die ersten drei Monate nach seiner Verhaftung verbracht hatte. Über all dem lag Schweigen bis zum Untergang der DDR. Immerhin, wir wussten, dass mein Vater lebte, und dankten dem Himmel.

Jörg Schönbohm Anfang Mai 2009 besuchten Evi und ich einen ökumenischen Gottesdienst in der Martin-Luther-Kirche Fürstenwalde-Süd, ehemals Ketschendorf. In dieser Kirche haben 1929 Evis Eltern geheiratet. Hier waren 1939 nach dem schrecklichen

Autounfall ihre Großeltern mit ihrer jüngsten Tochter und deren Bräutigam aufgebahrt. Und hier wurde Evi am 10. April 1949 im Beisein vieler ostpreußischer Flüchtlinge konfirmiert. Der Gottesdienst leitete die zwanzigste der alljährlichen Gedenkfeiern an das Speziallager Nr. 5 ein, die seit 1989 unter reger Beteiligung ehemaliger Insassen und ihrer Angehörigen stattfinden. Die noch lebenden Häftlinge des Speziallagers Ketschendorf sind längst Rentner, viele um die achtzig Jahre alt. Vor dem Gottesdienst gab es Frühstück im Gemeindehaus. Dort wurden Worte und Einzelheiten zu den Inhaftierungen ausgetauscht, die meist im Sommer 1945 stattfanden, als nur leichte Kleidung getragen wurde, weshalb im Herbst das große Frieren begann. »Sieh dein Volk in Gnaden an«, sang der Chor einen Liedtext von Ignaz Franz aus dem späten 18. Jahrhundert.

Die Kirchenglocken haben den Häftlingen damals Mut und Trost gespendet, so nah war das Speziallager Nr. 5, in dem Fritz Keue von Mai bis Juli 1945 die ersten neun Wochen seiner dreijährigen Haft verbracht hat. Bis zu 18 000 deutsche Zivilisten und Kriegsgefangene waren dort ohne gerichtliches Urteil interniert. Unter den Zivilisten waren neben früheren NSDAP-Mitgliedern auch Gegner der sowjetischen Besatzungspolitik und mehr als 1 600 Jugendliche im Alter von 12 bis 18 Jahren. Ihnen hatte man unterstellt, sie hätten als Partisanen der früheren Hitler-Jugend, als sogenannte Werwölfe, gegen die Besatzungsmacht kämpfen wollen. Bis zu hundert Gefangene mussten in einer Wohnung dicht aneinander schlafen.

Dass das Speziallager kein Straflager war, sondern ein Machtmittel, um alte Strukturen zu brechen und die neue Diktatur zu etablieren, darauf verweist die wichtige Rolle von Denunziation und Willkür: Für jeden Entflohenen wurde ein anderer gefangengesetzt. Skorbut, Krätze und Wassersucht waren so alltäglich wie das Schrubben des Fußbodens mit Backsteinen. Monatlich gab es rund 300 Tote, 4 620 Opfernamen sind bekannt, viele starben noch nach der Entlassung an Lungentuberkulose. Die Überlebenden übertreiben nicht, wenn sie das Speziallager Nr. 5 »Todeslager« nennen. Heute ist es eine unscheinbare Wohnsiedlung.

Nach Auflösung des Lagers Ketschendorf im Februar 1947 kam mein späterer Schwiegervater in das Speziallager Nr. 2 in Buchenwald. Wer nach Hause entlassen wurde, hatte bei Todesandrohung das Erlebte zu verschweigen. Auch das ein Grund, warum die ehemaligen Häftlinge von »Schweigelagern« sprechen. In den insgesamt zehn Speziallagern sind nach sowjetischen Angaben knapp 43 000 Personen ums Leben gekommen, nach neueren Forschungen waren es rund 65 000 Opfer, also fast die Hälfte aller Inhaftierten. Selbst das wäre nur ein winziger Teil der rund 100 Millionen, auf die das *Schwarzbuch des Kommunismus* die Gesamtzahl der Todesopfer kommunistischer Regime und Parteien addiert.

Nach dem Gottesdienst fand die eigentliche Gedenkfeier in einem kleinen Park zwischen der Wohnsiedlung und einer benachbarten Autobahn statt – dort, wo einst die Toten in Massengräbern verscharrt lagen. Hier fand man bei Erdarbeiten 1952 mehrere tausend Leichen, die auf Initiative des evangelischen Pfarrers Ernst Teichmann und unter Geleitschutz des Ministeriums für Staatssicherheit auf 30 Lastwagen von Ketschendorf nach Halbe verbracht und auf dem dortigen Waldfriedhof bestattet wurden. Dem Pfarrer war es untersagt, Namen oder Anzahl der Verstorbenen auf Grabsteinen zu nennen. Sie galten zur Zeit der DDR als »unbekannt«.

Nach einigen Vorrednern ergriff auch ich das Wort und erinnerte unter anderem an die Proteste, die ich 2006 in Sachsenhausen ausgelöst hatte, als ich anlässlich des 61. Jahrestages der Befreiung des nationalsozialistischen Konzentrationslagers die Insassen und Opfer des nach 1945 am selben Ort errichteten sowjetischen Straflagers in das Gedenken einbezogen wissen wollte: »Wir sagen, wir wollen aller gedenken, die hier gelitten haben.« Bis 1950 hatte die Rote Armee auf einem Teil des vorherigen KZ-Geländes vor allem kleine und mittlere NS-Funktionsträger, aber auch Gegner des Sozialismus inhaftiert. Etwa 12 000 von ihnen starben. Das Internationale Sachsenhausen-Komitee nannte meine Äußerung eine »Unverschämtheit«.

Der Geist dieses Protestes war auch 2009 in Ketschendorf zu vernehmen, als ein Redner davon sprach, es seien »nicht nur Unschuldige« im Speziallager interniert gewesen. Was, fragte meine Frau Evi anschließend mit hochgezogenen Augenbrauen, habe man damit eigentlich sagen wollen? Dass die todbringende Willkür als gerechte Strafe zu verbuchen sei? Dass die grausamen Instrumente sozialistischer Herrschaftserrichtung dank des antifaschistischen Vorzeichens gerechtfertigt gewesen seien? Meine Frau Eveline und ich sind uns einig, dass wir Deutschen ein umfassendes Gedenken brauchen, das alle Verbrechensopfer des totalitären 20. Jahrhunderts einbezieht. Wir wünschen uns, dass wenigstens vor den Gräbern nicht mehr die alten Schlachten geschlagen werden (vgl. S. 425–427).

Enteignung I

Eveline Schönbohm Wir wohnten also wieder in unserer alten Wohnung in Ketschendorf, aber wovon sollten wir leben? Meine Mutter kaufte für 2 000 Mark meiner Großmutter das Konfektionsgeschäft ab, um damit unseren Unterhalt zu verdienen. Es befand sich im gleichen Haus wie unsere Wohnung. So war Mutter immer in unserer Nähe. Meine Großmutter schneiderte weiterhin Damenkonfektion, und zum Glück gab es – wegen und trotz aller Not – große Nachfrage. Außerdem kauften wir für den Anfang drei Hühner, für die ein winziges Gehege eingezäunt wurde.

Während der Abwesenheit meines Vaters hatte ein ehemaliger Angestellter, Reinhold Arndt, für nur 60 Mark im Monat den Betrieb gepachtet, in dem damals sechs Personen beschäftigt waren. Für 1946 gab es bereits eine »Produktionsauflage«, die Reparaturen mit einem Gesamtrechnungswert von 36 000 Reichsmark vorsah. Im Juni 1946 erhielt meine Mutter den vorhersehbaren

Enteignungsbescheid vom Amt in Beeskow, in dem die Übernahme des Betriebes durch die Gemeindeverwaltung Ketschendorf festgelegt wurde; eine Rückgabe an den Eigentümer war nicht erwogen worden mit der Begründung, dass er ja durch den NKWD inhaftiert sei. Eine Willkürmaßnahme baute auf die andere auf.

Die achtfach unterzeichnete Begründung des Amtes Beeskow lautete: »Keue war führendes Mitglied im NSKK [Nationalsozialistisches Kraftfahrkorps] und ihm oblag die Ausbildung der Motor-HJ. Ferner war sein Betrieb Wehrmachtsbetrieb und er selbst tätig im besetzten Frankreich, um für die Wehrmacht Fahrzeuge und Ersatzteile sicherzustellen. Er nützte diese Tätigkeit in reichlichem Maße für sich aus und hat sich dabei persönlich bereichert. Die Frau, die erst in diesem Jahr von der Flucht zurückkehrte, hat jetzt noch Konserven aus dem Versteck ausgegraben. Keue hat seine Belegschaft schikanös behandelt, den Kriegerfrauen Urlaub versagt, wenn die Männer heimkehrten. Der Betrieb muß durch die Gemeinde enteignet werden, um die noch vorhandene Anlage für die Instandhaltung des schwerbeschädigten Fuhrparkes in Ordnung zu halten und sicherzustellen.«

Die Begründung ging an der Wirklichkeit im Dritten Reich vorbei. Meine Mutter suchte einen Anwalt auf, der ihr tausend Mark nur für die Auskunft abnahm, dass er gegen den Bescheid keinen Einspruch einlegen könne. Sie ergriff eigene Maßnahmen, entschlossen wie sie war, für die Ehre meines Vaters einzutreten. Bis zum Herbst sammelte sie Zeugnisse von ehemaligen Mitarbeitern, Kunden, Geschäftspartnern und sogar von ehemaligen Kriegsgefangenen.

Mein Vater war nie Mitglied im NSKK gewesen. Abgesehen davon sind solchen Organisationen wie dem NSKK viele beigetreten, die nicht Mitglied der Partei werden wollten, dem Anpassungsdruck aber meinten nicht ausweichen zu können. Die Kriegsgefangenen in Kleinbetrieben wie dem meines Vaters waren oft froh, unter erträglicheren Bedingungen den Krieg zu überstehen als irgendwo an der Front. Mein Vater hat die Leute, die dem »kriegswichtigen« Betrieb zugeteilt wurden, gut behandelt und dadurch sogar den Verdacht der Gestapo auf sich gezogen. Sie konnten sich duschen und umziehen; er hat ihnen Arbeitskleidung gestellt. Er hat Wert darauf gelegt, dass sie nicht in Gefangenenanzügen bei ihm arbeiteten, sondern in einem normalen Blaumann ohne Fremdarbeiterkennzeichen.

Einer von ihnen hatte am selben Tag Geburtstag wie meine Mutter. Da haben sich die beiden charmant gegenseitig gratuliert, und der französische Arbeiter war bei uns zum Geburtstagskaffee eingeladen. Wegen unserer Flucht konnten wir uns nicht von ihm verabschieden. Als der Krieg zu Ende war und die Franzosen in ihre Heimat zurückkehren konnten, haben sie meiner Großmutter ihre Anschrift hinterlassen: »Madame, wenn Sie uns brauchen, sind wir immer für Sie da!« Da war mein Vater schon abgeholt worden. Meine Mutter sollte schließlich Recht bekommen, vor allem dank der Zeugenaussagen ehemaliger Mitarbeiter. Eine Büroangestellte, die von 1942 bis 1945 für meinen Vater gearbeitet hatte, bestätigte im August 1946, »dass derselbe durch Anträge von Bezugscheinen für die ausländischen Arbeiter für Schuhe, Arbeitsbekleidung und zusätzliche warme Verpflegung stets sehr gesorgt hat und dieselben auch sonst meines Wissens stets anständig und menschlich behandelt wurden. Ebenfalls ist mir bekannt, dass außer Wehrmachtsarbeiten auch sonstige Privatkundschaft, wie Ärzte und Gewerbetreibende, bedient wurden.«

Emanuel Davous, einer der ehemaligen Zwangsarbeiter, schrieb sogar aus Carcassonne: »Ich war vier Jahre in der Werkstatt des Herrn Fritz Keue in Ketschendorf beschäftigt. Ich kann versichern, dass er uns in jeder Hinsicht gut behandelt hat und dass Herr Keue sein Möglichstes getan hat, um unsere Lage erträglich zu gestalten.« Darüber hinaus lagen weitere Zeugnisse vor, dass mein Vater sich nie politisch betätigt und für seine Leute stets gut gesorgt hatte. Trotz dieses Beistands wurde die

»Sequestrierung« (Zwangsverwaltung) fast drei Jahre lang aufrechterhalten; erst 1948 wurde die Beschlagnahmung aufgehoben. Meine Mutter hatte gut daran getan, dagegen vorzugehen.

Ich habe noch einen eng getippten zweieinhalbseitigen Brief, den sie im Oktober 1946 an den Vorsitzenden der Gemeindevertretung in Ketschendorf schrieb und der auf beklemmende Weise die damalige Atmosphäre des Verdachts wiedergibt, der sich auf alles und jedes beziehen konnte: »Auf meinen Antrag an den Antifaausschuß Ketschendorf wurde nach Ermittlungen festgestellt, dass mein Mann keine führende Stellung weder im NSKK noch im Motor HJ inne hatte. Wir haben unsere sämtlich noch vorhandene Kundschaft wie Ärzte, Gewerbetreibende u. a. nach wie vor bedient, trotzdem uns dieserhalb oft genug mit Wegnahme der Werkstatt gedroht wurde. Im Übrigen haben sämtliche vorhandenen Autowerkstätten ob klein, mittel oder etwas größer, für die Wehrmacht arbeiten *müssen*. Ich bitte, dies zu berücksichtigen.

Zur ›persönlichen Bereicherung meines Mannes in Frankreich‹ kann ich nur sagen, dass dies eine ganz üble Verleumdung ist. Zeugenaussage: Glasermeister Willy Friedigkeit, welcher dort sein Fahrer war. Kein Nagel oder Schraube noch sonst was, hat jemals aus Frankreich unsere Werkstatt berührt. Wegen *der Anschuldigung von sieben vergrabenen Büchsen* möchte ich bemerken, dass wir Teilselbstversorger waren und ich selbstverständlich bei meinem Weggang meinem Mann einen Teil daließ.«

Im Juni 1948 erhielt meine Mutter vom »Amt zum Schutze des Volkseigentums« in Potsdam, einer Abteilung des brandenburgischen Innenministeriums, eine Verfügung mit Siegel, in der die Beschlagnahme des Vermögens aufgrund der Anordnung des obersten Chefs der Sowjetischen Militäradministration vom 30. Oktober 1945 aufgehoben wurde. Mehr als fünfzig Jahre später wurde mein Mann Chef dieses Ministeriums.

Der Überlebenskampf hörte nicht auf. Der Schwarzmarkt blühte. Im Sommer 1946 pilgerten Hunderte von Berlinern in die Rauener Berge, um Blaubeeren und Pilze zu sammeln oder um bei den Selbstversorgern ein paar Habseligkeiten gegen Essbares einzutauschen. Meistens waren es Frauen, sie schleppten auch schon Holz für den Winter und waren immer noch auf der Hut vor den Russen. Bei Stromsperre saßen wir oft im Dunkeln und erzählten uns Geschichten. Großmutter Keue hatte noch die Kaiserin gesehen! Wir sprachen oft von meinem Vater, wie lebhaft und unternehmungslustig er war, als er so alt war wie wir.

Wir Geschwister schliefen zusammen in einem Zimmer. Mein kleiner Bruder Peter bekam schlecht Luft; seit Sybilles Tod wurden wir in solchen Fällen nervös. Der Arzt riet, die Mandeln zu entfernen. Meine Mutter bezahlte einen hohen Preis, auch Schmuck, damit er Peter eine Narkose gab. Aber sie durfte nicht dabeisein und bezweifelte, dass er tatsächlich eine bekommen hat. Peter war völlig apathisch, als sie mit ihm nachhause kam, und erholte sich nur langsam von dem Schock. Er war ein tapferer Junge mit seinen fünf Jahren, aber vor Schmerzen liefen ihm Tränen übers Gesicht. Von der Nachuntersuchung wollte er nichts wissen.

Eines Tages kam eine Postkarte von meinem Vater aus Karaganda in Sibirien. Wir konnten sogar antworten und glaubten es kaum. Meine Mutter ging sofort mit uns zum Fotografen, um ihm eine Fotopostkarte zu schicken. Sie kam tatsächlich an! Wie er uns später erzählte, hatte er aus dem Fehlen von Sybille richtig geschlossen, dass sie nicht mehr am Leben war. Von den drei Jahren im Lager hat er uns kaum erzählt. In Sibirien war ihm angeboten worden, seine Familie auch dorthin zu holen. »Eher gehe ich hier allein zugrunde, als meiner Familie das zuzumuten!«, hatte er entgegnet. Wegen einer lebensbedrohlichen Blutvergiftung sollte ihm eine verletzte Hand abgenommen werden. Aber ohne seine Arbeitskraft wäre er »wertlos« geworden. Ein deutscher Chirurg unter den Deportierten rettete ihm seine Hand, festgehalten von zwei Kameraden, in einer Operation ohne Betäubungsmittel mit einem selbstgefertigten Messer.

Jörg Schönbohm Die massenhafte Inhaftierung von deutschen Kriegsgefangenen und Zwangsarbeitern nach dem Zweiten Weltkrieg war Teil des von den Sowjets selbst so genannten »Roten Terrors«, der 1918 in erklärter Anlehnung an die *terreur* der Französischen Revolution zur Einschüchterung politischer Gegner entwickelt wurde, um die Bourgeoisie als Klasse auszulöschen. Die Ausdehnung auf die Sowjetische Besatzungszone nach 1945 war nur konsequent. Der Soziologe Gunnar Heinsohn (*Lexikon der Völkermorde,* Reinbek 1998) schreibt, dass von den drei Millionen deutschen Kriegsgefangenen, die meist in Lagern des Gulag interniert waren, nach fünf Jahren bereits eine Million umgekommen war.

Eveline Schönbohm Im Sommer 1948, mit dreizehn Jahren, wurde ich in die letzte Klasse der achtstufigen Volksschule in Ketschendorf versetzt. Jutta war in der vierten, Peter in der zweiten Klasse. Viele »neue« Lehrer waren alte Kader. Am 2. September (ich dachte gar nicht daran, dass es Jörgs elfter Geburtstag war!) stand Frau Bunde, unsere Schulleiterin, plötzlich in der Klassentür. Erschrocken schauten wir sie alle an, jeder dachte sofort an sein Sündenregister. Da rief sie mich auch schon auf: »Eveline Keue, du darfst nach Hause gehen, dein Vater ist da!« Fast gelähmt vor Schreck packte ich meine Schultasche. Alle Blicke folgten meinen Bewegungen, bis ich endlich draußen war. Dann rannte ich, so schnell ich konnte.

Ich sehe ihn heute noch, wie er in unserem Wohnzimmer im Sessel saß, als ich ihn umarmen wollte. Er hatte sich sehr verändert. Er nahm meine Hand und sagte: »Du bist ja eine junge Dame geworden! Aber wie dünn du bist!« Dabei umfasste er meinen Oberarm. Der Bann war gebrochen. Zunächst wunderte ich mich nur, dass sein Gesicht so aufgedunsen war – bis ich entdeckte, dass es den ganzen Körper betraf. Ich kannte meinen Vater doch nur sportlich-schlank! Meine Mutter erklärte mir, dass er Wassersucht hatte; deshalb war er auch entlassen worden.

Mein Vater erholte sich nur langsam. Er nahm den Betrieb in Augenschein und stellte fest, dass außer den Hebebühnen fast alles fehlte und gestohlen war. Er begann damit, Werkzeug und Material zu beschaffen, um das Gebäude wetterfest zu machen. Trotz seines schlechten Zustands verlangte er sich viel ab. Als Jutta beim Mittagstisch plötzlich erzählte: »Mein Lehrer hat gesagt, dass auch du ein Menschenausbeuter bist! Denn du lässt andere für dich arbeiten!«, behielt mein Vater noch die Ruhe. Er durchschaute die kommunistische Scheinheiligkeit. Er kannte den jungen Lehrer und wusste, dass bei seiner Einstellung nicht die fachliche Qualifikation den Ausschlag gegeben hatte, sondern seine gesellschaftspolitische Einstellung, also seine SED-Mitgliedschaft.

Wir schafften Jette an, eine Ziege, die uns Milch und Butter gab. Jette graste auf dem Betriebsgelände, wo Peter sie jeden Tag hinbrachte. Ketschendorf hatte während des Krieges 6 000 Einwohner. Nun waren es 12 000 – aufgrund der Flüchtlinge. Ich ahnte damals nicht, dass etliche uns als bürgerliche Einheimische und »Besitzende« beneideten. Die Bodenreformparole »Junkerland in Bauernhand« fand besonders bei den jungen Flüchtlingen Anklang, deren Familien ihren Besitz verloren hatten und die nun überzeugte Mitglieder der FDJ wurden. Ihre Hoffnungen auf einen eigenen Hof dürften später durch die Gründung der Landwirtschaftlichen Produktionsgenossenschaften schwer enttäuscht worden sein.

Bei unserem Pfarrer fanden wir Unterstützung und Halt gegenüber den politischen Ansprüchen. Wir fühlten uns wohl in der »Jungen Gemeinde«. Auf meinem Oberschulzeugnis der Klasse 10 b wurde ausdrücklich vermerkt: »Bei größerem gesellschaftspolitischen Einsatz könnte sie mehr leisten!« Nach Abschluss der Volksschule durften aus meinem Kränzchen außer mir nur zwei weitere von uns »bürgerlichen« Mädchen die Oberschule besuchen.

Abgeholt oder abgehauen?

Mein Klassenlehrer, Studienrat Wilhelm Rott, gehörte zu den wenigen »bürgerlichen« Lehrkräften, die ihre demokratischen Überzeugungen aus der Weimarer Zeit behalten hatten. Von ihm wurde erwartet, dass »er der Entschließung des ZK der SED vom 19. Januar 1951 in erforderlichem Maße nachkommt: indem er ideologische Klarheit gewinnt durch ein intensives Studium des Marxismus-Leninismus und der Sowjetpädagogik.« Aber Rott erfüllte diese Erwartungen nicht.

Das »neue« Menschenbild sollte eingeübt werden: Bei der Interpretation von Klassikern im Deutschunterricht versagte kaum ein Schüler, fast jeder fand in den Texten leicht den Klassenfeind. Eigene Gedanken brauchten wir uns nicht zu machen. Streitgespräche wurden uns nicht zugemutet. Auch Sorgen um die Zukunft, um den Beruf, um die Wohnung brauchte sich niemand zu machen: Für alles war gesorgt, alles – oder eben nichts – wurde zugeteilt. Wer sich anpasste, aus dem konnte schnell etwas werden.

Damit begann die Negativ-Auslese, die die DDR bis zum letzten Tag ihres Bestehens betrieb. Viele, die etwas konnten und ohne die allgegenwärtige Fürsorge und Bevormundung in ihrem Leben etwas erreichen wollten, versuchten, in den Westen zu gehen. Bis zum Bau der Mauer war es noch relativ leicht, mit der S-Bahn zu fliehen – trotz Kontrollen, Bespitzelung und der Gefahr, verhaftet zu werden. Noch war die Zonengrenze in beide Richtungen durchlässig: Im »Fürstenwalder Hof« gab es einen Tanzkurs mit einem West-Berliner Tanzlehrer. Alle Teilnehmer waren wie ich Schüler der Dom-Oberschule. Zum Abschlussball

1951 bekam ich mein erstes langes Kleid aus rosa Taft, natürlich aus West-Berlin. Aller Ideologie zum Trotz stand die Bürgerlichkeit noch hoch im Kurs, Verbeugung und Knicks, Ehrerbietung und Respekt, gegenseitige Achtung, Rücksichtnahme aufeinander – all das hatten wir zuhause gelernt. Und nun versuchten Staat und Partei mit ihren Mitteln, den Familien immer energischer Konkurrenz zu machen, wie zuvor im Dritten Reich. Auch nach dem Untergang der DDR hörte der von den staatlichen Institutionen geführte Verdrängungskampf keineswegs auf.

Im Mai 1951 wurde ein Gerücht schnell zur Gewissheit: Zwei Schüler aus meiner Parallelklasse waren verhaftet worden, weil man sie auf frischer Tat beim Malen antikommunistischer Parolen ertappt hatte. Selbst ihre FDJ-Mitgliedschaft schützte sie nicht. Johnny und sein 16 Jahre alter Freund wurden zu je sieben Jahren Zuchthaus verurteilt. Johnny verlor später bei der Zwangsarbeit in den Rüdersdorfer Kalkwerken ein Bein. Und noch ein weiterer Freund wurde verhaftet – aber nach zwei Tagen wieder freigelassen. Warum wohl?

Fehlte plötzlich ein Mitschüler, dann gab es nur zwei Möglichkeiten: »abgeholt oder abgehauen«. Die Verhaftungen führten zu strengeren Verhaltensmaßregeln, denn immer noch wollte es einigen von uns nicht gelingen, »den Rahmen ihres Milieus« zu sprengen. Das FDJ-Kollektiv spielte an der Schule eine immer größere Rolle. Unser linientreuer Schulleiter erwies sich als Gesinnungsakrobat: Im Krieg war er ein strammer Nationalsozialist gewesen; nun trat als er als ebenso überzeugter SED-Genosse auf.

Eines Tages wurde unsere Vertretungslehrerin Studienrätin Edeltraut Soot aus dem Unterricht heraus in Handschellen abgeführt und kurze Zeit später vor das Bezirksgericht in Frankfurt (Oder) gebracht – denunziert von einigen ihrer Schüler und natürlich von unserem Schulleiter wegen »Verherrlichung des Schumann-Plans«. Sie hatte sich zu positiv über die Idee einer Zusammenlegung der deutschen und französischen Kohle- und

Stahlproduktion geäußert, aus der später die europäische Montanunion erwuchs. Im Stadtmuseum Fürstenwalde, im früheren Gebäude der Dom-Oberschule, wurde der Fall dokumentiert. In einem der Aktenstücke heißt es: »StR Soot malt Gedankenbilder, die bei den Schülern wie eine Bombe einschlagen.«

Man warf ihr vor, »Boykotthetze« gegen »demokratische« Einrichtungen und Organisationen betrieben zu haben. In einer vom Volksbildungsministerium und der Kreisschulbehörde organisierten Schülerversammlung misslang der Versuch, die Verhaftung von Studienrätin Soot zu rechtfertigen. Man ließ aber nicht locker. Ihre Schüler wurden zum Besuch der gegen sie anberaumten Gerichtsverhandlung aufgefordert und mussten dabei erleben, wie ihre Lehrerin gedemütigt und beschimpft wurde. Ihr wurde ferner zur Last gelegt, bei der Propagierung ihrer reaktionär-bürgerlichen Ideen geschickt vorgegangen zu sein und ein falsches Bild von der fortschrittlichen Entwicklung der Sowjetunion erzeugt zu haben. Studienrätin Soot wurde zu drei Jahren Zuchthaus verurteilt und nach dem 17. Juni 1953 anlässlich einer Amnestie vorzeitig aus dem Gefängnis Waldheim entlassen. Sie floh nach West-Berlin und wurde dort als Studienrätin an der Marie-Curie-Schule tätig, später als Oberstudienrätin in Mülheim (Ruhr). 1987 am Ammersee verstorben, wurde sie am 20. August 1992 vom 1. Strafsenat des Bezirksgerichts Frankfurt (Oder) rehabilitiert.

Mein Vater eröffnete eine »DeRuNapht«-Tankstelle (für »Deutsch-Russische Naphta Aktiengesellschaft«). Benzin durfte er nur auf Marken abgeben. In der Werkstatt konnte er nichts als einige Reparaturen ausführen, Ersatzteile gab es nicht. Nur mit guten Fachkenntnissen und Improvisationstalent konnte man ein Auto oder ein sonstiges Fahrzeug wieder in Gang setzen. Immerhin stellte mein Vater einen Lehrling ein. Meine Mutter behielt ihren kleinen Konfektionsladen und sicherte damit unseren Lebensunterhalt.

Mein Vater sprach niemals über seine Erlebnisse im Speziallager Nr. 5, in Buchenwald oder im fernen Sibirien. Aber konfrontiert mit den kommunistischen Parolen hielt er seine unmissverständliche Ablehnung bald nicht mehr zurück. Die Lage spitzte sich zu, sowohl für ihn als auch für mich in der Schule. Zu allem Überfluss schwänzte ich eine gesellschaftspolitische Pflichtveranstaltung. Da ich einerseits kein FDJ-Mitglied, andererseits in der Jungen Gemeinde aktiv war und mein Vater selbständig, gab es dafür Schulverweis. Im Klassenbuch waren die Schüler in hinweisende Kategorien eingeteilt: »A« für »Arbeiterkind«, »B« für »Bauern« (manchmal auch »L« für LPG), »I« für »Intelligenz« (als Gruppenbezeichnung für Funktionäre), »S« für »Sonstige« oder »Selbständige« (die es später kaum noch gab). Bei der Zumessung von Strafen spielten der väterliche Beruf, Parteizugehörigkeit und FDJ-Mitgliedschaft eine erhebliche Rolle. In meinem Fall genügte der kleinste Anlass. Auch viele andere Kinder aus bürgerlichen und religiösen Familien wurden von den elterlichen Erwartungen »entlastet«, das Abitur zu machen. Meiner Schwester wurde der Besuch der Oberschule verweigert, weil aus einer »bürgerlichen« Familie überhaupt nur ein Kind zugelassen war.

Meinem Vater wurde der laufende Tankstellenvertrag gekündigt, der neue kam einer Enteignung gleich. Ihm wurde von einem »Kunden« ein Tausch mit Benzinmarken angeboten – um ihn wegen ungesetzlicher Handlungen als »Wirtschaftsverbrecher« anzuklagen? Fortan standen wir auf Schritt und Tritt unter Beobachtung. Mir blieb nicht verborgen, was meine Eltern vorhatten. Nachdem ich an mehreren Nachmittagen verschiedene »Sachen« nach Berlin-Tempelhof gebracht hatte, war mir alles klar. Mit unserem kleinen »Grenzschleicher«, meinem dreijährigen Cousin Joachim, unternahmen wir auch einige Autotouren zu Familie Dietrich in West-Berlin, in der Hoffnung, dass es mit Joachim als Begleiter nach völlig harmlosen Familienausflügen aussehen würde. Herr Dietrich war ein Freund meines Vaters. Sie kannten sich aus Buchenwald.

Am 6. März 1953 fuhr ich mit meiner ahnungslosen Schwester nach Schulschluss mit dem Fahrrad zum Bahnhof Fürstenwalde, um dort in den Zug nach Berlin zu steigen. Jede von uns hatte nur eine Einkaufstasche mit. Die Sperre in Erkner passierten wir ohne besondere Vorkommnisse, und von dort fuhren wir mit der S-Bahn nach Tempelhof. Noch heute, wenn ich an diesem Bahnhof vorbeikomme, sehe ich Jutta und mich den Tempelhofer Damm in Richtung Alt-Tempelhof hinuntergehen, wo uns Familie Dietrich schon erwartete und freundlich aufnahm. Gemeinsam aßen wir zu Abend. Juttas wiederholten Fragen, wann denn endlich Mutti und Papa kämen, versuchte ich auszuweichen, weil ich es selbst nicht wusste. Ich lenkte sie mit der Aussicht ab, dass wir am nächsten Tag die Schule schwänzen würden. Um neun Uhr am Morgen kam mein Vater mit meinem Bruder und am frühen Nachmittag endlich auch unsere Mutti.

Während Papa und Peter den ersten Arbeiterzug genommen hatten, hatte Mutti nach Papas Weggang Brot und Milch eingekauft – den dreijährigen Joachim demonstrativ an der Hand nehmend, dessen Mutter mit einer doppelseitigen Lungenentzündung im Ost-Berliner Volkspolizei-Krankenhaus lag. Mutti brachte den Kleinen in die Schönhauser Allee zu Nachbarn meiner Tante. Anschließend fuhr sie zu ihrer Schwester ins Krankenhaus, bevor sie schließlich vollkommen erschöpft bei uns eintraf. Wir umarmten uns alle. Die Herzlichkeit des Ehepaars Dietrich erleichterte uns die ersten Tage nach dieser Anspannung.

Meinem Vater war es natürlich schwergefallen, seiner Mutter nichts von unserem Vorhaben zu erzählen. Er hatte es nicht getan, weil er sie nicht in Bedrängnis bringen wollte. Meine Großmutter wohnte ja auf derselben Etage uns gegenüber. Meine Mutter hatte als letzte unsere Wohnung verlassen, die Tür abgeschlossen und den Schlüssel unter die Matte gelegt. Wieder ein Abschied – aber ein rettender! Wir meldeten uns im Notaufnahmelager

Marienfelde und erhielten den Flüchtlingsausweis C für politische Flüchtlinge.

Jutta war enttäuscht, dass ihre Konfirmation wegen unserer Flucht ausfallen musste. Dank der Hilfe von Familie Dietrich konnte sie dann doch noch Ostern in der kleinen Kirche in Berlin-Mariendorf konfirmiert werden. Dietrichs bereiteten uns ein festliches Essen, und ein schönes Samtkleid bekam Jutta auch noch! Zur Feier des Tages spielte Herr Dietrich uns auf seinem Flügel etwas vor. Die Pfingsttage verbrachten wir in Bremen, nachdem wir mit einer amerikanischen Maschine vom Flughafen Tempelhof ausgeflogen worden waren. Als wir das Gebiet der DDR überflogen, war es mucksmäuschenstill. Jeder dachte dasselbe: nur jetzt nicht notlanden! Bremen war aber auch nur eine Zwischenstation auf dem Weg zu unserem endgültigen Ziel Rheydt, das heute zu Mönchengladbach gehört. So weit wie möglich nach Westen, so weit wie möglich fort von »den Russen« wollte meine Mutter.

Zu sechzehnt, mitsamt einem Hund, schliefen wir auf doppelstöckigen Betten in einem Raum. Zum ersten Mal in ihrem Leben arbeiteten meine Eltern nicht. Tage und Nächte verbrachten wir alle gemeinsam, mit Essen und Getränken versorgt. Wir waren aufeinander eingestimmt; jeder erzählte von seinen Zukunftsplänen; kaum, dass wir die Vergangenheit berührten. Wir fühlten uns befreit und atmeten tief durch. Es gab erstaunlicherweise keine Unstimmigkeiten, obwohl viele Fremde mit uns in einem Raum lebten: der sechzehn Sprachen sprechende Afrikaforscher Dr. König, der Architekt Woitewitsch, das Ehepaar Krause, Dr. Schwab mit seiner Frau, wir fünf Mitglieder der Familie Keue und noch einige andere. Jeder wusste, warum er die DDR verlassen hatte: Bevormundung bis zur Erpressung, Willkür als politisches Druckmittel, die Zerstörung des Privatlebens. Jeder von uns kannte das, und deshalb war uns die Freiheit ein gemeinsam erlebtes Glück. Jutta und ich halfen freiwillig mit, das Essen auszuteilen, und mein Vater, der die Tage auf Dauer nicht nur mit

Gesprächen zubringen konnte, fuhr mit anderen Männern vorübergehend nach Bremerhaven, um am dortigen Hafen zu arbeiten. Wir frischten unsere Englischkenntnisse auf. Wie viele andere auch trugen sich unsere Eltern mit dem Gedanken, nach Amerika auszuwandern. Das Vorhaben scheiterte aber an der Altersgrenze von 45 Jahren, die mein Vater bereits überschritten hatte.

»Wo kommen wir eigentlich her?«, fragten mich 22 Jahre später unsere beiden Jungs Hendrik und Arne. Sie sahen nur unser berufliches Wanderleben und nicht den ruhenden Pol. Ich sagte spontan: »Die Frage ist, wo wir hingehören. Wir gehören da hin, wo wir zusammen sind. Wo wir fünf sind, da ist unser Zuhause, und da kommen wir auch her!« Die beiden sahen mich skeptisch an: »Auch, wenn wir unseren Vater meistens nur auf dem Bildschirm sehen?« – »Gerade dann!«

Ausflug ins unversehrte Leben

Jörg Schönbohm Nach der Währungsreform 1948 bekamen meine Eltern in Boitzenhagen kaum noch Geld für ihre Arbeit. Mein Vater ging nach Hannover, schlug sich als Kleinhändler durch und bewarb sich schließlich wieder bei der BP unter Hinweis auf seine Tätigkeit zwischen Berlin und Frankfurt (Oder) vor dem Krieg. 1949 wurde er eingestellt und besuchte seine siebenköpfige Familie in Boitzenhagen mit einem eigenen VW. Das war im Dorf eine kleine Sensation.

Zuvor hatten meine Eltern meine ältere Cousine und mich zu meinen mir bis dahin unbekannten Großeltern väterlicherseits geschickt, zu dem früheren Stolper Buchhändler und seiner Frau Margarethe nach Aalen. Unterwegs mussten wir eine Nacht auf dem Kasseler Bahnhof verbringen, weil der Anschlusszug ausgefallen war. Der Bahnhof war voll von Menschen, die alle reisten, um Lebensmittel aufzutreiben, und die mit ihren schweren Rucksäcken auf einen Zug warteten. Plötzlich durchdrang ein Schrei die Halle. Einem älteren Mann hatte man seinen Rucksack aufgeschlitzt und alles, was er für seine Familie eingetauscht oder »organisiert« hatte, gestohlen. Die Verzweiflung in seinem Gesicht hat sich mir tief eingeprägt. Meine Cousine und ich sahen uns am frühen Morgen die Umgebung des Bahnhofs an – die vom Bombenkrieg völlig zerstörte Innenstadt Kassels. Dass ich in dieser Steinwüste einige Jahre später zur Schule gehen würde, hätte ich mir nicht vorstellen können.

Zum ersten Mal seit unserer Flucht fuhr ich mit der Eisenbahn. Wir sahen viel Zerstörung, aber auch schöne Fachwerkstädte und Landschaften, an denen der Krieg spurlos vorübergegangen war. Schließlich kamen wir nach Aalen. Meine Großeltern und die anderen Verwandten »schwäbelten«. Die Begrüßung eröffnete mir eine Welt, die mich staunen machte. Wir waren in einem großen Haus mit fließendem Wasser und einer richtigen Toilette, es gab eine Bibliothek mit vielen Gesamtausgaben und antiken Vasen sowie ein Musikzimmer mit Flügel. Meine Großeltern gaben sich herzlich, aber wir blieben uns fremd. Glücklicherweise lebte Onkel Herbert, der ältere Bruder meines Vaters, in der Nachbarschaft. Er war Maler und Bildhauer und seine Frau ebenfalls Bildhauerin. Sie hatten fünf Kinder, von denen ein Sohn in meinem Alter war. Bei ihnen fühlte ich mich sofort wohl.

Ich verstand nun, was Onkel Herbert, auf Besuch in Boitzenhagen, gemeint hatte, als er von meinem Vater hatte wissen wollen, wie wir unter solchen Bedingungen leben könnten. Onkel Herbert hatte bei uns Torf gestochen, für sich und die Aalener Verwandten, und ihn mit einem Güterwaggon nach Hause gebracht. Meine Mutter erklärte ihm, welchem Schicksal wir mit unserer Flucht den Rücken gekehrt hatten und dass uns die Freiheit wichtiger gewesen war. Nach seiner Heimkehr hatte Onkel Herbert uns zwei seiner Ölgemälde, einige Bücher und eine große Kiste mit Keramikfiguren geschickt.

Meine Großeltern beeindruckten mich trotz aller Distanz; etwa damit, dass meine Großmutter am Flügel spielte und mein Großvater, mit seinem eleganten Bart die Lippen spitzend, sie auf der Querflöte begleitete. Als kleiner Dorflümmel saß ich staunend daneben. Durch seinen Umzug Ende der zwanziger Jahre von Stolp nach Aalen mit der Zwischenstation in Lindau hatte mein Großvater alle seine Schätze gerettet. Einige Werke sind über meinen Vater an mich gelangt, darunter bis heute lesenswerte Bücher wie die Erinnerungen Kaiser Wilhelms II. in einer limitierten Vorzugsausgabe, die Erinnerungen von Alfred von Tirpitz, Werke von Sven Hedin und vieles andere, was zur Zeit meines Großvaters ganz selbstverständlich die Bücherschränke füllte. Mein Großvater starb bald nach meinem ersten Besuch in Aalen, aber meine Großmutter mit ihren lebhaften Erinnerungen an Griechenland und Ägypten konnte ich noch einige Male wiedersehen.

Einer meiner Cousins und ich hatten bei unseren Streifzügen durch Aalen von einer *Struwwelpeter*-Aufführung erfahren. Außer dem Eintrittsgeld musste jeder ein Brikett mitbringen, um den Saal zu heizen. Neben den kleinen Inszenierungen im Kriegsversehrtenheim war dies das einzige kindgerechte Theaterstück, das ich bis dahin gesehen hatte. Zurückgekehrt nach Boitzenhagen wurde auch mir schmerzlich bewusst, wie miserabel unsere Lebensbedingungen waren. Meine Eltern hatten uns Kinder immer ermutigt, die Dinge zu akzeptieren, wie sie nun einmal sind, und sie haben in unserer Gegenwart nie geklagt. Ich habe aber meine Mutter manchmal weinen gehört, und in den Aufzeichnungen meiner Tante Lotti habe ich später gelesen, wie sehr sie darunter gelitten hatte, ohne Bücher und auch sonst ohne geistige Anregungen leben zu müssen:

Tante Lotti In dieser Zeit spielte die Braunschweigische Bühne im Nachbarort Radenbeck. Das war eine schöne Belebung für uns. Beim ersten Mal wurde die *Iphigenie* von Goethe gespielt, und ich hielt die Luft an, denn der Saal war angefüllt mit jungen Leuten, die sonst zum Tanzen dort hingingen. Das einzige nicht Zeitgemäße war, dass einige »Zuckerpuppe« riefen, als Iphigenie auf die Bühne trat. Dann hatte aber Goethe auch dieses Publikum in seinen Bann geschlagen. Ich weiß nicht, ob ihr das nachvollziehen könnt. Da sitzt man in unserer Lage in einem dörflichen Tanzsaal und hört auf einmal herrliche Worte, etwas, das einen ganz fallen läßt. Denn da war nicht mal ein Buch oder Zeit zum Lesen; die Abende waren besetzt durch Stopfen, Malen usw. Ich weiß jedenfalls, daß schon nach den ersten Worten der aus ihrer Heimat entführten Iphigenie mir selbst als Fremder die Tränen kamen, ob ich wollte oder nicht, teils wohl aus bewußt gemachtem Kummer, wohl aber auch aus dem Glück, solch einen Abend zu erleben.

Um unserem Herbert, dem Onkel aus Aalen, etwas zu bieten, als er uns besuchte, fuhren wir auch *nach* der Währungsreform nach Radenbeck, begleitet von einem Paket Stullen, die bei solchem Ereignis, ausnahmsweise gut belegt, unser Abendbrot darstellten. Der Saal war noch leer, als wir kamen. Eine halbe Stunde nachdem das Spiel anfangen sollte, saßen immer noch außer uns nur zehn Personen da. Da kam der Spielleiter dazu und erzählte, daß es nach der Währungsreform jetzt überall so wäre. Die Menschen kauften jetzt lieber etwas, das sie seit langem entbehrt hätten. Der Durchschnitt der Leute hatte ja nur vierzig Deutsche Mark, die er nicht fürs Theater ausgeben wollte. Und manche der Schauspieler gingen mit zwei Mark am Abend nach Hause und lebten von einem Brötchen am Tag. Wir sahen unsere Stullen an, dann uns, und Papa gab dem Spielleiter unser Futternetz. Der sagte, sie wollten noch mal überlegen, ob sie nicht auch für die paar Leute ihre *Katharina Knie* spielen sollten. Noch kauend kam er nach kurzer Zeit hinter dem Vorhang hervor, um mitzuteilen, daß sie spielen würden, und dann erlebten wir einen so lebendigen Zuckmayer, wie man ihn wohl selten zu sehen bekommt.

Der erste Käfer

Jörg Schönbohm Im selben Jahr bereitete mein Vater mich bei einem Besuch in Grabow darauf vor, dass wir bald umziehen würden. Er erzählte von seiner neuen Arbeit bei BP und sagte: »Jörg, bald hole ich dich ab, dann sind wir alle zusammen, aber nicht mehr in Boitzenhagen. Wir werden es schöner haben!« Ich bestaunte schon mal den VW, aber es dauerte dann doch noch bis zum folgenden Frühjahr. Meine Eltern kamen mit dem Auto und meinen vier Geschwistern nach Grabow, um Tritzens zu besuchen und mich abzuholen. Wir fuhren problemlos zu siebt weiter. In Boitzenhagen gab es nicht viel zu packen. Wir brachten unsere Habseligkeiten mit einem gemieteten Kombiwagen nach Wolfhagen bei Kassel. Ich fuhr zum ersten Mal seit unserer Flucht wieder auf einer Autobahn, und als wir über Braunschweig und Göttingen ins hessische Bergland kamen, sagten wir Kinder: »O, hier gibt es aber große Berge«, und meine Eltern belehrten uns: »Das sind Hügel, die Berge sind woanders!« Die Autobahn über die Werra bei Hannoversch Münden war noch nicht wiederhergestellt, sodass wir einen Umweg durch die wunderbare unzerstörte Stadt nahmen. Dann kamen wir nach Wolfhagen, einer Kleinstadt mit damals ungefähr neuntausend Einwohnern, aber größer als alle Orte, an denen wir zuvor gelebt hatten, beschaulich mit den schönen Fachwerkhäusern – und ebenfalls unzerstört.

Im verwüsteten Kassel hatten meine Eltern beim besten Willen keine Wohnung finden können. Nun hatten wir diese zwei ganzen und zwei halben Zimmer in einem über hundert Jahre alten Haus mit Toilette und fließend Wasser. Die Türstürze waren so niedrig, dass ich mich häufig daran stieß. Im Erdgeschoss gab es die ehemalige Gaststätte »Zum Fäßchen« mit einem Besitzer namens Biermann, der zugleich sein eigener Gast war. Der Wirt schickte meine Geschwister und mich von Zeit zu Zeit Schnaps holen, gegen den Willen seiner Frau, und drohte damit, sich aufzuhängen, falls wir ihm nichts brächten.

Ich kam in die Realschule. Nach der vom Krieg verkorksten Grundschule und der Privat- und Oberschule in Lüchow musste ich viel nachholen; die Schülerschar war aus Einheimischen und Flüchtlingen bunt zusammengewürfelt. Bei aller Beengtheit fühlten wir uns zusammengehörig mit unseren gemeinsamen Nöten. Auch Wolfhagen war nur als Übergang gedacht. Eines Tages kam mein Vater nach Hause und sagte: »Ich habe ein Baugrundstück gefunden.« Nun war Schluss mit den Heimlichkeiten. Bis dahin hatten wir Kinder von unseren Eltern immer erst erfahren, dass und wohin es weiterging, wenn wir schon auf dem Leiterwagen oder im Auto saßen. Jetzt bekamen wir ein richtiges Zuhause. Auf der Hasenhecke nordöstlich von Kassel bauten meine Eltern in einer Flüchtlingssiedlung eine Doppelhaushälfte in Hanglage, dank staatlicher Unterstützung für kinderreiche Familien. Die Nachbarn kamen aus allen Teilen des ehemaligen Deutschen Reiches wie Ostpreußen und Schlesien, aus den baltischen Ländern und sogar aus Bessarabien.

Meine Eltern waren nur bedingt kreditwürdig, sodass wir uns verpflichten mussten, den Innenausbau und die Malerarbeiten, abgesehen von Heizung und Elektrik, selbst zu machen. Vor dem Umzug von Wolfhagen nach Kassel lebten mein Vater, der mittlere Bruder Wulf und ich bereits in dem neuen Haus, schliefen auf Feldbetten und tapezierten, malerten und ölten den Fußboden, so gut es ging und bis wir Blasen an den Händen hatten. Wir fühlten uns wie im Paradies, auch wenn es noch ein Kohlenofen war, der die sogenannte Warmluftheizung antrieb und uns warmes Wasser bereitete. Wir hatten immer noch wenig Platz, denn ein Zimmer mussten wir nach den Auflagen des Bauprogramms an eine Flüchtlingswitwe aus Schlesien abgeben, eine streng protestantisch erzogene Dame, die vor dem Einschlafen vernehmlich betete und manchmal auch laut »O Tochter Zion« sang. Ein Wohnzimmer und drei Schlafzimmer hatten wir für uns, richtige Betten, Luft zum Atmen und einen herrlichen Blick in die ländliche Umgebung bis nach Kassel.

Wir Kinder durften endlich Krach machen. Jetzt – wir schreiben das Jahr 1951 – sollte kurz vor meiner Konfirmation noch der Garten angelegt werden. Ich als Ältester musste natürlich wieder mit anpacken; kräftig genug war ich ja inzwischen. Ich kam auf das Kasseler Goethe-Gymnasium in die Untertertia und ging in den Ruderverein. In der Schule spielte ich Hallenhandball und boxte; für das erhoffte Tennis reichte das Geld nicht. Unsere unmittelbare Nachbarin war eine Soldatenwitwe mit vier Kindern. Einer ihrer Söhne, Ulf Stein, wurde mein bester Freund, mit dem ich jeden Morgen die fünf Kilometer in die Schule radelte, bis wir gemeinsam das Abitur ablegten.

1952 plante unser Lehrer eine Klassenfahrt nach Frankfurt (Main), um das Goethehaus und das Naturkundemuseum zu besuchen. Zu den Fahrtkosten von 14,50 DM teilte mein Vater mir mit, dass wir dafür kein Geld hätten. Als ich das meinem Klassenlehrer sagte, erfuhr ich, dass außer mir drei Mitschüler sich die Fahrt nicht leisten konnten. Der Vater eines Klassenkameraden erklärte sich zu meiner großen Freude bereit, die Kosten zu übernehmen. Mein Vater nahm das ungerührt zur Kenntnis: »Entweder bezahlen wir das aus unserer eigenen Tasche, oder du fährst nicht mit! Ein Schönbohm lässt sich nichts schenken!« Damit war die Diskussion beendet, und ich blieb als einziger zuhause.

Bald darauf begann ich, selbst Geld zu verdienen. Ich gab Nachhilfe in Mathematik und Deutsch und konnte damit meinen eigenen Nachhilfeunterricht in Latein finanzieren, denn in diesem Fach fehlten mir drei Jahre. Ab dem 16. Lebensjahr arbeitete ich im Straßenbau als Hilfsarbeiter mit einem Stundenlohn von 1,41 Mark. Bei einer Firma in der Nachbarschaft um die Ecke verluden ein Schulkamerad und ich Sprudelkästen, die nur so durch die Luft flogen, sobald wir in Übung waren – zu einem Pauschallohn von fünf Mark für 640 Kisten. Bald konnte ich mir einen Anzug für die Tanzstunde kaufen.

Meine Eltern hatten inzwischen begonnen, sich wieder eine Bibliothek mit Klassikern anzulegen. Meine Mutter ließ sich gern von unserem Unterrichtsstoff für ihr eigenes Lesepensum anregen, und in Gesprächen mit ihr konnte ich mein Urteil schärfen. Donnerstags, wenn meine Mutter Waschtag hatte, für sieben Personen, man hatte ja noch keine Waschmaschine, kaufte ich von meinem selbst verdienten Geld etwas Bohnenkaffee, den ich ihr zubereitete, um sie für eine Pause aus dem Waschkeller zu locken. Dann sprachen wir über Bücher, was sie genoss.

Das Erwachsenwerden fiel nach der Armut auf dem Lande mit der Rückkehr ins bürgerliche Leben zusammen.

Paria ohne Patria

Viele meiner Klassenkameraden wuchsen ohne Väter auf. Einige waren noch in Gefangenschaft, andere waren gefallen, manche waren auch einfach nicht zurückgekommen oder lebten von ihren Frauen getrennt. Daher suchten viele von uns Führung und Anleitung. Wir waren offen für starke Lehrerpersönlichkeiten, auch ich, dessen Vater immer für mich da war. 1954, bei der Umschulung in die Oberstufe, bekam ich einen Lehrer, der mich beeindrucken und prägen sollte: Hans Blasczyk, geboren um 1910, ehemaliger Offizier mit einer schweren Oberschenkelverwundung. Er unterrichtete uns in Deutsch, Geschichte und Philosophie, also in meinen Lieblingsfächern. Er verlangte, dass wir uns ein eigenes Urteil bildeten und nicht einfach nur daherredeten. Bald bekam ich meinen ersten Aufsatz zurück. Bis dahin hatte ich in Deutsch immer gute Noten gehabt und bildete mir ein, flüssig und gefällig schreiben zu können. Mein Aufsatz war von oben bis unten übersät mit roten Bemerkungen wie: »Bloße Behauptung«, »Gequatsche«, »Mich interessiert nicht Ihre Meinung, mich interessiert Ihr Urteil«, »Bleiben Sie logisch« usw. Ich fühlte mich in Grund und Boden gestampft.

Dieser Deutschlehrer brachte mir bei, wie man einen Aufsatz gliedert, logisch argumentiert und einen Gedanken kritisch diskutiert. Ihm lag daran, zu geistesgeschichtlichen Einordnungen zu kommen und kulturgeschichtliche Entwicklungen darzulegen. Sartres Existenzialismus, den er verdammte, verteidigte ich mit jugendlichem Furor. Wir diskutierten intensiv über Lessings *Nathan der Weise* und die Ringparabel, wobei mein katholischer Lehrer die Position des Klosterbruders höher bewertete als die des Aufklärers, des »weisen« Philosophen und Ungläubigen. Während dieser Diskussion erregte ich mich derart, dass ich für den Rest der Stunde des Klassenzimmers verwiesen wurde. Zum Unterricht gehörte der Besuch der ersten *Documenta* 1955 in Kassel, deren Kunstbegriff Blasczyk mit den Thesen Hans Sedlmayrs aus dessen Buch *Verlust der Mitte* von 1948 konfrontierte. Sedlmayr hatte die Unterordnung aller Kunst unter die gemeinsame Idee des sakral gebundenen Gesamtkunstwerks als verloren angesehen, diesen Verlust als einen Verlust an Humanismus gedeutet und deshalb einen skeptischen, wenn auch nicht hoffnungslosen Blick auf die Entwicklung der modernen Kunst geworfen.

Blasczyk brachte uns Ernst Jünger nahe. Wir begannen mit *Auf den Marmorklippen* und *Der Waldgang*. Wenn ich später, als ich fast alle Werke von Jünger gelesen hatte, von diesem Schriftsteller schwärmte, wurde mir oft vorgeworfen, mir ginge es eigentlich nur um sein erstes und populärstes Buch *In Stahlgewittern*. Aber das war nicht der Fall. Abgesehen davon, dass Jünger den Kriegstod nie verherrlicht, sondern sogar in seinem berüchtigten Erstlingswerk mit der ihm eigenen schonungslosen, kalten Sachlichkeit dargestellt hat, lasen wir seine Werke vor allem als kritische Reflexionen auf ein gottloses ideologisches System. Das war unser Thema, immer wieder: die alles zerstörende Gottlosigkeit der Moderne, der Weg von Nietzsche, dem »Zertrümmerer«, zum Zweiten Weltkrieg. Blasczyks Antwort auf die Schrecken der beiden Weltkriege und der beiden totalitären Ideologien Kommunismus und Nationalsozialismus waren die positiven geistigen Traditionen, wozu er zuallererst das Christentum und die Idee der Nation zählte. Diese Traditionen hielt er keineswegs für »widerlegt« oder »korrumpiert«, wie man heute leichtfertig behauptet, sondern sie waren eine Art sicherer Hafen, in den der Mensch zurückkehren musste und konnte, um nicht immer wieder aufs Neue in selbstzerstörerischer Weise über sich hinauszugreifen und jedes Maß für sein Handeln zu verlieren.

In der Unter- und Oberprima verpflichtete Blasczyk uns, pro Jahr 30 Romane zu lesen. Er wollte jederzeit jemanden von uns beauftragen können, binnen drei Tagen etwa über Conrad Ferdinand Meyers *Der Schuß von der Kanzel* oder Jeremias Gotthelfs *Die schwarze Spinne* oder *Uli der Knecht* vorzutragen. Als Klassensprecher während der gesamten dreijährigen Oberstufe habe ich das Lesepensum unter uns 22 Klassenkameraden aufgeteilt, sodass jeder von uns zwei, drei Romane zu lesen, Zitierwürdiges anzustreichen und eine Inhaltsangabe anzufertigen hatte. Wer aufgerufen wurde, konnte auf diese Weise glaubwürdig über jedes der insgesamt 60 Werke 15 bis 20 Minuten referieren, auch wenn er das Buch gar nicht selbst gelesen hatte. Ich bin sicher, dass Blasczyk unser System durchschaute. Er war aber wohl der Meinung, dass trotzdem noch genug hängenblieb.

Blasczyk machte uns auch mit der Geschichte des Denkens in Utopien vertraut. Wir befassten uns mit Platons *Der Staat,* Campanellas *Der Sonnenstaat* und Thomas Morus' *Utopia,* mit der Geschichte der Französischen Revolution und ihrem Schreckensregiment. Gegen die gewaltsamen Umgestaltungsversuche praktischer Utopisten setzte Blasczyk die Freiheit im demokratischen Rechtsstaat und das christliche Menschenbild, das ihm Grundlage der Menschenwürde war. Entgegen manch anderslautenden Behauptungen sprachen wir damals, in den fünfziger Jahren, am Gymnasium auch intensiv über die Verbrechen des Nationalsozialismus und besonders über die Verbrechen gegen das jüdische Volk, für die erst Jahrzehnte später der Begriff »Holocaust« aufkam. Unser Deutschlehrer sah die geistesgeschichtliche Vorraussetzung dieser Verbrechen, sozusagen ihre Ermöglichung, nicht in etwas spezifisch Deutschem, sondern in einem Wesenzug der Moderne: im »Tod Gottes« und in der daraus entstandenen Hybris, deren Gefährlichkeit er uns anhand griechischer Dramen bewusstzumachen versuchte.

Blasczyks Konsequenz aus der moralischen und politischen Katastrophe des Nationalsozialismus war nicht die Zertrümmerung des Übriggebliebenen, noch weniger der nicht nur von Wolfgang Schäuble kritisierte »negative Nationalismus«, oder irgendein *finis Germaniae*. Der verwundete Weltkriegssoldat hat sich aus der Enttäuschung nicht ins nächstbeste Heilsversprechen geflüchtet. Er meinte vielmehr, dass die Deutschen nach dem verlorenen Krieg – insbesondere wir als die junge Generation – vor der ewiggleichen Herausforderung stünden, die durch die materiellen und technischen Möglichkeiten der Moderne noch gewachsen war: verantwortlich zu sein für die Gemeinschaft und vor Gott, an das Gute, Schöne und Wahre zu glauben und sich nicht von billigen Ablenkungen, Versuchungen und Versprechungen beirren zu lassen. Demut galt als unverzichtbare Voraussetzung sittlicher Lebensführung. Die Rede, die Studienrat Hans Blasczyk Ostern 1957 auf uns Abiturienten hielt, kommt einem Vermächtnis gleich, an das ich mich seither immer wieder dankbar erinnert habe:

»(...) Die großen Opfer der Allgemeinheit für die Schule werden gebracht, um der Gemeinschaft unseres Volkes eine Zukunft zu sichern nach einem Zusammenbruch ohnegleichen mit seinem geistigen, sittlichen und weltanschaulichen Bankrott. Wie wenig er in Wahrheit überwunden ist, zeigt doch die besinnungslose Hingabe an den neuen Gott ›Lebensstandard‹, die einem so ausgesprochenen Optimisten wie dem Bundeswirtschaftsminister [Ludwig Erhard] in steigendem Maße Warnungen entpreßt; erst in diesen Tagen hörten wir seine Kennzeichnung dieses Verhaltens als ›Veitstanz auf dem Vulkan‹. Mit tiefem Erschrecken nur konnten wir erleben, wie ein großer Teil unseres Volkes seine Geschichte, seine Vergangenheit, sein Erbe von sich warf und aufgab, wie der Schauplatz einer 2000jährigen Geschichte leer gefegt wurde, ideell wie materiell. Das Erschütternde war nicht so sehr die Tatsache, daß es geschah, als vielmehr, mit welcher

Leichtigkeit man glaubte, seine Herkunft, Verpflichtung, Bindung über Bord werfen zu können. In dieser trostlosen Lage blieb ein letztes großes Geschenk, eine letzte große Hoffnung, ein letztes, aber sicheres Kapital: unsere Jugend! Sind wir dabei, auch *das* zu verwirtschaften und zu verlieren? (...)

Es ist alles andere als ein Trost erleben zu müssen, wie sich alle Welt heute als jung aufmöbliert und vorführt, mag es sich nun um die Reihe der nie abreißenden und zurechtgemachten Definitionen handeln, mit denen man sich sein ›Jungsein‹ einredet, oder um die Entriegelung eines zügellosen Trieb-Lebens der vom Sex-Appeal Besessenen oder um ebenso gräuliche wie abscheuliche biologische Eingriffe. Nein, hier suchen wir Jugend vergebens; hier west die aufgewühlte Grundsuppe der körperlichen Existenz herum oder bestenfalls die Absicht, sich in den bürgerlichen Reservaten für heimliche Sünden noch ausgiebig tummeln zu wollen. Das alles aber hat mit Jugend, weiß Gott, nichts zu tun: (...) Denn Jugend ist nur da, wo geglaubt werden kann, wo geglaubt werden kann an das Gute, das Schöne, das Wahre, an Gott, und zwar ohne Beweise, ohne sofortigen Nachweis. Denn ›jung ist, was seinem Ursprung nahe ist‹ [Meister Eckhart]. Und damit bin ich an der entscheidenden Frage angelangt, der ich in *dieser* Stunde nicht ausweichen kann und darf. Selbst zutiefst ergriffen, vermag ich keine Niedlichkeiten zu sagen, es geht um das Wichtigste, und das ist die Frage nach Gott. (...)

Vor 250 Jahren, am Beginn der Aufklärung, schrieb der deutsche Philosoph Leibniz – ich zitiere wörtlich: ›Mit dem Aufhören der Gottesfurcht beginnt die Entfesselung aller Leidenschaften und die Herrschaft einer Sinnesart, welche die Welt mit einer Sintflut von Blut überschwemmen wird.‹ Diese Sintflut von Blut ist über uns gekommen, das hinter uns liegende Inferno hat die Geister wachgerüttelt. Wie ein grausiges Protokoll, welches das Herz stocken macht, liest sich, was der Mensch an widergöttlicher Vernichtungspraxis tatsächlich verbrochen hat, wie hinter gedunsenen Phrasen von Menschheitsbeglückern die Menschenmetzelei als Dauerzustand eingerichtet wird. Und am Anfang dieser fürchterlichen Bahn steht der Satz, daß Gott tot sei. ›Wenn es keinen Gott gibt, dann ist alles erlaubt‹, findet der Mensch mit seiner Logik sehr bald – Dostojewski hat es ausgesprochen, und der Mensch mußte bis zur Neige auskosten, daß schon hier auf Erden die Hölle entsteht, wo die Menschen nur noch unter sich sind, weil sie Gott gestrichen haben. Das haben wir vor dem Kriege und im Kriege erlebt, der Bolschewismus hat es vorgeführt, in Ungarn wurde es in unseren Tagen erneut vorexerziert. Und aus dem gleichen Grunde wohnen wir dem schauerlichen Horten von grauenvollen Waffen bei, die auf die unterschiedslose Vernichtung großer Teile des Menschengeschlechts berechnet sind. Und aus dem gleichen Grunde geht durch unsere Zeit eine entsetzliche Angstpsychose: die Menschen werden vom Wahnsinn angerührt, wenn sie sich ausmalen, was der heutige gottlose Mensch mit der ungeheuren technischen Macht anfangen wird, die in seine Hand gegeben ist.

Und noch eine weitere moderne Erfahrung: Wir wissen heute, daß die modernen Sklaven- und Terrorsysteme nur auf Grund der materialistischen Lehren möglich sind. Ernst Jünger drückt das so aus: ›Der freilich ist am leichtesten einzuschüchtern, der glaubt, daß alles zu Ende sei, wenn man seine flüchtige körperliche Erscheinung auslöscht. Das wissen die neuen Sklavenhalter, und darauf gründet sich die Bedeutung der materialistischen Lehre für sie. Sie dient im Aufstand zur Erschütterung der Ordnung und soll nach errungener Herrschaft den Schrecken verewigen. Es soll keine Bastionen mehr geben, auf denen der Mensch sich unangreifbar und damit furchtlos fühlt.‹ (...)

Mein erstes Wort in dieser Stunde galt Gott, mein zweites gilt dem Vaterland. Vor einem Jahr ist in diesem Raum hier vom Sprecher der damals scheidenden Abiturienten ein bitteres, ein sehr bitteres Wort gefallen, als er etwa ausdrückte, daß die Jugend mit Vaterland nichts mehr zu schaffen habe nach dem schrecklichen Kriege, sie lasse sich von diesem Begriffe nicht mehr einnebeln.

(...) Hier aber wird die ganze Problematik bereits sichtbar! Wie leicht hatten es doch frühere Zeiten, über die Wahrheit und Wirklichkeit dieses Wortes ›Vaterland‹ zu reden und zu schreiben! Sie taten es auf ihre Art und für unser Gefühl und Erleben wohl oft sehr oberflächlich. Was dagegen haben wir hinter uns! Wir sahen 1933 die Ergriffenheit der deutschen Menschen, die auf die Erneuerung des deutschen Volkes hofften: Volksgemeinschaft statt Haß und Dünkel; Vertrauen statt Gewalttat oder Angst; Arbeitswille und gegenseitiges Verständnis statt Klassenhaß; einer für alle; fort mit dem Egoismus und der Profit- und Genußsucht. Keiner mehr soll hungern und frieren! Und die Ehre und ehrenhaftes Handeln soll wieder gelten, nach außen und nach innen, ja bis in das letzte Klassenzimmer der Schule hinein, in welchem Jungen und Mädchen frei und selbständig auf alle unehrlichen Hilfsmittel bei Klassenarbeiten und sonstigen Prüfungen verzichteten. Dann traten die Zweifel und Enttäuschungen in Kampf mit dem Glauben an die Wahrhaftigkeit des erlebten Anfangs. Dann war auch das entschieden. Dann ungeheure Opfer und Leiden! Umsonst? Dahin? Verführt? Sinnlos? Verbrecher? Da haben die Deutschen ihre Vergangenheit umgedeutet, ihr Erleben, Tun und Lassen verdrängt und verleugnet, belächelt und verhöhnt, verwünscht, verdammt, verflucht, gelästert, beschmiert, entweiht und besudelt, und dann wie beim rettenden Strohhalm nach der Betäubung gegriffen mit Zerstreuung, rauschenden Festen, Lärm, Arbeitswut und Wirtschaftswunder. Andere haben sich verhärtet, andere wieder wurden zynisch und amüsierten sich bissig bei dem Gedanken, nach drei sozusagen heiligen Eiden nun jeden weiteren auf jeden x-beliebigen Staat leisten zu müssen oder zu können. Ja, und dann kam die *reeducation*, die Umerziehung, und in der Schule die Kontrolle der Schulbücher. Aus dem Lateinbuch wurde das Wort ›patria‹ gestrichen, wir sollten *paria* ohne *patria* werden. Was gestern höchste Tugend war, das war nun ein Verbrechen oder moralischer Defekt, heute und morgen aber sollen wir unser Vaterland wieder mit Gut und Blut verteidigen –

und mit einer grauenhaft erregenden Aktualität bedroht uns die Frage, was wieder übermorgen sein wird? (...)

Glaubt denn einer wahrhaftig im Ernst, dieses Nichtbewältigen der Vergangenheit, diese Unerlöstheit, ja diese Flucht kann gut enden? Da waren oder sind die Ohne-michs, und sie sprachen davon, wie die Ideale sie getragen hätten und daß es nun aus sei mit dem Glauben an jeden höheren Wert und jedes Opfer. Und da kamen die selbstsüchtigen oder verständigen Plattköpfe, die es ihnen nachgeredet haben, auch wenn sie noch gar nichts erlebt haben konnten, weil die Mutter ihnen damals noch ihre Rotznasen abwischen mußte. Fest steht aber doch ein für allemal, daß nur wenige daran zerbrochen sind, weil ein hohes Ideal sie trog, Unzählige aber sind verkommen, weil sie nie eines besaßen! Und fest steht weiterhin, daß all das Übel angerichtet worden ist, und zwar besonders hier auf diesem Gebiet, von einem der alten deutschen Erbübel, immer von einem Extrem ins andere zu fallen. Es geht hier doch nicht um ein Entweder-Oder, sondern um ein Sowohl-als-Auch. Wann eigentlich will der Deutsche lernen, daß beides erfaßt sein will, beides bejaht sein will: Heimat und Welt, Volk und Menschheit? Wann eigentlich will er lernen, daß der Mensch nicht ungestraft unaufhebbare Wirklichkeiten nur deswegen abtun kann, weil er eine Enttäuschung erlebte oder weil ein hoher Wert mißbraucht wurde? (...)

Verplempert euch nicht, werft euch nicht fort, nehmt Leid und Schmerz auf euch! Sucht, wenn ihr um Ansehen und Geltung ringt, auch den inneren Triumph über euch selbst! Macht unerschrocken Gebrauch von dem, was die Schule euch geben konnte an wichtigster geistiger Bildung, nämlich der Fähigkeit, zu unterscheiden! Ihr werdet diese Fähigkeit täglich, nein stündlich brauchen müssen, denn es gehört zu den geistigen Verdunklungen und Verwirrungen unserer Zeit, gültige Entscheidungen ohne gültige Unterscheidungsbasis für möglich zu halten. Das gilt auch für Schritt und Tritt in unserem Alltagsleben, so ist doch z. B. Frechheit kein Mut, und ein Verbrecher ist kein Held, und ein Soldat kein Mörder und ein Mensch ist kein Gott und kein Tier. Auf deinem eigenen Wege wirst du dann todsicher dem Spott deiner Umwelt ausgesetzt sein, hier aber wird sich deine Kraft zuerst beweisen müssen, hier stehst du vor einer schweren und sehr harten Bewährungsprobe. Und du wirst erleben können, wie dir neue, ungeahnte, sonst nie verfügbare Kräfte zuwachsen, wenn du gerade diese Probe bestehst. Und diese selbe Probe mußt du auch bestehen angesichts einer gewissen modernen Literatur, gegenüber richtigen literarischen Abdecker- und Abbruchunternehmen, die den Menschen aus der Kloakenperspektive photographieren; dir soll der Glaube und das Vertrauen zum Menschen geraubt oder zerstört werden. Was hier im Grunde vor sich geht, ist leicht zu begreifen, ein Bild aus der Natur macht es deutlich: Einem Mistkäfer muß man ja die ehrliche Überzeugung zugestehen, daß die wesentliche Welt, die Welt, wie sie wirklich und bedeutsam ist, aus lauter Mist besteht. Wir erkennen hier aber doch auch sehr deutlich, wie beschränkt der Horizont eines Mistkäfers ist und wie einseitig sein Lebensbereich ist! Nein, hört nicht dorthin, wo die schmutzigen Hände gerufen werden, folgt dem Ruf, der die rechtschaffenen Hände will, sie allein tragen Leben und Zukunft.

Ich darf jetzt zum Schluß den Kreis schließen. Ich habe euch zugerufen und euch beschworen: ›Werdet Männer!‹ Und an diesen Appell schließt sich die Wahrheit: ›Kein Mann gedeihet ohne Vaterland.‹ Und hier mußt du wissen, daß kein Vaterland möglich ist ohne die erste und letzte Bindung an Gott. Es kann nur dort entstehen, wo der einzelne sich wieder demütig der Wahrheit beugt, wie sie geschrieben steht: ›Ich bin der Herr dein Gott‹ – und wo der einzelne das süße Gift der Selbstherrlichkeit und der Selbstanbetung auf den großen Schutthaufen wirft, wo es einzig hingehört, und ebenso demütig spricht, wie geschrieben steht: ›Denn du allein bist heilig.‹ Wenn du dich zu dieser Haltung erheben kannst, dann wirst du erfahren, welch großes und lohnendes Wagnis doch ein gelebtes Menschenleben ist!«

Hans Blasczyk, ein typischer Vertreter also der auch in den fünfziger Jahren durchaus vorhandenen Vergangenheitsbewältigung, würde heute zweifellos mit dieser Rede als »rechts«-lastig in die Schusslinie unserer Tugendwächter geraten. Beim fünfzigjährigen Abiturtreffen 2007, an dem immerhin zehn seiner ehemaligen Schüler teilnahmen, erinnerten wir uns dankbar unseres verehrten Lehrers. Als Klassensprecher hatte ich ja besonders viel mit ihm zu tun gehabt. Er hat mir den Anstoß gegeben, mit meinem Vater über den Nationalsozialismus zu sprechen. Mein Vater sagte zu mir: »Jörg, ich habe jedes Recht verloren, mich öffentlich politisch zu äußern, weil ich mich so schrecklich geirrt habe. Ich war Nationalsozialist, weil ich glaubte, das National-Soziale könnte uns in jener schlimmen Zeit helfen, und als es dann zur Reichskristallnacht kam, war ich so enttäuscht und bedrückt, dass ich mein Amt als NSDAP-Ortsgruppenleiter von Bad Saarow niedergelegt habe. Dann kam der Krieg, und wir konnten am Lauf der Dinge erst recht nichts mehr ändern.« Später habe ich mit ihm auch über Joachim Fests Hitler-Biografie gesprochen, die er auf meine Empfehlung las. Ich glaube, für meinen Vater wurde dieses Buch noch wichtiger als für mich, denn darin fand er seine eigenen Erlebnisse wieder – und auf eine Weise erklärt, die ihm half, weniger selbstquälerisch mit sich ins Gericht zu gehen.

In die Schulzeit fiel meine erste Reise nach England Weihnachten 1955. Ein befreundeter Kollege meines Vaters hatte einen Freund in Großbritannien, der zwei deutsche Kinder adoptiert hatte und mich für die Feiertage einlud. Er war Europachef von BP und hatte einen Landsitz in einem weitläufigen Park in der Grafschaft Kent, unmittelbar gegenüber von »Chartwell Mansion«, dem Alterssitz Winston Churchills.

Es wurde mein erster Ausflug in die große weite Welt. Mit meinem notdürftigen Schulenglisch kam ich am Londoner Central Station an, wo ich von einem Fahrer abgeholt wurde, der mir mit seinem schwer verständlichen Cockney-Englisch die wichtigsten Sehenswürdigkeiten der Stadt zeigte, bevor wir zu dem Landsitz hinausfuhren. Es war ein richtiges Schloss, in dem ich zwei Zimmer zugewiesen bekam, ein Schlafzimmer und ein kleines Arbeits- und Ankleidezimmer, für das ich gar keine Verwendung hatte. Morgens um sieben Uhr weckte mich der Butler, »Your tea, Sir!«, und ich erlebte in meinem schlichten Straßenanzug ein beeindruckendes Weihnachtsfest mit Smokings und Schottenröcken. Unter den Gästen war Generalmajor Levis (»Loo«) D. Lyne, der 1945 erster Berliner Stadtkommandant der britischen Besatzungszone war. Er war als jüngster Divisionskommandeur in Afrika einer der Gegenspieler von Generalfeldmarschall Erwin Rommel gewesen, den er wie viele andere Briten hochachtungsvoll als »desert fox« bezeichnete. Ein anderer Gast war Churchills Sicherheitschef, mit dessen Tochter ich eines Abends in Westerham ins Kino ging. Ich war angenehm überrascht davon, wie freundlich mich alle behandelten; ich war natürlich nicht ohne gewisse Befürchtungen aufgebrochen. Die beiden deutschen Adoptivsöhne, von denen einer in meinem Alter war, nahmen mich sofort auf, und wir vertrieben uns die Zeit im Park. Wir durften mit Schrotflinten auf Tauben schießen, die ich nicht traf. Dafür holte ich mir eine dicke Backe vom heftigen Rückstoß des Gewehrs.

Neue Heimat Westen

Eveline Schönbohm Vier Wochen nach unserer Flucht aus Ketschendorf wurde ich 18 Jahre alt. Weitsichtig wie sie waren, hatten sich meine Eltern rechtzeitig entschlossen fortzugehen, denn als Volljährige hätte auch ich als »republikflüchtig« gegolten. Unser ganzer Besitz wurde enteignet. Wie schwer muss es meiner Großmutter ums Herz gewesen sein, als aus unserer Wohnung die Möbel, das Klavier und alle persönlichen Gegenstände herausgetragen wurden. Wer wohl meine Kleider angezogen und meine Bücher gelesen hat? Nur Fotoalben und Urkunden hatten meine Eltern mitgenommen.

Anfang Juni 1953 hatten wir unser Ziel Rheydt am Niederrhein erreicht. Die ganze Innenstadt war noch zerstört. Es war der richtige Zeitpunkt am richtigen Ort für einen Neuanfang. Meine Eltern fanden Arbeit und verdienten Geld. Meine Mutter radelte mit dem Fahrrad in eine Spinnerei und war dort als Buchhalterin tätig, mein Vater arbeitete als Schlossermeister bei einer Baufirma, wieder in der Lehrlingsausbildung. Aber für meinen kleinen Bruder Peter fanden meine Eltern nicht die richtige Schule. Auf der Hauptschule gefiel es ihm nicht. Nach Schulschluss hielt er sich auf der Straße auf und wusste nicht wohin. Er wollte nicht allein ins Lager. Dort gab es in unserem Schlafsaal keine Fenster und nur künstliches Licht. »Was macht ihr mit uns?«, fragte er meine Eltern vorwurfsvoll. Mein Bruder besuchte schließlich das Aufbaugymnasium in Espelkamp, ein schulgeldpflichtiges Internat. Viel später fanden meine Eltern einen Brief von ihm, in dem er ihnen für die Freiheit und die Entfaltungsmöglichkeiten dankte, die sie ihm und uns durch den Weggang aus der DDR geschenkt hatten. Wir ahnten nicht, dass er mit seinen zwölf Jahren schon die Hälfte seines kurzen Lebens hinter sich hatte.

Ich wurde zwei Klassen zurückgestuft und saß mit Sechzehnjährigen in einer Klasse, denn Latein- und Französischkenntnisse fehlten mir gänzlich, und mein Englisch war unzureichend. Unsere Klassenlehrerin meinte es gut mit mir und bat meine Mitschülerinnen, mich zum Mittagessen zu sich nach Hause einzuladen, um mir die Eingewöhnung zu erleichtern. Das noch übliche Schulgeld wurde uns ohnedies erlassen.

Rheydt hatte damals knapp 90 000 Einwohner und lebte überwiegend von der Textil- und Bekleidungsindustrie. Meine Mitschülerinnen an dem reinen Mädchengymnasium kamen meist aus einem behüteten und wohlhabenden Elternhaus und wohnten in schönen Villen oder Häusern. Ich nahm die Esseneinladungen unbefangen an und freute mich besonders, wenn ich ein Klavier vorfand, auf dem ich spielen durfte. Schwester Jutta fand mit ihrer offenen Art schnell eine Freundin namens Edda, auch sie war eine ›höhere Tochter‹ und trug jeden Tag eine frisch gebügelte Bluse. Jutta, die zu Edda nach Hause eingeladen wurde, hätte ihr das gern nachgemacht, aber diesen Wunsch konnten wir ihr vorerst nicht erfüllen.

Unsere Eltern sparten jeden Pfennig, um sich selbständig zu machen. Die mitgebrachten 1500 Mark reichten nicht für eine neue Existenz. Die Wurstscheiben wurden abgezählt, aber die Wurstenden bekam meine Mutter im Fleischerladen kostenlos dazugepackt. Der Kollege, der meiner Mutter am Schreibtisch gegenübersaß, teilte sein Frühstücksbrot mit ihr und kommentierte es damit, dass seine Frau ihm wieder zuviel eingepackt habe! Das waren kleine Zeichen des Mitgefühls, die uns Mut machten. Am schwersten hatte es mein Vater, der in Düsseldorf eine harte Prüfung bestehen musste, um seine Qualifikation als Fahrlehrer nachzuweisen. Aber schon im Januar 1954, als wir noch im Lager Duvenstraße logierten, erhielt er von der Handwerkskammer in Düsseldorf die Eintragung in die Handwerksrolle.

Am 9. Juni 1954, dem 45. Geburtstag meiner Mutter, eröffneten meine Eltern im neu erbauten Atlantishaus ähnlich wie 1930 einen Motorradladen. Neun Maschinen standen in Reih und Glied, als der erste Kunde, ein junger Mann, den Laden betrat und ein Motorrad bar bezahlte! Ein gutes Omen, das meinen Vater beflügelte, gleich einen alten Blüthner-Flügel zu kaufen, um vor allem mir eine Freude zu machen! *Ein* Zimmer unserer ansonsten leeren Dreizimmerwohnung, die meine Eltern ebenfalls im Atlantishaus gemietet hatten, war damit möbliert. Ansonsten gab es buchstäblich nichts. Meine Eltern brauchten eine Bürgschaft für einen Bankkredit. Wer würde eine solche Verpflichtung eingehen? In Krefeld praktizierte und wohnte Dr. Klingspohr, den meine Eltern noch aus Ketschendorf kannten. Er übernahm die Bürgschaft. Zum Glück musste sie nie in Anspruch genommen werden. Nun konnten wir unsere Wohnung mit dem Nötigsten möblieren. Mein Vater mietete eine kleine heruntergekommene Werkstatt. Er brachte sie in Ordnung und stellte einen Lehrling ein. 1956 eröffnete er die Fahrschule. Sie lief so gut, dass er bald einen Fahrlehrer anstellte.

Ich hatte auf dem Mädchengymnasium das Gefühl, dass mir die Zeit davonrannte. Heimlich übte ich auf der alten Schreibmaschine und bewarb mich als Schreibkraft in einem Depot der britischen Streitkräfte. Zu meiner eigenen Überraschung wurde ich sofort angenommen – und hatte ein Problem: Wie sollte ich meinen Eltern sagen, dass ich die Schule abbrechen und arbeiten würde? Mein Vater schaute mich prüfend-lächelnd an, als ich es ihm beichtete, und sagte nur: »Du machst schon deinen Weg!« Meine Mutter nahm es etwas irritiert zur Kenntnis und zahlte von meinen 450 DM Monatslohn 100 DM auf ein Konto für mich ein.

Ich radelte also jeden Morgen zum Britischen Depot und saß den ganzen Tag im Typing-Pool mit sechs anderen Typistinnen bei künstlichem Licht wiederum in einem Raum ohne Fenster. Ich freundete mich mit der gleichaltrigen Dorothea Otto an, mit der ich meine erste Reise den Rhein hinauf bis in den Schwarzwald unternahm. Dorothea fuhr auf ihrer Vespa und ich lieh mir einen Motorroller aus dem elterlichen Geschäft. Abends besuchte ich die Berlitz-School in Mönchengladbach, um die Auslandskorrespondentenprüfung in Englisch zu machen.

Jutta ging als Au-pair-Mädchen nach London, um ihr Englisch zu perfektionieren. Danach wurde sie Stewardess bei der Lufthansa, immer top gekleidet, frisiert und gepflegt. Auch Peter hatte nun, seinen Schwestern folgend, keine Lust mehr, länger zur Schule zu gehen. Die Klarinette wurde die Erfüllung seines Lebens. Schon nach kurzer Zeit spielte er in einer Jazz-Band. Er wünschte sich von unseren Eltern, ein Jahr lang mit seinem Instrument die Welt erobern zu dürfen. Schweren Herzens ließen sie ihn gehen. Dafür versprach er, jeden Ortswechsel mitzuteilen. Für uns begann eine sorgenvolle Zeit.

Nach erfolgreicher Auslandskorrespondentenprüfung begann ich mein nächstes Projekt: das Abendgymnasium. Drei Jahre lang fuhr ich an fünf Abenden pro Woche nach Düsseldorf-Oberkassel. Und von 1956 bis 1958 arbeitete ich bei der amerikanischen Firma »George S. May International« in Düsseldorf, die großen deutschen Firmen Rationalisierung anbot. Die Nachfrage war so sehr gestiegen, dass mich die Firma gern zur weiteren Ausbildung in die USA geschickt hätte, aber nun wollte ich erst mein Abitur machen.

1958 erreichte meine Eltern ein Hilferuf aus Ost-Berlin von Tante Tutti und Onkel Alex. Onkel Alex hatte zwar, wie bereits erwähnt, 1950 eine alte Großmarkthalle in Ost-Berlin zur Werner-Seelenbinder-Halle umgebaut, aber seine Töchter gingen in West-Berlin zur Schule, auf Dauer ein unhaltbarer Zustand. Er hatte ein Angebot aus Stuttgart angenommen, bei einer großen Baufirma als Diplom-Ingenieur zu arbeiten. So stand also kurzfristig Tante Tutti mit ihren beiden jüngsten Kindern Susanne und Joachim (unser ehemaliger kleiner »Grenzschleicher«) bei meiner Mutter vor der Tür. Meine älteste Cousine Sabine logierte bei zwei älteren Damen in West-Berlin für die verbleibenden Monate bis zu ihrem Abitur. Und Onkel Alex ging zur Wohnungssuche nach Stuttgart.

1959 lief der Mietvertrag für den Laden im Atlantishaus aus. Nach langer Suche fanden meine Eltern endlich ein 410 qm großes Grundstück zu einem Wucherpreis von 135 DM pro Quadratmeter, aber voll bebaubar. Nun musste Onkel Alex helfen! Jedes Wochenende kam er zu uns, begutachtete den Fortgang der Arbeiten und bereitete die kommenden Gewerke vor, sodass dank seiner Tüchtigkeit in einer Rekordzeit von nur neun Monaten ein Wohn- und Geschäftshaus mit zwei Ladenräumen, Büro und Werkstatt sowie sechs Dreizimmerwohnungen mit Balkon oder Terrasse stand. Meine Eltern bekamen leider keine deutsche Auto-Vertretung, aber *Simca* und *Renault* erwiesen sich als solide Partner. Jetzt wurde mein Vater auch Mitglied des örtlichen Schwimmvereins – und bald war er im Vorstand. Wir waren im Westen angekommen!

»Don't become too narrow-minded«

Jörg Schönbohm Mit dem Abitur 1957 kam die Frage meiner Berufswahl auf. Mein Vater erzählte einmal mehr begeistert von seinen Erlebnissen in Südamerika und empfahl mir, einen Beruf zu ergreifen, der mir die Möglichkeit eröffnen würde, ins Ausland zu gehen. Bei mir war während der Oberstufe der Gedanke gereift, Lehrer zu werden, Studienrat für Deutsch, Geschichte und Philosophie. Einer meiner Freunde redete mir zu: »Mensch, Jörg, das ist eine sichere Sache. Guck mal, mein Vater!« Sein Vater war 30 Jahre lang in dieselbe Schule gegangen und schließlich Oberstudiendirektor geworden. 30 Jahre lang dieselbe Schule! Ich fürchtete, dass ich das nicht aushalten würde. Mein Vater hätte mich im Studium nur begrenzt unterstützen können, aber mich hat vor allem die Aussicht abgeschreckt, letztlich immer dasselbe zu unterrichten. Die interessanten Aspekte sah ich noch nicht, ich war jung und ungeduldig. Ich bewarb mich auf eine Lehrstelle als Exportkaufmann bei der Chemiefirma Merck in Darmstadt, die sich stark in Südamerika engagierte. Abiturienten konnten die Lehre schon nach zwei Jahren abschließen. Anschließend wollte ich so schnell wie möglich ins Ausland.

Ich war ungeheuer stolz, dass ich nach dem anspruchsvollen Auswahlverfahren zu den sieben oder acht Bewerbern von insgesamt 60 gehörte, die zum 1. April 1957 einen Lehrvertrag bekamen. Die letzte Abiturprüfung war für den 5. März 1957 vorgesehen. Meine Eltern überlegten schon, wo ich in Darmstadt wohnen könnte. Aber es kam alles ganz anders, denn ich wurde zum 1. April 1957 mit den ersten Wehrpflichtigen als einziger aus meiner Klasse für zwölf Monate zur 1955 gegründeten Bundeswehr einberufen. Ich betrachtete den Wehrdienst als Pflichtübung, die ich so schnell wie möglich hinter mich bringen wollte, denn ich hatte kein besonderes Verhältnis zur Bundeswehr oder zur Armee. Ich fuhr also am 1. April mit einem Pappkoffer nach Niederlahnstein bei Koblenz in die Freiherr-von-Fritsch-Kaserne.

Mein Vater hatte mir die Artillerie empfohlen, weil er meinte, da müsse man nicht so viel marschieren wie bei der Infanterie und außerdem brauchte man dort gute Mathematiker.

Die ersten vier Wochen verbrachten wir in der Kaserne. Als ich nach sechs Wochen erstmals in Uniform nach Hause durfte, ging ich stolz mit meiner Familie spazieren. Die spätere Ablehnung der Bundeswehr und der Soldaten war noch nicht spürbar und wenn doch, dann aus anderen Gründen. Ein Nachbar, den ich gut kannte, sagte: »Jörg, ihr seid doch mit den Franzosen verbündet! Ich habe dich immer gemocht, aber wenn du noch einmal auf mein Grundstück kommst, schmeiß ich dich raus. Mich haben die Franzosen so schwer misshandelt, mir kommt hier keiner rein, der mit denen etwas zu tun hat, nur damit du Bescheid weißt!« Wenige Jahre später sagte Onkel Herbert, der im Kriegsgefangenenlager Bretzenheim bei Bad Kreuznach interniert gewesen war: »Jetzt bist du Offizier und mit den Franzosen verbündet. Weißt du, was die mir angetan haben?« Eine erschreckend hohe Zahl seiner Mitgefangenen war an Hunger oder Seuchen gestorben.

Unsere Zugführer-Offiziere waren alle jung. Die älteren Disziplinarvorgesetzten hatten Erfahrungen aus dem Zweiten Weltkrieg. Ohne sie hätte die Bundeswehr nicht aufgebaut werden können, weshalb der Ehrenerklärung General Eisenhowers vom Januar 1951, des damaligen Oberkommandierenden der NATO-Streitkräfte in Europa, eine wichtige psychologische Bedeutung zukam: »Was mich betrifft, so bin ich nicht der Ansicht, dass der deutsche Soldat als solcher seine Ehre verloren hätte. Die Tatsache, dass gewisse Einzelpersonen im Kriege unehrenhafte und verächtliche Taten begangen haben, fällt auf die dabei beteiligten Personen zurück und nicht auf die große Mehrheit deutscher Soldaten und Offiziere.« (Vgl. *Die Welt, Neue Zürcher Zeitung* und *Wiesbadener Kurier* u. a. vom 24. Januar 1951)

Wir Wehrpflichtigen wurden fair behandelt, wenn auch in einer Weise gedrillt, wie das heute kaum noch üblich ist. Ich fand dennoch Gefallen an der Sache. Im Mai 1957, während der Infanterie-Gefechtsausbildung, besichtigte unser Bataillonskommandeur, Oberstleutnant Oster, unsere Truppe, und mein Gruppenführer beorderte mich zu ihm. Achim Oster war ein Sohn des kurz vor Kriegsende im KZ Flossenbürg gehängten Widerstandskämpfers General Hans Paul Oster. Als ich zu ihm kam, saß er auf einem Baumstamm in der Sonne: »Setzen Sie sich mal, Schönbohm. Könnten Sie sich eigentlich vorstellen, Berufsoffizier zu werden?« Ich verneinte und erklärte ihm, dass ich, nicht aus einer Offiziersfamilie kommend, andere Interessen hätte, ins Ausland gehen wollte und mir in Deutschland alles zu eng wäre. Dem entgegnete er: »Wir brauchen gerade Leute wie Sie!« Dann erzählte er mir von dem Widerstandskampf seines Vaters im Kreis um Graf von Stauffenberg (zu dessen Umfeld auch Achim Oster gehört hatte) und von der entwürdigenden Hinrichtung in den letzten Kriegstagen. Oster hatte von Anfang an die Bundeswehr mit aufgebaut, um die junge bundesdeutsche Demokratie vor der kommunistischen Bedrohung zu schützen. Er fügte hinzu: »Dass Sie nicht aus einer Offiziersfamilie kommen, ist kein Nachteil. Sie müssen es nur wollen. Sie haben doch Freude an Führungsaufgaben, das merkt man sofort. Sie haben selbst erzählt, dass Sie jahrelang Klassensprecher waren. Das sagt doch genug!«

Mein Zugführer, Oberleutnant Schild, versuchte ebenfalls, mich zu überzeugen. Auch mit einigen Kameraden sprach ich über das Angebot. Einer von ihnen war Sohn eines Rechtsanwalts. Er wollte Jura studieren: »Jörg, du bist viel zu intelligent, um Offizier zu werden. Du hast doch Allgemeinbildung. Wenn du Offizier bist, geht es nur noch um Befehl und Gehorsam! – Wenn du das wirklich machen willst, wirst du eben stud. rer. mil.« Ich kam ins Grübeln und führte weitere Gespräche. Mir wurde erläutert, dass das Prinzip Befehl und Gehorsam weder bedeutet, dass man seine Freiheit und Verantwortung an den Nagel hängt, noch, dass es etwas über die intellektuellen Herausforderungen eines Berufsoffiziers aussagt. Obwohl es in der deutschen Militärgeschichte so große Geister wie Moltke und Scharnhorst gegeben hat, wurde ich vor der geistigen Enge noch häufiger gewarnt, selbst bei meinem zweiten Englandbesuch 1959, als ich Loo Lyne wiedersah und er meine Berufswahl mit den Worten kommentierte: »Joorg, don't become too narrow-minded«.

Aber ich hatte mich gewinnen lassen und eröffnete Pfingsten 1957 meinen Eltern, dass ich die Lehrstelle bei Merck nicht antreten würde, um Offizier zu werden. Mein Vater sagte: »Kommt überhaupt nicht in Frage. Du lernst erst mal einen ›anständigen‹ Beruf.« Die Offizierslaufbahn könne ich dann immer noch einschlagen. Vater und Mutter hatten als abschreckendes Beispiel die Kriegsheimkehrer vor Augen, die nichts anderes gelernt und zehn, zwölf Jahre zuvor verzweifelt Arbeit gesucht hatten. Dieses Schicksal wollten sie mir ersparen. Und wenn meine Eltern »nein« sagten, dann meinten sie es auch so; sie ließen sich nie auseinanderdividieren. Ich war ja noch minderjährig! Volljährig wurde man erst mit 21 Jahren.

Daraufhin sprach ich mit meinem ehemaligen Klassenlehrer Hans Blasczyk, den ich seit dem Abitur duzen durfte, und der mir zusagte, mein Anliegen zu unterstützen, nachdem er sich davon überzeugt hatte, dass ich es wirklich ernst meinte. Auch er hatte Sorge, dass ich zu engstirnig werden könnte. Ich sprach lange mit dem Pfarrer, der mich und meine Geschwister konfirmiert hatte. Beiden zusammen gelang es schließlich, meine Eltern umzustimmen. Nach vier Wochen Bedenkzeit erlaubten sie mir in einer schriftlichen Erklärung, Offizier auf Zeit zu werden. Nach Ablauf dieser ersten Frist würde ich volljährig sein und selbst über meine Zukunft entscheiden können.

Beim ersten feierlichen Gelöbnis in der Öffentlichkeit vor dem Koblenzer Schloss sprachen Verteidigungsminister Franz Josef Strauß und Generalinspekteur Adolf Heusinger. Heusinger war Jahrgang 1897 und hatte seit dem Kaiserreich in vier deutschen Streitkräften gedient. Er war am 20. Juli 1944 im Führerhauptquartier beim Attentat auf Hitler, unmittelbar neben ihm stehend, verwundet worden. Da es nicht genug Lastwagen gab, mussten wir 300 Rekruten vier Stunden vor Beginn des Gelöbnisses abmarschieren und bis zum Beginn dreimal die Stiefel putzen. Gestört von Demonstranten wurden die Gelöbnisfeiern damals noch nicht. Die Friedensbewegung sollte eigentümlicherweise erst richtig mobil machen, als schon die Erfolge der Entspannungspolitik sichtbar wurden. Meine Eltern waren ebenfalls nach Koblenz gekommen, und nach dem Gelöbnis fuhren wir am Rhein und an der Mosel entlang, durch Landschaften, die ich zum ersten Mal sah.

Ich wurde zum Fahnenjunker ernannt und im Dezember 1957 an die Heeresoffiziersschule II in Husum versetzt, um meine Ausbildung zum Offizier zu beginnen. In der Nähe gab es eine Fachhochschule für medizinisch-technische Assistentinnen, die Tanzstunden nahmen wie wir. Weihnachten fuhr ich stolz in Uniform nach Hause, wurde aber am Kasseler Hauptbahnhof bespuckt und beschimpft – ein Vorzeichen kommender Auseinandersetzungen –, und als ich meinen ehemaligen Schulkameraden davon erzählte, fiel ihnen auch nur ein, mich zu fragen, warum ich mir das antäte, ich könnte doch etwas anderes werden.

Auch auf der Heeresoffiziersschule machte sich mein starker Widerspruchsgeist bemerkbar, wie zuvor auf der Schule. Ich bekam zwar eine ordentliche Beurteilung, aber unter den Schwächen war vermerkt, dass ich »wider besseres Wissen« widerspräche. Ich fand das ungerecht, weil ich mich stets aus voller Überzeugung zu Wort meldete. Ich war empört und protestierte bei meinem Major. Er antwortete kühl: »Schreiben Sie doch eine Gegendarstellung!« Und ich sagte: »Wozu? Dann schreiben Sie: ›Er widerspricht *wieder* wider besseres Wissen.‹« Als wir im Sommer 1958 die Prüfungen erfolgreich abgelegt hatten, wurden wir Fähnriche. Mit einer guten Beurteilung und »starkem Widerspruchsgeist« kam ich an die Artillerieschule in Idar-Oberstein am südlichen Rand des Hunsrück, wo wir die Grundlagen der Vermessung und Ballistik lernten. Ich kaufte mir einen Motorroller, mit dem ich die Umgebung bis an Rhein und Mosel erkundete. Unter anderem mussten wir Geländeskizzen anfertigen, was mir überhaupt nicht lag, trotz mehrerer Künstler in unserer Familie. Ich kassierte einen Anpfiff und sagte vernehmbar zu meinem Nachbarn: »Was juckt's die deutsche Eiche, wenn die Sau sich dran kratzt.« Daraufhin stand wieder in meiner Beurteilung: »… muß seinen erkennbar starken Widerspruchsgeist besser zu beherrschen lernen.«

Mit dieser Schwäche wurde ich im April 1959 mit 21 Jahren vertretungsweise Batteriechef und Disziplinarvorgesetzter von 150 Rekruten, als Leutnant bei der Truppe in Stadtallendorf bei Marburg. Von meinem ersten Geld kaufte ich mir auf Ratenzahlung eine Schreibmaschine; nachdem ein Schreibmaschinenvertreter mit uns gezecht hatte, verkaufte er gleich an mehrere Kameraden. Den beabsichtigten Schreibmaschinenlehrgang habe ich nie besucht.

III.

WIEDERSEHEN MIT *LA BOHÈME*

1959 – 1983

Für die Sommerferien 1959 hatten sich meine Eltern mit Keues zum Urlaub in Cecina am Tyrrhenischen Meer verabredet, etwa vierzig Kilometer südlich von Livorno. Wir hatten uns schon im Sommer 1957, auf der ersten Reise meiner Eltern nach Cecina, mit Keues treffen wollen. Ich war damals aber in der Grundausbildung, Fritz Keue konnte nicht aus seinem Geschäft fort und Mutter Keue und die Kinder blieben mit ihrem Auto bei Genua liegen und mussten umkehren.

Verführt von einem Zeitungsinserat hatte ich mir im Frühling für wenig Geld ein DKW-Cabrio gekauft, Baujahr 1936, mit Speichenrädern, Ledersitzen, Faltdach, Anlasser-Kurbel und Zwischengas. Das habe ich genommen, obwohl der Boden schon fast durchgerostet war und ich alle sechs Monate damit zum TÜV musste. Ich schlug meinem Bruder Wulf vor, mit meinem alten Auto ebenfalls nach Italien zu fahren. Nach einigen Reparaturen unterwegs kamen wir auch heil an. Damit ich die Kurven schneiden konnte, stellte sich mein Bruder stets auf den Beifahrersitz, um bessere Sicht zu haben. Einmal überholten wir auch Freunde meiner Eltern, die ihnen von meinem wilden Fahrstil berichteten, was meine Mutter in einige Aufregung versetzte.

Ich hatte meine Trompete dabei, und wir zelteten frei am Strand, in einem Bereich, in dem das erlaubt war, mit vielen italienischen Nachbarn. Die Stimmung war ausgelassen, abends haben wir am Feuer zusammen musiziert und gesungen. Dieser Sommer 1959 war ein unglaublich schönes Erlebnis. Zum ersten Mal waren wir gemeinsam im Ausland, in Italien, am Meer, zum ersten Mal waren wir restlos fröhlich und fühlten uns frei. Wir konnten uns noch nicht vorstellen, dass das von nun an etwas Gewöhnliches sein würde. Mit diesem Besuch begann auch meine Liebe zu Italien, zur italienischen Kultur, Malerei und Musik.

Vor allem aber sah ich 14 Jahre nach unserem Abschied in Boitzenhagen Eveline Keue wieder, die sich in Cecina auf ihr Abitur vorbereiten wollte, das sie am Abendgymnasium nachholte. Zum Lernen fand sie kaum noch Zeit. Eines Abends wollten Evi und ich allein im Nachbarort tanzen gehen. Als wir das Lokal betraten, rief die ganze Garde unserer Geschwister: »Wir sind schon da!« Wir fanden andere Gelegenheiten. Mit dem herrlich knatternden DKW fuhren wir zu einer Open-air-Vorstellung von Verdis *La Bohème* nach San Gimignano. Nach der Vorstellung sagte ich zu meiner späteren Frau: »Evi, die lieben sich, die sind arm, die sind krank, die heiraten nicht. – Wir lieben uns, wir sind arm, aber nicht krank, wir heiraten!« Von nun an gingen wir öfter unsere eigenen Wege. Unsere beiden Familien hatten natürlich längst gemerkt, dass etwas im Gange war, und als Evi eines Abends in ihr Zelt kam, meinte ihre Schwester Jutta, sie selbst würde eigentlich viel besser zu mir passen.

Im September 1959, nach unserer Rückkehr aus Cecina, feierten meine Eltern Silberhochzeit. Vor der Feier holten mich die Eltern Keue und Evi von der Kaserne in Stadtallendorf ab. Auf der Rückbank sitzend flüsterte ich Evi zu: »Ich halte heute eine Rede auf meine Eltern und will sagen, dass wir beide uns als verlobt betrachten.« Evi war sich nicht sicher, ob der richtige Zeitpunkt schon gekommen wäre, das allen mitzuteilen. Nachdem ich aber wie beabsichtigt gesprochen hatte, sagte meine Mutter: »Das habe ich geahnt!« Und mein Vater fragte: »Hast du überhaupt bei Onkel Fritz um Evis Hand angehalten?« Ich: »Nein, das wollte ich vermeiden, weil ich nicht weiß, wie das geht.« Schon kam die nächste Frage: »Hast du deine Vermögensverhältnisse erklärt?« – »Papa, ich habe kein Vermögen. Ich habe aber auch keine Schulden.« Daraufhin sprach Onkel Fritz das erlösende Wort: »Ach, lasst mal, ich glaube, das wird schon gutgehen.«

Da wir in Stadtallendorf viele Rekruten aus dem Ruhrgebiet hatten und die Bahnverbindungen ungünstig waren, organisierte ich Busse für die Heimfahrten, und Eveline holte mich dann in Wuppertal ab. Im Oktober steckte eines Sonntagabends auf der Rückfahrt plötzlich ein Verlobungsring an meinem Finger, sodass unter den Wehrpflichtigen Stimmung aufkam: »Herr Leutnant, wie alt sind Sie denn?« – »Bin vor kurzem 22 geworden, Männer!« – »Ganz schön früh, was!? Sie *müssen* wohl heiraten!?« Am 30. Dezember 1959 war es soweit. Meine Schwiegereltern richteten uns trotz knapper Mittel eine schöne Hochzeit aus; mein Schwager Peter, »Bob Keue«, spielte Klarinette. Ich brachte meine größtenteils noch unbezahlte Schreibmaschine mit in die Ehe, meinen Tanzstundenanzug und mein rostiges, altes Cabrio. Unsere einwöchige Hochzeitsreise führte in die Schweiz, und als wir zurückkamen, war Evis Großmutter Ella in Ketschendorf gestorben.

Ich verdiente als verheirateter Offizier 500 DM netto. Wir wohnten behelfsmäßig bei meinen Schwiegereltern in deren Vierzimmerwohnung. Sie bauten aber gerade ihr Wohn- und Geschäftshaus, und schon 1960 konnten wir dort einziehen. Zwischenzeitlich wurde ich nach Wolfhagen versetzt, wo ich einst zur Schule gegangen war. Bei meinen Eltern holte ich das Kinderbettchen ab, das wir auf die Flucht mitgenommen hatten, in dem meine Geschwister und ich als Kleinkinder gelegen hatten und das später allen unseren Kindern und Enkelkindern gedient hat. Zwischen Evis schriftlichem und mündlichem Abitur, sieben Monate nach unserer Hochzeit, wurde unsere Tochter Imme geboren; merkwürdigerweise bekam sie ihr erstes Kind ebenfalls zwischen dem schriftlichen und dem mündlichen Abitur.

Seit wir die schöne Dreizimmerwohnung im neuen Haus meiner Schwiegereltern bezogen hatten, lebten wir zum ersten Mal für uns allein. Bald wurde ich aber schon wieder versetzt, von Wolfhagen nach Hannover, als Hörsaaloffizier für die Fahnenjunkerausbildung. Meine eigene Fahnenjunkerzeit lag gerade erst drei Jahre zurück. Ich kam aus Kostengründen nur zweimal im Monat nach Hause, mal mit dem Zug, mal mit dem Renault Dauphine, den meine Schwiegereltern mir geschenkt hatten. Unsere Tochter Imme versteckte sich manchmal hinter dem Rock meiner Frau, denn sie kannte mich kaum. Evi half bei meinem

Schwiegervater im Geschäft, aber das Geld war stets knapp, auch wenn ich gelegentlich bei meinem Schwiegervater kostenlos tanken durfte.

Abschreckung oder Atomtod?

Im Januar 1963 zogen wir nach Hannover, und erst jetzt konnten wir ein normales Familienleben führen. Im selben Monat veröffentlichte Gerd Schmückle, der spätere stellvertretende Oberkommandierende der NATO, als Pressesprecher des Verteidigungsministers Franz Josef Strauß in der Zeitschrift *Christ und Welt* einen Artikel mit der Überschrift »Der Wandel der Apokalypse«, der für erhebliche Aufregung und Unruhe in den deutsch-amerikanischen Beziehungen sorgte. Schmückle hatte beschrieben, wie riskant die nuklearen Strategien des amerikanischen Präsidenten John F. Kennedy für Europa wären, denn jeder Krieg sei fortan ein Nuklearkrieg und damit sinnlos. Dieser Artikel hat mich getroffen wie ein Blitz, denn ich fand, wenn Schmückle Recht hätte, könnte man unter diesen Umständen nicht mehr Offizier sein. Der mögliche Einsatz atomarer Waffen auf deutschem Boden mit all seinen Folgen stellte mein ganzes berufliches Selbstverständnis in Frage. Ich besprach die Thesen mit meinem Vorgesetzten, der die Theorie der Abschreckung entschieden gegen Schmückle verteidigte. Ich las eines der ersten Bücher von Henry Kissinger, *Kernwaffen und auswärtige Politik,* das 1959 erschienen war und ebenfalls die Abschreckungsstrategie erläuterte. Mein Schulkommandeur Brigadegeneral Lueder lehnte mein Ansinnen ab, das Thema an der Offiziersschule zu diskutieren.

Tief verunsichert erzwang ich immerhin eine intensive Diskussion im Rahmen der Offiziersweiterbildung. In den Sommerferien 1962 in Cecina/Italien gelang es meinem Schwiegervater, mich wenigstens in einer wesentlichen Hinsicht zu beruhigen: Er meinte, dass mir beruflich genug Möglichkeiten offenstünden und ich nicht an die Offizierslaufbahn gebunden sei. Er versprach mir sogar Unterstützung, falls ich doch noch hätte studieren wollen! Ich habe es meinen Schwiegereltern und meiner Frau hoch angerechnet, dass sie sofort die Ansicht vertraten, die Familie, die ich bereits gegründet hatte, dürfe mich nicht zwingen, an einem Beruf festzuhalten, den ich möglicherweise gegen meine Überzeugung ausüben würde.

Bei allem Vorbehalt gegen die Nuklearstrategie stand ich unter dem Eindruck des Ungarn-Aufstandes von 1956, der von sowjetischen Truppen und Panzern niedergeschlagen wurde und der mich an den 17. Juni 1953 erinnerte. Ich war der Meinung, dass so etwas nicht noch einmal passieren dürfe und dass die demokratische Ordnung der Bundesrepublik erhalten und geschützt werden müsse. Schmückle bezweifelte den Sinn unserer Arbeit grundsätzlich, indem er die Meinung vertrat, dass die konventionelle Verteidigung im Ernstfall gar nicht zum Zuge käme. Die Diskussionen drehten sich also um die Frage, ob der Übergang vom konventionellen Krieg zum Atomkrieg tatsächlich so zwingend und automatisch stattfinden würde, wie Schmückle behauptet hatte. Anders gefragt: Begünstigten atomare Waffen die Entstehung eines Krieges, oder waren sie ein Mittel der Kriegsverhinderung? Schmückle sagte: Ja, sie sind als Mittel der Kriegsverhinderung gedacht, aber wenn die Rechnung nicht aufgeht, ist alles aus. Präziser lautete die Frage also: Wie konnte man die beabsichtigte Kriegsverhinderung erreichen? Ich kam nach vielen Diskussionen und Überlegungen zu dem Ergebnis, dass eine Nuklearstrategie, die glaubhaft mit starken konventionellen Kräften unterlegt war, den Krieg würde verhindern können. Mit diesem Ergebnis wusste ich mich wieder im Einklang mit meinem Eid, »das Recht und die Freiheit des deutschen Volkes tapfer zu verteidigen« – und nicht, es zu vernichten. Als Chef einer nuklearfähigen Artilleriebatterie für kurze Reichweiten und kleinste Sprengköpfe wurde mir aber auch bewusst, wie gering der deutsche Handlungsspielraum damals war: auf der einen Seite die großen öffentlichen Diskussionen, auf der anderen Seite die

Tatsache, dass ausschließlich die Amerikaner über die atomaren Sprengköpfe verfügten.

Trotz meiner vorübergehenden Zweifel konnte mich die Friedensbewegung nicht überzeugen. Ihre Antikriegs- und besonders die Antiatomkriegsparolen reduzierten sich letztlich immer auf die Formel »Lieber rot als tot!« Das Argument des bewaffneten Verteidigers der Freiheit bleibt dagegen Schillers: »Das Leben ist der Güter höchstes nicht«, auch wenn es unter den geistigen Bedingungen von Massendemokratie und Massenwohlfahrt kaum noch möglich ist, einen solchen Gedanken zu verbreiten. Derjenige, dem es gelungen war, dem Kommunismus zu entkommen, hätte aber um keinen Preis im Gulag dahinvegetieren oder zu den 100 Millionen Todesopfern dieser Ideologie gehören wollen. Hatte nicht mein Lehrer Blasczyk entsprechend Ernst Jünger zitiert? »Der freilich ist am leichtesten einzuschüchtern, der glaubt, dass alles zu Ende sei, wenn man seine flüchtige körperliche Erscheinung auslöscht. Das wissen die neuen Sklavenhalter …« Ich verstehe, dass die deutsche Opferbereitschaft nach zwei verlorenen Weltkriegen erschöpft ist und selbst für »humanitäre Interventionen« nur schwer aufs Neue entfacht werden kann. Ich verstehe aber nicht, dass es nicht wenigstens eine intellektuelle Auseinandersetzung darüber gibt, wie erpressbar uns und die vielgerühmte »internationale Gemeinschaft« das Festhalten am nackten Leben macht. Der Terror islamistischer Selbstmordattentäter trifft zielsicher diese unsere schwächste Stelle.

1962 oder 63 war für den 1. September, den Tag vor meinem Geburtstag (der auf den »Sedantag« fällt), in Hannover eine Antikriegsdemonstration angekündigt – mit Parolen, die mich auf die Palme brachten. Ich bot meinen Fahnenjunkern an, gemeinsam in Zivil hinzugehen und an der Diskussion teilzunehmen. Zur Vorbereitung bildeten wir Arbeitsgemeinschaften, die nach Dienstschluss die üblich gewordenen Fragen diskutierten. Ich gab die linken pazifistischen Parolen aus, und meine Männer mussten dagegen argumentieren. Wir bereiteten Transparente für den angekündigten Fackelzug vor mit Parolen wie »Ulbricht befiehl, wir folgen Dir« und »Milchbars statt Kasernen«. Ich setzte mich bei solchen Veranstaltungen immer mit einem roten Hemd in eine der vorderen Reihen; die Fahnenjunker waren über den ganzen Raum verteilt. Ein promovierter Pfarrer und Friedensaktivist hielt eine linksextremistische Rede, in der er so tat, als vertrete die DDR das schlechthin Gute. Durch unsere Zwischenrufe endete die Veranstaltung ziemlich lebhaft. Dann ging es hinaus zum Fackelumzug. Der Veranstalter entdeckte unsere Plakate, die nicht vorgesehen waren, und bat die Polizei um Abhilfe. Die weigerte sich aber, Zensur auszuüben und Transparente zu konfiszieren, denn es handelte sich ja um eine angemeldete öffentliche Demonstration. Es gab nur eine Alternative: alle Plakate oder keine. Daraufhin sagte der Veranstalter: dann eben keine. Außerdem hatten wir unsere Fackeln, um die Menge ein bisschen »aufzulockern«, mit Speckgummi so präpariert, dass sie unglaublich stanken. Daraufhin bildeten sich zwei Blöcke, einer mit den Friedensaktivisten und ein anderer aus den Fahnenjunkern und deren Freunden. Meine Leute marschierten bald in Reih und Glied, einer fuhr im offenen Cabrio vorbei und grüßte wie Rommel in Afrika. Es gab Geschrei und Tumulte. Ich beobachtete das alles aus der Ferne, denn ich ging bei Demonstrationen grundsätzlich nicht mit, auch nicht mit meinen Männern. Als ich nach Hause fuhr, schwante mir bereits Böses.

Am nächsten Morgen kam mein Schulkommandeur Brigadegeneral Lueder zu mir. Ich dachte, er wolle mir zum Geburtstag gratulieren. Er fragte mich aber, ob ich bei der Demonstration am Vortag dabeigewesen sei. In der Nacht habe ihn der Oberbürgermeister Holweg telefonisch darüber informiert, dass die Fahnenjunker für Randale gesorgt hätten. Auch die IG Metall habe sich schon beschwert. Ich erklärte den Vorfall aus meiner Sicht: »Jawohl, Herr General, wir haben die Demonstration gestört, denn die Parolen waren unerträglich. In solchen Fällen muss widersprochen werden, denn *das* ist Demokratie.« Mit seiner Entgegnung »Wenn der Ärger hoch vom Dachstein kommt, kann ich Sie nicht mehr halten« wollte er mir zu verstehen geben, dass die Grenze seiner soldatischen Fürsorgepflicht erreicht sei und ich bei einer weiteren Beschwerde mit einer Versetzung »entgegen dem Uhrzeigersinn« zu rechnen hätte. Am Nachmittag fand ein Gespräch mit dem Oberbürgermeister, dem Veranstalter der Demonstration, Brigadegeneral Lueder und mir statt. Der Veranstalter erkannte mich zum Glück nicht wieder, sondern beschwerte sich über einen anderen Störer im Hörsaal. Wir verabredeten ein paar Spielregeln für die Zukunft.

Kurz darauf ging ich, wiederum in Zivil, zu einer Veranstaltung der IG Metall, auf der ebenfalls kräftig gegen die Bundeswehr polemisiert wurde. Im Rahmen dieser Veranstaltung erzählte ein Gewerkschaftsfunktionär, was für schlimme Dinge er bei der Bundeswehr erlebt habe. Ich fragte ihn *coram publico,* ob er dem Wehrbeauftragten geschrieben und was für eine Antwort er bekommen habe. Ich schob gleich meine Vermutung nach, dass er nicht geschrieben habe. So war es auch. Dann fragte ich ihn, ob er sich bei seinem Vorgesetzten beschwert habe. Auch das hatte er nicht getan. Nun sagte ich: »Draußen meckern Sie über die Bundeswehr, und solange Sie dabei sind, kriegen sie den Mund nicht auf. Wenn es stimmt, was Sie sagen, sind Sie ein Feigling. Wenn es nicht stimmt, sind Sie ein Schwätzer!« Danach machte mein Name in der Szene allmählich die Runde.

Meine Frau begann in Hannover zu studieren, um Lehrerin zu werden. Im Sommer 1964 wurde unsere Tochter Imme vier Jahre alt. Mein Bataillonskommandeur stellte mich zur Rede und fragte mich, warum meine Frau studiere und ob ich nicht in der Lage sei, von meinem Gehalt meine Familie zu ernähren. Auch mein Vater war nicht begeistert: »Muss das sein, dass Evi studiert?« Ich fand, es war Grund genug, dass Evi es wollte, und hinzu kam der Hintergedanke, dass wir auf diese Weise von meinem Gehalt weniger abhängig sein würden. Unterstützt haben die Entscheidung meiner Frau eigentlich nur ihre Eltern und ich. Für meine Frau war das Studium natürlich auch eine späte und notwendige Antwort auf die Zurücksetzung, die sie als »Kapitalistentochter« in der DDR erfahren hatte.

Formfragen eines Batteriechefs

Zu meiner Freude wurde ich zum 1. April 1964 Batteriechef beim Feldartilleriebataillon 11, ebenfalls in Hannover. 1956 aufgestellt, war es eines der ältesten Bataillone der Bundeswehr, ein Verband mit einem in sich gefestigten Offizierskorps. Der Kommandeur, ein Generalstabsoffizier, hatte noch am Zweiten Weltkrieg teilgenommen. Es war bekannt, dass er nur noch maximal zwei Jahre beim Bataillon bleiben würde. Er war ein halbes Jahr vor mir gekommen und ging auch vor mir weg. Sein etwas jüngerer Stellvertreter verfügte ebenfalls über Weltkriegserfahrung wie viele höhere Offiziere in den Jahren nach Gründung der Bundeswehr. Die Batteriechefs aber waren bereits alle aus der Bundeswehr oder aus dem Bundesgrenzschutz hervorgegangen, so dass auf dieser Ebene schon der Generationswechsel begonnen hatte. Ich war der jüngste Batteriechef im Artillerieregiment dieses Bataillons.

Mit 26 Jahren war ich also für rund 120 Soldaten und 20 Unteroffiziere verantwortlich. Die Masse der Soldaten bestand aus Wehrpflichtigen, die überwiegend aus dem Ruhrgebiet kamen. Die Unteroffiziere und Feldwebel waren ordentlich ausgebildet. Bei der Artillerie kam es besonders darauf an, dass man gute Vermessungs- und Feuerleitfeldwebel hatte, denn Vermessen und Berechnen sind die Grundlagen artilleristischen Schießens. Die Aufgaben eines Batteriechefs sind leicht geschildert. Er ist verantwortlich für die Ausbildung und Erziehung der Soldaten, für Ordnung und Disziplin. Er ist verantwortlich für die Dienstpläne und für das ihm anvertraute Material: sechs schwere Geschütze, Feldhaubitzen, die entsprechenden Zugmaschinen und das gesamte Zubehör. Die amerikanischen Geschütze waren noch im Zweiten Weltkrieg in Italien eingesetzt worden; aus diesen Geschützen hatte man sozusagen auf unsere Väter geschossen. Nun waren wir mit den Amerikanern verbündet, wobei bei uns in Norddeutschland die Briten dominierten. Wir begannen bald, eine engere Zusammenarbeit mit ihnen und später auch mit den Holländern zu suchen.

Unser Bataillonskommandeur legte großen Wert darauf, dass wir im Offizierskorps kameradschaftlichen Umgang pflegten. Wir bewohnten eine alte Kaserne und einige Neubauten. Das frühere Offizierskasino war kriegszerstört, aber unserem Bataillonskommandeur war es mit einigen Kniffen gelungen, uns ein neues genehmigen zu lassen. Seitens der Bauleitung hatte man die Auffassung vertreten, dass ein Offiziersheim, wie es später hieß, nicht notwendig sei. Uns war es jedoch wichtig für das gemeinsame Mittagessen, für Herrenabende, für unser Leben im Offizierskorps. Der Zusammenhalt wurde auch auf anderer Ebene gefördert. Unser Bataillonskommandeur brachte uns gute Umgangsformen bei. Er und seine Frau luden zu sich nach Hause ein: Es gab nur ein einfaches Essen, aber er schickte uns gedruckte Einladungen mit dem Vermerk »R. S. V. P.«. Die erste Einladung die ich mit »répondez s'il vous plaît« bekam, veranlasste mich, in dem damals millionenfach aufgelegten Buch *Einmaleins des guten Tons* nachzuschlagen, um das Rätsel zu lösen. Den meisten Kameraden ging es ebenso.

Eveline Schönbohm Ich war glücklich, dass wir in Hannover bleiben konnten; wir waren ja erst ein Jahr zuvor umgezogen. Hannover wurde sogar die Stadt, in der wir nach Meckenheim bei Bonn am längsten gewohnt haben. Ich konnte mein Studium fortsetzen. Die gesellschaftlichen Verpflichtungen hielten sich noch in Grenzen. Immerhin, bald gab es einen Ball mit Uniformsmoking, Ballkleid und Handkuss. Ich kannte die Rangabzeichen an den Uniformröcken noch nicht, aber Jörg beruhigte mich: »Du brauchst dir nur meins zu merken.« Ich lernte, dass ein Tischherr nicht nur seine eigene Tischdame zu unterhalten hat, sondern mit allen

Damen an seinem Tisch tanzen muss! Auch die Damenreden waren mir neu. Da sollten wir als schmückende Begleiterinnen der Männer eigens gewürdigt werden – und wurden dazu mit »Segelbooten« und »Fregatten« verglichen! Später bat ich Jörg nach jedem Umzug und vor solchen Ereignissen um eine Namensliste, möglichst mit Passfoto, damit ich besser vorbereitet war.

Diese Umgangsformen wurden auch prägend für unsere eigenen Hausgesellschaften – zuerst in unseren Wohnungen, später Häusern, wenn auch in bescheidenem Rahmen. Wir bemühten uns bald, selbst Einladungen auszusprechen, obwohl wir damals eigentlich nur dank eines väterlichen Zuschusses über die Runden kamen. Wir luden höchstens zwei Ehepaare auf einmal ein, mit denen wir uns bei Tisch noch gut unterhalten konnten.

Jörg Schönbohm Zweimal im Jahr wurde auf den Truppenübungsplätzen in Bergen-Hohne oder in Munster über sieben bis zehn Kilometer scharf geschossen. Die Vorbereitungen verlangten Drill, Schnelligkeit und Präzision, denn bei Fehlern konnte es Tote und Verletzte geben. Allmählich verstanden die Wehrpflichtigen das, denn wir erklärten ihnen immer wieder, welche Auswirkungen der kleinste Fehler haben kann – wenn man eine falsche Ladung, Erhöhung oder Seite berechnet und damit nach Richtung oder Entfernung falsch schießt.

Alljährlich gab es einen Tag der offenen Tür, zu dem die Angehörigen der Soldaten, Offiziere und Unteroffiziere eingeladen wurden. Auch Kinder waren an diesem Tag willkommen und meist beeindruckt vom Ernst und von der Umsicht der Männer, wenn sie mit den großen Fahrzeugen und Geräten hantierten. Die Kinder verstanden sofort, dass eine Kaserne kein Spielplatz ist. Manche Diskussionen, ob es richtig ist, sie zuschauen zu lassen, weil doch Waffen keine Spielzeuge seien, erübrigten sich damit.

Die Wehrpflichtigen aus dem Ruhrgebiet wollten naturgemäß am Wochenende schnell nach Hause. In der Regel konnten sie am Sonnabend um 12 oder 13 Uhr aufbrechen. Sie fuhren dann in Fahrgemeinschaften in einem PKW, zum Teil älterer Bauart. Innerhalb weniger Monate waren nach Unfällen auf der »Rennstrecke« zwei Tote zu beklagen. Daraufhin gestalteten wir den Dienstplan so, dass mittags um zwölf Uhr Schluss war und die Rekruten am Vorabend zeitig ins Bett kamen. Wenn eine Übung bis Sonnabendmorgen dauerte, gab es eine Urlaubssperre, dafür aber an anderen Wochenenden längere Zeit dienstfrei. Hier nutzte ich meinen Handlungsspielraum als Batteriechef.

Nach etwa einem Jahr gaben wir unsere alten Geschütze ab und erhielten nun die modernsten der Amerikaner: 175-mm-Kanonen mit einer Reichweite von über 30 km. Zur Vorbereitung auf die Übernahme musste ich im Frühjahr 1965 zu einem amerikanischen Artilleriebataillon nach Gießen fahren. Dort lernte ich die erstaunliche Offenheit, Selbstverständlichkeit und Großzügigkeit der Amerikaner schätzen. Sie lebten unter völlig anderen Bedingungen als wir: Zwar hatten sie ihr materielles Auskommen, aber sie wohnten in kleinen, von der Armee einheitlich möblierten Wohnungen. Und sie konnten angesichts ihrer häufigen Versetzungen kaum persönliche Dinge mitnehmen; sie lebten »on base«.

Mir wurde schnell klar, dass ich mein Schulenglisch verbessern musste – auch im Hinblick auf die erstrebte Generalstabsausbildung. Aus meinem Jahrgang, 1937, würden aus 650 Bewerbern maximal 45 für die Führungsakademie ausgewählt werden. Unter meinen gleichaltrigen Kameraden war das ein häufiges Gesprächsthema, denn alle versuchten, sich auf diesen Stabsoffiziers- und Auswahllehrgang vorzubereiten. Die meisten lernten Vorschriften, ich aber ging meinen eigenen Weg. Vom Generalstabsoffizier wurde Allgemeinbildung erwartet: Geschichte, Kulturgeschichte, Philosophie und Literatur – und so habe ich neben einem dreimonatigen Englisch-Kurs, für den mich mein Bataillonskommandeur freistellte, viel über die italienische Kunst der Renaissance gelesen.

Eveline Schönbohm Im Januar 1963 waren wir nach Hannover-Döhren gezogen, in eine Dreizimmerwohnung im Erdgeschoss ohne Fernseher und Telefon; beides konnten wir uns noch nicht leisten. Die missliche Situation von Frauen, Müttern und Witwen deutscher Soldaten bei Kriegsende hatte ich noch gut in Erinnerung. Diese Hilflosigkeit wollte ich nicht erleben. Ich immatrikulierte mich also im April 1963 an der Pädagogischen Hochschule Hannover. Gegen alle Widerstände kam es mir darauf an, dass Jörg mich unterstützte, und ich war meinen Eltern dankbar, die mir die Immatrikulationsgebühr von 60 DM spendierten. Beim Lektürepensum half mir Jörg, indem er mir Inhaltsangaben anfertigte, so zum Beispiel von *The Nature of Prejudice (Die Natur des Vorurteils)*, 1954 erschienen und verfasst von dem Mitbegründer der humanistischen Psychologie Gordon Allport. Mit meinem Wunsch nach einem ordentlichen Beruf war ich nicht allein, denn Jörgs Brüder heirateten Lehrerinnen.

Unsere Tochter Imme ging zum Glück gern in den Kindergarten; schwierig wurde es für mich nur, wenn sie krank war. In den großen Ferien fuhren wir nach Rheydt zur Hochzeit meines Bruders Peter, der dort seine große Liebe Monika kennengelernt hatte. Außerdem hatte er sich in das Geschäft unseres Vaters eingearbeitet, um es später zu übernehmen. Monikas Eltern waren aus Sachsen an den Niederrhein gekommen, sodass Monika alle in *zwei* »singenden« Dialekten erfreuen konnte. Vor der Kirche empfing uns Peters *New Orleans Jazz Band*. Imme fühlte sich im neuen weißen Kleid mit breitem rosa Seidenband wie die Braut selbst und vergaß, die Blumen aus ihrem Korb vor die Brautleute zu streuen. Daran erinnert, widerstrebte es ihr, die zarten Blüten auf die Erde zu werfen, und sie suchte schließlich sorgfältig die lädierten aus. Nach dem Gottesdienst spielte Peters (»Bob« Keues) Band sein Lieblingsstück »Petite Fleur«. Zu den jungen Künstlern unter den Hochzeitsgästen gehörte auch der Maler Markus Lüpertz, Peters Trauzeuge. Im November wurde Tochter Corinna geboren, Immes erste Cousine.

Eines Morgens im Februar 1966, zu der Zeit, da ich mich auf die mündliche Abschlussprüfung vorbereitete, stand Onkel Alex vor der Tür: Peter war auf dem Heimweg von einem Konzert seiner Band bei Glatteis mit dem Auto tödlich verunglückt.

Jörg Schönbohm Plötzlich kam dieser schreckliche Unglücksfall. Ich war gerade auf dem Übungsplatz in Bergen-Hohne beim Scharfschießen und musste die Batterie an einen Kameraden übergeben, nachdem ich von meinem Kommandeur aus Hannover benachrichtigt worden war. Ich möge bitte sofort nach Hause kommen, der Bruder sei tödlich verunglückt. Ich wusste nicht, wessen Bruder verunglückt war. Seit unserer Kindheit hatten wir Schönbohm/Keue-Kinder alle ein vertrautes Verhältnis zueinander. Besonders Peter war auch mein »Bruder« – während sein Vater Fritz auch mein »Onkel« war.

Eveline Schönbohm Ich fühlte mich wie in Trance. Alles fiel mir schwer. Warum sollte ich mich eigentlich anstrengen, wenn das Leben so plötzlich zu Ende sein konnte? Da bat mein Musikprofessor mich zu sich. Er wusste, was passiert war, denn ich hatte den Termin für die mündliche Prüfung verschieben müssen. »Jeder muss sein Leben leben und annehmen«, sagte er, um mich zu trösten und mich zu bitten, das Studium mit der bevorstehenden Prüfung zum Abschluss zu bringen. Ich konnte mich kaum noch auf das Lernen konzentrieren und war mir schließlich nicht sicher, ob ich bestanden hatte. Als ich von der Prüfung nach Hause kam, lief Imme mir mit einer Feder in der Hand entgegen. Papa hatte einen Fasan zubereitet! Und Imme hatte das Rupfen viel Freude gemacht. Ich war unendlich froh, dass ich meine Familie hatte. Die feierliche Vereidigung als Lehrerin im Rathaus von Hannover – das hat es damals noch gegeben! – fiel mit Jörgs Beförderung zum Hauptmann zusammen.

Jörg Schönbohm Diese Beförderung kam zum frühestmöglichen Zeitpunkt. Ich war überrascht. Evi arbeitete ab April 1966 als Lehrerin. Über Nacht hatten wir doppeltes Gehalt und gewöhnten uns schnell daran, dass wir uns jetzt mehr leisten konnten, vom Telefon bis zum Fernseher. Bis dahin hatte ich bei Fußball und anderen Dingen nie mitreden können. Ich hatte es allerdings auch wenig vermisst.

Eveline Schönbohm Wir konnten ein Schlafzimmer kaufen, das den bevorstehenden Umzügen standhalten würde! Als ich meine erste Stelle antrat, musste ich ausgerechnet das Fach unterrichten, das mir am wenigsten lag: Werken. Dafür hatte Imme ihren Spaß, als ich zuhause alles vorher ausprobierte, was ich mit der Klasse durchnehmen wollte. Auch Jörg half mit, und Imme war glücklich, wenn wir abends zu dritt bastelten. Aber meine Trauer ließ mich nicht ganz los, nicht einmal, als ich wieder guter Hoffnung war.

Weihnachten 1966 kam, der Baum war geschmückt, die Geschenke lagen bereit und auch mein »Sturmgepäck«. Als Jörg mit Imme in den Nachmittagsgottesdienst ging, bat ich die beiden, nicht zu lange fortzubleiben; wir hatten immer noch kein Telefon. Mein Gefühl trog mich nicht: Noch an Heiligabend wurde unser Sohn Hendrik Alexander geboren. Im Krankenhaus mit dem großen Weihnachtsbaum müssen wir drei die Ärzte und Schwestern an die Heilige Familie erinnert haben; sie sangen vor uns »Stille Nacht, heilige Nacht«. Hendrik war ein erstaunlich artiges, ruhiges Baby. Unsere Nachbarn merkten erst drei Monate später, dass es ihn gab.

Jörg Schönbohm So hatten wir in einem Jahr tiefes Leid und große Freude. Durch den Tod ihres Bruders war Evi so betroffen, dass sie ein Jahr lang Trauerkleidung trug. Die kleinen Hauseinladungen nahmen wir erst wieder auf, als wir uns alle gefangen hatten.

Eveline Schönbohm 1967 heiratete meine Schwester Jutta in Rheydt Manfred Preisenberger aus einer alten Münchener Familie. Als Lieblingsenkel seiner Großmutter konnte er seiner Frau eine schön möblierte Vierzimmerwohnung in der Münchener Stadtmitte bieten, ein Feinschmeckerlokal kaufen und den Pilotenschein machen. Mit einem Bierlokal in Schwabing musste er allerdings Konkurs anmelden. Manfred entzog sich seinen Verpflichtungen, indem er nach Australien verschwand. Jutta blieb mit ihrem dreijährigen Sohn Götz allein zurück. Sie verdiente sich ihren Lebensunterhalt wieder als Stewardess bei der Lufthansa, und meine Eltern hatten mit Corinna und Götz von nun an zwei Enkel zu betreuen. Corinna und Imme verstanden sich zum Glück ebenso gut miteinander wie später unsere Söhne Hendrik und Arne mit Götz, besonders in den großen Ferien, wenn wir uns alle in Italien trafen. Nach dem Tod meines Bruders Peter heiratete seine Frau Monika einen Franzosen, was Corinna vorübergehend für die französische Lebensart einnahm und mich an ihre und unsere hugenottischen Vorfahren erinnerte.

Erkenne die Lage

Jörg Schönbohm 1966 lief meine zweijährige Zeit als Batteriechef ab. Ich wurde in den Regimentsstab versetzt, der in derselben Kaserne lag, und Feuerleitoffizier für das Artillerie-Regiment auf der Ebene der Division. Ich wehrte mich dagegen, weil ich gern bei meiner Batterie geblieben wäre, aber Befehl war Befehl. Und so übernahm ich dann eine Stabsverwendung, die ich eigentlich hatte vermeiden wollen. Die neue Aufgabe erwies sich aber als vielseitig und interessant. Ich kam zum ersten Mal mit der gesamten Verteidigungsplanung und der Frage der Feuerräume und Sperren für den Bereich einer Division in Berührung. Diese Räume bildeten eine Grundlage für die Verteidigungsplanung. Wir befanden uns mit unserer Division ziemlich nah an der Grenze zur DDR, also zum Ostblock, und wir waren zu einem entsprechend hohen Maß an Bereitschaft verpflichtet. Mit Stabsrahmenübungen oder Gefechtsübungen sicherten wir unsere Einsatzfähigkeit. Einmal im Jahr hatte ich das Schießen der Artillerieverbände der 1. Division auf dem Übungsplatz technisch vorzubereiten. Dabei übten und schossen drei Brigadeartilleriebataillone, ein Divisionsartilleriebataillon und die Raketenwerfer gleichzeitig. Wir übten, was wir – dem Himmel sei Dank! – nie anwenden mussten.

In diese Zeit fiel auch meine Vorbereitung auf die Auswahl zum Stabsoffizier- und Generalstabslehrgang, die ein Jahr dauerte. Ich machte mir Hoffnungen, war aber unsicher wie alle anderen auch. Entsprechend freute ich mich, als ich kurz vor Weihnachten zu meinem Regimentskommandeur gerufen wurde, der mir eröffnete, dass ich zum 1. April 1968 nach Hamburg an die Führungsakademie zur Generalstabsausbildung versetzt werden würde. Er gratulierte mir etwas verkniffen, da ich auch ihm häufig widersprochen und ihm verschiedentlich mitgeteilt hatte, dass ich seinen Führungsstil als unsicher und unklar empfand. Trotzdem bekam ich am Ende eine ordentliche Beurteilung, in der lediglich der Widerspruchsgeist tadelnd vermerkt war.

Im Frühjahr meldete ich mich beim Chef des Stabes der 1. Division ab, einem Generalstabsoffizier aus dem Zweiten Weltkrieg, ebenfalls ausgebildet an der Führungsakademie: »Herzlichen Glückwunsch, Schönbohm! Ich freue mich für Sie. Aber bitte merken Sie sich eins: Sie gehen jetzt für zweieinhalb Jahre in einen goldenen Käfig. Nutzen Sie die Zeit, Sie haben nur Verantwortung für sich und Ihre Familie, nicht für andere Soldaten. Nur für sich. Nach Abschluss der Ausbildung zahlen Sie alles zurück. Sie müssen diese Zeit nutzen zur Weiterbildung und um das zu tun, was Ihnen wichtig ist – anschließend werden Sie kaum noch Zeit dafür haben. Das weiß ich aus eigener Erfahrung.«

Die Generalstabsausbildung bestand aus zwei Teilen und hatte einen dreimonatigen »naturwissenschaftlichen Vorlauf« an einer Fachhochschule des Heeres mit Unterricht in Physik, Mathematik, Ballistik und Waffentechnologie. Daran schloss sich ein ebenso langer Sprachlehrgang an, und erst danach begann am 1. Oktober 1968 die eigentliche Ausbildung an der Führungsakademie. Den größeren Teil meiner 45 Kameraden kannte ich aus dem Auswahllehrgang. Einige von uns hatten das Prüfungsgespräch gemeinsam absolviert. Aber es tauchten auch neue Gesichter, neue Uniformen und Sprachen auf, vor allem aus Großbritannien, USA, Frankreich und Holland. In den folgenden zweieinhalb Jahren entwickelten sich Freundschaften, die noch heute bestehen. Jährlich treffen wir uns, gemeinsam mit unseren Ehefrauen.

Kern der Ausbildung war das Thema »Gefechtsführung«. Nach den Aufbaujahren der Bundeswehr war die deutsche Generalstabsausbildung international anerkannt, daher die Lehrgangsteilnehmer aus den verschiedensten NATO-Ländern. Vor allem ging es um zwei divergierende Anforderungen: Wichtige Entscheidungen würden sowohl allein zu treffen sein als auch in Gruppen. Zum einen galt es, Argumente abzuwägen und als Person zurückzutreten. Helmuth von Moltke, Chef des Großen Generalstabes von 1906 bis 1914, hatte gesagt: »Generalstabsoffiziere haben keine Namen«. In einer Kommandeurverwendung war genau das Gegenteil zu tun: führen, vorne stehen, allein entscheiden und sich durchsetzen. Es bedurfte motivierender Vorbilder für Loyalität und zugleich für Eigenständigkeit. Die Kameradschaft musste auch im Konfliktfall und unter Konkurrenzdruck erhalten bleiben. Sie ist eine im Soldatengesetz fixierte Pflicht, weil gerade schwierige Situationen nur gemeinsam gemeistert werden können und müssen. Die Achse der Taktik und Strategie heißt: 1. Beurteilung der Lage, 2. Entschluss, 3. Befehlsgebung. Alternativen und Wahrscheinlichkeiten müssen realistisch eingeschätzt werden. Daraus ergibt sich die Auftragstaktik.

Nach der deutschen militärischen Tradition werden Entscheidungen in hohem Maße am Ort des Geschehens getroffen. So haben die unterstellten Kommandeure einen relativ großen Handlungsspielraum, um das vorgegebene Ziel zu erreichen. Die Absicht der nächsthöheren Dienststelle ist zu berücksichtigen, aber die Lagebeurteilung geht vor. Hier liegt ein grundsätzlicher Unterschied zur amerikanischen und sowjetischen bzw. russischen Befehlstaktik. Dort legt der Stab alle Details fest, nach denen die nachgeordneten Truppenteile die Befehle auszuführen haben. Das engt den Handlungsspielraum und die Entscheidungsfreiheit erheblich ein. Wir hingegen lernten, im Zusammenhang zu denken und zu berücksichtigen, was die vorgesetzte Dienststelle mitmachen würde und was nicht.

»Beurteilung der Lage« ist auch in vielen anderen Bereichen ein hilfreiches Verfahren, wie ich später erfuhr. Auf militärischem Gebiet geht es um den Feind, das Gelände, die Versorgungslage, das Wetter, die Leistungsfähigkeit und Ausdauer der Truppen, um Täuschen und Ausnutzen des Überraschungsmoments. Im Geschäftsleben, auch in der Politik, lauten die entsprechenden Fragen: Wer ist der Wettbewerber? Welche Stärken und Vorteile hat er? Um welche Themen geht es? Wie wirken diese Themen? Wie kann ich den Konkurrenten überraschen?

Dass dieses Prinzip der Lagebeurteilung funktioniert, konnten wir am Ende unseres Lehrgangs feststellen. Im Schulungszentrum einer internationalen Firma spielten deren Nachwuchskräfte und wir dieselbe Aufgabe durch. Es ging um die Einführung eines Produktes im Hinblick auf Marketing und Logistik. Beide Gruppen erhielten alle notwendigen Daten, hatten acht Stunden Zeit, und wir organisierten uns wie in einem militärischen Stab. Einer übernahm das Personal, ein anderer die Logistik, ein dritter Haushalt und Finanzen. Zwei, drei Offiziere hatten sich nur mit dem jeweiligen Fachbereich zu beschäftigten. Einer koordinierte als Chef des Stabes den Ablauf und lieferte am Ende das Ergebnis ab. Die Kollegen aus der Wirtschaft brauchten länger und waren keineswegs besser. Der Veranstalter des Wettbewerbs fand, dass an Arbeitsmethodik vom Militär einiges zu lernen sei. Wir fühlten uns bestätigt.

Unsere Generalstabsausbildung glich der holländischen, unterschied sich aber von der französischen, die beinahe hegelianisch die Synthese sucht, ausgehend von These und Antithese. Wir Deutschen bewerten Möglichkeiten und formulieren Alternativen – wobei sich das Ergebnis häufig gleicht. Lagebeurteilung übten wir am Beispiel einer Brigade. Wir mussten die Prinzipien beherrschen, aber unsere Ausbilder legten allergrößten Wert darauf, dass wir ihnen nicht »wie in spanische Stiefel geschnürt« nach dem Munde redeten. Alle Annahmen und Aussagen sollten hinterfragt, die Stärken und Schwächen der verschiedenen Truppengattungen erkannt werden. Wir arbeiteten hart, und wieder kam die Freude daran aus der Kameradschaft. Für die wissenschaftliche Jahresarbeit wählte ich das Thema »Die Bedeutung der Kriegsartikel [d.i. die Pflichtenlehre für den Soldaten] des 16. und 17. Jahrhunderts am Beispiel des Krieges Holland gegen Spanien«. Ich führte den Nachweis, dass die kleinere, unterlegene holländische Armee dank dezentraler Führung, mit Überraschung und Entschlossenheit, die Spanier hatte besiegen und aus Holland vertreiben können.

Staatsbürger in Uniform

Das Ende unseres Generalstabslehrgangs krönte eine Reise durch die Vereinigten Staaten. Wir besuchten Washington, besichtigten das Pentagon und konnten von unserem Hotel aus zu Fuß zum Weißen Haus gehen. Nach zwanzig Minuten Fußweg in die entgegengesetzte Richtung gerieten wir in eine unberechenbare Gegend, in der sich kurz zuvor große Unruhen ereignet hatten. Überall im Land gärte es heftig zwischen Schwarz und Weiß in einer bürgerkriegsähnlichen Atmosphäre. Aber auch die Jazz-Bars von San Francisco gehörten zu dem vielfältigen Land, das ich mit meiner Frau unbedingt noch genauer kennenlernen wollte.

Ich kam nach Oldenburg und wurde Generalstabsoffizier G 1 der 11. Panzergrenadierdivision. Frisch zum Major befördert, trat ich meinen Dienst dort Ende September 1970 an. Mir unterstellt waren zwei Oberstleutnante, einer für die Pressearbeit und ein

Personalstabsoffizier, sowie weitere 25 Offiziere und Feldwebel. Als Abteilungsleiter war ich verantwortlich für Personalgewinnung, Nachwuchswerbung, Ausbildungsfragen und Personalführung, für das Disziplinarwesen der Division, die Fragen der inneren Führung und die Grundsätze der Öffentlichkeitsarbeit; ein umfangreiches Paket. Die Personalfrage war aus meiner Sicht ein Schlüssel zur Zukunft der Bundeswehr.

Eveline Schönbohm Wir zogen in ein Doppelhaus schräg gegenüber der Kaserne, mit der sinnigen Adresse Trommelweg 55. Ein ganzes Haus für uns allein mit einem großen Garten dahinter! »Hier können wir doch laut sein?«, fragte Hendrik, während der einjährige Arne schon die Treppen rauf- und runterkrabbelte. Am schönsten für die Jungs war der Garten, mit großflächigem Rasen, umrahmt von Büschen und Bäumen. Imme hatte ihr eigenes Zimmer; sie kam in die vierte Klasse. Als ich sie von ihrer Hamburger Schule abmeldete, eröffnete mir der Klassenlehrer, dass er einen Intelligenztest mit seinen Schülern gemacht hatte. Zu *seiner* Überraschung lag Imme im obersten Klassendrittel: Angesichts ihres unauffälligen Verhaltens hielt er das für bemerkenswert. »Mir ist eine Empfehlung fürs Gymnasium lieber«, entgegnete ich eingedenk meiner einstigen Schulprobleme in der DDR. Ich erhielt die erwünschte Empfehlung aber nicht und war ziemlich verärgert, auch darüber, dass der Lehrer unsere Tochter weder gefördert noch gefordert hatte! Welches Naturell musste ein Kind besitzen, um in vier Jahren drei Schulwechsel und gleichgültige Lehrer zu verkraften?

In Oldenburg erhoffte ich mir eine gute Chance für mein zweites Staatsexamen und die Verbeamtung auf Lebenszeit. Die Schulbehörde antwortete vielversprechend – auch hinsichtlich der Reduzierung der Wochenstunden und der Gesamtdauer der Ausbildungszeit aufgrund des Alters unserer drei Kinder. Ich ging mit Hendrik und Arne in den nächstgelegenen Kindergarten. Arne würde sich doch bestimmt mit seinem älteren Bruder in eine Gruppe einfügen. Aber Hendrik, mit klarem und beachtlichem Wortschatz für einen Dreieinhalbjährigen, gab der Erzieherin gar nicht erst die Hand: »Hier will ich nicht sein!« Ihm standen fast Tränen in den Augen. Bei Arne kullerten sie schon – aus reiner Solidarität. Einen Abschiedsgruß murmelnd ging ich und kam mir vor wie eine Rabenmutter. Auf dem Heimweg fassten mich beide fest an der Hand. »Sie schaute mich so kalt an!«, erklärte Hendrik, als er und Arne sich wieder beruhigt hatten. »Es muss ja nicht sein«, sagte ich, auch zu mir selbst.

Nach zwei Wochen, die Umzugskartons waren noch nicht ganz ausgepackt, klingelte der Schulleiter einer nahen Grundschule an der Tür und fragte an, ob und wann ich in der Lage wäre, meinen Schuldienst zu beginnen? Völlig überrascht erfuhr ich von ihm, dass meine Bedingungen erfüllt werden würden. Nun begann also die Suche nach einer Kinderfrau. Über ein Zeitungsinserat engagierten wir eine junge Mutter, die ihr eigenes dreijähriges Töchterchen mitbrachte. Schon bald fuhr ich in die Grundschule Nadorst. Mein Stundenplan war tatsächlich ebenso verkürzt wie die Ausbildungszeit, das Lehrerkollegium überschaubar und alle begrüßten mich freundlich.

Unsere Tochter besuchte die vierte Grundschulklasse und saß mittags am Esstisch nicht nur hungrig, sondern auch in sich gekehrt. Nach vier Monaten fühlte sie sich noch als Neue. Die angespannte Aufmerksamkeit ihrer Mitschüler und Lehrer konzentrierte sich auf die Empfehlungen zum Wechsel auf das Gymnasium. Immes Bedürfnis, einfach nur dabei zu sein, mitzuspielen und mitzumachen, lief ins Leere. Vom ersten Elternabend kam ich gehetzt nach Hause und berichtete Jörg deprimiert von der aufgeheizten Stimmung der Eltern, die verständlicherweise alle auf ein Ziel fixiert waren: Wie bekommen wir unser Kind auf das gewünschte Gymnasium?

Jörg Schönbohm 1970 hatte ich im Evangelischen Gymnasium, dem ein guten Ruf vorausging, einen Termin bei der Schwester

Oberin – während meiner Dienstzeit am Vormittag, in Uniform. Nach einem kurzen Blick auf Immes Zeugnis schauten mich kühle, blaue Augen an: »Herr Major, Ihre Tochter ist ein Dreierkind. Dreierkinder nehmen wir nicht.« »Schwester Oberin, sie haben Recht, wir haben drei Kinder. Oder was meinen Sie?« Sie erwiderte: »Hier stehen nur Dreien auf dem Zeugnis!« »Ja, sie besucht die dritte Schule, das hängt mit meinem Beruf zusammen. Ist es nicht möglich, dass sie herausfinden, was das Mädchen überhaupt kann? Ich bin schon froh, dass sie die Dreien hat, denn sie ist einmal in Niedersachsen gewesen, in Hamburg und dann wieder in Niedersachsen mit den unterschiedlichen Lehrplänen!« Sie sagte streng: »Das ist Ihr Problem, nicht meins.«

Wir fanden schließlich ein Privatgymnasium in 30 Kilometer Entfernung. Dort war man freundlich, Imme wurde aufgenommen und brachte es zu guten Leistungen. Sie hatte keine nachmittäglichen Schulkontakte, keine Freundschaften. Trotzdem fühlte sie sich angenommen, und der Ballettunterricht in unserer Nachbarschaft bot einen kleinen Ausgleich.

Mein Aufgabenbereich Personal, innere Führung und Disziplinarwesen war bei einer Division mit knapp 20 000 Soldaten umfangreich. Es gehörten die Eingaben an den Wehrbeauftragten, die Einberufung und Betreuung der Wehrpflichtigen sowie die Presse- und Öffentlichkeitsarbeit dazu. Im Stab gab es eine Vielzahl von herausragenden Fachleuten mit den Dienstgraden Feldwebel bis Stabsfeldwebel, die auf das Disziplinarwesen spezialisiert waren. Ich arbeitete eng mit dem Offizier für »Innere Führung« zusammen: Dieses Gebiet stieß in der Öffentlichkeit auf großes Interesse und provozierte die meisten Nachfragen.

Da es gegen die neuen Streitkräfte viele Vorbehalte im In- und Ausland gab, sollten sie der demokratischen Ordnung angepasst werden und strikter parlamentarischer Kontrolle unterliegen, sie sollten eben keinen »Staat im Staate« bilden. Der Soldat war nunmehr Staatsbürger mit den gleichen, nur im militärisch begründeten Ausnahmefall eingeschränkten Rechten und deshalb »Staatsbürger in Uniform«. An die Stelle unbedingter Pflichterfüllung trat eine Verpflichtung auf humanitäre und freiheitliche Werte; von Vorgesetzten wurde ein »kooperativer Führungsstil« verlangt und dem Untergebenen auferlegt, auf sein Gewissen zu hören. Außerdem sollten sich militärische Hierarchie und technische Kompetenz miteinander vertragen, weil die neue Bundeswehr, noch mehr als die Wehrmacht, eine hochtechnisierte Truppe war. Der bekannteste Vordenker der »Inneren Führung«, im März 1953 als offizieller Begriff eingeführt, war Major a. D. Wolf Graf von Baudissin, der spätere Generalleutnant. 1954 schwärmte er: »Das innere Gefüge freiheitlicher Streitkräfte wird die Grundrechte nicht nur möglichst wenig einschränken, sondern sie im Gegenteil so deutlich wie möglich hervortreten lassen.« Mir wurde die wichtige und entlastende Funktion des Wehrbeauftragten des Deutschen Bundestages bewusst. Anfänglich hatte ich diese Einrichtung für überflüssig gehalten, aber aufgrund der Hinweise des Wehrbeauftragten und der Eingaben an ihn konnten viele Missstände behoben werden. Baudissin wurde Mitglied der 1981 im Rahmen der Friedensbewegung gegründeten Gruppe »Generale für den Frieden«, von der man später erfuhr, dass sie vom Ministerium für Staatssicherheit (MfS) gesteuert worden war.

Wandel durch Anbiederung?

Meine Hauptaufgabe war, den Mangel an Unteroffizieren zu beheben. Dort waren nur 50 bis 60, gelegentlich 70 Prozent der Stellen besetzt. Auch die Lage bei den Offizieren war unbefriedigend. Wir hatten einen Mangel an Freiwilligen. Ein Bereich, der mich besonders beschäftigte, betraf die Arbeit der Jugendoffiziere. Zwei hauptamtliche Jugendoffiziere im Divisionsstab, die mir unmittelbar unterstanden, informierten in den Schulen über die Bundeswehr und ihre Stellung in der Demokratie, über ihren Auftrag und ihr Staatsverständnis. Besonders im roten Bremen, das zu unserem Divisionskommando gehörte, war das keine leichte Aufgabe.

Die Jugendoffiziere, jeweils für zwei Jahre im Amt, führten den »Kampf um die Köpfe«. Um ihnen zu helfen, entwickelten wir Argumentationen und später besondere Lehrgänge an der Schule für Innere Führung in Koblenz. Einige Motive der Friedensbewegung kannten wir schon aus Diskussionen an der Hamburger Universität mit den dortigen Friedensforschern. Die Idee, die Besetzung des eigenen Landes durch fremde Truppen zuzulassen, um den Feind mit einer Art friedlichem Streik zum Abzug zu bewegen, war sehr populär. Gewaltfreier Widerstand war der letzte Schrei. Ich bin auf viele Veranstaltungen mitgegangen und habe oft erlebt, dass es zu keiner Diskussion kam, weil wir von vornherein ausgepfiffen und niedergemacht wurden, wobei andere, die tatsächlich interessiert waren, enttäuscht davongingen. In Bremen war es besonders übel. Angesichts des Kampfes, den die Friedensbewegung gegen die Nuklear- und Abschreckungsstrategie zu führen begann, konnten und wollten wir nicht in der Defensive bleiben. Erfreulicher war die Situation in den kleinen Garnisonstädten mit 10 000 bis 15 000 Einwohnern oder in Oldenburg, der alten Residenzstadt. Dort genoss die Bundeswehr als fester Bestandteil des örtlichen Lebens hohes Ansehen. Wenn wir einen Ball ausrichteten, kam alles, was Rang und Namen hatte. Das zeigte uns, wie wichtig es war, am öffentlichen Leben teilzunehmen und zu zeigen, dass wir dazugehörten.

Der damalige Verteidigungsminister Helmut Schmidt hatte erkannt, dass die Bundeswehr besser in die Gesellschaft integriert werden musste. Deshalb führte er eine Vielzahl von Tagungen mit Kommandeuren der verschiedensten Ebenen durch. Insofern hatte Schmidts Amtsantritt im Zuge des Regierungswechsels von 1969 bei uns große Hoffnungen geweckt, vor allen Dingen hinsichtlich der »Gammeltagungen«, auf denen der Minister der Frage auf den Grund gehen wollte, warum es immer wieder hieß, dass bei der Bundeswehr nur herumgelungert würde. Schmidt führte den Planungsstab aus Wissenschaftlern, Journalisten und Soldaten zur unmittelbaren Unterstützung des Verteidigungsministers ein, den der Journalist Theo Sommer leitete. Einer seiner Nachfolger sollte 17 Jahre später ich werden.

Helmut Schmidt wollte Bundeswehruniversitäten für alle Offiziere gründen, die sich auf mindestens zwölf Jahre verpflichteten. Ich bekam den Auftrag, die Kompaniechefs und Bataillonskommandeure während unseres Übungsplatzaufenthaltes im Winter in Munster und Bergen-Hohne zu informieren. Der Divisionskommandeur hielt vor etwa 200 Offizieren einen Vortrag über die Reformen. Ich hatte Einzelheiten zur künftigen Offiziersausbildung vorzustellen. Einer der Diskussionsbeiträge ist mir besonders gut in Erinnerung geblieben. Ein junger, drahtiger Oberleutnant, Panzergrenadier, sagte: »Herr General, wenn ich hätte studieren wollen, wäre ich nicht Soldat geworden. Ich bin Soldat geworden, weil ich führen und entscheiden möchte. Und darum halte ich ein Studium für vollkommen falsch. Offizier und wissenschaftliche Ausbildung gehören nicht zusammen. Wissenschaftler müssen alles prüfen und der Kritik unterziehen, Offiziere müssen entscheiden und führen.« Er hatte ausgesprochen, was viele dachten und in abendlichen Diskussionen auch sagten. Im Juli 1973, als Schmidt bereits Finanzminister im zweiten Kabinett Willy Brandts war, befahl Georg Leber, sein Nachfolger als Verteidigungsminister, die Gründung der Bundeswehrhochschulen in Hamburg und München; ihren Lehrbetrieb nahmen sie im Oktober 1973 auf. Die Bewerbungen auf Offiziersanwärterstellen nahmen spürbar zu. Von nun an konnte die Bundeswehr ihren Bedarf an Offizieren stets in guter Qualität und ausreichender Zahl decken. Helmut Schmidt hat Recht behalten, auch wenn wir viel Überzeugungsarbeit leisten mussten. Insofern seine Politik bzw. die der SPD im Offizierskorps Zustimmung *und* Widerspruch hervorgerufen hatte, zeigte sich, dass wir politisch keinweswegs homogen waren, wie in der Öffentlichkeit stets vermutet wurde. Die Offiziere wählten gleichermaßen CDU/CSU, SPD oder FDP. Lediglich die radikalen Parteien kamen für sie im Hinblick auf den Eid und ihr Berufsverständnis nicht in Frage.

Die Friedensbewegung verband Moral und Emotionalität oft mit Rechthaberei und sogar mit Hass. Darin wurde sie von der evangelischen Kirche unterstützt, die die Abschreckungsstrategie ablehnte, später auch das satellitengestützte Abwehrsystem SDI, vor allem aber den Nachrüstungsbeschluss. Ich wurde damals Mitglied im Gemeindekirchenrat Oldenburg-Ohmstede. Der Unterschied zu irgendeinem anderen Verein war nicht groß, aber der politische Anspruch der Kirche war gewaltig. Die evangelischen Militärseelsorger standen uns bei, aber von der Kirche insgesamt wurden wir wie Aussätzige behandelt. In einigen Kirchen war es den Soldaten verboten, in Uniform zu heiraten. Wir hatten gedacht, der Erhalt der Freiheit im Bündnis – für uns das entscheidende Ziel – müsste auch im Interesse der Kirche liegen. Nach Beendigung des Kalten Krieges, nachdem sich erwiesen hat, dass die Kirche mit all ihren damaligen Ansichten falsch gelegen hatte, habe ich nie ein Wort der Entschuldigung oder auch nur der nachdenklichen Erinnerung gehört, ganz zu schweigen von der Einsicht, dass man Soldaten zu Unrecht beschimpft und in den Dreck gezogen hatte.

Später, im Rahmen der Übernahme der NVA 1990/91 in Strausberg, führte ich als Befehlshaber des Bundeswehrkommandos Ost viele Gespräche mit Bischöfen der evangelischen und der katholischen Kirche im Beitrittsgebiet. Ich hatte sie angeschrieben, weil ich die neu aufgestellten Verbände der Militärseelsorge öffnen wollte. Das Misstrauen gegen den Staat saß allerdings so tief, dass ich nur sehr mäßigen Erfolg hatte. Einer fragte mich, warum ich zu ihm käme: »Herr Bischof, ich bin der Befehlshaber einer atheistisch erzogenen Armee. Ich biete Ihnen diese Armee zur Missionierung an, und Sie fragen mich, was ich von Ihnen will!?« Das überraschte ihn regelrecht, und wir gerieten in eine lebhafte Unterhaltung. Ein anderer Bischof, der sich zunächst besonders über meine Initiative freute und nie damit gerechnet hatte, jemals einen deutschen General zu empfangen, lehnte schließlich mit der formalen Begründung »Personalknappheit« ab. Ich bot dem Bischofskonvent an, einen Vortrag über Fragen der Bundeswehr und unsere Sicht der Militärseelsorge zu halten. Das Angebot wurde begrüßt, aber nirgendwo angenommen. Mir war vollkommen unverständlich, dass die Kirchen die dargebotene Chance einfach nicht ergriffen. Auf örtlicher Ebene schien eine größere Bereitschaft zur Zusammenarbeit zu bestehen.

Zurück nach Oldenburg Anfang der siebziger Jahre: Ich trat einem Tennisverein bei, wie ich es von da an nach jedem Umzug hielt. Ich dachte sogar darüber nach, mich vom Generalstabsdienst beurlauben zu lassen und auf Dauer mein Leben in Oldenburg zu verbringen, weil ich glaubte, meiner Familie damit einen Gefallen zu tun. Als ich das mit meiner Frau besprach, meinte sie nur: »Bist du noch bei Trost? In wenigen Jahren fällt dir hier die Decke auf den Kopf, und dann wirst du sagen, du hättest alles nur für die Familie geopfert. Wir haben einen Trauspruch, der da lautet: ›Da wo Du hingehst, da will auch ich hingehen, Dein Volk ist mein Volk, Dein Gott ist mein Gott‹, und dieser Spruch gilt. Wenn du versetzt wirst, ziehen wir eben wieder um.« Wie gut, dass meine Frau damals so deutlich wurde.

Im Sommer 1973, am Lido di Jesolo mit den Eltern Keue, hatten wir alle auf einmal dieselbe Idee: »Wir ziehen so oft um, da könnten wir doch wenigstens im Urlaub einen festen Ort haben.« Meine Schwiegereltern erklärten sich bereit, Evi einen Teil ihres Erbes auszuzahlen, sodass wir 1973 den Vorvertrag für den Kauf einer Ferienwohnung abschlossen, Möbel erwarben und sofort einzogen. Diese Ferienwohnung wurde tatsächlich zu unserem familiären Zentrum und Ruhepol, zu einem Ausgleich für das ›Vagabundieren‹ in Deutschland.

Eveline Schönbohm Es waren noch wenige Dreizimmerwohnungen mit Bad, eingebauter Küchenzeile und Balkon mit Meerblick frei. Wir entschieden uns für eine Wohnung im ersten Stock, und ich fiel meinem Vater dankbar um den Hals. Um uns der Seriosität zu vergewissern, fuhren wir nach Venedig und fragten beim deutschen Konsulat nach. Man versicherte uns, dass wir beruhigt dort kaufen könnten. Schon nach einer Woche feierten wir in unserer eigenen Wohnung Arnes vierten Geburtstag! 25 Jahre lang verbrachten wir unsere Ferien an diesem lebensfrohen Ort. Bis zu seinem 85. Lebensjahr fuhr auch mein Vater hin – und schwamm im Meer.

Jörg Schönbohm 1972 bildete ich gerade junge Hauptleute für die Vorbereitung auf den Stabsoffizierslehrgang aus, als am 27. April im Bundestag über das konstruktive Misstrauensvotum von Oppositionsführer Rainer Barzel gegen Bundeskanzler Willy Brandt abgestimmt wurde, das überraschenderweise zu wenige Stimmen bekam – wegen Bestechung einzelner Abgeordneter durch die Staatssicherheit der DDR, wie man inzwischen weiß. Wir unterbrachen die Ausbildung und schauten uns gemeinsam die Abstimmung an. An der Reaktion der Offiziere konnte man erkennen, wer wo stand. Keiner blieb neutral; nach meiner Erinnerung waren Zustimmung und Ablehnung gleich verteilt. Auch bei den anschließenden Diskussionen im Kasino gab es kein einheitliches Meinungsbild.

Zur selben Zeit lernte ich Dr. Manfred Wörner kennen. Er saß damals als Mitglied des Bundestages und verteidigungspolitischer Sprecher der CDU/CSU-Bundestagsfraktion im Verteidigungsausschuss. Mein jüngerer Bruder Wulf kannte ihn aus der CDU und hatte mich bereits auf ihn aufmerksam gemacht: Wörner spreche viel von der Luftwaffe und kenne das Heer nicht. Wörner, dem Rang nach Oberstleutnant, war der einzige Reserveoffizier, der gleichzeitig Jagdbomberpilot war. In seiner ganzen Persönlichkeit war er eine Ausnahme unter den Politikern. Von Hause aus Jurist mit erstem und zweitem Staatsexamen und ausgebildet in der Baden-Württembergischen Landesverwaltung, wechselte er früh in die Politik. Er hatte große rhetorische Fähigkeiten, und sein Verständnis von Bundeswehr und Staatswesen unterschied ihn grundlegend von anderen Politikern. Für ihn waren Pflicht und Vaterland keine theoretischen Begriffe. Als Mitglied des Schattenkabinetts von Rainer Barzel machte er Truppenbesuche.

Bei einer solchen Gelegenheit diskutierten wir in Oldenburg nach dem offiziellen Teil über den »Haar-und-Bart-Erlass« des Verteidigungsministers Helmut Schmidt. Im Rahmen seiner Reformbemühungen hatte Schmidt den Soldaten individuelle Haar- und Barttracht erlaubt. Das war eine politische Entscheidung ausdrücklich gegen Wunsch und Vorschlag der militärischen Führung, aber sie galt. Wir waren entschieden dagegen und wiesen vergeblich darauf hin, dass die Stahlhelme nicht passten und dass man sich beim Umgang mit technischem Gerät schwer verletzen könne. Da wurde Weisung erteilt, dass bei längeren Haaren während des Dienstes ein Haarnetz zu tragen sei, dass bei nicht mehr passendem Stahlhelm ein größerer Stahlhelm zu nehmen sei und die Hygieneprobleme bei längeren Übungsplatzaufenthalten jeder selbst zu lösen habe. Helmut Schmidt argumentierte betont schlicht: »Was auf dem Kopf ist, ist unwichtig. Wichtig ist, was im Kopf ist.« Die praktischen Probleme und das Ansehen der deutschen Soldaten bei ihren ausländischen Kameraden waren offenbar nachrangig. Uns beschäftigte deshalb die Gefahr, die dem Prinzip Befehl und Gehorsam seitens der Schwankungen des Zeitgeistes drohte.

Die Auseinandersetzung um den Haar-und-Bart-Erlass kam fast wie ein Kulturkampf daher. Wörner bat mich, ihm für eine Bundestagsrede dazu ein paar Notizen zu erarbeiten. Das tat ich mit Vergnügen. Ich schrieb mir bei dieser Gelegenheit meinen ganzen Frust von der Seele. Tatsächlich verwendete Wörner vieles davon, um Helmut Schmidt anzugreifen. Aus dieser Begegnung ergab sich unsere persönliche Beziehung. Der sogenannte »Wörner-Kreis« nahm Gestalt an. Das waren junge Generalstabsoffiziere, überwiegend des Heeres, mit denen Wörner sich ein-, zweimal im Jahr traf, um die notwendigen Veränderungen und Verbesserungen des Truppenalltags zu diskutieren. Die Treffen fanden zunächst im Raum Bonn statt, hin und wieder in den Räumen der Konrad-Adenauer-Stiftung. Je länger dieser Kreis bestand, desto mehr wuchsen wir zusammen und desto mehr Männer rückten in verantwortungsvolle Positionen auf. Wir hatten Kameraden mit Verwendung im Verteidigungsministerium, in NATO-Stäben, im Truppengeneralstabsdienst. Eines Tages waren die ersten bereits Bataillonskommandeure. Der Sachverstand dieses Kreises versetzte Wörner in die Lage, Truppenalltag und -planung besser zu übersehen und entsprechend politisch zu agieren. Die Mehrzahl von uns war, wie ich, allerdings politisch ungebunden. Man konnte eine klare Meinung haben und sie auch äußern, wir fanden aber, dass man als Vorgesetzter niemals von Parteiloyalität gefordert sein dürfe.

Später trafen wir uns in Cadenabbia am Comer See, berühmt durch Konrad Adenauers Urlaubsaufenthalte in der Villa la Collina. Unter dem Namen des Ortes wurde unser Kreis bekannt. Offen und vertraut, aber klar in der Sache begleiteten wir Manfred Wörner auch während seiner Amtszeit als Verteidigungsminister von 1982 bis 1988 sowie als NATO-Generalsekretär, der er ab 1988 war. Unsere Verbundenheit trug manche Früchte, als Wörner Minister geworden war. So war es zum Beispiel keine Überraschung, dass er mich zu seinem Adjutanten berief. 1994, wenige Monate vor seinem Tod, trafen wir uns zum letzten Mal bei ihm in seiner Residenz in Brüssel.

Al Haig zeigt Führungsstärke

Auch in Oldenburg konnte ich natürlich nicht bleiben. Ich wurde nach zwei Jahren Oberstleutnant und nach drei Jahren versetzt. AFCENT steht für *Allied Forces in Central Europe,* ein NATO-Stab in Brunssum in der Nähe von Maastricht und Aachen, unweit der deutschen Grenze. AFCENT war für die Verteidigung der Bundesrepublik Deutschland und für den Schutz der Benelux-Staaten sowie Großbritanniens verantwortlich. In diesem Stab gab es eine kleine geheime Arbeitsgruppe, *Live Oak*, die sich mit der Frage befasste, welche Möglichkeiten es gab, Berlin zu entsetzen, also von etwaigen Besatzern zu befreien, im Falle einer Blockade oder ähnlicher Zuspitzungen, die 1973 keineswegs auszuschließen waren. Der Oberbefehlshaber war ein deutscher Vier-Sterne-General, der als Generalstabsoffizier noch im Führerhauptquartier gedient hatte, sein Stellvertreter ein britischer Air Chief Marshall der Luftwaffe, der im Kriege gegen Deutschland gekämpft hatte, und der Chef des Stabes ein holländischer Drei-Sterne-General mit Kriegserfahrung aus seiner Zeit in Indonesien. Neben den Amerikanern, Deutschen, Briten, Kanadiern und Holländern waren auch die Belgier vertreten.

Ich wurde Leiter des Dezernats für große Gefechtsübungen und Wettbewerbe. Mein Vorgesetzter war ein amerikanischer Air Force Colonel, der ein Englisch sprach, das ich anfangs kaum verstand. Dessen Vorgesetzter war ein britischer Brigadier. Als *Section Officer* war ich verantwortlich für einen Panzerschießwettbewerb, *Canadian Army Trophy* genannt, und für eine Luftwaffenheeresübung namens *Cold Fire*, die in verschiedenen NATO-Ländern stattfand, und später auch für einen Aufklärungswettbewerb der Luftwaffe, *Royal Flush*. Ich hatte mich also mit den Verteidigungsplänen zu befassen, um die Übungen so wirklichkeitsnah wie möglich anzulegen. Die Aufnahme im Stab war kameradschaftlich. Zu gewöhnen hatte ich mich erst an die lässige Art, hinter der jedoch Ernst und Leistungsbereitschaft standen.

Den ganzen Tag musste ich Englisch sprechen oder Amerikanisch verstehen und bekam anfangs Kopfschmerzen, aber die Eingewöhnung ging schnell. Unsere Ansprechpartner waren SHAPE, also das Hauptquartier des Obersten NATO-Befehlshabers Europa, die Verteidigungsministerien oder die nationalen Führungsstäbe und für die amerikanischen Streitkräfte das US-europäische Kommando in Stuttgart. Zu ihnen nahm ich

Verbindung auf, und mit ihnen verhandelte ich, wenn die nächsten Übungen vorzubereiten waren. So ergab sich eine rege Reisetätigkeit, eine Vielzahl von Besprechungen und Briefings. Selbstverständlich nahm ich auch an den Übungen selbst teil, in Deutschland, Holland oder wo immer sie stattfanden.

Im Dezember 1974, also während meiner Dienstzeit, wurde General Alexander Haig *Supreme Allied Commander Europe* (SACEUR). Er skizzierte eine neue, europaweite Übung der drei Teilstreitkräfte Heer, Luftwaffe und Marine mit Verstärkungskräften aus den USA von Griechenland über die Türkei bis nach Island und Nordnorwegen. Diese Übung sollte als politische Demonstration dem Ostblock zeigen, dass wir seiner Aufrüstung nicht tatenlos gegenüberstanden und dass das Bündnis geschlossen und leistungsfähig war. Um seine Idee in die Tat umzusetzen, lud Haig die ihm unmittelbar unterstellten Hauptquartiere – also Oslo, Neapel und Brunssum – zu einer Besprechung.

Sein Stellvertreter, ein britischer Vier-Sterne-General, teilte uns mit, was General Haig vorhatte. Wir sollten überlegen, wie diese Übung zu realisieren wäre. Er gab nur unverbindliche Hinweise, wie es manchmal die englische Art ist. Nun berieten also mein unmittelbarer Vorgesetzter, der US Air Force Colonel, der Brigadier und ein amerikanischer Zwei-Sterne-General, für Operation and Aufklärung zuständig, sowie die Mitstreiter der anderen beiden Hauptquartiere. Wir kamen übereinstimmend zu der Auffassung, dass diese Übung undurchführbar wäre: Sie machte zu viel Arbeit, würde zu teuer und die vorhersehbaren Probleme der internationalen Koordination seien unlösbar.

Mir fiel während der Besprechung ein Oberst auf, der sich gar nicht vorgestellt hatte. Später stellte sich heraus, dass er Haigs Kabinettschef war. Am Abend gegen 18 Uhr ging die Tür des großen Besprechungsraumes auf, und Al Haig kam herein: klein, drahtig, beherrschend. Er setzte sich auf seinen Platz, fixierte zunächst jeden einzelnen und sagte kein Wort. Dann ging es los – knapp, klar und unmissverständlich in seinem klassischen Amerikanisch: »Meine Herren, ich habe Sie hierher geholt, damit Sie überlegen, wie wir diese Übung machen. Im Krieg kämpfen und arbeiten wir 24 Stunden am Tag. Um den Frieden zu bewahren, darf keine Anstrengung zu groß sein. Sie sind nicht hier, um politische Schwierigkeiten zu beschreiben, sondern Sie sind hier, um die Aufträge zu erfüllen, die ich Ihnen gebe. Ich habe entschieden, dass diese Übung stattfindet, und ich erwarte von Ihnen bis morgen früh acht Uhr Ideen zur Umsetzung. Ich erwarte von Ihnen, dass Sie Vorschläge machen, die belastbar und zweckdienlich sind. Um die politische Umsetzung kümmere ich mich. Sollten Sie dazu nicht in der Lage sein, müssen wir uns überlegen, was das bedeutet.« Er funkelte uns an und verließ den Raum.

Die Wirkung überraschte uns. Wir setzten uns hin und bildeten unter Führung der Generale Arbeitsgruppen. Wir kamen aus dem unverbindlichen Diskussionsgewusel heraus und entwickelten bis zum nächsten Morgen ein Konzept. Wir beschrieben die logistischen Probleme, die politischen Schwierigkeiten, die Haushaltsfragen, die Fragen der internationalen Geschlossenheit. Am nächsten Morgen hörte sich Al Haig das Ergebnis an und stellte zufrieden fest, dass dies eine vernünftige Grundlage für die Entscheidung sei. Er würde dieses Konzept weiterentwickeln und sich dann an die Hauptstädte wenden und um Zustimmung notfalls kämpfen. In der Tat wurde unser Konzept zur Grundlage für europaweite Übungen, die danach vom Nordkap bis zur Türkei mehrfach stattfanden. Ich verfolgte den gesamten offiziellen Schriftverkehr zwischen Haig und den jeweiligen Regierungen. Aus den Hauptstädten Europas wurde nach kurzer Zeit, durchaus auch auf Druck der amerikanischen Regierung, dem Konzept zugestimmt. Die Amerikaner erklärten sich im Gegenzug bereit, sowohl mit der Flotte als auch mit der Luftwaffe und den Verstärkungskräften für Europa an den Übungen teilzunehmen. Die erste der Übungen fand 1975 statt. Ich wurde als Verbindungsoffizier nach Ramstein bei Kaiserslautern in den Bunker der Luftflotte abgestellt. Ramstein ist heute der größte

Stützpunkt der amerikanischen Luftwaffe außerhalb der USA und ihr Hauptquartier in Europa sowie NATO-Gefechtsstand zur Führung von Luftstreitkräften. Es zeigte sich, wie wichtig das Zusammenwirken von Heer, Luftwaffe und Marine über den Atlantik hinweg war, mit Verstärkungskräften aus den USA. Das Ergebnis war eine großartige politische Demonstration der Reaktionsfähigkeit des Bündnisses auf denkbare Bedrohungen.

So habe ich hautnah zum ersten Mal erlebt, was Führung heißt: erfolgreiches Auftreten gegen zögerliches Hinhalten, gegen »Geht-nicht«, »Passt-nicht« und ähnliche Bedenkenträgerei. Haig hatte die militärische Aufgabe formuliert, sie in ein glaubwürdiges Konzept eingebunden und die Zustimmung der Politik erhalten. Diese Entschlossenheit, gepaart mit großem Verantwortungsbewusstsein, hat mich an General Haig beeindruckt. 1979 überlebte er nur knapp einen Anschlag der »Roten Armee Fraktion«. Im selben Jahr reichte er aus Unzufriedenheit mit der Politik Präsident Carters vorzeitig seinen Rücktritt ein. 1981 wurde er Außenminister in der Regierung von Ronald Reagan, wo er seine Politik der energischen Eindämmung sicherheitspolitischer Risiken wieder aufnahm.

Während jener großen Übung bekam ich einen Anruf von meinem amerikanischen Vorgesetzten aus Holland: Meine Frau habe angerufen, der Vater sei gestorben. Auf meine Frage, wessen Vater, mein Schwiegervater oder mein Vater, sagte er, das wisse er nicht. Ich rief von der nächsten Telefonzelle aus zu Hause an. Unser jüngster Sohn sagte nur: »Papa, Opa ist tot. Mutti ist nach Rheydt gefahren.« Da in Rheydt meine Schwiegereltern lebten, nahm ich also an, es handele sich um meinen Schwiegervater. Meine Schwiegermutter aber sagte: »Jörg, nicht Vater ist tot, sondern dein Vater ist tot.« Einige Stunden später konnte ich mich von der Übung abmelden, in Holland meine Frau mit den Kindern abholen und zu meiner Mutter nach Kassel fahren. Wieder, wie 1966 beim Tod von Evis Bruder Peter, war während einer Übung ein naher Angehöriger gestorben, und wieder war es zu einer Verwechselung gekommen. Mein Bruder Wulf bereiste gerade den Amazonas, und meine Mutter entschied, dass die Beerdigung erst stattfinden könne, wenn alle fünf Kinder zusammen seien.

Unser Vater hatte uns beigebracht, dass man hält, was man verspricht. Wenn ich als 17- oder 18-Jähriger ausging und er mich fragte, wann ich wiederkäme, dann konnte es ruhig spät werden. Es kam ihm nur darauf an, dass ich zu der versprochenen Uhrzeit auch tatsächlich zuhause war. Wenn nicht, gab es Ärger. »Wir haben seit einer Stunde auf dich gewartet und uns Sorgen gemacht. Das kannst du uns ersparen!« Zu uns fünf Kindern hatte er ein vertrauensvolles Verhältnis gepflegt. Den Enkelkindern war er ein zurückhaltender, fast schon distanzierter Großvater gewesen, ähnlich wie sein Vater mir gegenüber.

Unsere Mutter entschloss sich einige Zeit nach seinem Tod, zu meiner Schwester Susanne nach Mallorca zu ziehen, um dort ihren Lebensabend zu verbringen. Bis dahin kümmerten wir uns abwechselnd um sie. Sie hatte gut daran getan, zur Beerdigung meines Vaters alle Kinder zu versammeln, denn wir fünf hatten uns lange nicht gesehen. Mutter war immer der Mittelpunkt der Familie gewesen. Wir wussten, was wir ihr an Zusammengehörigkeit und Harmonie zu verdanken hatten. Wie oft hatte sie Vaters gelegentliche Schroffheit ausgeglichen.

Mein jüngster Bruder Horst wanderte später nach Südamerika aus, wo auch unser Vater eine Zeitlang gelebt hatte. Als Jurist hilft er in verschiedenen Ländern, ein funktionierendes Justizwesen aufzubauen. In Bolivien gelang ihm das mit Unterstützung der Europäischen Union, wobei die Verstaatlichungspolitik von Evo Morales, dem ersten bolivianischen Präsidenten indianischer Abstammung, seit 2006 viele Erfolge zunichte gemacht hat. Mein Bruder Wulf lebte nach dem Tod unseres Vaters als Vertreter der Konrad-Adenauer-Stiftung eine Zeitlang in der Türkei, inzwischen ist er aber wieder in Deutschland, und meine Schwester Susanne zog nach dem Tod unserer Mutter von Mallorca nach Südfrankreich.

Bei der *Canadian Army Trophy,* dem wichtigsten Panzerschießwettbewerb zwischen Kanada, USA, Belgien, Holland, Großbritannien und Deutschland, ging es darum, mit dem Panzer Leopard aus der Bewegung heraus zu schießen und dabei die Ersttrefferquote zu erhöhen. Für die panzerbauende Industrie war das eine wertvolle Gelegenheit, die Qualität ihrer Waffensysteme unter gefechtsmäßigen Bedingungen zu überprüfen. Als die Belgier Gastgeber waren, lernte ich zum ersten Mal Offiziere mit kolonialer Vergangenheit näher kennen. Sie waren Kommandeure und deutlich älter als ich. Sie hatten in Afrika, meist in Belgisch-Kongo, als Hauptleute oder Majore Verantwortung für ganze Distrikte von der Größe halb Belgiens gehabt, wo sie sich als Verwaltungschefs um alles hatten kümmern müssen. Davon erzählten sie lebhaft und nach wie vor begeistert. Trotz der tiefen Schatten, die gerade auf der belgischen Kolonialzeit lagen, bedauerten sie, was Revolutionen und Bürgerkriege nach ihrer Zeit aus diesen Ländern gemacht hatten – und blendeten die Greuel aus, die in belgischer Verantwortung begangen worden waren.

Jede Armee wird durch andere geschichtliche Erfahrungen geprägt, in diesem Fall andere kolonialgeschichtliche Erfahrungen. Bei den Briten waren es die Regimenter, die ihre Traditionen aus Indien oder Afrika und ihr gesellschaftliches Leben entsprechend ihrer kolonialen Vergangenheit pflegten. Ebenso waren die Holländer auf ihre Zeit in Indonesien stolz, trotz aller Grausamkeiten. Wir Deutschen hatten wenig zu berichten, denn unsere letzten Kolonialerfahrungen hatte General von Lettow-Vorbeck in Deutsch-Südwestafrika gemacht, und das lag damals schon sechzig Jahre zurück.

Obwohl ich gern noch das letzte halbe der üblichen drei Jahre bei AFCENT geblieben wäre, war ich sofort einverstanden, als ich erfuhr, dass ich zum 1. April 1976 Bataillonskommandeur in Lüneburg werden sollte. Kommandeur eines Panzerartilleriebataillons in einer Panzerbrigade zu sein – das war es, was ich wollte! Dafür hätte ich alles stehen und liegen gelassen. Und dann noch in Lüneburg bei der Panzerbrigade 8, die im deutschen Heer einen guten Ruf hatte. Mein Vorgänger hatte nach fünfjähriger Amtszeit um seine Ablösung gebeten, von 18 Geschützen waren weniger als fünf einsatzbereit. Im Unterschied zur Brigade insgesamt war der Ruf meines Bataillons also nicht der beste. Wir hatten drei schießende Batterien, eine Versorgungsstabsbatterie, 18 Panzerhaubitzen und rund 650 Soldaten.

Durch den Wechsel von Truppen- und Generalstabsoffizieren wurden die Bataillone in Bewegung gehalten, und dem jeweiligen Kommandeur kamen die praktischen Erfahrungen für seine weitere Laufbahn zugute. Die Bundeswehr wollte die Praxis der Truppen- mit Stabserfahrung mit der Theorie in höheren Stäben und im Ministerium verbinden. Ich fand außerhalb von Lüneburg ein schönes, freistehendes Haus, das einem Bauingenieur gehörte, der für einige Jahre nach Saudi-Arabien ging. Er hatte eine schöne Boxerzuchthündin, die mich an den Boxer meiner Kindheit erinnerte. Eines Abends rief er plötzlich an und sagte: »Ich kann den Boxer nicht mitnehmen. Was halten Sie davon, wenn Sie den Hund für die Dauer in Pflege nehmen, die Sie in dem Haus wohnen?« Ich sagte sofort zu. Der Hund wurde ein großer Freund der Familie.

Als wir einzogen, fuhren wir mit holländischem Kennzeichen vor. Unsere Kinder sprachen die anderen Kinder auf der Straße natürlich gleich auf Deutsch an. Eines davon sagte laut: »Guck mal, die doofen Holländer sprechen jetzt auch noch Deutsch.« Das hielt unsere Kinder nicht davon ab, kurze Zeit später Freundschaften zu schließen. Imme ging weiterhin aufs Gymnasium, Hendrik ab jetzt ebenfalls, und Arne wurde eingeschult. Evi war als niedersächsische Lehrerin nur beurlaubt und bekam nach einigen Monaten Diskussion eine Halbtagsstelle zugewiesen. Außer dem Vater gingen wieder alle zur Schule.

Eveline Schönbohm Mein sehnlichster Wunsch war ein Steinway-Flügel. Er wurde erschwinglich, als meine Eltern mir zum Geburtstag den wesentlichen Anteil schenkten. Also fuhren wir nach Hamburg in das Steinway-Haus und ich probierte zehn, zwölf Instrumente aus, bis ich den richtigen B-Flügel, einen kleinen Konzertflügel, fand. Beim ersten Hauskonzert 1977 spielte ich selbst zur Begrüßung, danach eine Berufspianistin. Jörg reichte Speisen und Getränke. Wir hatten ein schönes Haus, freundliche Nachbarn, neue Freunde, ein Auto, den Boxer und nun auch den Flügel; die Kinder fühlten sich wohl.

Jörg Schönbohm Vom Bataillon wurde ich mit spürbarer Skepsis aufgenommen: »Noch ein Generalstäbler, der sich auf unsere Kosten profilieren will«, hieß es hinter vorgehaltener Hand. Darauf vorbereitet, begründete ich besonders sorgfältig, was ich jeweils forderte. Das Bataillon war nicht schnell genug bei Alarmierungen – wir waren aber in Grenznähe stationiert. Also führte ich regelmäßig Alarmübungen durch. Was ich von anderen forderte, hatte ich allerdings auch selbst zu leisten und übernahm deshalb die Offiziersweiterbildung, zum Teil auch die der Feldwebel, und machte regelmäßige Übungen und Nachtübungen zusammen mit anderen Truppengattungen. Nachdem das Bataillon bei verschiedenen Gefechtsübungen und Tests gut abgeschnitten hatte, stellten die Feldwebel, also altgediente Fahrensleute im Bataillon, fest, dass das, was ich von ihnen verlangt hatte, durchaus sinnvoll und richtig gewesen war. Diese Anerkennung war wichtig, weil jede militärische Einheit vom Vertrauen in ihre Vorgesetzten lebt.

Auch in Lüneburg wurde das gesellschaftliche Leben gepflegt. Die Bälle waren beliebt: Lehrer, Oberkreisdirektor, Bürgermeister – alle, die in Stadt und Landkreis etwas zu sagen hatten, folgten gern unseren Einladungen. Überhaupt war das Verhältnis zur Zivilbevölkerung außergewöhnlich gut. Übungen wurden vorher abgesprochen. Sie fanden im »Dannenberger Zipfel« statt, bundesdeutsches Gebiet, das auf der Höhe von Perleberg entlang der Elbe weit in das Gebiet der DDR hineinragte; bis auf eine Entfernung von fünf Kilometern durften Soldaten sich der innerdeutschen Grenze nähern. Die Bevölkerung begrüßte unsere Anwesenheit, denn die militärische Bedrohung war deutlich sichtbar.

Im Alarmfall hätten beispielsweise mehrere hundert Tonnen Munition binnen kürzester Zeit verladen werden müssen. Niemand wusste, ob das gelingen würde. Ich ahnte wohl die Schwierigkeiten, hatte aber keine verlässlichen Erfahrungswerte. Also übten wir den Ernstfall. Dabei zeigte sich, dass es zwar möglich war, die in der Verteidigungsplanung vorgegebene Zeit einzuhalten, aber als wir mit den schweren Fahrzeugen an die Munitionsniederlassung heranfuhren, wurden mehrere Zäune umgelegt mit einem Schaden von weit über zehntausend Mark. Wir gingen daran, große Tore einzubauen und die Zugangswege ausreichend zu befestigen.

Sohn Hendrik entscheidet

Der klassische Verwendungsaufbau eines Generalstabsoffiziers sah nach der Führungsakademie Truppengeneralstabsdienst auf Divisions- oder Brigadeebene vor, danach die Tätigkeit in einem internationalen Stab, dann als Bataillonskommandeur und schließlich im Verteidigungsministerium. Ich ging genau diesen Weg. Keine Überraschung also, aber wir wären gern länger in Lüneburg geblieben. Dennoch entschlossen wir uns, in Meckenheim, der »Schlafstadt« bei Bonn, mit einer Bauträgergesellschaft ein Haus zu bauen – im Vorgriff auf die zu erwartende Versetzung. Imme besuchte bereits ein nahegelegenes Internat. Im Sommer 1978 sollte das Haus fertig sein. Dabei war Evis Versetzung noch ganz ungewiss, und ich selbst hatte bewusst gegen den militärischen Grundsatz verstoßen: »Vorausdenken, ohne im Voraus zu disponieren.«

Es ging gut: Im April wurde ich versetzt, und im Sommer 1978 zogen wir nach Ende des Schuljahres um. Die Zwischenzeit konnte ich nutzen, um mich einzuarbeiten und mich wieder an die Schreibtisch- und Aktenarbeit zu gewöhnen. Ich wurde verantwortlich für die Personalführung von Generalstabsoffizieren im Verwendungsgebiet operative Führung sowie für die Generalstabsdienstgrade Oberstleutnant und Oberst. Es waren schnell beförderte Offiziere zu betreuen bis hin zum General. Aber es gab viele ältere Oberstleutnante, die aufgrund ihrer Beurteilung hofften, noch Oberst zu werden. Als ich die freiwerdenden Stellen zählte und die Chancen der Aspiranten berechnete, ergab sich, dass die Mehrzahl nicht mehr befördert werden konnte. Ihre Vorgesetzten schrieben jedoch positive Beurteilungen, um sie weiterhin zu motivieren. In Personalgesprächen eröffnete ich ihnen, dass ein weiterer Aufstieg unwahrscheinlich sei. Obwohl diese Kameraden im Durchschnitt 14 bis 15 Jahre älter waren als ich, versuchte ich, mich in ihre Lage zu versetzen. Sie dankten mir die Offenheit, denn mit der neuen Gewissheit konnten sie ganz anders planen. Auch in der Personalführung erwiesen sich Ehrlichkeit und Verständnis als das einzig Richtige.

In den späten siebziger Jahren gab es im Verteidigungsministerium viele politische Indiskretionen, sodass der parlamentarische Staatsekretär der SPD laut darüber nachdachte, die Referatsleiterstellen im Ministerium nur mit Offizieren und Beamten zu besetzen, die das Parteibuch der SPD hatten. Ich hielt das für falsch. Soldaten wollen und können nach ihrem Selbstverständnis keine Parteisoldaten sein. Die Loyalität gegenüber dem Staat zwingt zur Unparteilichkeit. Von Zeit zu Zeit erreichten mich Vorgaben, wer besonders zu fördern sei. Wenn das aus der Beurteilung und dem Verwendungsaufbau nicht ableitbar war, remonstrierte ich für meinen unmittelbaren Bereich. Solche Ansinnen parteipolitischer Art waren in der Regel sachlich ungerechtfertigt und nicht zu begründen. Den immer wieder gestreuten Gerüchten, dass nur nach Parteibuch befördert würde, wirkte ich entgegen.

Anfang 1979 – wir wohnten schon ein knappes Jahr in Meckenheim – eröffnete mir mein General, dass ich zum April 1979 Chef des Stabes der 7. Panzerdivision in Unna/Westfalen werden sollte, und er bat mich, mich bis zum nächsten Morgen zu entscheiden. Chef des Stabes einer Panzerdivision zu werden ist der Traum eines jeden Generalstabsoffiziers, zumal als Artillerist. Am Abend sprach ich mit meiner Frau darüber, die erstmals Bedenken hatte und sagte: »Ich weiß nicht, ob wir unseren Kinder nicht zu viel zumuten. Ich würde mitkommen, aber wenn du wieder nur für zwei Jahre gehst, müssen wir vielleicht hierbleiben.«

Beim Abendbrot besprach ich die Option mit den Kindern. Imme wäre es mit ihren 18 Jahren gar nicht so unrecht gewesen, weniger kontrolliert zu werden. Hendrik, 12 Jahre alt, sagte nur: »Wir sind eben erst hierhergezogen. Imme macht Abitur, da können wir nicht schon wieder wegziehen. Und du, Papa, hast immer gesagt, wir sind eine Familie. Weil wir eine Familie sind, ziehen wir um, wenn du versetzt wirst. Wenn wir jetzt nicht umziehen können, kannst du eben nicht versetzt werden. Wenn das eine gilt, gilt auch das andere.« Dieser schlagenden Logik hatte ich nichts entgegenzusetzen. Arne als jüngster sagte nur: »Ich versteh' nichts. Wieso müssen wir schon wieder weg?«

Ich berichtete meinem Vorgesetzten von dem häuslichen Gespräch. Er hielt meine Entscheidung für töricht und fragte noch einmal nach, ob mir klar sei, was ich da tue. Ich sagte nur: »Herr General, wenn ich nicht der jüngste Oberst des Heeres werde, dann werde ich vielleicht der älteste. Aber ich finde, mein Sohn mit seinen zwölf Jahren hat recht.« Einige Kameraden schüttelten noch verständnisloser den Kopf. Da kam schon die nächste Überraschung. Im Verteidigungsministerium war der Referatsleiter im Führungsstab der Streitkräfte für Personal neu zu besetzen. Dieses Referat bearbeitet für den Generalinspekteur und seinen Stellvertreter alle Personalangelegenheiten einschließlich der Generalsplanung, ebenso die Besetzung aller Militärattachéstäbe, des militärischen Anteils beim Bundesnachrichtendienst, aller Auslandsdienststellen und teilstreitkräfteübergreifenden Dienststellen in Deutschland. Am Ende des Vorstellungsgesprächs fragte mich der stellvertretende Generalinspekteur, ein Generalleutnant Ende fünfzig von der Luftwaffe, dem ich vorher noch nie begegnet war: »Trauen Sie sich das fachlich zu?« Ich bejahte: »Fachlich traue ich mir das zu. Aber ich bin noch sehr jung und frage mich, ob ich akzeptiert werde.« Er sah mich wissend an: »Warum soll es Ihnen anders gehen als mir früher? Mir ist manchmal auch etwas mulmig zu Mute gewesen.«

Oktober 1979 wurde ich Leiter dieses Referats FüSPers, obwohl ich, wie mein Vorgänger auch, keiner Partei angehörte. Als ich mich zum Dienstantritt beim Inspekteur des Heeres meldete, sprach er mich auf meine Weigerung an, Chef des Stabes der 7. Panzerdivision zu werden: »Sie können sich nicht aussuchen, wohin Sie befördert werden. Das wird sich niemals wiederholen.« So wurde ich der jüngste Referatsleiter im Führungsstab der Streitkräfte, was ich nicht ohne Stolz meiner Mutter erzählte. Sie fragte sofort, ob ich in die SPD eingetreten sei; ich wisse doch, dass mein Vater das nicht verstanden hätte! Ich konnte sie beruhigen. Und was noch wichtiger war: Wir konnten in Meckenheim bleiben und durchatmen. Bei meiner neuen Aufgabe bekam ich einen Überblick, der weit über meinen unmittelbaren Fachbereich hinausging.

Am Konrad-Adenauer-Gymnasium in Meckenheim wurde gegen die Bundeswehr Stimmung gemacht, obwohl – und weil! – die Eltern vieler Kinder Bundeswehrangehörige waren. Unser Sohn Hendrik bekam das besonders zu spüren, weil er den Beruf seines Vaters verteidigte und Sympathien für die USA zeigte. Ich ließ mich zum Vorsitzenden der Klassenpflegschaft wählen und sprach mit Lehrern, die wenig Verständnis für Familien hatten, die so oft umgezogen waren wie wir, also auch für die Familien meiner Kameraden, denn wir waren ja kein Einzelfall. Bundeswehr und Sicherheitspolitik galten ihnen als Gottseibeiuns. Das ließ mich auch eine Lehrerin spüren, als es um unseren jüngsten Sohn ging, der soeben auf das Gymnasium gekommen war: »Herr Schönbohm, ich mache mir Sorgen um ihn. Er bewegt sich im Dreierbereich.« Bei dieser »Sorge« spürte ich das Ressentiment gegen alles Militärische. Ich sagte: »Ich mache mir keine Sorgen. Ich dachte aber, Sie würden mal danach fragen, wie er sich eingelebt hat, wie er seinen dritten Schulwechsel verkraftet, ob er Freunde gefunden hat, ob er gern in die Schule geht. Das sind alles Fragen, die Sie hätten stellen können. Und auch wenn Sie sie nicht stellen, will ich sie Ihnen beantworten. Er geht gern zur Schule, und genau wie seine Geschwister wird er sich schon noch durchbeißen.« Die beiden Jungs haben problemlos ihr Abitur gemacht, Imme ebenfalls, nach einem kleinen Umweg.

Wir blieben bis 1983 insgesamt fünf Jahre an einem Ort, das war außerordentlich lang. Dafür kam politische Unruhe in meinen beruflichen Alltag.

IV.

ALS SOLDAT IN DER POLITIK: BONN

1983 – 1989

Nach wie vor traf sich regelmäßig der informelle Gesprächskreis um Manfred Wörner. Pfingsten 1982, wenige Monate, bevor er Verteidigungsminister wurde, trafen wir uns in Begleitung unserer Ehefrauen zum ersten Mal in Cadenabbia. Der Kreis diskutierte bis tief in die Nacht; die Themen reichten vom Traditionserlass (in der Neufassung des damaligen Verteidigungsministers Hans Apel) über Rüstungsplanung bis zu strategischen Fragen und Überlegungen, wie das von den Protesten gegen den Nachrüstungsbeschluss angeschlagene deutsch-amerikanische Verhältnis zu verbessern wäre. Als wir nach diesen Diskussionen fröhlich auf der Terrasse saßen und beim Wein unsere Lieder sangen, dachte niemand, dass bald der ›Ernstfall‹ eintreten würde.

Im Sommer 1982 entschied Apel auf Vorschlag der Personalabteilung, dass ich ab April 1983 Brigadekommandeur in Ahlen/Westfalen werden und das Kommando der Panzergrenadierbrigade 17 übernehmen solle. Ich freute mich riesig darüber, diese Chance zu erhalten, und begann schon mit den ersten Überlegungen. Es würde meine bis dahin größte Herausforderung sein – aber es kam anders. Eines Nachmittags rief Wörners Büro an und gab die Nachricht durch, dass er den Cadenabbia-Kreis zur ausführlichen Besprechung für ein Wochenende Ende September nach St. Augustin bitte. Das war ungewöhnlich. Es kursierten viele Gerüchte über einen bevorstehenden Regierungswechsel. Die Nachrüstungsdebatte hatte die regierende SPD zerrissen. Darüber hinaus war die Wirtschaftslage so angespannt, dass es hieß, die FDP wolle die Koalition aufkündigen und mit der CDU zusammengehen. Ich brach also mit großer Spannung auf. Wörner eröffnete uns, dass der Regierungswechsel Anfang Oktober erfolge und er nach der Wahl Helmut Kohls zum Bundeskanzler Verteidigungsminister werden solle. Anders als bei dem vorangegangenen gescheiterten konstruktiven Misstrauensvotum Barzels seien diesmal die Verhältnisse klar und das Ergebnis sicher.

Es hieß, Wörners Freund und Berater Hans Rühle, Mitglied unseres Kreises, promovierter Politikwissenschaftler und führender Mitarbeiter des Forschungsinstituts der Konrad-Adenauer-Stiftung, werde Leiter des Planungsstabes. Alles andere sei später zu entscheiden. Wörner gab Verschiedenen von uns Aufträge mit der Bitte, diesen oder jenen Gedanken zu vertiefen, und am Ende der Diskussion sagte er nur: »Schönbohm, mit Ihnen muss ich noch unter vier Augen sprechen.« Da er wenig Zeit hatte, bot ich ihm an, gemeinsam in meinem Fiat 600 zum Bundestag zu fahren. Unterwegs entwickelte er mir seine Ideen. Einige davon, die den Personalbereich betrafen, konnte ich überhaupt nicht nachvollziehen. Es ging hierbei um Veränderungen der militärischen Führungsspitze und Besetzungen im zivilen Bereich. Ich erregte mich sehr darüber und hätte beinahe einen Unfall gebaut. Als wir den Bundestag schon erreicht hatten, diskutierten wir heftig weiter, was alles zu tun sei, als er plötzlich zu mir sagte: »Und Sie werden mein Adjutant.«

»Das geht nicht«, sagte ich, »es ist entschieden, dass ich Brigadekommandeur werde, und Sie werden verstehen, dass mir das mehr bedeutet, als der Posten eines Adjutanten.« Darauf sagte Wörner nur kurz und trocken: »Hans Apel hat Ihre Versetzung für den 1. April nächsten Jahres geplant. Überlegen Sie sich das ganz genau. Ich brauche Sie. Ich vertraue Ihnen absolut. Sie haben durch Ihre bisherigen Verwendungen Erfahrungen und Kenntnisse im Verteidigungsministerium, die niemand sonst aus unserem Kreis hat. Ich bitte Sie, mich zu unterstützen, indem Sie diese Aufgabe übernehmen.« Ich bat Wörner um eine Nacht Bedenkzeit. Evi sagte: »Von mir aus kannst Du es gern machen, aber tritt nie in eine Partei ein.« Das hatte ich ohnedies nicht vor. Also rief ich am nächsten Morgen Wörner an und sagte unter der Bedingung zu, dass ich nicht in die CDU eintreten müsse. Er antwortete: »Junge, das ist doch überhaupt nicht nötig. Ich brauche Sie mit Ihrem Verstand und mit Ihrer Arbeitskraft.« Kurz vor dem Regierungswechsel schickte er mich mit einem Schreiben zu Staatssekretär Joachim Hiehle, mit dem ich viel zusammengearbeitet hatte. Darin stand, dass Wörner mich beauftragt habe, als zukünftiger Adjutant die vorbereitenden Maßnahmen zur Übernahme des Ministerbüros zu treffen.

Wörner brachte aufgrund seiner engen Bindung an die Bundeswehr ideale Voraussetzungen mit. Er hatte sich besonders in den Vereinigten Staaten einen Ruf als Sicherheitspolitiker erworben, der über praktische Erfahrungen und umfangreiche Kenntnisse verfügte, und er pflegte seine Verbindungen in die USA als Oppositionspolitiker intensiv. Bei Besuchen aus den Vereinigten Staaten bat er mich häufig dazu, sodass ich frühzeitig viele Senatoren aus dem Bereich der Sicherheits- und Verteidigungspolitik kennenlernte, u. a. Senator Richard Lugar, der sich intensiv für den Abbau nuklearer, biologischer und chemischer Waffen einsetzte und 2007 öffentlich einen Kurswechsel in der Irak-Politik Präsident George W. Bushs fordern sollte. Dazu gehörte auch der 1995 verstorbene Congressman Leslie Aspin, der 1993 Verteidigungsminister in der Regierung Präsident Clintons wurde. Bei diesen Gesprächen ging es um die Intensivierung der transatlantischen Beziehungen sowie um die Umsetzung des NATO-Doppelbeschlusses und die Stationierung von Mittelstreckenraketen in Deutschland.

Wörners Start war fulminant. Die Offiziere setzten große Hoffnungen in ihn. Er stellte bei einer Generalstagung seine Grundsätze vor. Das war die beste Gelegenheit, die Bundeswehr davon zu überzeugen, dass sie bei ihm in den richtigen Händen sei. Er bekannte sich zum Wehrdienst als Ehrendienst, hob die Bedeutung des Geistes einer Armee hervor, die Notwendigkeit moderner Rüstung sowie die Bedeutung des Bündnisses für unsere Sicherheit. Nach seiner Amtseinführung entließ Wörner einen der beiden beamteten Staatssekretäre; der für Haushalt, Personal und Verwaltung zuständige Staatssekretär Joachim Hiehle behielt seinen Posten und wurde erst im Verlauf der Affäre um General Dr. Günter Kießling in den vorzeitigen Ruhestand versetzt.

Die Mehrzahl der zivilen Abteilungsleiter, einschließlich Leiter Planungsstab, erhielten in einem würdigen Rahmen ihre Entlassungsurkunden – sie gehörten alle der SPD an, wie in anderen Ministerien auch. Am Ende dieser Zeremonie sprach mich einer der entlassenen Ministerialdirektoren an und fragte mich: »Sagen Sie mal, Herr Schönbohm, warum ist eigentlich kein General dabei, die sind doch den politischen Beamten gleichgestellt?« Ich sagte zu ihm: »Da gibt es einen wichtigen Unterschied. Ich kenne keinen General, der innerhalb von wenigen Jahren vom Oberstleutnant zum Generalleutnant befördert worden wäre, aber einen Beamten, der sich hier in dieser Zeit von der entsprechenden Besoldungsgruppe A 15 zu B 9 verbessert hat. Die Generale sind nicht parteipolitisch gebunden. Das ist der Unterschied.« Die Antwort hat ihm nicht gefallen. Auch der 2003 verstorbene Generalinspekteur Jürgen Brandt blieb bis zu seinem 60. Lebensjahr im Amt, obwohl ihm, dem letzten Wehrmachtsoffizier im Amt des Generalinspekteurs, immer eine große Nähe zur SPD nachgesagt wurde. Ich hatte Wörner dringend geraten, ihn zu behalten, denn das Amt des Obersten Soldaten durfte nicht parteipolitisch korrumpiert werden.

Nun war ich also Adjutant des Verteidigungsministers – den ich immerhin seit langem kannte. Ich schätzte Manfred Wörner, weil er sich ohne ideologisches Beiwerk engagiert bemühte, die Bundeswehr nach Jahren der Stagnation zu einer schlagkräftigen Truppe mit modernem Gerät zu machen. Wann immer Wörner verreiste, war ich dabei. Allein aufgrund des Arbeitsaufkommens wurde mir schnell klar, warum man einen Minister nicht allein reisen lassen konnte. Jeder Termin bedurfte der Vor- und Nachbereitung: Protokolle, Sprechzettel, Vorträge und Reden – alles musste griffbereit sein. Alle Vorlagen des Ministeriums zu militärischen Komplexen wie Rüstung, Sicherheitspolitik oder Teilstreitkräfte gingen über meinen Tisch. Im Regelfall wurden diese Vorlagen vom Leiter Planungsstab bewertet, von mir zusammengestellt und nach Festlegung der Prioritäten dem Minister vorgelegt oder vorgetragen. Bei jeder kleinsten Angelegenheit war zu bedenken, dass eines Tages ein Untersuchungsausschuss eingesetzt werden konnte, und für diesen Fall musste genau dokumentiert werden können, was dem Minister unter welchen Bedingungen vorgelegt worden war und was nicht.

Zu Hans Rühle, dem Leiter Planungsstab, entwickelte sich ein enges, persönliches Verhältnis. Er gehörte zu Manfred Wörners altem Freundeskreis. Beide kamen aus Baden-Württemberg, hatten in jungen Jahren zusammen studiert und Wahlkampf für die Junge Union gemacht. Leiter des Stabes Presse- und Öffentlichkeitsarbeit wurde Oberst Jürgen Reichardt, der ebenfalls in enger Verbindung zu Wörner stand. So fand ich immer Kameraden oder Mitarbeiter, an die ich mich wenden konnte, denn oft stand ich mit schwierigen Fragen allein da. Andererseits hatte ich auf einmal so viele Freunde, dass ich sie kaum noch zählen konnte: Soldaten und leitende Beamte, die von dem besonderen Vertrauensverhältnis zwischen dem Minister und mir gehört hatten. Hendrik meinte damals sogar: »Papa, du musst aber auch wissen, die sind alle nur nett zu dir, weil sie glauben, sie können über dich beim Minister was erreichen.«

Wörners erste Reise führte nach Paris. Weil er dort studiert hatte, sprach er so gut Französisch, dass kein Dolmetscher benötigt wurde. Ich hatte einen Sprachlehrgang absolviert und sollte das Protokoll führen, stellte aber nach kurzer Zeit fest, dass ich noch an den Fachausdrücken scheiterte. Staatssekretär Lothar Rühl nahm mir das Protokollschreiben freundlicherweise ab. Dem neuen Verteidigungsminister war daran gelegen, möglichst schnell zu den wichtigsten Verbündeten und Nachbarn ein persönliches Verhältnis aufzubauen. Das gelang ihm glänzend; auch Englisch sprach er fließend, sodass es zu den wichtigsten Ländern keine Sprachbarrieren gab.

Ich erinnerte mich, dass 1961 einige meiner Kameraden bei ihrer ersten Übung in Frankreich auf dem Übungsplatz Biche noch mit faulen Eiern und Tomaten beworfen worden waren: »Les boches arrivent« – die Deutschen kommen. Ich dachte auch an unseren Nachbarn, der mir 16 Jahre zuvor wegen seines Hasses auf die Franzosen das Betreten seines Grundstücks verboten hatte, und an meinen Onkel, der 1945 in Bad Kreuznach in einem französischen Kriegsgefangenenlager gelitten hatte. Eine deutliche Verbesserung zwischen den »Erbfeinden« Deutschland und Frankreich ergab sich ja erst aus dem 1963 von Adenauer und de Gaulle unterzeichneten Élysée-Vertrag.

Verhöhnen und spalten

Die zweite Auslandsreise führte uns in die USA, um mit Caspar Weinberger zusammenzutreffen, dem neuen Verteidigungsminister in der Regierung Präsident Reagans. Mit diesem war Weinberger der Ansicht, dass die Sowjetunion für die USA eine ernste Bedrohung darstelle, dass die Streitkräfte verstärkt und modernisiert werden müssten und ihre Gefechtsbereitschaft zu erhöhen sei. Er hatte Reagans massive Aufrüstung zu organisieren, die schließlich entscheidend zum Kollaps der Sowjetunion beitrug; er baute das Kernwaffenarsenal aus und war ein Verfechter der kontroversen *Strategic Defense Initiative* (SDI), in den Medien häufig als »Star-Wars-Programm« bezeichnet. Wir hatten viele Termine mit alten Freunden Wörners unter den Senatoren und *Congressmen*. Der 1991 verunglückte Senator John Tower gehörte ebenso dazu wie der spätere Präsidentschaftskandidat John McCain. In den USA gab es ein starkes Bedürfnis, unsere bilateralen Fragen zu klären. Im Mittelpunkt stand natürlich die Nuklearstrategie, also die Frage, ob die Mittelstreckenraketen in Deutschland stationiert würden und wie verlässlich die Bundesrepublik dazu stehe. Nachdem Bundeskanzler Kohl erklärt hatte, dass er sich im Frühjahr mit dem Thema Nachrüstung zur Wahl stellen werde, war unser Verteidigungsminister in einer komfortablen Position.

Die Nachrüstung war unausweichlich geworden, spätestens seit die Sowjetunion ihre Mittelstreckenraketen tatsächlich stationiert und Helmut Schmidt noch als Bundeskanzler in einer Rede vor dem Internationalen Institut für strategische Studien in London darauf hingewiesen hatte, dass die Gefahr einer Abkoppelung Europas von den USA bestehe. Der Bundesrepublik Deutschland kam als geographischem Kernland der NATO im Herzen Europas in dieser Frage eine Schlüsselrolle zu. Aber auch Rüstungszusammenarbeit und Zusammenarbeit im Bereich Forschung und Entwicklung standen auf der Tagesordnung. Die USA zögerten nicht, die Interessen ihrer Groß- und Rüstungsindustrie energisch zu vertreten. Dagegen ist prinzipiell gar nichts zu sagen. Man muss eben bei aller Contenance an entscheidender Stelle hart und konsequent mit den eigenen Interessen dagegenhalten. Unsere Bündnispartner verstehen und akzeptieren durchaus eine deutliche Sprache auf der Basis gemeinsamer Interessen. Bei dem ersten Treffen Wörner Weinberger lernte ich den damaligen Generalmajor Colin Powell, den Adjutanten Weinbergers, kennen und schätzen.

Nach den Reisen, zurück auf der Bonner Hardthöhe, waren erst einmal Berge von Post zu bewältigen, weil ich keinen Stellvertreter hatte. Außer sonntags arbeitete ich unentwegt, denn es durfte nicht der Eindruck entstehen, dass im Ministerbüro Vorgänge verschwänden wie Schiffe und Flugzeuge im Bermuda-Dreieck; dieser Verdacht wurde nämlich schnell und gern der obersten Führung angehängt. Meine Familie sah mich gelegentlich im Fernsehen, zu Hause aber immer seltener. Meine Frau sagte nur: »Wenn ihr einen Vater habt, der etwas kann, dann ist das eben so. Aber wenn ihr wollt, dass er eure Schularbeiten nachsieht, dann könnt ihr euch ja wünschen, dass er mehr zuhause ist.« Als ich eines Sommerabends um 20 Uhr Feierabend hatte, rief Arne: »Papa, du bist ja schon da! Bist du gefeuert? Komm, wir gehen Tennis spielen!«

Wörner hatte sich vorgenommen, nicht nur mit den Alliierten im Bereich der Sicherheits- und Verteidigungspolitik enger zusammenzuarbeiten, sondern auch mit der Bundeswehrspitze, denn das Verhältnis zwischen Hans Apel und der militärischen Führung hatte sich über der leeren Kasse abgekühlt. Die Haushaltslage war deshalb so angespannt, weil jetzt all das bezahlt werden musste, was der Vor-Vorgänger Georg Leber bis 1978 bestellt hatte, vor allem Panzer, die nun geliefert wurden, und Munition. Aber es gelang der neuen Regierung, den Spielraum zu erweitern.

Die Kommandeurtagung des Generalinspekteurs wurde für den Minister ein Erfolg. Er zeigte mit seiner Rede, dass es ihm um den Sinn des Soldatenberufs zu tun war. Eben darum sollte es auch in seiner Rede vor Fahnenjunkern an der Heeresoffiziersschule in Hannover gehen. Der Generalinspekteur bekam den Auftrag, die Rede vorbereiten zu lassen. Sie wurde von einem Diplomsoziologen geschrieben, und so klang sie auch: kein Bekenntnis zum Soldaten, zu seinen Pflichten, seiner besonderen Verantwortung. Ich war ziemlich enttäuscht und gab dem Minister den Entwurf mit der Warnung: »Ich glaube, das wird Ihnen nicht gefallen.« Wörner las ihn durch, kam nach einer Viertelstunde wütend in mein Zimmer und sagte: »Das ist ja unglaublich!« Ich sagte zu ihm: »Ich bespreche das mit Hans Rühle, und dann überarbeiten wir das so, dass daraus eine Rede wird.« Er antwortete: »Nein, das mache ich selbst!« Ein Satz lautete nun sinngemäß: »Ich erwarte von jedem Offizier, dass er seinen Clausewitz kennt.«

Der Minister beauftragte mich, diese neue Rede dem Generalinspekteur Altenburg vorzulegen und ihn darauf hinzuweisen, was sich geändert hatte. Der las die Rede mit Vergnügen, kam zum Minister und sagte nur: »Die Rede ist richtig. Aber ich hätte dem Verteigungsminister eine solche Rede bisher nicht vorlegen können.« Daraufhin Wörner: »Der Primat der Politik hat seine Vorteile. Ich möchte militärische Stärke betonen, ich möchte, dass wir uns zum Soldaten bekennen, und ich möchte, dass wir uns wieder mehr auf die Tradition beziehen.« Es wurde bald deutlich, was mit dem Bekenntnis zum Soldatentum gemeint war, schon durch die Art und Weise, wie Wörner seine Truppenbesuche gestaltete und auf die Leute zuging. Natürlich kam ihm dabei zustatten, dass er Reserveoffizier der Luftwaffe und Fighterpilot war. Der Kanzler machte seinen ersten Besuch, um der Bundeswehr zu versichern, dass sie die volle Unterstützung der Regierung habe. In jenen Zeiten der Diffamierung von Soldaten war das besonders wichtig.

Unsere Arbeit wurde vom beginnenden Wahlkampf überschattet. Helmut Kohl hatte wie geplant bei der am 17. Dezember 1982 gestellten Vertrauensfrage keine Mehrheit erhalten, woraufhin Bundespräsident Karl Carstens das Parlament aufgelöst hatte. Manfred Wörner, dem die schwierige Aufgabe zufiel, bei unzähligen öffentlichen Auftritten Vertrauenswürdigkeit und Zuversicht auszustrahlen und gleichzeitig die äußere Sicherheit kraft seines Amtes zu erhalten und auszubauen, war für die CDU ein wichtiger Wahlkämpfer. Noch hatten wir Kalten Krieg, noch gab es die unmittelbare äußere Bedrohung, und niemand konnte wissen, was die Zukunft bringen würde. Wörner machte also Wahlkampf, war entsprechend viel unterwegs und ich begleitete ihn – immer in Zivil. Wir mussten das Wichtigste unterwegs in Gaststätten erledigen, denn zwischen den Auftritten widmete er sich immer wieder eine halbe Stunde den Akten. So erlebte ich zum ersten Mal aus der Nähe die Belastung eines Spitzenpolitikers im Wahlkampf, den sein eigentliches Amt trotzdem forderte.

Die Opposition führte »Raketenwahlkampf« unter dem Motto »Versöhnen statt spalten«. Wo immer Wörner hinkam, gab es Störungen, Beleidigungen, Pfiffe und Eierwürfe. Die Anspannung war erheblich, aber der Minister strahlte stets die nötige Ruhe aus. Ich fand, »Verhöhnen und spalten« hätte die gegnerischen Absichten besser ausgedrückt. So viel Gemeinheit, so viele Unterstellungen habe ich selbst in meinen späteren Auseinandersetzungen als Politiker selten erlebt.

Wann immer ich mit dem Minister im Verteidigungs-, Haushalts- oder auch im Auswärtigen Ausschuss war, machten sich die Grünen unangenehm bemerkbar. Es gab ja nicht nur Joschka Fischer, der mit den Grünen 1983 in den Bundestag einzog. Zum ersten Mal in der Geschichte der Bundeswehr hatte sich mit Gert Bastian ein aktiver General, Kommandeur einer Panzerdivision (der 1992 seine Freundin und Mitstreiterin Petra Kelly sowie sich selbst erschoss), im Wahlkampf aufstellen lassen – für die Grünen, also gegen die Bundeswehr und somit gegen die eigenen Kameraden. Das nahmen ihm viele übel. Otto Schily, in den siebziger Jahren Anwalt der RAF-Terroristen Horst Mahler und Gudrun Ensslin und späterer Bundesinnenminister für die SPD, gehörte als Mitbegründer der Grünen zu den erfolgreichen Gegenspielern des konservativen Flügels um Herbert Gruhl. Schily war in diesem Wahlkampf einer der herausragenden Demagogen der Grünen. Als Gert Bastian vor dem Plenum des Bundestages eine Rede hielt, wurde er von einigen mit dem Vorwurf angegriffen, er spreche im schnarrenden Kasinoton, das gehöre nicht ins Parlament. Schily aber trat viel energischer auf als Bastian: selbstgerecht und mit schneidender Intellektualität – zweifellos ein glänzender Rhetoriker. Bei ihm hieß es nur: »Der war halt Anwalt.« Ich sagte zu Wörner: »Da haben Sie die Wiederauferstehung von Danton. Sie müssen mal richtig dazwischenhauen.«

Bahnfahrt mit George Bush

Im Auftrag von Ronald Reagan besuchte Vizepräsident George Bush 1983 die europäischen Länder, in denen Mittelstreckenraketen gegen die neuen sowjetischen SS-20 stationiert werden sollten. So kam er auch nach Deutschland, was erhebliche Demonstrationen auslöste: Anlässlich seines Besuchs in Krefeld musste aus Sicherheitsgründen die Fahrtroute geändert werden. Auf das Zeichen zum Aufbruch wartend, konnten Bush und Kohl zwanzig Minuten lang die Tiefgarage des Seidenweberhauses nicht verlassen. Trotzdem geriet die Wagenkolonne vor dem Bahnhof in eine Gruppe Demonstranten, die die Fahrzeuge mit Steinen angriffen und beschädigten: »Bush's car stoned in Germany« titelten englischsprachige Zeitungen am nächsten Tag.

Bush besuchte in Deutschland aber vor allem die amerikanischen Truppen, begleitet von Manfred Wörner. Die beiden trafen sich in Nürnberg und flogen mit amerikanischen Helikoptern in die *Border Camps* im sogenannten Fulda-Gap. Im osthessischen Raum ragte das Gebiet des Ostblocks am weitesten nach Westen vor, und daher galt diese Gegend als wahrscheinlichster Angriffspunkt der Warschauer-Pakt-Armeen. Sie hätten im schlimmsten Fall vom »Thüringer Balkon« in zwei Tagen bis zum Rhein-Main-Gebiet vorstoßen können, um die Bundesrepublik in zwei Hälften zu teilen und mit der Rhein-Main Air Base den wichtigsten NATO-Luftwaffenstützpunkt in Europa auszuschalten. Wir hätten uns in diesem Fall hinter die Weser zurückziehen müssen. Tatsächlich war vor 1989 ein Großteil der sowjetischen Streitkräfte in Thüringen stationiert.

Im Rahmen des »General Defense Plan« waren deshalb amerikanische Truppenverbände massiv um Fulda konzentriert, um bis zum Eintreffen von Verstärkung einen Angriff abwehren zu können. Vizepräsident Bush sprach mit den Soldaten über ihre Aufgabe, dankte ihnen für ihren Einsatz und aß mit ihnen zu Mittag. Diese Soldaten leisteten in Deutschland fern ihrer Heimat besonders in den *Border Camps* oder bei den *Cavalry Regiments* unter schwierigen Bedingungen ihren Dienst und wurden dafür von manchen Deutschen beschimpft. Bush wurde auch von dem Oberkommandierenden der amerikanischen Streitkräfte in Europa, General Frederick J. Kroesen, begleitet, der zwei Jahre zuvor, am 15. September 1981, in Heidelberg einen terroristischen Anschlag überlebt hatte, als er von Christian Klar, der heute trotz unwiderrufenen revolutionären Tatendrangs frei in Berlin lebt, mit einer Panzerabwehrrakete beschossen wurde. Vizepräsident Bush war außerordentlich aufgeschlossen und gelassen, er suchte Gespräche mit den Bürgern, bei denen ich übersetzte. Als wir nach Nürnberg zurückflogen, kam ein schwerer Schneesturm auf, der uns zur Notlandung auf dem kleinen *Airstrip* in Bayreuth zwang. Bush hatte die höchste Sicherheitsstufe, also kam sofort die bayerische Landespolizei und riegelte alles ab. Wie sollten wir nun von Bayreuth nach Nürnberg kommen? Die Amerikaner wollten Fahrzeuge aus dem US-Hauptquartier im 300 Kilometer entfernten Heidelberg besorgen, aber auch auf der Autobahn fiel dichter Schnee.

Wörner und ich waren die einzigen Deutschen, die Bush begleiteten. Der Vizepräsident musste dringend weiter nach Rom. Die Bahnlinie nach Nürnberg, die ich auf der Landkarte entdeckte, brachte mich auf eine etwas ausgefallene Idee. Ich telefonierte zum Bahnhof und erfuhr, dass der nächste Zug von Bayreuth nach Nürnberg in einer Stunde führe und wir also in ungefähr zwei Stunden am Ziel wären. Ich bat den Stationsvorsteher sicherheitshalber, sofort einen Wagen Erster Klasse für den amerikanischen Vizepräsidenten zu reservieren. Obwohl ich mich bereits ausgewiesen hatte, fragte er noch einmal: »Wer spricht da, bitte?« Ich sagte ihm, er könne mich im Lagezentrum der Bundeswehr identifizieren, mit dem er auch die Einzelheiten absprechen möge.

Nun begannen die Schwierigkeiten. Ich schlug dem Chef des Stabes der Amerikaner, einem Vier-Sterne-Admiral, vor, mit der Bahn zu fahren, und nannte ihm die Zeiten. Er fand, das sei eine großartige Idee, aber er könne das nicht entscheiden, denn das sei Sache der Sicherheitsleute. Die meinten ebenfalls: »Prima Idee, aber der amerikanische Vizepräsident hat eine Sicherheitsstufe, bei der der Chef des Stabes entscheidet.« Zunächst sprach ich mit der bayerischen Polizei, die uns den reibungslosen Transport zum Bayreuther Bahnhof garantierte und den Transfer zur *Air Force 2* in Nürnberg, dem Flugzeug des Vizepräsidenten. Die Sicherheit während der Fahrt im Zug würden die Amerikaner gewährleisten können, aber nicht die Sicherheit der Bahnstrecke. Da es allerdings eine überraschende Bahnfahrt war, konnte es keine Anschlagsvorbereitungen geben.

Wenn zwei sich nicht einigen, geht man zum Chef. Nachdem weder die Sicherheit noch der Stabschef eine Entscheidung getroffen hatten, musste eben Bush persönlich grünes Licht geben. Ich erläuterte Wörner meinen Plan, und er klopfte mir auf die Schulter: »Junge, das ist eine gute Idee!« Wörner erklärte Bush, dass es die Möglichkeit gebe, mit der Bahn zu fahren, und er das offensichtlich selbst entscheiden müsse, da sein Stab nicht die Verantwortung übernehmen wolle. Bush drehte sich zu seiner Frau Barbara um, die neben mir stand, und fragte: »Barbara, was meinst du dazu?« Barbara fand die Idee »smashing!«, und damit war die Sache letztinstanzlich entschieden. Ich fuhr sofort zum Bahnhof. Als Wörner und Bush nachkamen, sagte Wörner: »Prima, jetzt brauchen wir nur noch einen Kasten fränkisches Bier. Wir haben ja eine ganze Stunde Fahrzeit.« 50 Mark fügte ich meiner Bitte an den Bahnhofsvorsteher bei, uns den Kasten Bier zu besorgen.

Im ersten Abteil saßen das Ehepaar Bush, Wörner und General Kroesen; im zweiten *Political Adviser* Richard (»Rick«) Burt, der damals im State Department tätig war, bevor er 1985 amerikanischer Botschafter in Deutschland wurde, sowie einige Offiziere und ich. Ich ging mit dem Bier in das erste Abteil, reichte jedem eine Flasche, und während General Kroesen noch in seinen großen Taschen nach einem Öffner suchte, löste ich mein Koppel und öffnete die Flaschen mit dem Koppelschloss. Darüber freute sich Bush: »Mensch, ihr Deutschen seid so clever wie die Japaner.«

Die Stimmung war bestens. Bush bat mich zu sich und ließ vom *White House Photographer* ein Foto machen, das er mir später mit Widmung und einem freundlichen Dankbrief schickte. Begeistert von unserer Flexibilität und Schnelligkeit bot er mir prompt einen Job im Weißen Haus an, den ich pflichtschuldigst ablehnte. Als der Schaffner Fahrkarten kontrollieren wollte, erklärte ich unseren Waggon zum Militärtransport, der nachträglich angemeldet und bezahlt würde. Der Papierkrieg blieb überschaubar. Auf dieser Bahnfahrt wurde offenbar die Freundschaft zwischen Wörner und Bush begründet und ihre vertrauensvolle Zusammenarbeit, die sich im Rahmen der Wiedervereinigung entfaltete; Wörner erlebte als Generalsekretär der NATO die ganze Amtszeit des Präsidenten Bush Sen. von 1989 bis 1993 mit. Als wir im Mai 1983 erneut in Washington waren, lud Bush Wörner und mich auch privat ein. Bei dieser Gelegenheit bedankte er sich noch einmal für die schöne Bahnfahrt. Bei allen weiteren Begegnungen, auch als Präsident, erinnerte er sich mit großer Freude an dieses Erlebnis, wobei er interessiert meinen weiteren Werdegang verfolgte.

Angenehme Unterbrechungen wie dieses kleine Abenteuer waren aber durchaus selten. Wir waren eigentlich immer in Eile: NATO-Konferenzen, bilaterale Gespräche, Truppenbesuche, Diskussionen im Bundestag, Zuarbeit für Gespräche in den verschiedenen Ausschüssen, Gespräche mit der CDU-Fraktion. Ein Minister braucht Mitstreiter und Verbündete auf allen Ebenen. Das ist politisch überlebenswichtig, denn als Folge von Unglücksfällen oder Skandalen können sich die Mehrheitsverhältnisse jederzeit ändern, und dann kommt es auf jeden einzelnen politischen Freund an.

Wie die Sowjetunion in die Knie ging

Als die Konferenz der nuklearen Planungsgruppe im portugiesischen Vilamoura zu Ende ging – es war März 1983 –, setzten Wörner und der amerikanische Verteidigungsminister Caspar Weinberger sich mit je zwei oder drei weiteren Personen zu einem bilateralen Gespräch zusammen. Dabei wurden alle wichtigen Fragen erörtert, aber es fiel noch nicht ein einziges Mal der Begriff SDI. Erst als wir gegen 22 Uhr zu Hause waren, erhielt ich einen Anruf von Colin Powell. Er sagte nur: »Jörg, Cap Weinberger muss morgen so früh wie möglich mit Manfred Wörner sprechen.« Ich nannte ihm die Telefonnummern. Am selben Abend hatte Präsident Reagan in San Francisco die Rede gehalten, die das SDI-Programm offiziell ankündigte. Es hatte eine Weisung des Präsidenten gegeben, niemanden zu informieren, um die Sache bis zum letzten Augenblick geheimzuhalten. Wir waren natürlich enttäuscht.

Die Initiative zum Aufbau eines Abwehrschirms, um die sowjetischen Interkontinentalraketen vom Weltraum aus zu bekämpfen, war nach der Stationierung der Mittelstreckenraketen die nächste Frage, an der sich die linke deutsche Öffentlichkeit jahrelang rieb. Trotz der heftigen Diskussionen einigten sich Kohl und Weinberger drei Jahre später bei einem Treffen auf dem Stützpunkt Grafenwöhr grundsätzlich über die strategische Verteidigungsinitiative und den Technologietransfer, sodass noch im selben Monat zwei geheime Abkommen zwischen den USA und der Bundesrepublik von Weinberger und Wirtschaftsminister Martin Bangemann (FDP) in Washington unterzeichnet werden konnten. Deren Umsetzung wurde allerdings nach dem Mauerfall und der Selbstauflösung der Sowjetunion am 31. Dezember 1991 nicht länger verfolgt. Das mit zweistelligen Milliardenbeträgen geförderte Projekt SDI erbrachte wichtige Fortschritte auf dem Gebiet der künstlichen Intelligenz. Unter Präsident Bill Clinton wurde es in den neunziger Jahren reduziert und in das Nachfolgeprogramm einer »Abwehr gegen einen begrenzten Angriff mit ballistischen Raketen« überführt.

Nach Reagans Rede traten natürlich sofort wieder die selbsternannten Friedensexperten auf den Plan, die sich aber nicht die Frage vorlegten, wie man die Welt anders vor dem sowjetischen Erpressungspotential hätte schützen sollen. Die technischen Fragen haben die moralisierenden SDI-Gegner schon gar nicht interessiert. Das System war immerhin so ehrgeizig ausgelegt, dass niemand die Umsetzbarkeit realistisch abschätzen konnte – mit Ausnahme deutscher Schriftsteller, Pfarrer und Lehrer. Heute ist unter Fachleuten unumstritten, dass SDI allein durch den kostspieligen technischen Rüstungswettlauf, den das Projekt in Gang setzte, den beabsichtigten Beitrag dazu geleistet hat, die Sowjetunion in die Knie zu zwingen.

1979 hatte das für Industrie zuständige Politbüromitglied Andrei Pawlowitsch Kirilenko vor geschlossener Kreml-Gesellschaft eine Rede zur Feier der Oktoberrevolution gehalten. Er wollte die Rüstungsaufwendungen der sozialistischen Länder effektiver einsetzen und zugleich in ökonomisch erträglichen Grenzen halten und zwar dadurch, dass parallel zur Ausweitung des sowjetischen militärisch-industriellen Komplexes eine westliche Friedensbewegung beim Feind für Abrüstung sorgte. Also verkündete er die neue Programmatik der kommunistischen Parteien: Noch *vor* Klassenkampf und Revolution, die auf den Sanktnimmerleinstag verschoben wurden, sollten »Frieden« und »Koexistenz« mit dem Westen oberste Priorität erhalten. Was sich zunächst angehört hätte wie der übliche politisch-diplomatische Stehsatz (wäre es nicht an diesem Ort aus diesem Anlass gesagt worden), entpuppte sich tatsächlich bereits nach wenigen Tagen als radikaler, bestens vorbereiteter und zentral gesteuerter Kurswechsel bei der fünften Kolonne, insbesondere bei den deutschen Parteien DKP, SED und SEW (Sozialistische Einheitspartei Westberlins).

Ihre Zeitungen setzten in dem von Moskau vorgegebenen Sinn ein verblüffendes neues Programm in die Welt, das kein Parteitag auch nur formal beschlossen hatte: 1. Frieden, 2. Frieden, 3. Frieden – und danach alles andere. Die Geldkoffer wanderten erheblich praller als üblich von Ost nach West, und es entstand allen Verlautbarungen voran der »Krefelder Appell« vom 16. November 1980, organisiert von Helmut Bausch, dem Chefredakteur der *Deutschen Volkszeitung*, einem unter Intellektuellen angesehenen Wochenblatt der Deutschen Friedens-Union (DFU). Die DFU war eine kaum noch zu tarnende Tarnorgansiation der verbotenen KPD und späteren DKP, deren eigentliche Parteizeitung *Unsere Zeit* unter ernstzunehmenden Linken als nicht satisfaktionsfähig galt, also nicht zur Mobilisierung geeignet war.

Das Krefelder Vorzeigepodium brachte mit Hilfe von »Fellow Travellers« bzw. »Bündnispartnern« die alte Ostermarschbewegung unter neuem Namen wieder in Schwung. Mit dabei: der Pfarrer Martin Niemöller, der Jurist Professor Helmut Ridder, die Grüne Petra Kelly, der General Gert Bastian, die Schriftstellerin und Bundespräsidentenkandidatin Luise Rinser, der Admiral Elmar Schmähling u.v.a. Über vier Millionen Unterstützer unterschrieben den »Krefelder Appell«, der schließlich in jener großen Bonner Friedensdemonstration gipfelte, auf der sich auch Willy Brandt gegen den NATO-Doppelbeschluss wandte. Inzwischen waren der DGB, die Jusos und weitere Gruppen zur »Friedensbewegung« gestoßen.

Trotz dieses enormen Erfolgs scheiterte der Kirilenko-Plan – an Ronald Reagan, der seine ersten politischen Erfahrungen Jahrzehnte früher gemacht hatte, als es ihm gelang, einen kommunistisch organisierten Hollywood-Streik nahezu im Alleingang zum Scheitern zu bringen. Reagan setzte die Abrüstungsverhandlungen so lange aus, bis die Sowjets die Wahl hatten, am Rüstungswettlauf bankrott zu gehen oder hinreichende Gegenleistungen bei der Abrüstung anzubieten, wozu erst Michail Gorbatschow bereit war. Die protestierenden Deutschen waren aber gegenüber den USA offenbar misstrauischer als gegenüber der Sowjetunion, und trotz des weltgeschichtlichen Erfolges der Amerikaner hat sich später kaum einer der damals so lauten Gegner zu einem Umdenken oder einer nachträglichen Neubewertung bemüßigt gefühlt. Angesichts der Proliferation von nuklearen ballistischen Systemen hat sich das Problem Raketenabwehr nach dem Untergang des sozialistischen Lagers ja keinesfalls erledigt, sondern durch Unübersichtlichkeit eher verschärft, auch wenn Frank-Walter Steinmeier, SPD-Außenminister der zweiten Großen Koalition, die neuere Planung der USA gern als überflüssig bezeichnete. Im Windschatten von Nordkorea und Iran arbeitet ein internationales Netzwerk von Staaten an der Weiterentwicklung sowjetischer Raketentechnologie. Die westlichen Geheimdienste gehen davon aus, dass Nordkorea und Iran spätestens im Jahr 2015 über atomar bestückte Langstreckenraketen verfügen.

Im Sommer 1983 entschied Minister Wörner, dass ich zum 1. Oktober die Panzerbrigade 21 in Augustdorf bei Detmold übernehmen würde. Meine Zeit in Bonn ging damit vorläufig zu Ende. Bestehend aus 1 500 bis 5 000 Soldaten, ist die Brigade heute der kleinste aus mehreren Truppengattungen zusammengesetzte Großverband. Clausewitz definierte sie als die größte Einheit, die von einem Manne unmittelbar, nämlich durch den Bereich seiner Stimme, geführt werden kann. Dass ich als gelernter Artillerist eine Panzerbrigade kommandieren sollte, freute mich natürlich besonders. Die Panzerbrigade 21 hatte einen guten Ruf, sie war modern ausgerüstet, geschlossen in einer Kaserne untergebracht, der Übungsplatz lag gleich vor der Tür, und man arbeitete eng mit den Briten zusammen. Meine Frau und ich fuhren sofort nach Detmold, fanden aber kein adäquates Haus zur Miete. Wir hatten unseren Kindern versprochen, nicht mehr in einem Mietshaus zu wohnen, sondern in Häusern mit einem kleinen Garten, wo wir unter uns sein konnten. Und wir wollten wiederum nicht auf Abbruch leben, nach dem Motto, »wir bleiben ja nur zwei Jahre«. Also verkauften wir unser Haus in Meckenheim, um ein anderes in Detmold am Fuße des Hermannsdenkmals zu erwerben, und zogen nach den großen Ferien wieder einmal um.

Ich ahnte ja nicht, dass auch das idyllische Detmold von der Angst vor dem Atomkrieg beherrscht war! Unser Nachbar hatte sein Grundstück zu einer atomwaffenfreien Zone erklärt, in der evangelischen Kirche gab es Anti-Atom-, Anti-SDI- und Anti-Bundeswehr-Diskussionen und dergleichen mehr. Ich geriet mitten hinein in diese Auseinandersetzungen, weil unser Sohn Arne damals zum Konfirmationsunterricht ging. Dem Nachbarn erklärte ich, wenn sein Haus eine atomwaffenfreie Zone sei, dann müsse er im Rahmen von vertrauensbildenden Maßnahmen jederzeit Überraschungsinspektionen über sich ergehen lassen, um festzustellen, ob in seinem Wohn- oder Schlafzimmer nicht doch ein nuklearer Sprengkörper verborgen wäre. Er sah mich entgeistert an und fragte: »Wie meinen Sie das?« Er hatte von der Sache, für die er sich politisch engagierte, offenbar nicht die geringste Ahnung. Ich sagte: »Ihre atomwaffenfreie Zone muss wie alle atomwaffenfreien Zonen überprüft werden, sonst kann sie nicht als atomfrei gelten. Was Sie da machen, ist völliger Blödsinn.« Das hat unserer Nachbarschaft nicht gerade gutgetan.

Die Kießling-Affäre

Ende des Jahres lud das Ehepaar Wörner andere Freunde und uns an einem Adventssonntag zum Abendessen ein, um sich für meinen Dienst in Bonn zu bedanken. Mir fiel beim Essen auf, dass Wörner außerordentlich schlecht aussah, und ich sprach ihn darauf an. Er erzählte mir, dass er General Dr. Günter Kießling wegen des Umgangs mit Homosexuellen zum 31. Dezember 1983 in den vorzeitigen Ruhestand versetzt habe. Ich kannte den Fall insofern, als kurz vor meinem Weggang nach Augustdorf Wörner vom Chef des Militärischen Abschirmdienstes (MAD) Helmut Behrendt vorgetragen worden war, dass es gegen den Vier-Sterne-General, Stellvertreter des Obersten Alliierten Befehlshabers Europa, sicherheitsrelevante Vorwürfe gebe. Diese Vorwürfe beruhten unter anderem auf Ermittlungen der Kölner Kriminalpolizei. In zwei einschlägigen Kölner Kneipen hatten offenbar mehrere Personen Kießling anhand eines Fotos vermeintlich als »Günter oder Jürgen von der Bundeswehr« identifiziert. »Aber warum zum 31. Dezember?«, fragte ich Manfred Wörner und fuhr fort: »Generale gehen immer zum 31. März oder 30. September in den Ruhestand. Alles andere bedarf der besonderen politischen Begründung.«

Kießling hatte in einem persönlichen Gespräch am 15. September 1983 Wörner sein Ehrenwort gegeben, nicht homosexuell zu sein. Wörner und Kießling hatten die ehrenvolle Versetzung in den Ruhestand zum 31. März 1984 verabredet, aber Kießling wartete vergeblich auf die offizielle Bestätigung. Auf Veranlassung des zuständigen Staatssekretärs Hiehle war Wörner Anfang Dezember ein neuer zweiseitiger Bericht mit Verdachtsmomenten zugegangen, die sich später als nicht belastbar erwiesen. Daraufhin hatte er am 8. Dezember entschieden, den General aus Sicherheitsgründen schon zum 31. Dezember 1983 ohne Großen Zapfenstreich in den Ruhestand zu verabschieden. Ich hatte meine Bedenken geäußert, aber es war zu spät. In der Kießling-Affäre, die am 5. Januar 1984 durch einen Bericht der *Süddeutschen Zeitung* öffentlich wurde, setzte der Bundestag am 20. Januar einen Untersuchungsausschuss ein, nachdem sich Wörner weiterhin vergeblich bemüht hatte, stichhaltige Beweise gegen Kießling vorzulegen. Der Ausschuss beleuchtete hauptsächlich die Rolle des MAD, in dessen Bereich, so der Abschlussbericht, »ungeheure Fehler« gemacht worden seien. Staatssekretär Hiehle wurde in den vorzeitigen Ruhestand geschickt, und auch MAD-Chef Behrendt musste seinen Posten räumen.

Die Affäre führte zu quälenden Diskussionen in der Truppe, auch in meiner Brigade. Es wussten ja alle, dass Wörner und ich ein gutes persönliches Verhältnis hatten. Und so kam die Frage auf, ob der Minister noch im Amt bleiben könne. Die Mehrzahl meiner Offiziere meinte, er müsse zurücktreten, das wäre das Beste für ihn und für uns. Nach einigen Überlegungen rief ich Wörner eines Abends unter seiner Privatnummer an, berichtete ihm von der Stimmung in meiner Brigade und sagte: »Herr Minister, ich glaube, Sie müssen zurücktreten. Das gebietet die Loyalität zur Truppe, so ungerecht das alles auch ist.« Wir beendeten das Gespräch in einem freundschaftlichen Ton. Später erfuhr ich, dass Wörner tatsächlich ein Rücktrittsgesuch geschrieben hat, von dem ich nicht weiß, welchen Einfluss mein Anruf darauf hatte. Bundeskanzler Kohl lehnte das Gesuch ab und ließ Wörner die Ermittlungen gegen Kießling einstellen, den General rehabilitieren und ihm am 1. Februar 1984 die Wiederernennungsurkunde überreichen.

Ich verfolgte alles sprichwörtlich aus der Ferne, nicht ahnend, dass auch ich eines Tages vor dem Untersuchungsausschuss stehen würde. Die SPD wollte mich als Kronzeugen gegen Wörner hören, weil ich alles gewusst hätte. Und deshalb müsse Wörner es natürlich auch gewusst haben. Als die Vorladung kam, war ich nichtsahnend mit meiner Brigade in Kanada zum Gefechtsschießen. Auf dem Weg dorthin hatte ich in Washington den deutschen Verteidigungsattaché Brigadegeneral Henning von Ondarza besucht, da mir angedeutet wurde, dass ich möglicherweise im Herbst 1985 oder Frühjahr 1986 sein Nachfolger werden würde, was mir gut gefallen hätte. Ich schaute mir seinen Dienstsitz an, kaufte mir ein Buch mit dem Titel *How to Live in the United States* und telefonierte mit meiner Frau: »Das wäre eine tolle Sache, wenn wir nach Amerika gehen könnten«, sagte sie.

Zurück in Deutschland, erwarteten mich das gewaltige Medieninteresse und die Forderung nach Anhörung Oberst Schönbohms. Ich nahm meinen Fahrer zur Sitzung mit, dem man den Zutritt verwehren wollte. Da sagte ich laut und deutlich zum Saaldiener: »Dies ist eine öffentliche Sitzung. Ich möchte, dass mein Fahrer, Panzerschütze meiner Brigade, einmal sieht, wie Demokratie funktioniert.« Er durfte zuhören, und auf der Rückfahrt sagte er zu mir: »Herr Oberst, dass es so was gibt, hätte ich nie gedacht. Das ist alles so gemein.«

In dem später vorgelegten Bericht des Untersuchungsausschusses wurden keine Verdächtigungen und Vorwürfe mehr gegen mich erhoben. Es ging nur um die politische Stimmung. Der Zweck, Wörner zu schaden, heiligte offenbar alle Mittel. Jahre später wollten sich die Mitglieder der SPD und der Grünen nicht mehr daran erinnern. Wie man inzwischen weiß, hatte auch bei der Affäre um Kießling, der im Spätsommer 2009 verstarb, die Stasi ihre Finger im Spiel. Sie hatte mit Oberst Joachim Krase seit 1973 einen Spion beim MAD, der maßgeblich an der Veröffentlichung der Affäre beteiligt gewesen sein soll. Er wurde 1990 enttarnt, zwei Jahre nach seinem Tod.

Eines Tages eröffnete mir Wörner, dass Washington für mich nicht mehr in Frage komme und er mich dringend in Bonn als stellvertretenden Leiter Planungsstab brauche. Das war die Stelle eines Brigadegenerals, und ich sollte zum 1. April 1985 ins Verteidigungsministerium versetzt werden. Also Bonn statt Washington. Wir konnten noch nicht umziehen, da Hendrik erst sein Abitur machen musste, für das er fleißig und schließlich auch erfolgreich lernte, um später Medizin studieren zu können. So zog ich als Strohwitwer in ein Schwesternheim des nahegelegenen Johanniter-Unfallkrankenhauses, wo mehrere meiner Kameraden ein Zimmer gefunden hatten, da es nicht mehr genug Schwestern gab.

Der Planungsstab arbeitet unmittelbar für den Minister. Meine Aufgabe bestand darin, die Dinge zu koordinieren und Schwerpunkte zu setzen. Die Teilstreitkräfte waren ebenso vertreten wie Physik, Jura und Ingenieurwesen. Soldaten und Beamte wurden nach Qualifikation ausgewählt, nicht nach Parteibuch. Sie wussten, dass sie in der Regel drei Jahre hart arbeiten mussten, um anschließend in eine passende Verwendung zu wechseln.

Alle Vorlagen für den Minister wurden nach politischer Bedeutung und Auswirkung bewertet und mit Empfehlungen versehen. Dabei kam es auf Konsistenz und Logik an. Immer wieder wollten sich die Egoismen der Teilstreitkräfte und der zivilen Abteilungen Bahn brechen. Das war ganz natürlich; jeder Staatssekretär hatte darauf zu achten, dass die Interessen seines Bereichs, sei es der Rüstung, der Teilstreitkräfte, des Personals oder des Haushalts, berücksichtigt wurden. Bei der Leitung des Planungsstabes trafen all diese Interessen zusammen – eine faszinierende, sehr politische Aufgabe. Wir hatten die Belange der Industrie zu beachten, im Interesse einer übergreifenden Koordination im Rüstungssektor, um Waffen und Gerät zu standardisieren, aber auch, um den Produktionsstandort Deutschland zu erhalten. Wir mussten die sicherheitspolitischen Auswirkungen unserer Konzepte bedenken und die Auswirkungen auf die

Zusammenarbeit im Bündnis. Darüber hinaus hatten wir für den Minister Anregungen für Reden zu erarbeiten, strategische Folgerungen zu ziehen und Vorschläge für politische Aktionen zu entwickeln. Die 21 Mitarbeiter des höheren Dienstes waren motiviert und loyal, und auch wenn jemand der SPD angehörte, konnte man sich auf seine Verschwiegenheit verlassen. Lediglich der Leiter Planungsstab war im Regelfall ein Beamter und enger Vertrauter des Ministers, meistens mit Parteibuch. Das traf auch auf Hans Rühle zu, Wörners Studienfreund, der das Amt von 1982 bis 1988 bekleidete – mein unmittelbarer Chef, mit dem ich ebenfalls befreundet war.

Truppe auf Bewährung

Nach drei Jahren im Planungsstab wurde ich am 1. April 1988 als Kommandeur der 3. Panzerdivision nach Buxtehude bei Hamburg versetzt. Arne hatte im Sommer das Abitur vor sich. Unsere Enkelin Deborah war in der Zwischenzeit schulpflichtig geworden, Enkel Benjamin ging noch in den Kindergarten und Imme studierte als zweifache Mutter mit Bravour Kunstgeschichte. Kurz gesagt, wir konnten nicht umziehen. Das bedeutete für mich wieder einmal einen eigenen Wohnsitz und viel Fahrerei. Gleichzeitig mit der Versetzung wurde ich zum Generalmajor befördert, gemeinsam mit Werner von Scheven, meinem Freund und Kameraden, den ich seit 1960 aus Wolfhagen kannte. Schon an der Führungsakademie standen wir aus Gründen des Alphabets praktisch immer nebeneinander. Von Scheven wurde Kommandeur der Führungsakademie in Hamburg. Auf unseren neuen Posten brauchten wir beide kein privates Auto. Also ließ ich den Erstwagen zuhause und bot von Scheven an, in meinem Fiat Panda nach Buxtehude mitzufahren. Als wir mit unseren Seesäcken und den notwendigsten Habseligkeiten an einer Autobahnraststelle hielten, um zu tanken, stand neben uns ein Obergefreiter im Kampfanzug an seinem BMW mit Spoilern, dem beim Anblick der beiden Generalmajore im Fiat Panda beinahe der Zapfhahn aus der Hand gefallen wäre.

Der 3. Panzerdivision unterstand die Panzerbrigade 8 in Lüneburg, wo ich Bataillonskommandeur gewesen war, sowie die Panzergrenadierbrigade 7 in Hamburg und die Panzerlehrbrigade in Munster für besondere Aufgaben. Es war schön, in einer Gegend und in einem Bereich tätig zu werden, in dem mir vieles vertraut war. Ich hatte lange in Niedersachsen gelebt, das mir ans Herz gewachsen war. Land und Leute erinnerten mich an meine Brandenburger Heimat; es fehlten nur die vielen Seen. Ich arbeitete wieder mit dem niederländischen Korps und mit der niederländischen Brigade zusammen, die ich beide noch gut kannte, sowie mit der benachbarten britischen Division. Ich musste den Verteidigungsplan überarbeiten und fuhr dazu in Zivil an die innerdeutsche Grenze. Soldaten in Uniform durften nicht näher als fünf Kilometer an die Mauer heran, um Zwischenfälle zu vermeiden. Ich erstellte eine Geländebeurteilung zum Teil aus dem Hubschrauber in Schrägeinsicht, vor allem aber zu Fuß entlang der Elbe. Wir wussten nicht genau, wie die Planungen der NVA und der sowjetischen Streitkräfte aussahen. Ich konnte nur die möglichen Übergänge der in Schwerin stationierten 8. Mot-Schützen-Division in unsere linke Flanke erkunden. Wir ahnten ja nicht, dass zwei Jahre später die Wiedervereinigung kommen und ich nicht nur die Streitkräfte der DDR aus Heer, Luftwaffe und Marine befehligen, sondern auch mit den Soldaten dieser Division eines Tages über ihre berufliche Zukunft sprechen würde. Noch herrschte Kalter Krieg, die Sowjets waren konventionell deutlich überlegen und übten regelmäßig im grenznahen Raum. Die dortige Bevölkerung war uns gegenüber aufgeschlossen und freundlich. Man freute sich, wenn wir kamen. Mir schien, je näher man der Gefahr ist, desto ehrlicher und realistischer geht man mit ihr um.

In der damaligen Garnisonsstadt Buxtehude war die Bundeswehr regelmäßig Gast bei örtlichen Veranstaltungen. Nach der

Sturmflut von 1962, die 318 Todesopfer gefordert und Zehntausende obdachlos gemacht hatte (darunter viele Ausgebombte des Zweiten Weltkriegs, die in Wilhelmsburg in einer ausgebauten Kleingartensiedlung gelebt hatten), war das Ansehen der Bundeswehr erheblich gestiegen. Der spätere Bundeskanzler Helmut Schmidt koordinierte als Hamburger Polizeisenator die Rettungsmaßnahmen. Obwohl verfassungsrechtlich nicht dazu befugt, forderte er mit Hilfe seiner guten Kontakte NATO-Streitkräfte an, insbesondere Pioniertruppen mit Sturmbooten sowie 100 Hubschrauber der Bundeswehr und der Royal Air Force, die den rund 25 000 zivilen Helfern unter die Arme griffen.

Die Dauerdebatte um Bundeswehreinsätze im Inneren ist bis heute nicht entschieden. Auch im Rahmen der Innenministerkonferenz im Juni 2009 konnten Wolfgang Schäuble und ich die von uns angestrebte Einigkeit nicht herstellen. Laut Vorlage hatten die Innenminister aller Bundesländer Situationen für denkbar gehalten, »die nur mit militärischen Fähigkeiten und Mitteln gelöst werden können«. Das war nicht einmal eine Festlegung auf die später von Verteidigungsminister Franz Josef Jung angestrebte Verfassungsänderung und ging Nordrhein-Westfalens Innenminister Ingo Wolf trotzdem schon zu weit. SPD und FDP protestierten einmal mehr lautstark, und die Linke konstatierte natürlich sofort einen »erneuten Verfassungsbruch«, obwohl wir lediglich eine Debatte hatten führen können.

In Buxtehude war die Frage seit Jahrzehnten gelöst, denn nach dem Hochwasser von 1962 hatte man die gesetzliche Grundlage geschaffen, die Bundeswehr fortan auf Anforderung der unteren Katastrophenschutzbehörde auch zu zivilen Zwecken einsetzen zu dürfen. Die entsprechenden Diskussionen hatte ich als junger Oberleutnant von Hannover aus verfolgt. Im Rahmen des Katastrophenschutzes fanden nun jährlich Übungen der benachbarten Verbände gemeinsam mit der Freien und Hansestadt Hamburg unter Leitung meiner Division statt. In Buxtehude wäre man nicht auf die Idee gekommen, vierzig Jahre, inzwischen über sechzig Jahre nach dem Ende des Zweiten Weltkriegs, das eigene Militär wie einen Kriminellen auf Bewährung zu behandeln.

An den Wochenenden fuhr ich häufig mit der Bahn zweiter Klasse nach Bonn. Ich saß mit den Landsern in einem Abteil, die mich manchmal erkannten. Ich hörte, was sie sich erzählten, darunter viel maßlose Aufschneiderei, aber auch Interessantes aus dem Truppenalltag, wovon ich anders nicht erfahren hätte. Ich lernte Volkes Seele oder genauer: des Soldaten Seele und Sicht der Dinge besser kennen. Evi kam häufig nach Buxtehude, um mich zu besuchen, meine Mitarbeiter kennenzulernen und an gesellschaftlichen Veranstaltungen teilzunehmen. Einmal brachte »Nonna« die Enkel mit, die endlich wissen wollten, wo »Nonno« eigentlich lebte. Unser jüngster Enkelsohn Benjamin, damals fünf Jahre alt, baute sich nach der Wohnungsbesichtigung vor mir auf und sagte: »Nonno, ist das alles? Ihr habt doch sonst viel größere Häuser!« Ja, es war alles, und ich fühlte mich wohl. Ich hatte mein eigenes Wohnzimmer, meine Bücher und meinen Plattenspieler. Wenn ich wollte, konnte ich einfach die Tür hinter mir zumachen.

Leiter Planungsstab

Im Mai 1988 wurde Manfred Wörner Generalsekretär der NATO und Rupert Scholz Verteidigungsminister. Scholz war uns allen persönlich unbekannt. Im Sommer, wenige Monate nach meinem Dienstantritt, bekam ich einen Anruf vom Leiter der Personalabteilung, ich solle mich beim Minister melden, er wolle mich unbedingt kennenlernen. Ich rief Hans Rühle an und fragte ihn, ob er wisse, worum es geht. Da erzählte er mir etwas verhalten, dass er mit dem Minister nicht so richtig könne und eine andere Tätigkeit suche. Er und andere hätten mich als Nachfolger ins Gespräch gebracht. Ab wann, das sei noch völlig unklar. Derart vorgewarnt fuhr ich also nach Bonn und meldete mich bei Scholz. Er hatte eine ungezwungene Art. Wir gehörten beide zum Jahrgang 1937, berlinerten gern und waren sofort auf einer Welle. Er befragte mich zu allen möglichen Dingen, auch zu meiner Familie, und dann sagte er: »Ich wollte Sie einmal kennenlernen, weil Sie ein guter Mann sein sollen.« Ich sagte: »Das kann ich nicht beurteilen, aber ich bin Divisionskommandeur, und das bin ich gern und aus Überzeugung.« Nach einer Dreiviertelstunde entließ er mich mit der Bemerkung, er könne sich vorstellen, dass ich Leiter Planungsstab würde – ohne Zeitpunkt und weitere Details. Ich bedankte mich für das Vertrauen und sagte nur: »Divisionskommandeur sollte man mindestens zwei Jahre lang sein, sonst lohnt es sich nicht.«

Einige Wochen später überschlugen sich die Ereignisse. In Ramstein stürzte ein italienischer Kampfjet der Flugkunststaffel brennend in die Zuschauermenge: siebzig Todesopfer und tausend Verletzte. Die Bilder waren einfach grässlich. Sofort wurde ein Untersuchungsausschuss gebildet mit dem Ziel der Opposition, das Versagen der politischen und militärischen Führung und die Unfähigkeit des Verteidigungsministers festzustellen. Es gab immer wieder Indiskretionen aus dem Verteidigungsministerium, die dem Minister und der militärischen Führung schadeten. In dieser schwierigen Situation entschied Scholz, dass der bevorstehende Wechsel möglichst schnell zu vollziehen sei. Ende August rief mich der Abteilungsleiter Personal an und sagte: »Der Minister hat entschieden, dass Sie zum 1. Oktober 1988 als Leiter Planungsstab den Dienst antreten.«

Den genannten Zeitpunkt lehnte ich ab. Meine Begründung lautete, man könne mir, den Soldaten und der Öffentlichkeit einen Wechsel nach so kurzer Zeit nicht zumuten, da gehe jede Glaubwürdigkeit verloren. Ich hätte ja nicht nur ein Postamt zu übergeben. Daraufhin rief mich der Inspekteur des Heeres an und teilte mir mit, dass ich Leiter Planungsstab werden müsse, das sei wichtig für das Heer. Ich sei der erste Heeresgeneral, der diese Aufgabe übernehme. Divisionskommandeur könnten auch andere werden, Leiter Planungsstab nicht. Also trat ich am 1. Oktober 1988 wieder zum Dienst in Bonn an. Menschlich war mir Scholz zunächst nicht so vertraut wie Wörner, aber das war für die tägliche Arbeit kein Nachteil. Später zeigte sich, dass auch wir gut und heftig diskutieren konnten. Als Professor für Öffentliches und Verwaltungsrecht war Scholz es gewohnt, Positionen in Zweifel zu ziehen und ziehen zu lassen.

Evi, die Kinder und Enkelkinder freuten sich über meine Rückkehr. Aber ich war etwas unsicher angesichts der komplexen Aufgabe. Die erste tiefgreifende Veränderung ließ nicht lange auf sich warten. Aufgrund einer Gefährdungsanalyse nach dem gescheiterten Anschlag auf General Frederick J. Kroesen (1981) und den tödlichen Attentaten auf Ernst Zimmermann, den Chef des führenden deutschen Triebwerksherstellers MTU (1985), auf den Siemens-Vorstand Karl Heinz Beckurts (1986) und auf den Diplomaten Gerold von Braunmühl (1986) wurde entschieden, dass ich eine hohe Sicherheitsstufe und Personenschutz bekäme. Ich wurde ja als Leiter Planungsstab u. a. verantwortlich für Fragen der Modernisierung, für Themen wie SDI und Rüstungsplanung – all das, was aus Sicht der terroristischen RAF zum »militärisch-industriellen Komplex« gehörte. Die Besetzung durch einen General war für linksextreme Kreise sicher eine besondere Provokation.

Meine hohe Sicherheitsstufe hatte gravierende Folgen. Als wir endlich einmal einer Versetzung ohne Umzug entgegensahen, wurden aus unserem neuen Haus in Meckenheim Fenster und Türen herausgerissen und durch schusssichere Konstruktionen ersetzt – für meine Frau eine große Zumutung. Es wurde viel geschliffen, und der Feinstaub setzte sich auf unseren Flügel und in meine Bücher. Aber da mussten wir durch. Mein Personenschutzkommando bestand aus speziell ausgebildeten Feldjägern, die mich von nun an ständig begleiteten, ob ich mit den Enkelkindern Fahrrad fuhr oder Rollschuhfahren übte. Sogar im Urlaub in Jesolo waren die Sicherheitsbeamten dabei. Meine Spontaneität und Offenheit wurden empfindlich eingeschränkt, und meine Frau machte sich Sorgen um die möglicherweise gefährdeten Enkelkinder. Die aber freuten sich, weil sie jetzt immer ein paar sportliche Kumpel zum Fußballspielen hatten.

Ich wurde so stark gefordert, dass ich über die neue Situation nicht lange nachdenken konnte. Die Zuarbeit für den Untersuchungsausschuss Ramstein verlangte viel Sorgfalt und Aufmerksamkeit. Und ich lernte nun, was ich bei Wörner zur Zeit des Kießling-Untersuchungsausschusses schon geahnt hatte: Die größten Fehler werden immer nach der Katastrophe gemacht, wenn es an die Aufklärung geht. Alles, was das Haus verließ, war auf Plausibilität zu prüfen. Jede Äußerung des Ministers musste stimmen. Rupert Scholz blieb ohne Tadel. In der Sache Ramstein konnten weder der Untersuchungsausschuss noch die Staatsanwaltschaft, noch die Experten aus drei verschiedenen Ländern justitiable Versäumnisse deutscher Behörden ermitteln. Die Pannen bei der medizinischen Versorgung am Unglücksort waren gleichwohl folgenschwer und höchst bedauerlich. Flugschauen blieben in Deutschland für die kommenden drei Jahre untersagt und wurden danach unter strengeren Sicherheitsauflagen wieder zugelassen.

Vor dem Hintergrund der Entspannungspolitik, der vertrauens- und sicherheitsbildenden Maßnahmen, kam die Forderung auf, die Tieffluggebiete abzuschaffen. Es war genau festgelegt, wie viele Stunden pro Jahr in welchen Gebieten der Bundesrepublik bis zu 100 Meter tief geflogen werden durfte. Gewiss war es nicht angenehm, in einem solchen Gebiet zu wohnen, und nach dem Unglück von Ramstein wurde die Regelung also grundsätzlich in Frage gestellt. Jedoch hatte die Bundeswehr darüber nicht allein zu befinden. Die Luftwaffen der Bündnispartner konnten auf den Tiefflug nicht verzichten, weil Strategie und Operationsführung der Vorneverteidigung auf Zusammenwirken aufbauten. Die Vorneverteidigung in Deutschland hatte die NATO 1963 zur offiziellen Doktrin erklärt. Sie galt bis 1990/91 und zielte auf eine hohe Konzentration militärischen Potentials. Der Vormarsch der feindlichen Truppen sollte so lange wie möglich in einer sogenannten Verzögerungszone aufgehalten werden, um grenznah eine stabile Verteidigungsfront aufzubauen und auf diese Weise so viel eigenes Territorium wie möglich zu schützen. Für die schmale Westhälfte des geteilten Deutschland war dieses Konzept geradezu zwingend.

Zwar hat es nie ein generelles Verbot gegeben, aber das Stundenkontingent für Tiefflüge wurde schon seit 1980 kontinuierlich reduziert, wobei die tiefstmögliche Flughöhe heute 300 Meter beträgt und nur in wenigen Ausnahmefällen 75 Meter. Wir hatten große Sorge, dass Rüstungskontrollen und vertrauensbildende Maßnahmen nur auf den politischen und psychologischen Effekt ausgelegt sein könnten und die operativen Grundfragen ignoriert würden. Solange wir im Rahmen der NATO eine gültige Strategie hatten, musste das Verteidigungsministerium diese Strategie auch umsetzen, um den politischen Vorgaben zu entsprechen und die Bündnisvereinbarungen einzuhalten. Die unterschiedlichen Sichtweisen führten zu ständigen Auseinandersetzungen mit dem Auswärtigen Amt. Die großen Kontrahenten, vor allem in der Einschätzung der Sowjetunion, waren bis zur Kabinettsumbildung im April 1989 Verteidigungsminister Scholz und Außenminister Hans-Dietrich Genscher (FDP). Genscher forderte schon seit Jahren, die »neue sowjetische Offenheit beherzt und entschlossen zu nutzen«. Er nannte die Entwicklung »unumkehrbar« und warnte davor, durch Skepsis und Abwarten gegenüber der Sowjetunion den eigenen Vorteil aufs Spiel zu setzen.

Nach Moskau!

Scholz dagegen sprach in der Regel von Hoffnungen, denen Realitäten erst noch folgen müssten. Er warnte vor »dem gigantischen Militärpotential, das die Sowjetunion gerade in Europa aufgetürmt hat«, und lehnte einseitige Vorleistungen des Westens als Antwort auf unverbindliche Versprechungen Gorbatschows strikt ab. Die Auseinandersetzung, die öffentlich nicht direkt ausgetragen wurde, verschärfte sich unter der Hand. Eines Tages ließ uns Staatssekretär Lothar Rühl wissen, dass Genscher ihn gebeten habe, Schönbohm und die »Bluthunde« des Planungsstabs »an die Kette zu legen«. Ohne größte Schwierigkeiten innerhalb der NATO zu riskieren, hätten wir von unserer Linie aber nicht abweichen können. In Washington glaubte damals niemand so recht, durch Kooperation mit der Sowjetunion Gorbatschows Erfolg sicherstellen zu können.

In diese Zeit der intensiven Diskussionen um »Perestroika« und Rüstungskontrolle fiel der Staatsbesuch in Moskau, wo Bundeskanzler Helmut Kohl am 24. Oktober 1988 in Begleitung des Außen- und des Verteidigungsministers eintraf. Gorbatschow, seit 1985 Generalsekretär der KPdSU, war mit seinen damals 57 Jahren der erste sowjetische Führer, der den Zweiten Weltkrieg nur als Kind erlebt hatte. Ihm hatte der fast gleichaltrige Helmut Kohl zunächst reserviert gegenübergestanden, und erst bei diesem Besuch in Moskau trat in ihrem Verhältnis ein bedeutender Wandel ein. Kohl gewann den Eindruck, dass Gorbatschow es mit seiner Politik der Perestroika ernst meinte. Darüber hinaus fand das Treffen unter vergleichsweise günstigen Bedingungen statt, insofern der erfolgreiche Abschluss der Verhandlungen über nukleare Mittelstreckenwaffen (INF) zwischen Reagan und Gorbatschow eine spürbare Entspannung zur Folge hatte. In dem Vertrag vom Dezember 1987 war festgelegt worden, dass beide Seiten weltweit ihre landgestützten Nuklearraketen größerer Reichweite sowie deren Abschussvorrichtungen und Infrastruktur vernichten. Kohl hatte sein mittlerweile beträchtliches persönliches außenpolitisches Renommee im Vorfeld dieses Abkommen erfolgreich geltend gemacht.

Die Reise fand kurz nach meinem Dienstantritt statt. Für Minister Scholz war u. a. ein Vortrag an der Malinowski-Akademie vorzubereiten, der Akademie der Panzertruppe für die Ausbildung höherer Panzerführer. Darüber hinaus standen Gespräche mit

Armeegeneral Dmitri Jasow, dem sowjetischen Verteidigungsminister, über Rüstungskontrolle und die Reduzierung konventioneller Streitkräfte auf dem Programm. Es war das erste Gespräch eines Bundesministers der Verteidigung mit der sowjetischen Militärführung in Moskau. Wir wollten den Russen klarmachen, dass derjenige, der mehr Waffen hat, proportional auch mehr abrüsten muss. Sie hingegen wollten gleichmäßig abrüsten. Das war für uns nicht akzeptabel. Mit unserem Vorstoß für asymmetrische Abrüstung hatten wir keinen Erfolg. Zwar beeindruckte Minister Scholz nach meiner Beobachtung die Sowjets mit seiner Festigkeit, aber in der Frage einer Überwindung der deutschen Teilung und einer Verringerung konventioneller Streitkräfte in Europa waren sie zu keinem Entgegenkommen bereit. Jasow beharrte auf der sowjetischen Überlegenheit, mit der er den Frieden in Europa zu gewährleisten meinte, und vertrat den Standpunkt, dass die Teilung Europas nur langfristig durch die Auflösung der Blöcke überwunden werden könne, worunter prinzipienfeste sozialistische Traditionalisten nie etwas anderes verstanden als eine ›rote‹ Landkarte von Wladiwostok bis zum Atlantik.

Die Situation entbehrte nicht der Komik, denn auf die Frage von Minister Scholz an Jasow, was seine Waffensysteme eigentlich kosteten, sagte dieser, das wisse er nicht – er brauche sie nur zu bestellen und bekomme sie dann auch. Unsere Kostenrechnungen und Haushaltsverhandlungen mit parlamentarischen Gremien waren ihm vollkommen fremd. Schwieriger als die Verständigung über konventionelle Abrüstung war die Diskussion über die Nuklearwaffen. Jasow wollte einfach nicht zugeben, dass die Nuklearwaffen der westlichen Allianz die Sowjetunion von einem Einsatz ihrer Streitkräfte abschreckten und dass wir also nur in Verbindung mit konventioneller Abrüstung seitens der Sowjetunion auf sie würden verzichten können. Jasow warf uns vor, Geiseln der amerikanischen Nuklearstrategie zu sein, während die sowjetischen Raketen – offiziell natürlich nur für den Fall eines »Gegenschlags« – auf die westdeutschen Industriezentren, auf uns, zielten. Er verlangte die vollständige Abrüstung aller Nuklearwaffen, was also nicht diskutabel war. Beiderseitige nukleare Abrüstung hätte ungleiche Sicherheitsrisiken zur Folge gehabt, ebenso das von den Sowjets vertretene Prinzip der numerisch gleichmäßigen Reduzierung der Streitkräfte, das ihnen, ausgehend von ihrer viel höheren Truppenstärke, auf Dauer ein enormes Übergewicht in Europa gesichert hätte.

Scholz' Vortrag an der Malinowski-Militärakademie der Panzertruppen hatte den Zweck, den sowjetischen Stabsoffizieren einmal die tatsächlichen Zahlen vor Augen zu führen und das Ausmaß ihrer Überlegenheit deutlich zu machen. Darum nannten wir das Thema »Rüstungskontrolle und Entspannung«. Die Rede wurde mit Interesse aufgenommen, aber es gab überhaupt keine Diskussion. Es wurden nur ein paar offensichtlich vorbereitete Fragen zugelassen. Die Rede war auf Deutsch gehalten und simultan übersetzt worden, und wir nahmen die Gelegenheit wahr, eine von uns autorisierte Übersetzung an die russischen Stabsoffiziere zu verteilen, die auf diese Weise unsere Zahlen nachlesen konnten.

Am folgenden Tag besuchten wir auf Einladung der sowjetischen Führung die berühmte Taman-Panzergrenadierdivision. Ihren Namen verdankte sie erfolgreichen Kampfhandlungen im Zweiten Weltkrieg im Raum von Noworossijsk und der Taman-Halbinsel zwischen dem Schwarzen und dem Asowschen Meer. Sie hatte sich bei der Verteidigung Moskaus besonders bewiesen und war nach dem Krieg zur Vorzeigedivision für Besucher geworden. Im Rahmen einer Gefechtsvorführung wurde uns die Leistungsfähigkeit der sowjetischen Panzertruppen gezeigt – eine eindrucksvolle Übung, aber ich konnte feststellen, dass wir besser waren, was die Ersttrefferquote, das Gefechtsverhalten und das Schießen aus der Bewegung betraf, und dass wir uns gar nicht zu verstecken brauchten. Auf dem Rückflug von Moskau konstatierten wir, dass der deutsche Verteidigungsminister nicht die Macht hatte, die Rüstungskontrolle voranzubringen. Andererseits war uns klar, dass wir ohne den Rückhalt der NATO und der USA in Moskau niemals so fordernd hätten auftreten können.

Die Lebensumstände der Soldaten, die dürftigen Unterkünfte, die große Entfernung von ihren Familien, die Verständigungsschwierigkeiten der verschiedenen Volksangehörigen, die zu einem »Sowjetvolk« vereinigt werden sollten – all das wirkte bedrückend auf uns. Später erfuhr ich, dass nicht zuletzt die Erfahrungen, die viele Offiziere der NVA einst in der Sowjetunion gesammelt hatten, ihre Überzeugung genährt hatten, die DDR sei im Grunde das Musterland des Sozialismus. Zum Abschluss unseres Besuches bei der Taman-Division wurde jedem von uns ein Laib Brot und etwas Salz überreicht. Manche der begleitenden Journalisten ließen die Brote wegen ihrer minderen Qualität beim Einsteigen in den Bus einfach auf den Rasen fallen. Unser Presseoffizier sammelte sie rasch wieder ein.

Im Unterschied zu uns im militärischen Bereich war es Bundeskanzler Kohl bei seinem Besuch gelungen, die deutsch-sowjetische Zusammenarbeit endgültig auf eine neue Ebene zu heben. Gorbatschow konnte schließlich ohne finanzielle Unterstützung durch die Bundesrepublik seine Reformziele kaum erreichen. Am Ende der Delegationsgespräche zwischen Kohl und Gorbatschow im Beisein der Außen- und Verteidigungsminister kam Kohl noch einmal auf die Wiedervereinigung zu sprechen. Die Linie der Bundesrepublik bestand darin, für das legitime Selbstbestimmungsrecht des deutschen Volkes einzutreten, ohne Gebietsforderungen zu erheben oder europäische Grenzen in Frage zu stellen. Am Beispiel getrennter Familien erläuterte Kohl, wie widernatürlich die Teilung war. Gorbatschow ging darauf nicht ein, aber sein Staatsbesuch in der Bundesrepublik vom 12. bis 15. Juni 1989 war ein Ergebnis dieser Moskauer Gespräche, und nun erkannte die Sowjetunion in der Gemeinsamen Erklärung das Selbstbestimmungsrecht des Deutschen Volkes prinzipiell an. Das war der zweite große Schritt, der dem deutsch-sowjetischen Verhältnis einen enormen Auftrieb verschaffte. Aber noch immer ahnte niemand von uns das Ausmaß der bevorstehenden Veränderungen.

Auch wenn das Eis gebrochen schien – die militärischen Fakten blieben bis auf weiteres unverändert: In der DDR standen, abgesehen von ihren eigenen Truppen, 350 000 Sowjetsoldaten mit moderner Ausrüstung und Bewaffnung, mit Nuklear- und Chemiewaffen. Es gab zwar gegenseitige Manöverbeobachtungen im Rahmen der KSZE, aber die Verhandlungen in Wien über konventionelle Rüstungskontrolle stagnierten. Unser Beharren auf Gleichgewicht bei bestimmten Waffensystemen und demzufolge auf einer stärkeren Abrüstung der Sowjetunion wurde mit der Forderung gekontert, die amerikanischen Marinestreitkräfte in die kontinentaleuropäischen Verhandlungen einzubeziehen. Das war unannehmbar, weil die transatlantische Führungsmacht damit nicht nur ihre europäische Schutzfunktion, sondern weltweite militärische Aufgaben wahrnahm. Freilich hätte die Sowjetunion ein vergleichbares Ansinnen ebenfalls im Hinblick auf die Sicherheitsinteressen ihres eigenen Imperiums zurückgewiesen. Der Warschauer Pakt war bei aller Rede von friedlicher »Koexistenz« noch kurz vor seinem Zusammenbruch nicht bereit, seine militärische Überlegenheit in Europa durch vertraglich vereinbarte und nachprüfbare Rüstungskontrollschritte abzubauen. Es ging also um Sieg oder Niederlage im Kalten Krieg, und die Entscheidung fiel auf dem Gebiet der wirtschaftlichen Potenz. Sie fiel zugunsten des Westens, auch wenn die amerikanische Hegemonie, unter der wir Deutschen in Freiheit leben, sich heute nicht mehr auf ein unbestrittenes Weltreich stützt.

Are you with Gorby?

Allerdings verlor der Kalte Krieg spürbar an Bedeutung, und so nahmen bei uns zuhause die Diskussionen um soziale Fragen zu. Auf einmal kam die Wochenarbeitszeit der Soldaten auf die Tagesordnung. Seit Gründung der Bundeswehr gab es eine Regelwochenarbeitszeit von 45 Stunden zzgl. Übungen oder besonderer Ausbildungsvorhaben. Gelegentlich konnten die Vorgesetzten Freizeit gewähren, wenn zum Beispiel eine Übung erfolgreich verlaufen war, aber darauf gab es keinen Rechtsanspruch. Die Regierungskoalition CDU/CSU-FDP und die SPD drängten auf eine Begrenzung der wöchentlichen Arbeitszeit. Ich war strikt dagegen, weil der Soldat kein üblicher Arbeitnehmer ist und weder in einem frei ausgehandelten Vertragsverhältnis steht noch stehen kann. Vielleicht meinten die Abgeordneten, dass die Sozialpolitik nachhaltige Chancen böte, die Bundeswehr »zivilgesellschaftlich« noch mehr umzubauen. Die Diskussionen verliefen zum Teil hysterisch, obwohl es in den 30 Jahren seit Bestehen der Bundeswehr kaum Klagen gegeben hatte. Aber plötzlich war alles anders. Ich war einmal mehr überrascht, wie schnell die Stimmung umschlagen konnte und wie leicht die politisch Verantwortlichen allen Argumenten zum Trotz sich unter Druck setzen ließen. Nach lebhaften Diskussionen im Ministerium verabschiedete Scholz einen Erlass zur Dienstzeitregelung. Ich hielt ihn für falsch, weil die Bundeswehr nun auf dem Weg zur geregelten 42-Stunden-Woche war. Ich bezweifelte auch, dass dadurch die Motivation steigen würde, wie manche behaupteten. Meine Erfahrung sagte mir, dass die Motivation viel eher nach erfolgreichen Übungen stieg, wenn die Männer etwas Neues gelernt hatten.

Wenige Wochen nach dem Moskau-Besuch, Ende November 1988, reiste Scholz nach Washington und zum Truppenbesuch der in den USA stationierten Teile der Bundeswehr. In den bilateralen Gesprächen spielte der Tiefflug eine große Rolle. Die USA hatten den größten Anteil an den Luftwaffen des Bündnisses in Europa und dort wiederum in Deutschland stationiert. Sie beharrten darauf, dass ihre Jagdbomber regelmäßig Tiefflug übten. Die Hoffnung auf eine Reduzierung der Tiefflüge als vorweggenommene Entspannungsdividende war groß. Minister Scholz wollte mit den Amerikanern kleinere Veränderungen abstimmen, aber die Gespräche mussten unterbrochen werden und sollten wenige Tage später nach unserem Besuch bei den Vereinten Nationen in New York und beim *Strategic Air Command* fortgesetzt werden. Überraschend hielt Gorbatschow am 7. Dezember eine aufsehenerregende Rede zu Truppenreduzierungen und anderen vertrauensbildenden Maßnahmen vor der 43. UN-Generalversammlung, in der er erstmals einseitige Abrüstungsschritte in Aussicht stellte, wenn auch ohne vertragliche Verpflichtungen. Er lehnte Waffengewalt zur Durchsetzung politischer Interessen ab und legte sich im Namen der Sowjetunion darauf fest, das Völkerrecht zu achten. Als ich in New York mit meinem roten Barett über die Straße ging, wurde ich von einigen Amerikanern gefragt: »Hey, are you with Gorby?« Als ich ihnen erklärte, ich sei aus »West-Germany«, nickten sie freundlich, fast ein wenig enttäuscht; so populär war *Gorby* bereits.

Wir besuchten auch die atomare U-Boot-Flotte und hatten den folgenden Termin beim *Strategic Air Command,* dem 1946 geschaffenen eigenständigen Kommando für strategische Langstreckeneinsätze der Luftwaffe. Das war die operative Zentrale der nuklearen Abschreckung, die zum Beispiel dafür gesorgt hatte, dass 1962 während der Kuba-Krise ständig mehrere mit Atomwaffen bestückte B-52 in der Luft waren. Auf dem Weg dorthin erreichte uns die Nachricht, dass ein amerikanisches Kampfflugzeug vom Typ Fairchild-Republic A-10 mitsamt Munition über Remscheid abgestürzt war und es Tote und Verletzte auch unter den Bewohnern gab. Wir erörterten im Flugzeug die Lage und kamen schnell überein, dass der Minister im Hinblick auf die politische Bedeutung des Unglücks sofort nach Deutschland zurückkehren musste, damit ihm die Diskussion nicht entglitt.

Der amerikanische Begleitoffizier veranlasste von unterwegs die notwendigen Schritte, und wir kehrten nach Washington zurück, von wo aus Scholz mit der US Air Force weiter nach Deutschland flog. Ich reiste nach San Francisco, um Vorträge zu halten, die ursprünglich für den Minister vorgesehen waren. Unsere gemeinsame Sorge, der deutschen und der amerikanischen

Luftwaffe, bestand darin, dass der Tiefflug in Deutschland nach diesem schweren Unfall generell verboten werden würde. Das hätte unserer Glaubwürdigkeit, gerade auch im Rahmen der Entspannungspolitik, schweren Schaden zugefügt. Wir hatten es ja in all den Abrüstungsverhandlungen nicht mit Pazifisten zu tun. Vielmehr hatten wir unsere Standfestigkeit so lange zu beweisen, bis die jeweilige Einigung auf gemeinsame Schritte erreicht war. Aber das konnten wir im eigenen Land fast nicht mehr vermitteln. Scholz musste bei den entsprechenden Diskussionen daran erinnern, dass er als Inhaber der Befehls- und Kommandogewalt eine Verantwortung trug, die weiter reichte als die Bedürfnisse der täglich schwankenden öffentlichen Stimmung, die sich nun bereitwillig der sowjetischen Propaganda hingab. Dieser Verantwortung hat sich Scholz trotz aller Unannehmlichkeiten gestellt.

Beim Abschied Ronald Reagans

Die zweite und verfassungsgemäß letzte Präsidentschaft Ronald Reagans endete im Januar 1989. Gegen Ende des Jahres 1988 machte Bundeskanzler Kohl seinen Abschiedsbesuch im Weißen Haus, wiederum in Begleitung des Außen- und Verteidigungsministers. So kam ich im Dezember zum zweiten Mal nach Washington. Aber diesmal galt das Protokoll für einen Staatsbesuch: Gespräche mit dem Präsidenten, dem Vizepräsidenten Bush, dem Außen- und Verteidigungsminister. Reagan zeigte sich als reizender und gewinnender Gastgeber. Wir waren zu einem Ball ins Weiße Haus geladen; bei der Vorstellungsrunde erkannte Reagans Nachfolger Bush mich wieder: »Hey Colonel, now you made it General.« Und ich sagte: »Mr. Vicepresident, now you made it President!« Wir sollten uns auch während und nach seiner Präsidentschaft noch mehrere Male treffen. Sein designierter Nationaler Sicherheitsberater war auf der Militärakademie West Point in den fünfziger Jahren Stubenkamerad eines meiner besten Freunde gewesen, und dadurch entstand auch zwischen Brent Scowcroft und mir schnell ein besonders gutes Verhältnis. Dem großen Vertrauensvorschuss, den vor allem Bundeskanzler Kohl schon zu dieser Zeit bei Bush besaß, sollte wenig später ein unschätzbarer Anteil an der Wiedervereinigung zukommen. Fast wöchentlich telefonierten Kohl und Bush 1989/90. Kanzleramtsvizechef Horst Teltschik arbeitete wiederum eng mit Scowcroft zusammen, der im Frühjahr 1989 die Deutschlandfrage in den Mittelpunkt amerikanischer Europapolitik stellte.

Die vertrauensbildenden Maßnahmen führten im März 1989 zu einem ersten Treffen von Deutschen aus Ost und West im Rahmen der Wiener Verhandlungen, die den KSE-Vertrag (Vertrag über Konventionelle Streitkräfte in Europa vom 19. November 1990) vorbereiteten. Da Abrüstung auf konventioneller Ebene viel schwieriger und komplexer ist als im Bereich der Nuklearwaffen, fanden die Wiener Gespräche noch unter dem Vorzeichen »konventioneller Stabilität« oder »struktureller Nichtangriffsfähigkeit« statt. Dieses Konzept besagt, dass die Verteidigungsfähigkeit beider Seiten nicht durch Überraschungsschläge gefährdet werden kann bzw. deutlich größer ist als die Angriffsfähigkeit des jeweiligen Gegenübers. Die entscheidende materielle Chance zur Beendigung der Blockkonfrontation bestand nach diesem Konzept eben nicht in einseitigen Abrüstungsmaßnahmen, sondern darin, dass *beide Seiten* feststellen, dass die »strukturelle Nichtangriffsfähigkeit« gegeben ist. Darauf beruhte letztlich auch die Position, die Scholz gegen Genscher vertrat.

Deutsche Offiziere zweier Staaten, die sich immer noch gegenseitig bedrohten, führten also bereits im Frühjahr 1989 Gespräche darüber, wie es in Deutschland weitergehen könnte. Noch wurde an der Mauer und der innerdeutschen Grenze geschossen, noch wurden, wie zuletzt im Februar 1989 in Berlin-Treptow, Republikflüchtlinge ermordet. Solange solches geschah, meinten wir, konnte Scholz nicht mit der DDR-Führung sprechen. Wir erörterten diese Frage lange im kleinen Kreis, mit verschiedenen Persönlichkeiten und auch mit führenden Journalisten, aber eigentlich war das Ergebnis klar – Scholz konnte diese Gespräche nicht führen. Auch als Berliner, der auf seine Weise unter der Mauer litt, passten Entspannung und Schießbefehl für ihn einfach nicht zusammen. Die westdeutschen Friedensbewegten hatten diesem Zusammenhang nie Rechnung getragen, weil sie auf mindestens einem Auge blind waren.

Nach den letzten manipulierten Kommunalwahlen in der DDR im Mai 1989 geschah etwas in einem totalitären System Ungewöhnliches. Aus Kirchenkreisen in Ost-Berlin wurde Ende Mai bekannt, dass gleich mehrere Bürger beim Generalstaatsanwalt der DDR Strafanzeige wegen vermuteter Wahlfälschung gestellt hatten. Dieses wichtige Ereignis wurde in Westdeutschland kaum zur Kenntnis genommen. Andere Fragen wurden erregt diskutiert: der richtige Kalziumgehalt im Mineralwasser, die Höhe des Familienlastenausgleichs, die Ladenschlusszeiten und die Quellensteuer. Aber die Frage, was die Klage von DDR-Bürgerrechtlern gegen das Kommunalwahlergebnis bedeutete, ging beinahe unter. Ich hatte mich mit dem Totalitarismus seit meiner Schulzeit immer wieder beschäftigt und wurde nun entsprechend aufmerksam. Es schien sich tatsächlich etwas zu bewegen, auch wenn Volkskammerpräsident Horst Sindermann Reformen wie in Polen und Ungarn ablehnte und ungerührt den Sozialismus verteidigte.

Scholz wird entlassen

In dieser Zeit der Unruhe reiste Scholz in Abstimmung mit dem Bundeskanzler im April 1989 nach Israel. Das deutsch-israelische Verhältnis war im Verteidigungsbereich sehr gut, auch wenn öffentlich kaum darüber berichtet wurde. Scholz wollte die alten Kontakte pflegen, die schon unter Manfred Wörner bestanden hatten. Zugleich gab es Ende März/Anfang April 1989 Gerüchte über eine Neubildung der Bundesregierung. Scholz wurde in den

Zeitungen als glücklos gehandelt. Seit seinem Amtsantritt hatten sich drei Abstürze von Militärflugzeugen mit Toten und Verletzten ereignet: das Flugtag-Unglück von Ramstein, der Absturz in Remscheid und der Zusammenstoß eines britischen Tornado mit zwei deutschen Alpha-Jets über Ostfriesland. Scholz hatte nach einer heftigen Kontroverse seinen parlamentarischen Staatssekretär Peter Kurt Würzbach, der vorübergehend ein umfassendes Tiefflugverbot verhängen wollte, entlassen. Die in Remscheid verunglückte Maschine war aus tausend Meter Höhe abgestürzt. In der Diskussion um ein Verbot von Tiefflügen verwies Scholz auf die gemeinsam beschlossene Strategie im Hinblick auf die Flugtätigkeit der Alliierten. Weitere Streitpunkte seiner Amtszeit waren die 1986 beschlossene Verlängerung des (1972 auf 15 Monate reduzierten) Wehrdienstes auf 18 Monate, die Scholz letztlich erfolglos verteidigte, die Kosten der Entwicklung einer Luft-Luft-Rakete für den Jäger 90 und schließlich die deutsche Teilhabe an der Modernisierung atomarer Mittelstreckenraketen. Jede dieser Fragen war nicht nur innerhalb und außerhalb der CDU/CSU, sondern auch innerhalb und außerhalb der Regierungskoalition heiß umkämpft.

Dass Scholz öffentlich zur Disposition gestellt wurde, war in jeder Weise unfair, denn er hatte letztlich nichts weiter getan, als die Belange der Bundeswehr und der militärischen Sicherheit der Bundesrepublik mit Verweis auf ihre Bündnisverpflichtungen zu vertreten. Aber die Diskussionen waren nun einmal da. Das Presseecho des Verteidigungsministers war so schlecht wie seit der Kießling-Affäre nicht mehr. Der SPD-Abgeordnete Horst Jungmann höhnte, Scholz sei »vom Tiefflug in den Sturzflug« übergegangen. Jene Presse, die nicht müde wurde, Stimmung gegen die Bundeswehr zu machen, gefiel sich zugleich darin, dem Minister das schlechte Ansehen der Soldaten vorzuhalten: Der Wehrbeauftragte registriere »miese Stimmung« in der Truppe, hieß es damals im *Spiegel*, Motivation und Popularität der Soldaten sänken. Ein Feldwebel habe gegenüber dem Wehrbeauftragten Weiskirch geklagt: »Seit 28 Jahren bin ich gern Soldat. Aber neuerdings beschimpfen mich meine Nachbarn als ›Killer‹. Was soll ich tun?« Der vorläufige Höhepunkt wurde 1995 erreicht als sogar das Bundesverfassungsgericht es erlaubte, Soldaten als Mörder zu bezeichnen.

In diese unsichere Situation fielen die Vorbereitungen unserer Israel-Reise. Es waren Begegnungen mit der gesamten politischen Führung vorgesehen, mit Staatspräsident Chaim Herzog, Ministerpräsident Jitzchak Schamir, Verteidigungsminister Jitzchak Rabin, dem Parlamentspräsidenten und mit dem Vorsitzenden des Verteidigungsausschusses des Parlaments. Es sollte ein wichtiger Besuch werden. Als ich im Rahmen der Vorbereitungen mit der israelischen Botschaft und anderen involvierten Persönlichkeiten sprach, wurde mir bedeutet, man gehe davon aus, dass Scholz Minister bleibe. Das leuchtete mir ein, also sprach ich den Minister darauf an und sagte ihm, er könne wohl nur reisen, wenn gewährleistet sei, dass die in der Öffentlichkeit diskutierte Regierungsumbildung ihn nicht betreffen werde. Er nahm das zur Kenntnis und sagte mir dann ein oder zwei Tage später, es drohe keine Gefahr und ich könne die Planung fortsetzen.

Im April 1989 wurde ich mit 51 Jahren zum jüngsten Generalleutnant der Bundeswehr befördert, sodass ich unmittelbar danach die Reise mit besonderer Freude antrat. Die Begrüßung in Israel war herzlich. Als wir Yad Vashem besuchten, die bedeutendste israelische Stätte des Gedenkens an die nationalsozialistische Judenvernichtung, befiel mich wieder dasselbe beklemmende Gefühl wie mehr als 25 Jahre zuvor. In dem zu Yad Vashem gehörenden »Denkmal für die Kinder« nennt ein Endlostonband, das ungefähr ein Jahr braucht, um einmal abgespielt zu werden, die Namen von 1,5 Millionen Kindern, die in deutschen Konzentrationslagern umgebracht wurden.

Wir führten die geplanten Gespräche mit Verteidigungsminister Rabin in Tel Aviv und Ministerpräsident Schamir in Jerusalem sowie mit Staatspräsident Herzog. Wir besuchten die

Golan-Höhen und den See Genezareth. Der Berg der Seligpreisungen beeindruckte mich wieder, besonders die nahe gelegene Kapelle mit den frühchristlichen Mosaiken – Religiosität, Kultur, Geschichte und die faszinierende Landschaft kamen hier zusammen. Auf den Golanhöhen war die Gefährdung Israels mit einem Blick ins Gelände zu erfassen – Gegensätze im Heiligen Land.

Das letzte Gespräch hatte in einem schönen, direkt am Meer gelegenen Hotel in Tel Aviv stattgefunden. Kurz zuvor, als ich Minister Scholz abholen wollte, bekam er einen Anruf von Wolfgang Schäuble, damals Chef des Bundeskanzleramtes. Nach dem Gespräch ließ Scholz nichts über eine bevorstehende Kabinettsumbildung verlauten. So flogen wir guten Mutes und erfüllt von unseren Eindrücken nach Bonn zurück. Während des Fluges mit der Bombardier Challenger erhielt Scholz etwa eine Stunde vor der Landung einen Hinweis des Chefstewards, er möge sich nach der Landung bitte zum Bundeskanzler begeben, dieser habe etwas mit ihm zu besprechen. Ich sagte zu Scholz nur: »Ich fahre ins Büro und arbeite meine Post auf, bis Sie nachkommen.« Ich rief aus dem Auto meine Frau an, die schon wusste, dass es soweit war: »In den Nachrichten hieß es soeben, dass Scholz gefeuert ist.«

Im Büro, schon nach 20 Uhr, war alles ruhig. Aber meine Sekretärin war noch da. Ich nahm mir die Post vor und harrte der Dinge, die da kommen würden. Gegen 21 Uhr klingelte das ausschließlich für den Minister bestimmte Telefon neben dem NATO-Apparat und dem Telefon für alle übrigen Verbindungen. Am andere Ende hörte ich Scholz' stets etwas ironisch distanzierte Stimme: »Kommen Sie mal rüber, ich bin gefeuert.« Ich ging die wenigen Meter in sein Büro. Er erzählte nur, dass der Bundeskanzler ihn darüber unterrichtet habe, dass er ihn im Rahmen der Kabinettsumbildung in den nächsten Tagen entlassen werde und dass Finanzminister Stoltenberg sein Nachfolger sei. Wir führten dann ein Gespräch »unter Männern« oder besser, unter Berlin-Brandenburgern des Jahrgangs 1937, das ich nicht vergessen werde. In dieser Nacht sind Rupert Scholz und ich Freunde geworden.

Mich bedrückte die Erfahrung, wie schnell ein Minister entlassen werden kann, der keine Hausmacht hat, als glücklos gilt oder weil die Partei der Auffassung ist, er nütze ihren Interessen nicht mehr. Für Scholz tat es mir besonders leid, weil er mit viel Elan seine Aufgabe übernommen und viel bewegt hatte. Kohls Entscheidung hat er dennoch loyal akzeptiert. Von 1990 bis 2002 war Scholz Mitglied des Bundestages und dort von 1994 bis 1998 stellvertretender Vorsitzender der CDU/CSU-Fraktion. Danach hatte er den Vorsitz des Rechtsausschusses inne. Vor allem spielte er im Rahmen der Wiedervereinigung bei der Beratung des Bundeskanzlers eine bedeutende Rolle. So konnte er zum Glück an einer Stelle seine Fähigkeiten und Kenntnisse einbringen, die uns immer ein besonderes Anliegen gewesen war.

V.

WIEDERVEREINIGUNG

1989 – 1994

Über Rupert Scholz' Nachfolger Gerhard Stoltenberg wusste ich, dass er 1944 eingezogen worden und in Kriegsgefangenschaft geraten war, dass er sich nach dem Krieg als Historiker habilitiert hatte, Vorsitzender der Jungen Union geworden und Bundesforschungsminister in den Kabinetten Erhard und Kiesinger sowie von 1971 bis 1982 Ministerpräsident Schleswig-Holsteins gewesen war. Seit 1982 war er Finanzminister in der Regierung Kohl. Ich kannte Gerhard Stoltenberg nicht persönlich. Nach dem eloquenten und schnellen Berliner hatte ich aufgrund dessen, was ich so hörte, einen bedächtigen und, wie es so schön hieß, »kühlen« Norddeutschen zu erwarten. Der Minister musste dem Leiter Planungsstab gegebenenfalls Vertrauen auf Vorschuss geben. Ich war darauf vorbereitet, dass er sich möglicherweise von mir trennen würde.

Während wir die Amtsübergabe vorbereiteten, bat Stoltenberg um ein Gespräch im Finanzministerium, um mit Generalmajor Klaus Naumann, dem späteren Generalinspekteur der Bundeswehr, und mir über die bevorstehende USA-Reise mit Außenminister Genscher zu sprechen. Es ging wieder um Fragen der Nuklearstrategie und Rüstungskontrolle. Naumann war der zuständige Stabsabteilungsleiter für Militärpolitik Operative Führung. Ich war als Leiter Planungsstab für den Gesamtbereich mitverantwortlich. Stoltenberg kannte die USA hervorragend, er hatte dort auch studiert und war seit dieser Zeit mit Henry Kissinger gut bekannt. Zum Außenminister Jim Baker hatte er ein persönliches Verhältnis, weil dieser ab 1985 in Reagans zweitem Kabinett zur selben Zeit wie Stoltenberg Finanzminister gewesen war. Stoltenberg genoss in den USA hohes Ansehen. Das ist für einen Verteidigungsminister ein wichtiges Pfund, mit dem er in der Allianz wuchern muss, wenn er kann. Würde Stoltenberg als politisches Schwergewicht und erfahrener Politiker unsere Position klar genug vertreten? Ich war davon überzeugt.

Zur Zeit der Amtsübernahme durch Stoltenberg kamen Gerüchte auf, zum Teil in der Presse, zum Teil hinter vorgehaltener Hand, er wolle eigentlich Präsident des Internationalen Währungsfonds werden und auf der Hardthöhe nur Zwischenstation machen. Ob sie stimmten, wusste niemand; mir erschienen sie aber plausibel, und so übergab ich Minister Stoltenberg nach unserem ersten Gespräch vor seiner USA-Reise einen Vermerk mit der Bitte, diesen in Ruhe zu lesen, und dem Hinweis, dass es keine Kopie gebe; meine Sekretärin habe ihn geschrieben, da ich ihm meine Handschrift nicht zumuten wollte. Ich hatte ihm geraten, sich ohne Wenn und Aber für sein Amt auf der Hardthöhe auszusprechen. Stoltenberg schaute mich etwas überrascht an und nahm den Verschlussdeckel an sich. Mir war das Risiko meines Vorgehens bewusst.

Ich hatte dem Minister während jenes Gesprächs im Vorfeld der Amtsübergabe vorgeschlagen, die USA-Reise gemeinsam mit Generalmajor Naumann zu unternehmen und mich in Bonn zurückzulassen, damit ich die Bundestagsdebatten über die Wehrpflicht und andere Themen vorbereiten konnte, die der Minister unmittelbar nach seiner Rückkehr würde bestehen müssen. Zu Beginn das Jahres 1989 war die Bundeswehr davon ausgegangen, dass die ab 1. Juni dienenden Rekruten 18 Monate Grundwehrdienst leisten würden. Dann aber beschloss die Bundesregierung im April kurzfristig, die Entscheidung auszusetzen, was die Planungen der Bundeswehr für Ausbildung und Präsenz empfindlich erschwerte. Die 1986 beschlossene Verlängerung trat nie in Kraft; vielmehr wurde der Wehrdienst zum 1. Oktober 1990 auf zwölf Monate reduziert.

Nach Stoltenbergs Rückkehr aus Washington sprachen wir über die wesentlichen Ergebnisse der Reise und die bevorstehenden öffentlichen Auseinandersetzungen. Meinen Vermerk erwähnte Stoltenberg mit keinem Wort. Ich fragte ihn auch nicht danach, und allmählich wurde mir etwas mulmig zumute. Dabei war ich durchaus bereit zu gehen – ich wollte nur Klarheit haben.

Es vergingen einige Wochen mit gemeinsamen Reisen und regelmäßigen abendlichen Besprechungen. Der Vermerk schien nicht zu existieren. Eines Abends sagte Stoltenberg plötzlich zu seiner Sekretärin, die wegen der Terminplanung häufig an unseren Unterredungen teilnahm: »Ich habe jetzt mit Herrn Schönbohm etwas allein zu besprechen.« Und zu mir gewandt fügte er hinzu: »Wir trinken einen Whiskey und rauchen einen Zigarillo, Herr Schönbohm.« Da wusste ich, jetzt kommt's. Stoltenberg sagte sinngemäß: »Mein lieber Herr Schönbohm, Ihren Vermerk fand ich etwas ungewöhnlich. Ich war der jüngste Bundesminister bei Ludwig Erhard, ich war über zwölf Jahre Ministerpräsident, ich war sechseinhalb Jahre Bundesfinanzminister, und dann bekomme ich von Ihnen so einen Vermerk!? Das ist unglaublich.« Ich sagte: »Herr Minister, ich akzeptiere das. Aber mir geht es um die Sache. Ich wollte keineswegs Ihre Autorität in Frage stellen.« Er erwiderte: »Ja, das merke ich Ihnen an. Ihnen geht es wirklich um die Sache, selbst auf die Gefahr hin, dass ich Sie versetze.« Und dann bedankte er sich für meine Stellungnahme. Er habe nie gedacht, dass er so etwas je zu lesen bekäme. Das Vertrauensverhältnis zwischen Minister Stoltenberg und mir wurde im Laufe der Zeit immer besser. Es bewährte sich, als es zur Wiedervereinigung kam.

Im Frühjahr 1989 hatten wir aber nicht nur den Ministerwechsel von Scholz zu Stoltenberg. Gorbatschow besuchte im Juni 1989 die Bundesrepublik und schwamm förmlich auf einer Woge der Zustimmung. Die amerikanischen Zeitungen berichteten von einer regelrechten »Gorby-Mania«. Die Führung der DDR bewegte sich weiterhin so gut wie nicht. Honecker kündigte lediglich eine Humanisierung bei der Grenzüberwachung an; jetzt durften die Grenzsoldaten nur noch zur Selbstverteidigung und auf desertierende Angehörige der bewaffneten Organe schießen. Fluchtversuche gab es schließlich auch bei den Grenztruppen. Die Zahl der Aussiedler nahm drastisch zu; die Bundesregierung rechnete mit 80 000 Personen bis zum Jahresende.

Die amerikanische Regierung stellte bereits im Frühsommer wichtige Weichen für die Wiedervereinigung, während in Bonn kaum jemand ein Gefühl für das Ausmaß der bevorstehenden Ereignisse hatte. Robert Zoellick, der spätere Präsident der Weltbank, der sich als US-Chefunterhändler bei den Zwei-plus-Vier-Verhandlungen für eine zügige Wiedervereinigung einsetzen sollte, sprach in einem Deutschland-Papier zur Vorbereitung der NATO-Frühjahrstagung bereits im Mai 1989 davon, dass die Deutschlandfrage auf die Tagesordnung zurückkehren und Gorbatschow selbst sie möglicherweise aufgreifen werde. Die amerikanische Europapolitik erfuhr in jenen Wochen zum Ärger der britischen Premierministerin Margaret Thatcher eine Akzentverschiebung zugunsten Deutschlands. Darüber hinaus bemühte sich die Regierung Bush intensiv darum, das Dilemma von Rüstungskontrolle und nuklearer Abschreckung zu lösen. Man wollte Gorbatschows Philosophie der »Perestroika« auf die Probe stellen und herausfinden, ob er wirklich bereit war, das Selbstbestimmungsrecht der osteuropäischen Staaten anzuerkennen. Hinter der diplomatischen Fassade sah das State Department bereits voraus, dass ihre katastrophale wirtschaftliche Lage die Sowjetunion zwingen würde, sich aus der DDR und weiteren Ostblockstaaten zurückzuziehen. Präsident Bush schrieb im Mai 1989 an Bundeskanzler Kohl, er sei überzeugt, »dass sich uns eine historische Chance bietet«, die Ost-West-Beziehungen zu verändern. Bush gab sich zuversichtlich, dass die Sowjetunion bereit sei, Klassenkampf und Blockkonfrontation aufzugeben.

Kohls Durchbruch

Am 7. und 8. Oktober nahm Gorbatschow an den Feierlichkeiten zum 40. Jahrestag der Staatsgründung der DDR teil, in deren Verlauf es bereits die ersten größeren Unruhen gab. Wie man weiß, machte Gorbatschow kein Geheimnis aus seiner Unzufriedenheit über die Gespräche mit Erich Honecker. Die Montagsdemonstrationen in Leipzig, die bereits Anfang September begonnen hatten, ließen bei uns einmal mehr die Sorge aufkommen, dass die Truppen der NVA eingreifen könnten. Nach dem Massaker auf dem Platz des Himmlischen Friedens in Peking vom 4. Juni hatte die DDR-Staatsführung die chinesische Regierung ja ausdrücklich zur »Niederschlagung einer Konterrevolution« beglückwünscht. Noch zum 40. Jahrestag der Volksrepublik China am 1. Oktober würdigte Egon Krenz bei seinem Besuch in Peking den politischen Weg Chinas. Für die wachsende Zahl der Demonstranten in der DDR war die »chinesische Lösung« im Herbst 1989 eine stets präsente Drohung.

Selbst wenn die DDR-Führung sich zur gewaltsamen Niederschlagung der Proteste entschlossen hätte – viel hätte es ihr nicht mehr genützt. Alexander Schalck-Golodkowski ließ bei seinem Besuch in Bonn Anfang November die Bundesregierung wissen, dass die DDR pleite war. Diese Feststellung ging auf den von Schalck mitverfassten »Schürer-Bericht« zurück, der am 30. Oktober dem Politbüro vorgelegt worden war und worin es geheißen hatte, dass die DDR binnen Jahresfrist zahlungsunfähig sein werde. Der Verzicht auf die »chinesische Lösung« gründete also nicht unbedingt auf Menschenfreundlichkeit. Aber das drang damals natürlich nicht an die Öffentlichkeit.

Im Verteidigungsministerium waren auch wir überrascht, als am 9. November die Mauer fiel. Unser Sohn Arne setzte sich spät mit Freunden in seinen »neuen« Gebrauchtwagen und fuhr nach Berlin. Nach seiner Rückkehr berichtete er voller Anteilnahme von dem unglaublichen Geschehen, der Freude und Begeisterung. Evi und ich saßen mit großen Augen vor dem Fernseher und telefonierten mit Familie und Freunden. Mein schwerkranker Schwiegervater sagte bei unserem Besuch wenige Tage später: »Jetzt kommt die Wiedervereinigung. Ihr könnt nach Hause zurückkehren, und ich kann in Ruhe sterben.«

Nachdem die Bundesregierung deutliche Anzeichen bemerkt hatte, dass es in der Sowjetunion schon weitgehende Überlegungen zur Zukunft Deutschlands gab, zog Bundeskanzler Kohl mit dem Zehn-Punkte-Plan vom 28. November 1989 die Initiative an sich. Weder der Koalitionspartner noch die Westmächte, mit Ausnahme Präsident Bushs, waren vorab in Kenntnis gesetzt worden. Das Zehn-Punkte-Programm, formal eine Haushaltsrede vor dem Bundestag, von Kohls engsten Beratern erarbeitet und mit Rupert Scholz in staatsrechtlicher Hinsicht abgestimmt, enthielt ein langfristiges Konzept zur Überwindung der deutschen Teilung. Dieses Konzept sah vor, dass die beiden deutschen Staaten sich über die Schaffung konföderativer Strukturen annähern sollten, bis es *am Ende* tatsächlich zu einer Wiedervereinigung kommen könne. Es wurde von allen Parteien begrüßt. Der Prozess der Einigung wurde auf fünf bis zehn Jahre veranschlagt! Kohl befand sich ja in einem Dilemma: Das Tempo der Wiedervereinigung durfte die Sicherheit in Europa nicht gefährden.

Sollte die Einheit aber nicht zustande kommen, würde auch das Europa in Unruhe versetzen. Kohl hatte in den zehn entworfenen Schritten alle Aspekte des Problems bedacht: Die deutsche Einigung sollte von vornherein in den europäischen Integrationsprozess eingebettet und die DDR mit ihren wirtschaftlichen Schwierigkeiten nicht allein gelassen werden. Es sollte keinen Alleingang in der deutschen Frage geben (die andererseits eine Frage nationaler Souveränität war), sondern eine Öffnung nach Osteuropa und eine Rückversicherung bei den Westmächten. Unzählige Fragen und Details waren freilich noch offen.

In den folgenden Wochen wurde die Führungsrolle der SED aus der Verfassung der DDR gestrichen. Egon Krenz trat von allen Ämtern zurück. Am 7. Dezember begannen die Gespräche am Runden Tisch mit den ehemaligen Blockparteien und Oppositionsgruppen. Gregor Gysi wurde Vorsitzender der SED. Am 15. Januar stürmten Demonstranten die Stasi-Zentrale in Ost-Berlin. Im Januar 1990 riefen die Montagsdemonstranten bereits seit Monaten »Wir sind das Volk« und »Wir sind *ein* Volk«, während DDR-Außenminister Oskar Fischer bei seinem Besuch in

Moskau am 19./20. Januar eine Wiedervereinigung ablehnte. In Washington war man sich darüber im Klaren, dass die Sowjetunion mit der DDR ihren bündnispolitischen Vorposten und ihre Gebietsgewinne aus dem Zweiten Weltkrieg verlieren würde. Entsprechend hatten die USA in Reaktion auf Kohls *Zehn Punkte* die Einbeziehung eines wiedervereinten Deutschland in das westliche Allianzsystem zur *conditio sine qua non* gemacht. Warum auch nicht; das entsprach den natürlichen Interessen der USA. Und wenn die Wiedervereinigung der Ausdehnung der amerikanischen Einflusszone diente, dann konnten wir uns umso mehr auf die Unterstützung durch die USA verlassen, ohne die wir unser Ziel gegen den Widerstand Frankreichs und Großbritanniens kaum erreicht hätten.

Appeasement oder deutsche Einheit

Insofern waren wir im höchsten Maße überrascht, als Hans-Dietrich Genscher am 31. Januar 1990 in einer Grundsatzrede zur deutschen Einheit in der Evangelischen Akademie Tutzing ausführte, dass im Fall der deutschen Einheit das NATO-Vertragssystem nicht bis an die Oder ausgedehnt werde: »Vorstellungen, dass der Teil Deutschlands, der heute die DDR bildet, in die militärischen Strukturen der NATO einbezogen werden soll, würden die deutsch-deutsche Annäherung blockieren«, so Genschers Signal an die Sowjetunion. Bereits am 28. Januar hatte er in der *Bild am Sonntag* erklärt: »Wer die Grenze der NATO bis zur Oder und Neiße ausdehnen will, schlägt die Tür zu für ein geeintes Deutschland.« Das hieß unter anderem, dass es nach Genschers Vorstellung keine NATO-Schutzgarantie für die künftigen neuen Bundesländer geben würde.

Wir erfuhren von dieser Position aus den Zeitungen, obwohl sie uns im Verteidigungsministerium direkt betraf. Genscher hatte seine Tutzinger Formel weder mit dem Kanzleramt noch mit dem Kabinett abgesprochen. Deutschland wäre zweigeteilt geblieben – etwa in der Form, wie es sich der West-Berliner Oberbürgermeister Walter Momper (SPD) damals vorstellte? Mit sowjetischen Truppen auf dem Gebiet einer ansonsten der Bundesrepublik angeglichenen DDR? Die große Frage bestand für uns darin, wie der Genscher-Plan praktisch funktionieren und wie die Sicherheit eines wiedervereinten Deutschland denn eigentlich gewährleistet werden sollte. Offensichtlich wurden die brisanten militärischen Fragen, die mit der Wiedervereinigungsoption aufkamen, im Außenministerium als »nachgeordnete Fachfragen« bewertet, die den Einigungsprozess möglichst nicht stören sollten. Unserer Meinung nach war ihre Klärung aber eine unverzichtbare Voraussetzung für die Wiedervereinigung. Schon fragten auch die Alliierten beim Verteidigungsminister an, wie Genschers Vorstellungen in die Praxis umgesetzt werden sollten.

Unmittelbar nach seiner Tutzinger Rede fand am 3. und 4. Februar 1990 in München die traditionsreiche Wehrkundetagung statt. Dort unterstützte Egon Bahr (SPD) die Position Genschers, dass Deutschland nicht als Ganzes Mitglied der NATO sein und das NATO-Vertragsgebiet nicht ausgedehnt werden könne: »Ein vereinigtes Deutschland und die Mitgliedschaft in der NATO schließen sich aus.« Zum Missfallen der USA hatte Genscher sich nicht zum Verbleib westlicher Truppen in Deutschland sowie zur Zukunft der dort stationierten amerikanischen Atomwaffen geäußert. Nach Genschers Vorstellung sollte die »gesamteuropäische Einbettung« dadurch erreicht werden, dass die KSZE-Staaten die Annäherung und Herstellung der staatlichen Einheit Deutschlands »gutheißen«. Senator John McCain stellte als Führer der amerikanischen Delegation fest, dass Deutschland nur dann mit Zustimmung der Vereinigten Staaten von Amerika wiedervereinigt werde, wenn Gesamtdeutschland in der NATO blieb. Die nachfolgenden Gespräche in den Pausen und abends mit amerikanischen Freunden zeigten mir die schweren Bedenken der Amerikaner. Sie fürchteten, dass Deutschland möglicherweise die Stabilität Europas riskierte. Insbesondere Horst

Teltschik als Vertreter des Kanzleramts und Bushs Sicherheitsberater Brent Scowcroft waren sich darüber einig, dass ein KSZE-Gipfel, wie ihn Genscher zu favorisieren schien, nicht zu einer »Ersatz-Friedenskonferenz« werden durfte.

Der »Genscherismus« galt in Washington bald als *Appeasement* gegenüber der Sowjetunion. Die amerikanische Haltung war unmissverständlich: Ohne Deutschland werde es keine NATO mehr geben und ohne NATO keine US-Truppen mehr in Europa sowie keine Nukleargarantie für Deutschland. Die Verbündeten meinten, dass ein vereinigtes Deutschland die NATO spalten und damit in den USA die stets vorhandenen Tendenzen zum Isolationismus begünstigen könnte. Deshalb verlangten sie von uns ein klares Bekenntnis zur NATO als Grundlage der deutschen und europäischen Sicherheit.

Nach der Rückkehr aus München sprach ich Verteidigungsminister Stoltenberg auf die schweren Bedenken der USA an sowie auf die praktischen Schwierigkeiten, den »Genscher-Plan« umzusetzen. Da die Rechte des Verteidigungsministers davon berührt waren, schlug ich ihm vor, im Rahmen einer Pressekonferenz eine Gegenposition zu präsentieren, um nicht auf Dauer vom Außenminister vereinnahmt zu werden. Nach einigen Überlegungen und Diskussionen gab Stoltenberg am 16. Februar eine Pressekonferenz, auf der er unsere Auffassung vertrat: Die Bundesregierung habe gegenüber allen Deutschen eine Schutzverpflichtung zu beachten, die unteilbar sei und nach Erlangung der Einheit für ganz Deutschland gelte. Es sei im Interesse der Bundesrepublik, dass die in Artikel 5 und 6 des NATO-Vertrages von 1949 für den Fall eines gegnerischen Angriffs fixierte Beistandsverpflichtung bekräftigt werde und künftig für das gesamte Territorium Deutschlands in Geltung trete. Das ganze Staatsgebiet der DDR solle im Zuge der deutschen Einheit Vertragsgebiet der NATO werden. Mit Rücksicht auf die sicherheitspolitischen Interessen der Sowjetunion und der benachbarten Staaten solle aber keine Verlegung von NATO-Streitkräften oder NATO-Stäben auf das Territorium der DDR erfolgen, sondern lediglich von deutschen, nicht der NATO angehörigen Truppen. Unsere Bedenken, die wir auf diese Weise kenntlich machten und die zu schweren Auseinandersetzungen mit Teilen der FDP führten sowie zu dem Vorwurf, Stoltenberg zündele an der Einheit, wurden offensichtlich auch von den Amerikanern geteilt.

In dem Buch *Eine neue Welt. Amerikanische Außenpolitik in Zeiten des Umbruchs* von George Bush und Brent Scowcroft kann man dazu Folgendes lesen: »Genscher hatte auch nicht erklärt, wie die Beziehung der NATO zum Territorium der DDR aussehen sollte und wann die NATO, falls überhaupt, die Verteidigung dieses Gebietes aufnehmen sollte. Die Rolle der Bundeswehr in der DDR war nicht erwähnt worden, ebenso wenig die Zukunft der US-Truppen in Deutschland. Genschers offensichtliche Umgehung einer Rolle der vier Mächte bei einer Wiedervereinigung war ebenfalls irritierend, besonders sein Vorschlag, die beiden deutschen Staaten sollten die Ausgestaltung ihres Zusammenschlusses selbst bestimmen und diesen dann von der KSZE absegnen lassen. Wir wußten nicht, ob das nur die Vorstellungen Genschers waren oder ob Kohl das unterstützte.«

Ähnlich kritisch wird Genschers Formel in dem Buch *Sternstunde der Diplomatie. Die deutsche Einheit und das Ende der Spaltung Europas* von Philip D. Zelikow und Condoleezza Rice kommentiert: »Genscher erklärte öffentlich, dass Stoltenberg nur seine ›persönliche Meinung‹ geäußert habe. Das NATO-Gebiet werde keinesfalls nach Osten erweitert, noch würden auf dem Gebiet der DDR Bundeswehrtruppen stationiert, da sie in der Tat voll in die NATO integriert seien. Genscher und seine Berater schäumten. Sie hielten die vom Verteidigungsministerium und Kanzleramt eingenommene Haltung für unverantwortlich und gefährlich. Das NATO-Problem war überaus heikel. Der Außenminister sah keine Möglichkeit, wie die Sowjets überredet werden konnten, die deutsche Vollmitgliedschaft in der NATO zu akzeptieren. Außerdem lag es seiner Ansicht nach nicht im Interesse Bonns, wenn der Erfolg in dieser Frage damit erkauft wurde, dass Gorbatschow in innenpolitische Schwierigkeiten gebracht wurde. Kohl sprach schließlich, verärgert über den öffentlich ausgetragenen Streit, ein Machtwort, und Stoltenberg musste klein beigeben. Teltschik hatte dem Bundeskanzler erklärt, dass Stoltenberg recht habe, dass die Sowjets das NATO-Thema noch nicht für sich entdeckt hätten und dass es viel zu früh sei, um ihnen vorauseilende Zugeständnisse zu machen. Doch Kohl stellte sich hinter Genscher und verlangte eine gemeinsame Presseerklärung der beiden Minister ...«

Immerhin: Die Bedenken, die Verteidigungsminister Stoltenberg vorgetragen hatte, führten zu einer Klärung. Die Wochenendausgaben der Zeitungen waren voll von der Kontroverse Stoltenberg/Genscher. Die beiden Bundesminister wurden ins Kanzleramt gebeten. Rudolf Seiters musste als Chef des Kanzleramtes (Schäuble war seit April 1989 Bundesinnenminister) und der dort neu gegründeten deutschlandpolitischen Arbeitsgruppe den Streit beilegen. Mitte Februar 1990 wurde eine gemeinsame Erklärung der beiden Minister veröffentlicht, in der sie sich auf die jüngste Regierungserklärung des Bundeskanzlers bezogen, in der es geheißen hatte: »Ich habe zu diesem Thema klargestellt, dass keine Einheit und keine Einrichtung des westlichen Bündnisses auf das heutige Gebiet der DDR vorgeschoben werden.« Zu dieser Aussage des Bundeskanzlers stellten beide Minister übereinstimmend fest: »Der Satz, dass keine Einheiten und Einrichtungen des westlichen Bündnisses auf das heutige Gebiet der DDR vorgeschoben werden, bezieht sich auf die der NATO assignierten und nicht-assignierten Streitkräfte der Bundeswehr. Der sicherheitspolitische Status des Gebiets der heutigen DDR in all seinen Aspekten ist mit der frei gewählten Regierung der DDR sowie mit den vier für Deutschland als Ganzes verantwortlichen Mächten zu klären.« Damit mochte die Position Genschers bestätigt erscheinen. Tatsächlich aber wurde der Unterschied zwischen assignierten und nicht-assignierten Streitkräften schon nach wenigen Jahren hinfällig, und auf lange Sicht behielt Stoltenberg recht. Dass Kohl Genscher nicht widersprach, obwohl das Kanzleramt die Dinge in Stoltenbergs Sinn vorantrieb, lag daran, dass der Bundeskanzler einen möglichst starken Koalitionspartner brauchte, der nicht öffentlich beschädigt werden sollte.

Anfang April 1990 erklärte der stellvertretende Leiter der Abteilung für europäische und kanadische Angelegenheiten im US-Außenministerium, James Dobbins, dass nach einmütiger Auffassung der Vereinigten Staaten und der Bundesrepublik Deutschland ein vereinigtes Deutschland Mitglied der NATO sein solle. Die Wiedervereinigung hielt er in den kommenden 12 bis 18 Monaten für möglich. Noch wich die Sowjetunion nicht von ihren Vorstellungen ab, was der Besuch von Außenminister Eduard Schewardnadse Anfang April in Washington deutlich machte. Die Vereinigung sollte schrittweise erfolgen, mit einer gebührenden Übergangsphase und synchron zur Schaffung neuer Sicherheitsstrukturen im Rahmen der KSZE. So lange würden die beiden deutschen Staaten ihre jeweilige Bündniszugehörigkeit behalten. Ein vereinigtes Deutschland als Mitglied der NATO erschien der Sowjetunion bis dahin unannehmbar. Auch die in Deutschland stationierten Truppen der Vier Mächte sollten bleiben, wo sie waren. In einem persönlichen Gespräch mit Schewardnadse brachte Präsident Bush noch einmal zum Ausdruck, dass er ein ausschließlich europäisches Sicherheitssystem für unrealistisch hielt und ein der NATO zugehöriges Deutschland keine Gefahr für die Sowjetunion darstelle. Präsident Bush machte die Westbindung Deutschlands zur Bedingung für die Wiedervereinigung. Dafür war er bereit, einen besonderen sicherheitspolitischen Status des DDR-Territoriums hinzunehmen.

Ein Vaterland und zwei Armeen?

Einige Wochen nach der ersten freien Wahl in der DDR im März 1990 und kurz nach Beginn der Verhandlungen über die

Wirtschafts- und Währungsunion im April trafen sich Gerhard Stoltenberg und sein DDR-Kollege Rainer Eppelmann auf dem Flughafen Köln-Bonn. Eppelmann war »Minister für Abrüstung und Verteidigung« im Kabinett von Lothar de Maizière, der ersten frei gewählten und zugleich letzten DDR-Regierung. Gegen den oppositionellen Pfarrer, der den Wehrdienst in der NVA verweigert hatte, gab es in den achtziger Jahren seitens der Staatssicherheit sogar Mordpläne. Bei dem dreistündigen Treffen ging es um den deutsch-deutschen Annäherungsprozess, um Fragen der Zusammenarbeit im Rahmen der KSZE und darum, in welcher Weise Bundeswehr und NVA gemeinsame Aufgaben wahrnehmen könnten. Ministerpräsident de Maizière hatte am 19. April gesagt: »Auf dem heutigen Gebiet der DDR wird sich für eine Übergangszeit neben den sowjetischen Streitkräften eine stark reduzierte und strikt defensiv ausgerichtete NVA befinden, deren Aufgabe der Schutz dieses Gebietes ist.«

Eine Woche vor dieser Erklärung, am Ostermontag, waren Horst Teltschik und sein Leiter der Unterabteilung Außen-, Sicherheits- und Entwicklungspolitik, Peter Hartmann, nach Ost-Berlin geflogen, um sich mit dem Ministerpräsidenten und dessen engsten Mitarbeitern über die künftige Außenpolitik auszutauschen. Vor allem der in einem ursprünglichen Entwurf enthaltene Hinweis auf eine »zeitliche Befristung« einer gesamtdeutschen NATO-Mitgliedschaft »bis zur Schaffung eines gesamteuropäischen Sicherheitssystems« entsprach nicht den Vorstellungen des Kanzlers. Trotz Teltschiks Intervention wurden die Verpflichtungen gegenüber der Sowjetunion und dem Warschauer Pakt wiederholt. Lothar de Maizière betonte, dass die Regierung der DDR sich dafür einsetze, die Ablösung der Rechte der Alliierten des Zweiten Weltkrieges für Berlin und Deutschland als Ganzes im Rahmen der Zwei-plus-Vier-Gespräche zu erreichen. Und dann kam es: »Auch sie gehören in den Gesamtrahmen des KSZE-Prozesses zur Schaffung einer gesamteuropäischen Friedensordnung.«

Das Treffen zwischen Stoltenberg und Eppelmann am 27. April war erkennbar von den unterschiedlichen Auffassungen geprägt, wenngleich beide offiziell dafür eintraten, dass ein vereintes Deutschland Mitglied der NATO sein solle, wobei militärische Strukturen oder Einrichtungen der NATO nicht auf das Territorium der DDR ausgeweitet werden dürften. Letzteres war für Stoltenberg kaum mehr als eine vorübergehende Sprachregelung. Bei der detaillierten Ausgestaltung sollte den Sicherheitsinteressen der Nachbarn und insbesondere der Sowjetunion Rechnung getragen werden. Eppelmann betonte darüber hinaus, in einem vereinten Deutschland werde es zunächst noch zwei Armeen geben müssen, die deutschen Streitkräfte sollten auf Dauer »kriegsverwendungsunfähig« werden und die Wiedervereinigung in den gesamteuropäischen Friedensprozess eingebettet sein.

Der grundsätzliche Disput ähnelte der Auseinandersetzung zwischen Genscher und Stoltenberg. Eppelmann und de Maizière folgten der sowjetischen Linie, wonach man bis in den Sommer 1990 auf der Bildung eines neutralen Deutschland bestand und beide deutsche Staaten vor Alleingängen warnte. Dazu passte es, dass Eppelmanns Parlamentarischer Staatssekretär Dr. Wieczorek im Rahmen der Gespräche auf dem Flughafen Köln-Bonn dem NVA-Generalleutnant Grätz und anderen Offizieren dafür dankte, dass sie das Eingreifen der Armee in der gefährlichen Zeit des Umbruchs verhindert hätten. Mit diesem Dank wollte er die NVA offiziell des Vertrauens der neuen Regierung versichern! Uns Westdeutsche überraschte das, denn bis dahin hatte es keinerlei sichtbare strukturelle, personelle oder ideologische Veränderung in der NVA gegeben. Ganz zu schweigen davon, dass dieser Vertrauensvorschuss auch nicht gut zu Eppelmanns Pazifismus passte.

Erst nach vielen Gesprächen mit Bush und Kohl gab Gorbatschow bekanntlich seine Position auf und billigte den Deutschen die Wiedervereinigung sowie volle Souveränität auch hinsichtlich der Entscheidung über ihre künftige bündnispolitische Orientierung zu. Deutschland half der Sowjetunion im Gegenzug mit einem Milliardenkredit, verpflichtete sich zur finanziellen Unterstützung Russlands bei der Rückführung seiner Soldaten und verzichtete auf den Besitz eigener atomarer, biologischer oder chemischer Waffen.

»KSZE« und »gesamteuropäischer Friedensprozess« als Synonyme einer einseitigen Wahrung sowjetischer Interessen wurden gegen die NATO ausgespielt. Für Schutz, Freiheit und Stabilität auch des wiedervereinten Deutschlands wollten wir aber die NATO erhalten. NATO und Warschauer Pakt waren Gegner, und kein Staat würde beiden Bündnissen angehören können. Wir mussten uns also rechtzeitig mit der Regierung der DDR in der Frage abstimmen, was mit den Streitkräften geschehen würde, falls es tatsächlich zur Vereinigung kommen sollte. Im Anschluss an das Gespräch mit Eppelmann flogen wir nach Washington, wo Stoltenberg seinen amerikanischen Kollegen Richard (»Dick«) Cheney traf. Dort wurde Stoltenberg deutlicher und warnte vor dem »schwerwiegenden strategischen Irrtum«, »angesichts einer zunehmenden Erosion des Warschauer Paktes (...) quasi im Gegenzug die NATO zur Disposition zu stellen«.

Die Unterschiede zwischen Ost und West wurden auch auf der ersten Kommandeurtagung der NVA nach dem Mauerfall im Mai 1990 deutlich, bei der Eppelmann sich zwar zur Wiedervereinigung bekannte, aber mit der Einschränkung, »ihre Rahmenbedingungen müssten so gut, so vernünftig, so zukunftsfähig, so menschlich wie nötig gestaltet werden.« Was war zukunftsfähig, vernünftig, menschlich? Welche Rahmenbedingungen sollten bestehen bleiben? Eppelmann: »Es wird auch nach der Vereinigung auf DDR-Territorium eine zweite deutsche Armee geben, die, in kein Militärbündnis integriert, hier ihre eigene territoriale Sicherungsfunktion ausüben wird und dementsprechend strukturiert, ausgerüstet und ausgebildet werden muss. Das ist auch das Ergebnis der Absprachen mit Minister Stoltenberg. Es wird keine NATO-Truppen auf dem Gebiet der heutigen DDR geben. (…) Es werden auf das heutige Gebiet der DDR keine Einheiten oder Einrichtungen des westlichen Bündnisses vorgeschoben werden dürfen. (…) Wir sind für keinerlei Bündnisverschiebung, sondern für eine Bündnisüberwindung auf beiden Seiten. Nichts darf auf Kosten anderer Staaten geschehen.«

Die demokratisch gewählte Regierung hatte die alten Führungskader ohne weitere Anforderungen einfach bestätigt. Letztlich gab Eppelmann der NVA eine Bestandsgarantie, die in ihren Reihen später zu Enttäuschungen führte: »Und die NVA wird auch künftig der Sowjetunion mit guten Gefühlen verbunden bleiben, wenn sie ohne NATO-Waffen bleibt. Auf dem Gebiet der jetzigen DDR darf es kein militärisches Vakuum geben. Daher ist eine Demilitarisierung im Sinne einer schnellstmöglichen Auflösung der NVA für uns nicht akzeptabel.« Die NVA in einem wiedervereinten Deutschland als zweite Armee? Das war für uns nicht akzeptabel. Stoltenberg erklärte mehrfach, auf der Kommandeurtagung der Bundeswehr im Juni und in bilateralen Gesprächen mit Eppelmann, dass es nach der Wiedervereinigung nur *einen* Staat und *eine* Armee geben könne. Das bedeute, dass die militärischen Verbände auf dem Gebiet der DDR neu strukturiert und mit dem Selbstverständnis einer Streitkraft in einer parlamentarischen Demokratie sowie der Inneren Führung vertraut gemacht werden müssten. Jeder Berufssoldat der NVA müsse mit seiner SED-Vergangenheit abschließen und sich zum Grundgesetz bekennen, wenn er in die Bundeswehr übernommen werden wolle.

Doch zunächst fand am 20. Juli die Vereidigung der NVA auf den neuen Fahneneid statt, den die frei gewählte Volkskammer am 26. April verabschiedet hatte. Diese neue Eidesformel verpflichtete den Soldaten, »getreu dem Recht und Gesetzen der Deutschen Demokratischen Republik meine militärischen Pflichten stets diszipliniert und ehrenhaft zu erfüllen« sowie »meine ganze Kraft zur Erhaltung des Friedens und zum Schutz der Deutschen Demokratischen Republik einzusetzen«. So sinnvoll es war, die sozialistische Eidesformel abzulösen, so bedenklich war es, eine Armee, die sich keine Rechenschaft über ihre Vergangenheit abgelegt hatte, zu einer Armee des Widerstands zu stilisieren: Eppelmann dankte bei dieser Gelegenheit den Offizieren der NVA einmal mehr, dass sie 1989 »chinesische Verhältnisse« verhindert hätten, und zog Parallelen zwischen dem 20. Juli 1944 und dem November 1989. Mir erschienen diese Vergleiche vollkommen unhaltbar. Im Sommer 1990 wurde sogar noch an Entwürfen für neue NVA-Uniformen gearbeitet!

Als Deutsche zu Deutschen

Stoltenberg hatte entschieden, dass ich am 1. Oktober 1990 als kommandierender General das III. Armeekorps in Koblenz übernehmen würde. Bis dahin sollte ich in meiner bisherigen Funktion als Leiter Planungsstab die Wiedervereinigung im militärischen Bereich mit vorbereiten. Wir wussten aber nicht, welche Stärke die Bundeswehr und welche Strukturen die ostdeutschen Streitkräfte haben würden, solange die Zwei-plus-Vier-Verhandlungen und die Gespräche zwischen Kohl und Gorbatschow im Kaukasus noch nicht beendet waren. Die Bundeswehr zählte zu diesem Zeitpunkt etwa 450 000 Soldaten, die Nationale Volksarmee 100 000. Der Rüstungskontrollpolitik in Europa zufolge hätte der Umfang der gesamtdeutschen Streitkräfte vermutlich 400 000 Soldaten nicht überschreiten dürfen, um das Gleichgewicht auf dem Kontinent zu erhalten. Da niemand den genauen Zeitpunkt der Vereinigung kannte – November 1990 oder früher oder später –, gab Stoltenberg mir den Auftrag, mit dem Planungsstab streng vertraulich grundlegende Strukturen für gesamtdeutsche Streitkräfte zu erarbeiten. Anfang Juli zogen wir uns für eine Woche in das ehemalige Benediktinerkloster Banz bei Bamberg zurück, die Tagungsstätte der Hanns-Seidel-Stiftung (CSU). Es war allen klar, dass diese diskrete Planung die wichtigste aktuelle Aufgabe des Verteidigungsministeriums darstellte.

Wir erörterten sowohl die sicherheitspolitischen Implikationen als auch die Möglichkeiten der praktischen Umsetzung. Ich machte dem Minister im Ergebnis folgende Vorschläge: Entsprechend der politischen Vorgabe werden keine Truppenteile der Bundeswehr oder NATO auf das Gebiet der DDR verlegt. Da aber nach der Wiedervereinigung die Bundesrepublik Deutschland *ein* Staat ist, kann dieser Staat nur *eine* Armee haben. Die kommunistisch indoktrinierte Nationale Volksarmee muss aufgelöst und es müssen neue Truppenteile der Bundeswehr aufgestellt werden. Dieser Umbau kann und soll mit den Soldaten der ehemaligen NVA erfolgen. Die Gliederung in Heer, Luftwaffe, Marine und in einen zentralen militärischen Bereich soll auch für das Beitrittsgebiet gelten. Endgültige Strukturentscheidungen können erst nach Abschluss der Zwei-plus-Vier-Gespräche und der Gespräche zwischen Kohl und Gorbatschow getroffen werden, wenn der Gesamtumfang der Bundeswehr und der Weg zur deutschen Einheit feststeht. Die endgültige Planung sei selbstverständlich mit der DDR-Führung abzustimmen. Ferner wären die Divisionen der NVA in Heimatschutzbrigaden umzuwandeln, die Militärbezirke in Divisionen und das damalige Heereskommando in Potsdam in ein Armeekorps. Die Luftstreitkräfte werden in einer Division zusammengefasst. Der Marine bleiben die notwendigen Organisationseinheiten erhalten. Das Material der Nationalen Volksarmee wird entsorgt, schon aus logistischen und organisatorischen Gründen. Die Bundeswehr brauchte einheitliches Gerät höchstens unterschiedlichen Alters. Material war im Kriegs- und Verteidigungsvorrat ausreichend vorhanden. Im Hinblick auf die zu erwartende Verkleinerung der Bundeswehr würde deren Bewaffnung und Ausrüstung erst recht auch für die eingegliederten Reste der ehemaligen NVA reichen.

Um eine einheitliche Führung aller Streitkräfte durch den Inhaber der Befehls- und Kommandogewalt zu gewährleisten, würde das Ministerium für Abrüstung und Verteidigung aufgelöst werden müssen. Für eine Übergangszeit sollten dem »Bundeswehrkommando Ost« die Truppenteile des Heeres, der Luftwaffe und Marine sowie zentrale Einrichtungen und die Grenztruppen unterstellt sein. Tatsächlich wurde zum ersten Mal nach dem Zweiten Weltkrieg ein teilstreitkräfteübergreifendes Kommando gebildet! Dafür musste es schon gewichtige Gründe geben: wir brauchten nämlich gleiche Maßstäbe und gleiche Kriterien. Das einheitliche Bundeswehrkommando würde aufgelöst werden, sobald der Aufbau der neuen Bundeswehr-Truppenteile erfolgt war; dann könnten die Inspekteure der Teilstreitkräfte die Verantwortung übernehmen. Die zivilen Aufgaben des Ministeriums für Abrüstung und Verteidigung sollten von einer Außenstelle des Bundesverteidigungsministeriums übernommen oder der neuen Wehrbereichsverwaltung VII übertragen werden.

Diese Grundüberlegungen wurden vom Verteidigungsminister gebilligt. Die Entscheidung, wem das Bundeswehrkommando Ost unterstellt werden würde, wollte er sich noch offenhalten. Das Kommando konnte nur unmittelbar dem Minister oder dem Stellvertreter des Generalinspekteurs unterstellt werden, der teilstreitkräfteübergreifende Aufgaben wahrnimmt. Es war eine rechtliche, vor allem aber auch eine politische Frage. Stoltenberg überlegte, ob er das Kommando sich selbst unterstellten sollte. Ich riet dringend ab, weil es darum ging, die gesamte militärische Führung für diese gemeinsame Aufgabe in die Pflicht zu nehmen. Das überzeugte ihn, und das Kommando wurde dem stellvertretenden Generalinspekteur unterstellt.

Im Juli 1990 erzielte Bundeskanzler Kohl in seinen Gesprächen mit Gorbatschow in Moskau und im Kaukasus einen Durchbruch: Deutschland wird als souveräner Staat wiederhergestellt und bleibt Mitglied der NATO; der Vier-Mächte-Status wird abgelöst. Die sowjetischen Truppen ziehen bis Ende 1994 ab. Kohl war Gorbatschow in mehreren Punkten entgegengekommen: beim Verzicht auf ABC-Waffen, mit Hilfsleistungen für die Rückführung sowjetischer Streitkräfte in die UdSSR und bei der Festlegung der Obergrenze für die gesamtdeutschen Streitkräfte auf 370 000 Mann. Auf dem Gebiet der DDR durften deutsche, aber keine ausländischen Truppen und keine Nuklearwaffen stationiert werden. Nach der Entscheidung im Kaukasus und dem Abschluss der Zwei-plus-Vier-Verhandlungen wurde unser Rahmenkonzept von den Teilstreitkräften nach Diskussionen im militärischen Führungsrat unter Hochdruck in Detailplanungen umgesetzt. Bis zur deutschen Einheit hatten wir weniger als drei Monate Zeit. Nun galt es, die NVA zu übernehmen und dabei Kontrolle und Sicherheit zu gewährleisten, die 350 Truppenteile Zug um Zug aufzulösen und 250 neue aufzubauen, die Hälfte der Soldaten bis auf 56 000 Mann zu entlassen, die Unmengen von Waffen, Material und Munition zu konzentrieren und zu entsorgen, die Grenzanlagen abzubauen und die Minen im Todesstreifen zu räumen sowie neue Truppenteile der Bundeswehr aufzubauen und die sowjetischen Truppen bei ihrem Abzug zu unterstützen. Allein dieser letzte Punkt bedeutete, dass fast tausend Liegenschaften zu räumen waren und die sowjetischen Truppen in den folgenden Jahren beinahe täglich einen Übungsplatz, ein Krankenhaus oder einen beliebig großen Kasernenabschnitt übergaben – ein Immobilienzuwachs, den zu bewältigen die Bundesvermögensverwaltung überhaupt nicht ausgelegt war.

Heftig wurde über die geplante Entlassung der NVA-Generale und -Admirale diskutiert. Nicht nur Eppelmann, auch einige Bundestagsabgeordnete waren dafür, nicht alle zu entlassen; es dürfe keine »Christenverfolgung« geben. Dieses Ausmaß an öffentlicher Solidarität mit hohen Offizieren hatte ich in meiner Bundeswehrlaufbahn nicht erleben dürfen. Eppelmanns anhaltender Widerstand führte dazu, dass die Generale und Admirale erst wenige Tage vor dem 3. Oktober von ihrer Entlassung erfuhren, was verständlicherweise bei vielen von ihnen Verbitterung auslöste. Ich hielt die Maßnahme trotzdem aufgrund der besonderen ideologischen Prägung der Generale für richtig. Loyalität gegenüber der freiheitlich-demokratischen Grundordnung und die entsprechende konstruktive Mitarbeit beim Aufbau des gesamtdeutschen Militärs waren auf dieser Ebene kaum zu erwarten. Es ging mir auch um die Glaubwürdigkeit des Neuanfangs in den Streitkräften und vor allem in der Bevölkerung. Offiziere der NVA, die Soldaten bleiben wollten und durften, wurden häufig um einen Dienstgrad herabgestuft übernommen. In der viel kleineren NVA gab es erstens mehr und zweitens jüngere Offiziere als in der gesamten Bundeswehr, zudem deutlich mehr Stabsoffiziere. So konnten z. B. NVA-Regimentskommandeure bis zur Auflösung im Frühjahr 1991 im Amt bleiben. Für diese Zeit wurden ihnen Bundeswehroffiziere und -unteroffiziere unterstellt, was für einige von ihnen schwer zu akzeptieren war. Aber wir wollten nicht als Eroberer zu Besiegten, sondern als Deutsche zu Deutschen kommen und so respektvoll wie irgend möglich miteinander umgehen.

Dazu gehörte auch das Tragen der gleichen Uniform. Da es unmöglich war, sämtliche NVA-Soldaten mit der Bundeswehr-Ausgehuniform auszustatten, trugen wir alle den Feldanzug NATO-oliv, ein Arbeitsanzug, der in ausreichender Zahl und in allen Größen mit den notwendigen Dienstgradabzeichen verfügbar war. Also schlug ich dem Minister vor, dass alle Soldaten, Offiziere und Unteroffiziere, ob West oder Ost, in den neuen Bundesländern nur Feldanzug tragen sollten. So gab es tatsächlich keine äußeren Unterscheidungsmerkmale. Selbst bei gesellschaftlichen Anlässen trug ich für ein dreiviertel Jahr lang nur diesen Feldanzug. Erst bei meiner Verabschiedung am 1. Juli 1991, als die Verantwortung an die Teilstreitkräfte überging, trat das Kommando im großen Dienstanzug an.

Die alte Heimat

Da der Tag der Wiedervereinigung noch nicht feststand, folgte ich drängenden ärztlichen Empfehlungen und trat Anfang Juli 1989 eine vierwöchige Kur im Schwarzwald an. Das Abschalten fiel mir schwer, aber es war offensichtlich notwendig. Nach zwei Wochen erkundigte sich Minister Stoltenberg telefonisch nach meinem Gesundheitszustand und danach, ob ich mich belastbar fühlte. Um mich am nächsten Morgen in Bonn sprechen zu können, bot er an, einen Hubschrauber zu schicken. Noch am selben Abend fuhr ich jedoch mit dem Auto nach Hause und überraschte meine Frau damit, dass mein nächster Standort möglicherweise in der Mark Brandenburg läge.

Stoltenberg fragte anteilnehmend nach meinem Befinden. »Herr Schönbohm, ich möchte von Ihrer geplanten Übernahme des III. Korps absehen. Ich möchte, dass Sie die Aufgabe in Strausberg übernehmen. Sie haben die Pläne mit entwickelt und ich kann mich auf Sie verlassen. Trauen Sie sich das zu, auch gesundheitlich?« – »Herr Minister, ich übernehme diese Aufgabe mit heißem Herzen und kaltem Verstand, und ich freue mich, dass Sie mir dieses große Vertrauen schenken.« Stoltenberg weiter: »Es stand ja schon in den Zeitungen, dass Sie nach dem Kommando in Koblenz Generalinspekteur werden sollen. Das gilt nach wie vor, auch wenn Sie jetzt erst einmal die NVA übernehmen.« Ich erwähnte daraufhin, dass die bevorstehende Aufgabe mit hohen Risiken, besonders im politischen Bereich, verbunden sei. Insofern würde ich es verstehen, wenn aus dem Generalinspekteur nichts würde. Bis dahin werde ja noch einige Zeit vergehen.

Nach der Entscheidung des Ministers informierte ich mich bei den jeweiligen Führungsstäben Heer, Luftwaffe und Marine über ihre Vorstellungen, diskutierte mit dem Generalinspekteur und führte Gespräche in Ost-Berlin. Ich konnte nicht in Uniform über Berlin nach Strausberg fliegen, weil für Berlin noch das Vier-Mächte-Statut galt und Bundeswehrangehörigen das Betreten Berlins in Uniform verboten war; eine merkwürdige Situation, die noch bis zum Oktober 1990 andauerte.

Planungsstab und Inspekteure machten inzwischen konkrete Vorschläge, und in den Gesprächen der Minister Stoltenberg und Eppelmann wurden in meinem Beisein weitere Einzelheiten geklärt. Von Admiral Theodor Hoffmann, dem Chef der NVA, verlangte ich, dass er mir die getrennte Aufbewahrung von Waffen und Munition garantierte. Noch lagen die Minen an der innerdeutschen Grenze. Noch gab es die Grenztruppen. Mauer und Stacheldraht würden erst abgebaut werden müssen.

Von Berlin aus fuhren Evi und ich Ende August 1990 mit einem Mietwagen nach Bad Saarow und Fürstenwalde. Ich muss gestehen, dass ich aufgeregt war – und nervös, weil wir keine Pässe mithatten. Aber die brauchten wir gar nicht mehr. In Bad Saarow war alles viel kleiner, als ich es in Erinnerung hatte. Bahnhof und Elternhaus erkannte ich sofort wieder. In diesem hübschen, kleinen Ort schien sich fast nichts verändert zu haben: keine neuen Straßen, aber seltsame Straßennamen, kein Kurzentrum, aber die abgesperrte Ortsmitte am See, kein Kaufhaus. Erinnerungen an den letzten Kriegswinter kamen hoch. In einer der Villen hatten wir 1944 bei Freunden meiner Eltern Weihnachten gefeiert. Jetzt lagen die Häuser wie verlassen da, in stillen und menschenleeren Straßen ohne Autos. Anders die Promenaden unten am Scharmützelsee. Sie waren schon wieder von Berlinern bevölkert. Man konnte zu DDR-Preisen West-Kaffee trinken. Wir wunderten uns über so merkwürdige Schilder wie »Zweckverband Erholung« oder »Komplexannahmestelle«. Eine Bürgerinitiative hatte dafür gesorgt, dass der von den Sowjets noch beschlagnahmte Sanatoriumsbereich mit Seegrundstücken wenigstens tagsüber von Fußgängern durchquert werden konnte.

Eveline Schönbohm Wir fuhren nach Buckow in die Märkische Schweiz, zu Verwandten eines Freundes von uns, um dort zu übernachten. Der gerade seinen Wehrdienst ableistende Sohn berichtete von seinen Erfahrungen bei der NVA, dass alle verunsichert seien und dass keiner wisse, was kommt. Die Vorgesetzten hätten jegliche Motivation verloren. Gefühle der Unsicherheit und Überforderung sollten Jörg im Rahmen seiner neuen Tätigkeit noch intensiv beschäftigen. Die Eltern erzählten, dass sich ihr Schwiegersohn jetzt als Unternehmer im Antennenbau versuchte, denn es gab großen Bedarf an Radio- und Fernsehantennen, aber er konnte sie gar nicht so schnell einkaufen, wie er sie anschloss.

Am nächsten Tag waren wir in Fürstenwalde-Ketschendorf: Die Chausseestraße hieß nun August-Bebel-Straße. Wir fanden mein Elternhaus. Nichts hatte sich verändert, seit wir 1953 geflohen waren. Nur der Putz bröckelte allmählich ab. Im Hausflur gab es immer noch die Leitungen und Elektrozähler aus den dreißiger Jahren. Alles war abgenutzt und im Verfall begriffen. Fritz Keues Autobetrieb war eine volkseigene Firma mit 75 Arbeitern, die an die Treuhandanstalt überging. Ein freundlicher Pförtner führte uns herum. Obwohl ein Heizhaus, dessen drei große Kessel bei Kohlenmangel auch mit Torf beheizt werden konnten, eine Lackiererei und ein einstöckiges Verwaltungsgebäude inzwischen den Betrieb ergänzten, wirkte alles provisorisch. Der früher stets gepflegte und aufgeräumte Hof sah aus wie ein Schrottplatz. Öllachen bedeckten den Boden. Später wurde uns erklärt, dass viele Ersatzteile selbst produziert werden mussten: Achsen, Motorenteile, Schrauben – ein regelrechtes Arbeitsbeschaffungsprogramm. »Nur so konnten wir den Sozialismus überleben«, sagte der Pförtner.

Jörg Schönbohm Mir schien, wenn Deutsche aus Ost und West sich kennenlernen und verstehen wollten, wären jetzt beide Seiten gefordert. Ich nahm die im Oktober 1989 im Rowohlt Verlag erschienenen Erinnerungen des Kommunisten Walter Janka *Schwierigkeiten mit der Wahrheit* über seine Haftzeit in der DDR zur Hand, die damals viel Aufmerksamkeit erregten. Ich las auch noch einmal das Buch *Verführtes Denken* des in Litauen geborenen polnischen Literaturnobelpreisträgers Czesław Miłosz, das die ungeheure Anziehungskraft analysierte, die totalitäre Systeme speziell auf viele Intellektuelle ausüben.

Der erste düstere Eindruck schmälerte meinen Enthusiasmus keineswegs. Mir war bewusst, dass ich die wichtigste Aufgabe meines Lebens übernommen hatte: die Einheit der Streitkräfte herzustellen. Am 2. Oktober 1990 war es so weit. Gegen Mittag flogen meine Frau und ich von Köln-Bonn mit einer Transall nach Marxwalde, das heute wieder Neuhardenberg heißt. Dort lag der militärische Flughafen für die Regierungsstaffel der DDR. Wir bestiegen einen sowjetischen Hubschrauber MI-8 »Salonversion« aus Honeckers Flugbereitschaft, noch mit den Emblemen der DDR, und wurden von einem Piloten in NVA-Uniform nach Strausberg geflogen.

Schon bei unserem ersten Besuch hatten wir uns meine künftige Unterkunft in Strausberg angesehen. Als ich zwei Wochen zuvor in Zivil dort angekommen war, hatte ich nur gesagt: »Mein Name ist Schönbohm, ich würde mich gern mal umsehen.« Der Zivilist, der mir geöffnet hatte, schlug die Hacken zusammen und antwortete: »Jawoll, Herr General, im Bereich keine besonderen Vorkommnisse, ich zeige Ihnen Ihr Zimmer.« Es handelte sich um die Unterkunft des ehemaligen Oberbefehlshabers der Warschauer-Pakt-Truppen, die ihm zur Verfügung stand, wenn er auf Besuch oder zu Übungen nach Strausberg kam: ein Wohnzimmer, ein Arbeitszimmer, ein Schlafzimmer und eine Dusche. So großzügig hatte ich bei der Bundeswehr noch nie gelebt. Im Vorfeld der Übernahme des Kommandos war überlegt worden, mich auf Schloss Wilkendorf einzuquartieren, im ehemaligen Gästehaus des Verteidigungsministeriums. Das hatte ich abgelehnt. Ich wollte auf keinen Fall auftreten wie ein Wehrmachtsoffizier im besetzten Frankreich.

Eveline Schönbohm Es kostete mich Mühe, den noch als DDR-Soldaten Gekleideten unbefangen in die Augen zu sehen, als wir am Abend des 2. Oktober vom Hubschrauberlandeplatz kommend durch die Kaserne fuhren. Die Müllsammelstellen quollen schon über von NVA-Uniformen, in denen die Soldaten gerade zum letzten Mal Dienst getan hatten. Am nächsten Morgen würden sie im Feldanzug der Bundeswehr antreten. Für den Abend waren wir zu einem Empfang des noch amtierenden Staatssekretärs im Ministerium für Abrüstung und Verteidigung eingeladen, auf dem bei unserem Eintritt alle Gespräche verstummten. Ich fühlte mich beklommen, traf auf Gäste – alle in Zivil –, die ich nicht kannte. Ich erinnerte mich unwillkürlich an die scharfen Blicke der Grenzsoldaten, die ich als Siebzehnjährige zum letzten Mal erlebt hatte. Erleichtert begrüßte ich Eckehard Richter, unseren vertrauten Freund aus alten Tagen, mit dem Jörg einst auch die Führungsakademie besucht hatte. Jetzt stellte General Richter als unser Verbindungsoffizier uns die Anwesenden vor. Gespräche kamen nur mühsam in Gang. Jeder hatte seine eigenen Gedanken und Sorgen. Ab Mitternacht würde Jörg für die meisten Personen im Raum verantwortlich sein. Beruhigt vernahm ich seine Worte: »Wir haben eine unterschiedliche Vergangenheit, aber eine gemeinsame Zukunft. Lassen Sie uns unsere Gegenwart zusammen gestalten.« Als wir die Kaserne verließen, trugen dieselben Soldaten, die wir zuvor gesehen hatten, bereits ihre Bundeswehruniformen und meldeten: »Herr General, keine besonderen Vorkommnisse!« Eigentlich eine gewaltige Untertreibung, dachte ich und begann zu frieren.

Am 3. Oktober, einem strahlend sonnigen Tag, flogen wir, wiederum in einem sowjetischen Hubschrauber MI-8, nun aber mit dem Eisernen Kreuz als Hoheitsabzeichen, nach Berlin. Nach einem großen Bogen über der endlich ungeteilten Stadt – Abschnitte der Mauer waren schon beseitigt – landeten wir auf dem Flughafen Tempelhof, von dem wir 1953 in die Bundesrepublik ausgeflogen worden waren. Zum ersten Mal betrat Jörg die Stadt als Soldat in Uniform. Nach der Landung kam uns ein amerikanischer Luftwaffenoberst, der *Air Station Commander*, entgegen und begrüßte uns als »Vertreter des freien, souveränen und vereinigten Deutschland in der Hauptstadt Berlin«. Uns stiegen Tränen in die Augen. Als Befehlshaber des Bundeswehrkommandos Ost dankte Jörg ihm, dass er und unsere Alliierten in den zurückliegenden 45 Jahren Berlin geschützt und gehalten hatten: »Wir werden Ihnen das nie vergessen«, sagte er. – Weil ich am nächsten Morgen wieder unterrichten musste, konnte ich an den weiteren Veranstaltungen dieses Tages nicht mehr teilnehmen und flog nach Köln-Bonn zurück.

Jörg Schönbohm Beim Staatsakt in der Philharmonie machte ich die merkwürdige Feststellung, dass ich keinen Platz bei der militärischen Führung bekam, da ich, wie es hieß, »protokollarisch« nachgeordnet sei. Beim anschließenden Empfang nahm ich zahlreiche gute Wünsche für die mir bevorstehende Aufgabe entgegen. Auf dem Rückflug nach Strausberg kam ich über diesen seltsamen Auftakt ins Grübeln. Ich musste in den nachfolgenden Monaten noch manchmal an diese symbolhafte Distanzierung denken. Bei der feierlichen Übernahme des Kommandos am Nachmittag dieses Tages in Strausberg sah es schon anders aus: Der Wehrbeauftragte des Bundestages und die Mitglieder des Verteidigungsausschusses waren erschienen – ein Zeichen der Unterstützung quer durch alle Parteien.

Am Abend wurde mir ein Fernschreiben von drei Obersten der NVA-Luftwaffe vorgelegt, die sich über die Entlassung ihres Divisionskommandeurs beschwerten. Am nächsten Tag beorderte ich sie gleich zu mir, wozu sie 200 Kilometer mit dem Trabi fahren mussten. Probleme dieser Art wollte ich aber von vornherein im persönlichen Gespräch klären. Ich wollte persönliche Ressentiments von grundsätzlichen Vorgaben trennen, wollte auch für die gemeinsame Aufgabe im wiedervereinigten Deutschland werben. Wir diskutierten intensiv. Als sie sich abmeldeten, sagte einer der drei Obersten: »Herr General, wir wissen jetzt, dass wir einen Vorgesetzten haben, der uns ernst nimmt. Das ist uns das Wichtigste.«

Bei diesem und anderen Gesprächen wurde mir schnell klar, dass die beruflichen Probleme ausscheidender Soldaten in vielen Fällen zu Fragen sozialer Absicherung wurden, denn hohe Offiziere unter 50 Jahren mussten sich nach ihrer Entlassung oft in das Heer der Arbeitslosen einreihen, weil sie noch keine Rente erhielten. Das empfanden viele als ausgesprochen demütigend. Die Struktur der Bundeswehr war für einen solchen »Fall« nicht gemacht, und am grünen Tisch ließen sich kaum alle Eventualitäten voraussehen. Manchmal waren unter großen Anstrengungen handfeste, unkonventionelle Lösungen möglich. So gelang es mir zum Beispiel, 35 jungen NVA-Piloten, die sich in Hamburg für die Fluglotsenausbildung bewerben wollten, einen tausend Mark teuren Englischkurs finanzieren zu lassen, für den keine Förderung vorgesehen war, weil alle Bewerber aus dem Westen Englisch sprachen.

Wir nutzten eine bis dahin in Strausberg unbekannte Gelegenheit zum Gespräch, indem wir für den Abend des 4. Oktober die rund tausend Angehörigen des Bundeswehrkommandos Ost, die meisten von ihnen ehemalige NVA-Soldaten, zu einem Umtrunk einluden sowie den Bürgermeister, den Landrat und den örtlichen Superintendenten der Evangelischen Kirche. 600 bis 700 Gäste folgten überrascht und interessiert unserer Einladung. Bei der NVA hatte es gesellschaftliches Leben dieser Art, wie es bei der Bundeswehr selbstverständliche Gepflogenheit war, nicht gegeben. Wegen des erheblichen Lärmpegels stieg ich vor meiner kurzen Ansprache auf einen Stuhl und pfiff laut mit den Fingern, um mir Gehör zu verschaffen. Das brachte das Bild der ehemaligen NVA-Angehörigen von einem Bundeswehrgeneral mächtig ins Wanken, wie ich erfuhr.

Bei anderer Gelegenheit, nach einem Abendessen mit über einhundert Offizieren noch im Oktober 1990, kam ein Oberstleutnant zu mir und sagte: »Herr General, ich bin 18 Jahre bei der NVA gewesen und habe in dieser Zeit nie erlebt, dass ein hoher General die Division besucht, sich mit uns zusammensetzt und über unsere Probleme spricht. Wir merken, wie völlig anders als in der NVA der Umgang in der Bundeswehr ist, aber wir brauchen Zeit, uns daran zu gewöhnen.« Auch ich musste mich gewöhnen, denn ich empfand es immer noch als unwirklich, nur zwei Wochen nach der Wiedervereinigung mit Soldaten einer ehemaligen NVA-Division zusammenzusitzen und mit ihnen über ihre persönlichen Nöte zu sprechen.

Die Kirche ist sich selbst genug

Nach jenem Empfang bat ich die Abteilungsleiter zur ersten Stabsbesprechung in das sogenannte operative Führungszentrum, das dem Verteidigungsminister der DDR bei Übungen und in Krisensituationen zur Führung der Streitkräfte gedient hatte. Wir wussten, dass alles mitgehört wurde, was wir, ausschließlich Offiziere aus dem Westen, in dieser Bunkeranlage besprachen, und wir konnten davon ausgehen, dass ebenso unsere Telefone abgehört wurden und in allen Räumen Wanzen montiert waren. Darüber hinaus gab es im gesamten Fernmeldesystem der NVA Abzweigungen zur Staatssicherheit. Keiner wusste, was noch funktionierte und wohin etwas gemeldet wurde. Schrittweise wurde alles überprüft und entwanzt. Für die Besprechung heikler Fragen mit meinen Mitarbeitern musste ich deshalb besondere Schutzmaßnahmen ergreifen. Im Regierungsbunker bei Wandlitz, den Minister Stoltenberg und ich im November besichtigten, bestätigte sich, dass die Fernmeldeverbindungen in die Warschauer-Pakt-Staaten und vor allem in die Sowjetunion in der Hand der Staatssicherheit und nicht der NVA gelegen hatten. Damit war klar, wer im Ernstfall entschieden hätte.

Meine neue Aufgabe hatte mich fest im Griff. Montags war ich beim Stab, und an den anderen Tagen war ich unterwegs, um alle Truppenteile kennenzulernen. Ich hatte fremde Streitkräfte in einem mir fremdem Land übernommen. Die Schwierigkeiten musste ich vor Ort erfahren, um sie im Stab oder in Bonn lösen zu können. Nur selten fuhr ich nach Meckenheim. Dort hatte sich überhaupt nichts verändert, und mir fiel es plötzlich schwer, in meine alte Welt zurückzukehren. Darum freute ich mich, dass meine Frau an den Wochenenden regelmäßig zu Besuch kam und wir in Berlin in die Oper oder ins Theater gehen und das kulturelle Leben genießen konnten.

Nicht alle Schwierigkeiten, mit denen ich in Strausberg zu kämpfen hatte, waren mir neu: Wenige Tage vor dem Weihnachtsfest 1990 zeigten sich in einem Gespräch mit Bischof Gottfried Forck einmal mehr die Berührungsängste der Evangelischen Kirche gegenüber den Soldaten: Man verstehe sich als kritischer Partner des demokratischen Rechtsstaates. Das kannte ich so ähnlich schon aus der Bundesrepublik. Was mich aber überraschte: Pfarrer sollten keine Militärseelsorger sein, weil sie dann als Bundesbedienstete angeblich in ein Abhängigkeitsverhältnis zum Staat gerieten. Mein Hinweis auf die Weisungsunabhängigkeit der Militärseelsorger verfing nicht. Warum schwächte die Kirche auf diese Weise absichtlich sich selbst?

Am 20. Dezember fand im Besprechungsraum des ehemaligen Ministeriums für Abrüstung und Verteidigung ein ökumenischer Gottesdienst statt. Hier hatte Admiral Hoffmann noch im April 1990 herausfordernd die Eigenstaatlichkeit der DDR betont und angesichts des demokratischen Wandels die Auslieferung geflohener Soldaten verlangt, da es keinen Grund zur Fahnenflucht mehr gäbe. Den Gottesdienst hielt ein katholischer Pastor aus der näheren Umgebung, assistiert von einem unserer Offiziere, der zum Predigeramt befähigt war. Obwohl die Mehrheit unserer Offiziere evangelisch war, hatten wir keinen evangelischen Pastor gefunden, der bereit gewesen wäre, einen Gottesdienst mit Soldaten abzuhalten. Im preußischen Kernland des Protestantismus gab es keinen Militärpfarrer, wohl aber einen katholischen Militärdekan!

Besonderen Anteil an meinem Kommando nahm Bundespräsident Richard von Weizsäcker, und er bat mich unmittelbar nach Übernahme der NVA zu einem Gespräch in seinen Berliner Dienstsitz Schloss Bellevue. Er fragte mich, wie ich an meine Aufgabe herangehen wolle, und ich erläuterte ihm die Einzelheiten. Am Ende fragte er: »Herr Schönbohm, wer ist eigentlich Ihr Botschafter in Bonn bei der Bundesregierung?« Ich sagte, das sei Herr Minister Stoltenberg. »Und wie oft sind Sie in Bonn?« »Herr Bundespräsident«, antwortete ich, »ich habe keine Zeit, nach Bonn zu fahren.« Daraufhin empfahl er mir, regelmäßig auf der Hardthöhe und bei den Abgeordneten die Besonderheiten meiner Aufgabe zur Sprache zu bringen, weil aus der Ferne keiner einen Sinn dafür haben werde. Er bot an: »Wenn Sie wirklich mal einen Botschafter brauchen, können Sie mich jederzeit anrufen. Ich werde mich für Ihr Anliegen einsetzen.« Für diese Geste des Mutmachens bedankte ich mich beim Bundespräsidenten.

Nach einem weiteren Gespräch im Schloss Bellevue besuchte Bundespräsident von Weizsäcker im April 1991 das Bundeswehrkommando Ost, wo ihm ein Kommandeur aus dem Westen und einer aus der ehemaligen NVA von ihren Erfahrungen berichteten. Die Presse reagierte aufgeschlossen: Der Aufbau der Bundeswehr wurde inzwischen mehrheitlich wohlwollend betrachtet; Abwehr und Skepsis schwanden. Einige Wochen danach entschlüpfte anlässlich einer Pressereise in den Bereich der Heimatschutzbrigade 40 einem Journalisten die Bemerkung: »Die Männer sehen ja aus wie bundesdeutsche Soldaten!« »Die sehen nicht nur so aus«, antwortete ich, »sie *sind* es«.

Während ich mich, wenn es hart auf hart kam oder wenn unbürokratische Lösungen gebraucht wurden, immer auf Gerhard Stoltenberg verlassen konnte, war es wenige Wochen nach der Vereinigung zu einer höchst unerfreulichen Situation gekommen. Mich rief der mir vorgesetzte Stellvertreter des Generalinspekteurs an und eröffnete mir, dass ich innerhalb weniger Monate Tausende zivile Mitarbeiter entlassen müsse, da diese nicht mehr in die neue Struktur passten. Ich weigerte mich, erklärte ihm die Gründe für meine Auffassung und wies darauf hin, dass ich auch eine schriftliche Weisung ignorieren würde und er sich eher einen neuen Befehlshaber suchen könne: »Mit mir nicht!« So endete unsere herzliche Auseinandersetzung. Der Anstoß zu dieser Sparmaßnahme war vom Haushaltsausschuss des Bundestages gekommen. Telefonisch berichtete ich dem Minister und besuchte ihn wunschgemäß am Wochenende in seinem Haus an der Nordsee. Er hob die Weisung auf, und wir konnten wie geplant weiterarbeiten.

Die Zusammenarbeit mit einigen Kameraden in der militärischen Führung wurde durch diese Auseinandersetzung natürlich nicht besser. Als Konsequenz aus dieser Erfahrung lud ich den Haushaltsausschuss zu einem Besuch an den Ort des Geschehens ein, um zu zeigen, unter welch schwierigen Bedingungen wir arbeiteten. Das erwies sich als eine überaus lohnende Maßnahme, weil wir diesen Abgeordneten, die zugleich Berichterstatter für den Verteidigungshaushalt waren, Einblick in die tatsächlichen Gegebenheiten ermöglichen konnten. Sie hatten nur die Zahlen gesehen und nicht bedacht, wofür sie stehen, für die Kontrolle und Entsorgung von Handfeuerwaffen, Schützenpanzern, Kampfflugzeugen, Kampfschiffen und vielen Tonnen Munition, die sichergestellt wurden. Dazu brauchte ich Personal, das konstruktiv mithalf und nicht mehr versuchte, den Kalten Krieg fortzusetzen.

Das Wichtigste war mir aber nach wie vor, die unterstellten Truppenteile kennenzulernen. Ich war von morgens bis abends mit dem Hubschrauber unterwegs, besuchte die Heeres-, Luftwaffen- und Marineverbände. Ich besuchte auch die ehemaligen Grenztruppen. Das ganze Sicherungssystem war von einer Perfektion, die mich noch im Nachhinein erschreckte. Beim Abbau der Berliner Mauer erklärte einer der Offiziere völlig emotionslos alle Einzelheiten. Das erinnerte mich an eine vielzitierte Bemerkung Ernst Jüngers aus dem Krieg: »Erst lochen sie einem die Fahrkarte, dann den Hinterkopf.« Ich besichtigte auch aus der

Luft den Verlauf der Grenze im Harz und wunderte mich, dass wir in der Bundesrepublik so weit gewesen waren, diese ganze Absurdität als selbstverständlich hinzunehmen.

Die NVA hatte mit deutscher Perfektion eine 85prozentige Einsatzbereitschaft gewährleistet, vor allem zum Leidwesen der Offiziere, mit einer binnen 30 bis 120 Minuten herstellbaren Marschbereitschaft, mit voll aufgetankten und aufmunitionierten Waffensystemen für fünf Divisionen, mit vorbereiteten »Blücher-Orden« für »Tapferkeit vor dem Feind«, mit Verkehrsschildern, Eisenbahnschienen für 80 bis 100 Kilometer, mit Erdrammen, Planiergeräten und Sattelschleppern für den Brückenbau, mit Tausenden von Besen, Hämmern und Schaufeln, mit umfangreichen Zivilschutzmaßnahmen und großen Militärgeldvorräten. Noch 1985/86 wurde der Großangriff gegen westdeutsche Ballungszentren geübt.

Ein ehemaliger Oberstleutnant und NVA-Regimentskommandeur erzählte mir einmal, was er nach der Wiedervereinigung empfunden hatte: »Nicht einmal Weihnachten oder Neujahr konnte ich in Ruhe verbringen. Wenn ich dann als Regimentskommandeur länger als zwanzig Minuten von Zuhause weg war, musste ich mich beim Diensthabenden abmelden und sagen, wo ich bin und wann ich wiederkomme. Meine Frau und meine Kinder haben nicht verstanden, dass wir diese hohe Bereitschaft schoben, weil die politische Lage doch insgesamt ganz entspannt war. Als wir nach der Wende hörten, dass die Bundeswehr nur eine ganz geringe Bereitschaft gehabt hat, haben wir uns endgültig hintergangen und missbraucht gefühlt. Heute ist mir vollkommen klar, dass das alles überflüssig war, aber damit muss man erst einmal fertig werden.«

Alle 14 Tage wurden in Stabsgesprächen mit den unterstellten Befehlshabern von Heer, Luftwaffe und Marine die unzähligen Schwierigkeiten menschlicher, technischer, häufig auch bürokratischer Art besprochen. Es wurde rund um die Uhr gearbeitet, diskutiert und versucht, sie zu lösen. In vielen Kasernen floss kein heißes Wasser, um das Geschirr zu reinigen oder zu duschen. Manche Soldaten hatten sich sogar mit Waschschüsseln und Gartenschläuchen zu behelfen. Die hygienischen Verhältnisse waren erschreckend. Viele Liegenschaften, für deren Bewachung wir nicht genug Personal abstellen konnten, wurden geplündert, was wiederum ein erhöhtes Sicherheitsrisiko mit sich brachte. Es gab kaum öffentliche Telefonverbindungen von Ost nach West, also ließen wir Telefonleitungen legen.

In Ermangelung von Handy- oder Festnetzverbindungen nach Bonn hatten wir eine Fernmeldeleitung zwischen dem Netz der NVA und der Bundeswehr gelegt. Die Soldaten konnten nun die Standortvermittlungen anrufen und sich ein- oder zweimal in der Woche ein Gespräch nach Hause vermitteln lassen. Sie waren ja nicht zu erreichen. Das Amt für Fernmeldewesen in der Bundeswehr wies darauf hin, dass grundsätzlich das Verordnungsblatt des Verteidigungsministeriums gelte, wonach dienstliche Apparate nur für dienstliche Gesprächen genutzt werden dürften und Privatgespräche über öffentliche Telefone zu führen seien. Was im Westen vernünftig war, war im Osten absurd, wo es zwar auch Telefonzellen, aber noch keine öffentlichen Verbindungen in den Westen gab. Ich schickte das betreffende Fernschreiben dem stellvertretenden Generalinspekteur Storbeck mit dem Vermerk zurück, ich würde den Befehl nicht ausführen und bäte darum, ihn aufzuheben. Fortan stellte ich sicher, dass alle Befehle, die mein Kommando betrafen, vor der Weitergabe von meinem Stab gefiltert wurden. Das gab viel Ärger in Bonn, war aber von Vorteil für unsere Arbeit.

Momper als Mauergegner

Wir bekamen auch den Auftrag, die Mauer weiter abzubauen. Walter Momper als Regierender Bürgermeister bat darum, bis Weihnachten 1990 damit fertig zu sein. Auf meinen Hinweis, dass wir die Mauer vielleicht in einigen Bereichen als Zeugnis ihrer

Zeit stehen lassen sollten, sagte ausgerechnet er: »Die Mauer hat uns so lange gestört, sie muss jetzt endgültig weg.« So bauten die ehemaligen Grenztruppen, die mir ebenfalls unterstanden, gemeinsam mit amerikanischen, britischen und französischen Soldaten die Berliner Mauer ab. Es schien ihnen Freude zu machen. Die Verwendung der Mauersegmente war strittig. Noch in den letzten DDR-Wochen war ein Kuratorium gegründet worden, das die Mauerteile verkaufen und den Erlös für kulturelle Zwecke verwenden sollte. Wir hatten ebenfalls den Auftrag, die Mauer und andere Teile der Sperranlage zu verkaufen, das Geld aber dem Bundeshaushalt zuzuführen, um auf diese Weise wenigstens einen Teil der Abrisskosten zu decken. Allein die Entsorgung der Mauerkrone, einer asbesthaltigen Betonröhre, die das Überklettern und Befestigen von Ankerhaken hatte verhindern sollen, war schwierig und teuer. Hier galten die westdeutschen Umweltschutzbestimmungen, nach denen ein Massenanfall von Asbestteilen nicht vorgesehen war. Gegen den Verkauf der übrigen Mauerteile machte nun das Kuratorium unter der Leitung eines Oberkirchenrates mobil und beschuldigte uns des »unrechtmäßigen Kassemachens« gemeinsam mit den ehemaligen Grenztruppen. Diesen effektvollen, pressewirksamen Vorwurf wiesen wir unter Nennung unseres Auftrags zurück. Später haben wir dem Wunsch, Erträge kulturellen Zwecken zugute kommen zu lassen, so weit es ging, entsprochen.

Insgesamt ging die Übernahme und Auflösung der NVA binnen neun Monaten erstaunlich reibungslos vonstatten, wenn man bedenkt, dass wir es per 2. Oktober 1990 mit 103 000 Mann, davon 32 000 Offizieren und 20 000 Unteroffizieren, zu tun hatten sowie mit 2 300 Kampfpanzern, 7 800 Schützenpanzern, 2 500 Artilleriegeschützen, 400 Kampfflugzeugen, 50 Kampfhubschraubern, 1,2 Millionen Handfeuerwaffen, 300 000 Tonnen Munition, mit schwer zu schützenden und zu entsorgenden Raketentreibstofflagern. Es war eigentlich erstaunlich, dass es, von Unfällen abgesehen, zu keinem politisch motivierten Missbrauch dieses gewaltigen Waffenarsenals kam. Wie immer in Zeiten des Umbruchs gab es ja durchaus die Neigung, sich den neuen Verhältnissen zu verweigern. Das beschränkte sich aber auf einzelne Übergriffe deutscher Bürger auf sowjetische Militär- und Zivilangehörige, wobei es einen Todesfall gab. In der Marine hatte es nach alter Tradition Überlegungen gegeben, einzelne Schiffe vor der Übergabe an den »Feind« lieber zu versenken. Das mag damit zu tun gehabt haben, dass dort die Enttäuschung besonders groß war, denn von den 8 500 Marinesoldaten sollten nur 1 500 übernommen werden.

Die Angehörigen der NVA wussten, dass von ihnen zumindest ein wichtiger Beitrag zur Wiedervereinigung erwartet wurde, gegebenenfalls auch mit ihrem späteren Abschied, und wir wussten, dass wir ihnen eine Chance geben mussten, wo wir nur konnten. Im Oktober 1992 wurden zwanzig ehemalige Soldaten der Nationalen Volksarmee zu Berufsoffizieren der Bundeswehr ernannt. Es war wichtig, dass wir unsere Zusagen einhielten, wenn die Kameraden ihre Leistungen bewiesen hatten und gewillt waren, der Bundesrepublik Deutschland, dem militärischen Eid entsprechend, treu zu dienen. Wir verlangten viel von ihnen, und manchmal fragte ich mich, wer aus der Bundesrepublik diese schwierigen Arbeitsbedingungen akzeptiert hätte: weniger Entlassungs- und Weihnachtsgeld als im Westen, neue Anforderungen auf allen Ebenen des Dienstes bei gleichzeitiger Unterbesetzung. Mir schien aber, dass meine unzähligen Besuchsreisen mit Gesprächen, Empfängen, Anhörungen und Mittagessen ihren Teil zum gegenseitigen Verständnis beitrugen. Allein unsere prinzipielle Ansprechbarkeit, die Offenheit, mit der wir buchstäblich Tore und Türen öffneten, für Soldaten, Zivilisten und für die Presse, hat meines Erachtens für angenehme Überraschungen gesorgt und vieles erleichtert. Oft konnte ich schon bei meinem zweiten Besuch ein- und derselben Einrichtung feststellen, dass sich die Gesichter aufgehellt hatten, dass Zuversicht und Selbstwertgefühl gestiegen waren. Nun geschah vieles von dem, was der Sozialismus nur formelhaft zu deklarieren vermocht hatte.

Im März 1991 war ich mit meiner Frau zum Berliner Presseball eingeladen. Am Abend zuvor gab es einen Empfang, an dem auch Bundespräsident von Weizsäcker teilnahm. Er machte uns mit allen wichtigen Politikern bekannt und half mir so, mich in Berlin zurechtzufinden. Beim Katerfrühstück am nächsten Morgen standen wir zusammen: das Ehepaar von Weizsäcker, Detlev Karsten Rohwedder, seit Januar Präsident der Treuhandanstalt, mit seiner Frau sowie Evi und ich. Der Bundespräsident sagte: »Herr Rohwedder, wir dachten, dass Ihre Aufgabe eher einfach sei. Aber sie scheint ja sehr schwer zu sein. Und Ihre Aufgabe, Herr Schönbohm, hielten wir für schwierig, aber es scheint relativ reibungslos zu laufen.« Als wir dann über die Schwierigkeiten der Wiedervereinigung sprachen, beeindruckte mich Rohwedder in seiner Ernsthaftigkeit und Klarheit. 14 Tage später wurde er in seinem Düsseldorfer Wohnhaus ermordet. Danach wurden die Sicherheitsmaßnahmen für mich noch einmal heraufgesetzt, weil nun ich als bevorzugte Symbolfigur galt, die von den linksextremistischen Terroristen aufs Ziel genommen werden könnte. Daran hatte ich mich in der Zwischenzeit gewöhnt. Das Feldjägerkommando gewährleistete meine Sicherheit mit großer Umsicht und Rücksicht.

Eveline Schönbohm Neun Monate lang flog ich fast jeden Freitagnachmittag von Bonn nach Berlin und fuhr dann auf dem Weg nach Strausberg durch Ortsteile, deren Namen Kindheitserinnerungen wachriefen. Auf langen Spaziergängen um den Strausberger See konnte ich Jörg manchmal ihm fremde Verhaltensweisen anhand meiner Jugenderfahrungen in der DDR erklären. Nicht zuletzt die ständige Einsatzbereitschaft hatte Aggressionen gegen den Feind namens Bundeswehr erzeugt. Wir sprachen auch darüber, welche unterschiedlichen Erwartungen in Ost und West mit der Einheit verknüpft wurden. Welche Eigentumsrechte würden Gültigkeit haben? Konnte sich ein Bundesbürger überhaupt vorstellen, was Enteignung bedeutet? Konnte man von einem

DDR-Bürger Verständnis für die Gefahren erwarten, die von den linksextremistischen Terroranschlägen und in anderer Weise auch von der 68er-Revolte ausgingen? Wenn ich, zurück in Bonn, am Flügel saß, fand ich wieder zu mir selbst.

Jörg Schönbohm Ein Zwischenfall führte zu politischen Verwicklungen: Ein Soldat der Bundeswehr, ehemaliger Angehöriger der NVA, wurde am sowjetischen Munitionsdepot in Altengrabow beschossen und verletzt. Wir hatten vermutet, dass sich in diesem Depot noch Nuklearwaffen befinden, und offensichtlich war der Offizier bei seinen Aufklärungsbemühungen dem Depot zu nahe gekommen. Ich brach sofort auf und besuchte auf dem Weg den Offizier im Krankenhaus. Altengrabow war von den Sowjets praktisch noch besetzt. Es gab sowjetische Militärposten, die den Verkehr regelten. Man kam sich vor wie im Ausland. Natürlich wurde unmittelbar nach den Schüssen von Altengrabow öffentlich über meine Ablösung spekuliert, da es doch politisch höchst unverantwortlich gewesen sei, einen Offizier an dieses Depot heranzulassen. Die Frage der Atomwaffen, die dort offiziell nicht mehr existierten, schien die Öffentlichkeit weniger zu erregen.

Als etwas dazwischenkam

Unmittelbar davor hatte die *Welt am Sonntag* geschrieben, dass nicht ich Generalinspekteur werden würde, sondern General Klaus D. Naumann. Naumann habe beim Bundeskanzler einen besseren Stand, und ich hätte bei der Übernahme der NVA einige Ungeschicklichkeiten begangen. Diese Spekulationen wirkten in Strausberg wie Stimmen aus einer anderen Welt. Aber die Sache mit dem Generalinspekteur interessierte mich natürlich. Stoltenberg eröffnete mir in Berlin, dass der Bundeskanzler entschieden habe, dass Naumann, der zu dem Zeitpunkt noch Zwei-Sterne-General war, Generalinspekteur und ich Inspekteur des Heeres werden solle. Enttäuscht erwiderte ich: »Ich habe den Höhepunkt meiner militärischen Laufbahn erreicht. Sie können mich auch zum 1. Juli in den einstweiligen Ruhestand versetzen. Um meine Zukunft mache ich mir keine Sorgen.« Er bat mich, nichts Unüberlegtes zu tun. Freunde fanden, ich solle nicht ehrkäsig sein: »Lass mal, Inspekteur des Heeres ist eine angesehene Aufgabe.« Das war es in der Tat. Ich war zwar immer noch enttäuscht, meldete aber dem Minister beim nächsten Gespräch, dass ich die Entscheidung akzeptierte – wenn auch nicht die Art ihrer Veröffentlichung. Zum 1. Oktober 1991 würde ich also Inspekteur des Heeres werden. Stoltenberg hatte mir Hoffnung gemacht, dass ich anschließend Oberbefehlshaber Europa Mitte werden könnte, wenn nichts dazwischenkäme. Gewiss, »wenn nichts dazwischenkommt«, aber das verstand sich von selbst.

Eveline Schönbohm Eines Tages kam ich mit beiden Enkeln aus der Schule. Als wir in unsere Straße einbogen, standen zwei fremde Männer mit einem riesigen Strauß Blumen vor dem Haus. Schon beim Aussteigen sprachen sie mich an: »Frau Schönbohm, bitte nicht erschrecken. Wir sind vom Personenschutz. Dieser Strauß lag vor Ihrer Tür. Wir haben ihn kriminaltechnisch untersucht – und nichts Verdächtiges gefunden.« Die Blumen kamen vom Chefredakteur der *Welt am Sonntag* als Entschuldigung für die unangemessen eilige Veröffentlichung ministerieller Personalentscheidungen, noch bevor die Betroffenen selbst in Kenntnis gesetzt worden waren.

Jörg Schönbohm Im Juli 1991 konnte ich meine Aufgabe beim Bundeswehrkommando Ost als erfüllt betrachten und die Teilstreitkräfte wie vorgesehen in die Verantwortung der Inspekteure überführen. Der Minister löste im Beisein der zivilen und militärischen Führung des Ministeriums unser Kommando mit einem feierlichen Appell auf. Ich war erleichtert und dankbar. Mühsal und Plage waren vergessen. Meine Kameraden aus Ost und West waren stolz auf das, was sie gemeinsam erreicht hatten. Bei strahlender Sonne saßen wir nach dem offiziellen Teil draußen auf der Wiese hinter dem Tagungszentrum, freundschaftlich vereint. Es gab Würstchen und Bier. Es kam Wehmut angesichts des bevorstehenden Abschieds auf.

Ich bedankte mich noch einmal, besonders bei denen, die bereits zum Jahresende 1990 ausgeschieden waren und die wir ebenfalls eingeladen hatten, sowie bei denen, deren berufliche Zukunft noch immer unsicher war. Gemeinsam hatten wir bewiesen, dass 45 Jahre Kommunismus und Teilung nur vorübergehend vermocht hatten, Deutsche von Deutschen zu trennen. Die Vollendung der inneren Einheit aber sollte mich in den kommenden zwanzig Jahren weitaus mehr beschäftigen, als ich damals ahnte.

Eveline Schönbohm Ich bekam ›schulfrei‹ und nahm zusammen mit Arne an der Zeremonie teil. Es gab nun einige nicht mehr fremde Gesichter. Eine entspannte Verbundenheit zwischen allen war spürbar. Dem Intensivkurs in Sachen Vereinigung, der Jörg physisch und psychisch bis an die Grenze der Erschöpfung gefordert hatte, folgte eine Kur, in der er die dringend benötigte Ruhe nicht sofort fand. Das Erlebte konnte er allmählich verarbeiten, indem er es anhand seines Tagebuchs zu Papier brachte. So entstand das Buch *Zwei Armeen und ein Vaterland,* dessen jeweils neue Abschnitte wir bei meinen Besuchen diskutierten.

Jörg Schönbohm In einem Gespräch mit dem Journalisten Karl Feldmeyer von der *Frankfurter Allgemeinen Zeitung* bezeichnete ich im Oktober 1991 die Bundeswehr als »Armee der Einheit«. Bereits in meiner Antrittsrede hatte ich 1990 vor dem Bundeswehrkommando Ost gesagt: »So wie unsere Bundesfahne und unsere Nationalhymne Symbol der Einheit Deutschlands sind, so müssen es auch die Streitkräfte werden.« Die geeinte Armee sollte in dem historischen Prozess, dessen Ergebnis sie war, selbst Vorbildfunktion für die weitere Entwicklung übernehmen. Die

»Armee der Einheit« mochte bis dahin noch unterschiedlich ausgestattet sein und besoldet werden, sie musste aber nach einheitlichen Prinzipien organisiert und geführt werden, um einen Gemeinschaftsgeist zu repräsentieren, der über sie hinauswies. Dazu wurden die Wehrpflichtigen von Ost nach West und von West nach Ost einberufen – eine Maßnahme, die ich als Befehlshaber Ost vorbereitet hatte. Viele westdeutsche Eltern wehrten sich dagegen, dass ihre Jungs in den Osten einberufen wurden. Sie wollten ihnen das nicht zumuten, weil, wie sie meinten, dort erschwerte Bedingungen herrschten. Aber »Wiedervereinigung« bedeutet eben, dass die ehemalige innerdeutsche Grenze nicht mehr gilt. Ich sagte, mit ihren gesamtdeutschen Erfahrungen könnten diese jungen Leute nach ihrer Dienstzeit Botschafter der deutschen Einheit werden und Aufgaben übernehmen, die sonst niemand übernehmen kann. Dieses Argument überzeugte.

Berliner Luft

Voller Stolz bereitete ich mich auf die Aufgabe als Inspekteur des Heeres vor – nach 34 Bundeswehr-Jahren, die ich als einfacher Kanonier begonnen hatte. In meinen fünf Monaten als Inspekteur des Heeres von September 1991 bis Februar 1992 gehörte es zu meinen schwierigen Aufgaben, Standorte im Westen zu schließen, dafür im Osten neue aufzubauen und gemeinsam mit den Verbündeten der neuen Lage angemessene Übungskonzepte zu entwickeln. Noch während dieser Zeit lud Stoltenberg mich überraschend zum Mittagessen ein und eröffnete mir, dass er mich nach Absprache mit dem Bundeskanzler zum Staatssekretär für Sicherheitspolitik und Rüstung machen wolle. Ich bat den Minister um Bedenkzeit, da der Eindruck entstehen könne, dass ich fahnenflüchtig würde, nachdem ich mir doch so viel vorgenommen hatte. Stoltenberg sagte, er habe niemanden sonst, der so gut darauf vorbereitet sei wie ich durch meine Verwendung als Adjutant des Verteidigungsministers, als Leiter Planungsstab und als Befehlshaber Bundeswehrkommando Ost. Der Generalinspekteur und einige andere Kameraden meinten unisono: »Das musst du machen, denn es ist gut für das Militär, wenn einer von uns auf dieser Führungsebene Verantwortung übernimmt.« Ich besprach mich auch mit meiner Frau und sagte ihr: »Das Gebiet der Rüstungs- und Sicherheitspolitik ist so komplex, dass man jederzeit mit Schwierigkeiten rechnen muss. Und die können dazu führen, dass man aus politischen Gründen ganz plötzlich entlassen wird oder ich unter veränderten Bedingungen die Aufgabe nicht mehr wahrnehmen kann.« Evi war einverstanden, und ich sagte dem Minister zu.

Stoltenberg bedankte sich für meine Zusage, und nach 35 Jahren Dienst im deutschen Heer wurde ich als dessen oberster Soldat verabschiedet. Es war für mich ein besonderer Augenblick, als ich neben dem Minister und dem Generalinspekteur auf dem Podest stand und zu meinen Ehren ein Zapfenstreich gegeben wurde. Nach dem Beispiel Russlands, Österreichs und Schwedens hatte der preußische König Friedrich Wilhelm III. während der Befreiungskriege den Zapfenstreich um das Präsentieren des Gewehrs, ein stilles Gebet und das Blasen eines Militärliedes erweitert. Seitdem wird also Musik gespielt, und es gehört zu den Regularien, dass der zu Verabschiedende eigene Wünsche zum Programm äußern kann. Ich wünschte mir zum Abschluss des Zapfenstreichs »Des Großen Kurfürsten Reitermarsch« (einer der schönsten Märsche überhaupt; er wurde auch 1998 beim Großen Zapfenstreich für Bundeskanzler Helmut Kohl vor dem Speyerer Dom gespielt), ferner zur Überraschung mancher Teilnehmer, für die Berlin und Brandenburg immer noch irgendwo jenseits der östlichen Grenze lagen, das Brandenburglied »Märkische Heide« und schließlich »Berliner Luft«.

Mein militärisches Leben zog an meinem inneren Auge vorüber. Ich war voller Glück und Dankbarkeit, dass ich das alles hatte erleben dürfen. Trotz einiger Unfälle, die auch ich bei Übungen erlitten hatte, war ich gesund geblieben, erlebte das Glück der

TAFELTEIL

Abb. 1 Im Berliner Zoo, 2000

Abb. 2 »Der echte deutsche Buchhändler alten Stils«, wie George Grosz schrieb. Großvater Heinrich Schönbohm um 1910 in Stolp/Pommern

Abb. 3 Heinrich Schönbohm, gemalt von seiner Frau Margarethe Schönbohm (geb. Stürmer), um 1935

Abb. 4 Wo die Mutter ihre Kindheit verbrachte: Gut Neu Golm bei Bad Saarow, von 1918 bis 1927 im Besitz ihres Vaters Georg Asselborn

Abb. 5 Nahm immer zwei Stufen auf einmal: Eveline Schönbohms Vater Fritz Keue 1906 im Alter von drei Jahren

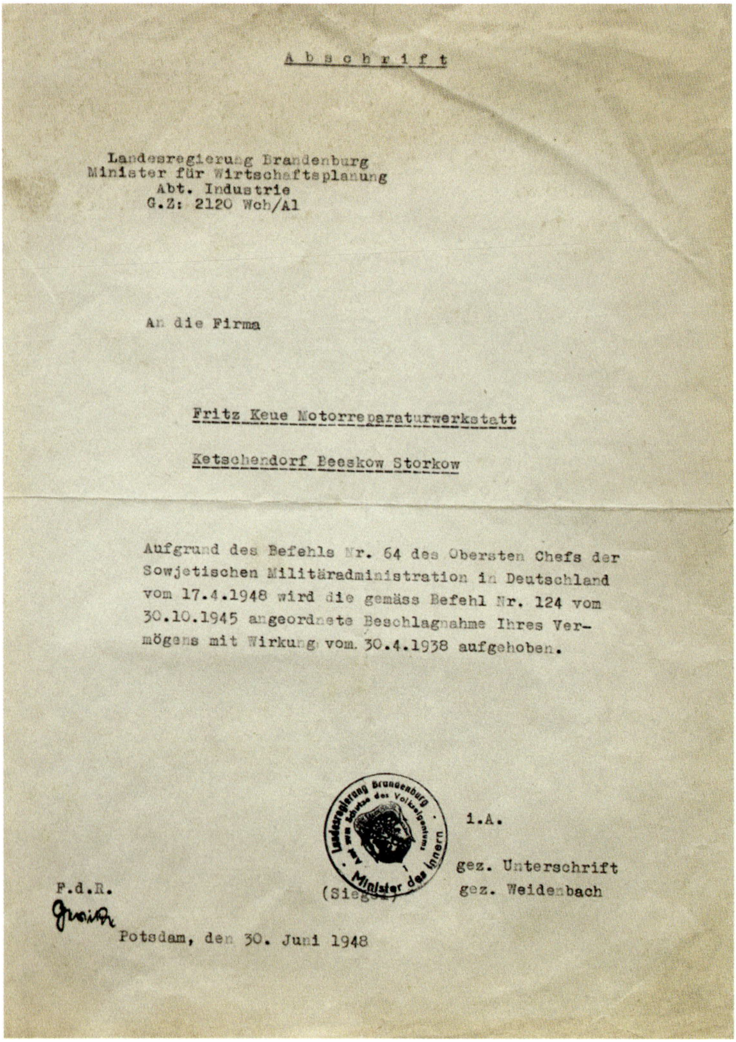

A b s c h r i f t

Landesregierung Brandenburg
Minister für Wirtschaftsplanung
Abt. Industrie
G.Z: 2120 Wch/Al

An die Firma

Fritz Keue Motorreparaturwerkstatt

Ketschendorf Beeskow Storkow

Aufgrund des Befehls Nr. 64 des Obersten Chefs der Sowjetischen Militäradministration in Deutschland vom 17.4.1948 wird die gemäss Befehl Nr. 124 vom 30.10.1945 angeordnete Beschlagnahme Ihres Vermögens mit Wirkung vom 30.4.1938 aufgehoben.

i.A.

(Siegel) gez. Unterschrift
gez. Weidenbach

F.d.R.

Potsdam, den 30. Juni 1948

Abb. 6 Trügerische Erleichterung: 1948 hob das brandenburgische Innenministerium die Beschlagnahme von Fritz Keues Autowerkstatt auf.

Abb. 7 Eveline Schönbohm (l.) mit Bruder Peter und Schwester Susanne auf dem Foto, das ihre Mutter (2. v. l.) 1947 dem Vater nach Sibirien schickte

Abb. 8 Rückkehr ins bürgerliche Leben: die Oberprima des Kasseler Goethe-Gymnasiums auf der Zugspitze (Jörg Schönbohm in der obersten Reihe, 2. v. r.), Sommer 1956

Abb. 9 Klassenlehrer Hans Blasczyk vor Schloss Linderhof in Bayern, Sommer 1956: »Wann eigentlich will der Deutsche lernen, daß beides erfaßt sein will, beides bejaht sein will: Heimat und Welt, Volk und Menschheit? Wann eigentlich will er lernen, daß der Mensch nicht ungestraft unaufhebbare Wirklichkeiten nur deswegen abtun kann, weil er eine Enttäuschung erlebte oder weil ein hoher Wert mißbraucht wurde?«

Abb. 10 Vater Horst Schönbohm (hier im Jahre 1949) trat 1938 nach der Reichspogromnacht als NSDAP-Ortsgruppenleiter von Bad Saarow zurück und wurde nie wieder politisch tätig.

Abb. 11/11 a Mit Schwiegervater Fritz Keue (oben) und Mutter Elisabeth Schönbohm (geb. Asselborn) im Sommer 1961 in Rheydt

Abb. 12 Alle sechs Monate zum TÜV: mit dem DKW-Cabrio 1959 in Italien

Abb. 13 Gedrillt von Teilnehmern des Zweiten Weltkriegs: Grundwehrdienst in Niederlahnstein, 1957

Abb. 14 Eveline Schönbohm mit der dreijährigen Imme, Frühjahr 1964

Abb. 15 Grundwehrdienst 1988. Arne Schönbohm mit seiner Mutter

Abb. 16 Ehepaar Schönbohm mit Arne, Imme und Hendrik (v. l.) 1979 in Bonn

Abb. 17 Als Brigadekommandeur in Augustdorf bei Detmold 1983 zur größten Einheit sprechend, die ein Mann mit seiner Stimme führen kann.

Abb. 18 Mit Vizepräsident George Bush im Zug von Bayreuth nach Nürnberg, März 1983

Abb. 19 Als Leiter Planungsstab mit Präsident Ronald Reagan in Washington, 1988

Abb. 20 Als Leiter Planungsstab mit Colin Powell, 1989

Abb. 21 Bundeswehrkommando Ost: Feierliches Gelöbnis mit Verteidigungsminister Gerhard Stoltenberg (2. v. r.) in Hagenow, Frühjahr 1991

Abb. 22 Truppenbesuch beim Bundeswehrkommando Ost, Frühjahr 1991: »Die Männer sehen ja aus wie bundesdeutsche Soldaten!«

Abb. 23 »Wer ist Ihr Botschafter in Bonn?« – Bundespräsident Richard von Weizsäcker besucht das Bundeswehrkommando Ost, April 1991

Abb. 24 Mit Ministerpräsident Manfred Stolpe während der Sitzung des Bundesrates am 22. März 2002 in Berlin: »Sie kennen meine Auffassung, Herr Präsident!«

Abb. 25 Das Kabinett Platzeck I am 28. Juni 2002 in Potsdam. Obere Reihe (v. l.): Wolfgang Birthler (SPD, Landwirtschaft), Alwin Ziel (SPD, Soziales), Hartmut Meyer (SPD, Bau und Verkehr), Steffen Reiche (SPD, Bildung), Rainer Speer (Chef der Staatskanzlei), Wolfgang Fürniß (CDU, Wirtschaft). Untere Reihe (v. l.): Kurt Schelter (CDU, Justiz und Europa), Dagmar Ziegler (SPD, Finanzen), Ministerpräsident Matthias Platzeck (SPD), Johanna Wanka (CDU, Kultur) und Jörg Schönbohm (CDU, Inneres)

Abb. 26 Unterstützung von Helmut Kohl: Wahlkampfveranstaltung der CDU in Strausberg fünf Tage vor der Landtagswahl 2004

Abb. 27 Mit der CDU-Vorsitzenden Angela Merkel am 16. August 2005 während einer Wahlkampfveranstaltung in Cottbus

Abb. 28 Der israelische Außenminister Silwan Schalom (vorn) am 22. Oktober 2003 mit Jörg Schönbohm und der brandenburgischen Justizministerin Barbara Richstein (2. v. l.) im ehemaligen Konzentrationslager Sachsenhausen

Abb. 29 In Erinnerung an die Zugfahrt 1983: Ehepaar Schönbohm mit George Bush bei der Eröffnung der neuen amerikanischen Botschaft in Berlin am 4. Juli 2008

Abb. 30 Rot-Schwarz oder Rot-Rot? Mit Ministerpräsident Matthias Platzeck und PDS-Spitzenkandidatin Dagmar Enkelmann am 19. September 2004 in Potsdam

deutschen Einheit und würde in meine Heimat zurückkehren können, sobald ich aus dem aktiven Dienst ausschied. Außerdem stand für mich seit dem Hauptstadtbeschluss im Juni 1991 ein Schreibtisch in Berlin, denn das Verteidigungsministerium sollte einen Dienstsitz in Berlin erhalten. Die Zukunft lag in der neuen, alten Hauptstadt.

Rühe wird Minister

Die Welt des Staatssekretärs war eine andere als die des Truppenbefehlshabers, in der ich zuletzt gelebt und gearbeitet hatte. Ich hatte mit großen Rüstungsaufträgen zu tun, vor allem mit sicherheitspolitischen Fragen. Mir kamen Erfahrungen zugute, die ich als Adjutant des Verteidigungsministers Wörner gemacht hatte, der seit 1988 NATO-Generalsekretär war. Wir standen nach wie vor in guter und enger Verbindung. Ich wurde von Stoltenberg beauftragt, die Zusammenarbeit mit den östlichen Nachbarn zu intensivieren und dabei die Verbindung zu Wörner und den Alliierten zu halten. Als erstes regte ich gemeinsam mit meinen Kollegen aus Großbritannien, den USA und Frankreich ein regelmäßiges sogenanntes *Quad-Meeting* an, das zweimal im Jahr stattfand, um unsere Kenntnisse voneinander zu vertiefen. Die Zusammenarbeit mit dem Auswärtigen Amt hatte sich seit dem Streit zwischen Genscher und Stoltenberg im Vorfeld der Wiedervereinigung wieder normalisiert. Mein Hauptthema aber war neben den NATO-Aufgaben die Rüstung. Der Verteidigungshaushalt wurde zurückgefahren und damit auch die Rüstungsbeschaffung sowie die Bereiche Forschung und Entwicklung, und das nicht nur in Deutschland, sondern in allen Ländern des westlichen Bündnisses.

Auf welche Kernfähigkeiten sollte sich die deutsche Industrie nun konzentrieren, um international wettbewerbsfähig zu bleiben? Ich richtete Arbeitsgruppen mit Vertretern der Industrie und der Rüstungsabteilung des Verteidigungsministeriums ein, um herauszufinden, wie trotz Friedensdividende die technische Leistungsfähigkeit zu erhalten wäre. Wir konnten unsere Spitzenpositionen z. B. im Panzer- oder U-Boot-Bau, in der Optronik und bei Panzerabwehrraketen nur durch Absprachen mit den Bündnispartnern (um die notwendigen Stückzahlen zu erreichen) und durch politisch kontrollierten Rüstungsexport erhalten. Es war uns klar, dass der technologische Wettlauf auch nach Ende des Kalten Krieges weitergehen würde, wenngleich wir noch nicht genau wussten, welche neuen politischen Spannungen auf uns zukommen würden. Bei allem Optimismus musste das größte Land im Herzen Europas auch in militärischer Hinsicht ein verlässlicher Partner bleiben. Die Verbindungen zu den Nachbarn im Osten sollten den neuen diplomatischen Möglichkeiten entsprechend intensiviert werden.

Wie kompliziert und unberechenbar Rüstungsfragen tatsächlich sind, sollte ich kurze Zeit später erleben. Stoltenbergs Parlamentarischer Staatssekretär hatte im Haushaltsausschuss fälschlicherweise behauptet, dass keine Panzer in die Türkei geliefert würden – entgegen den wiederholten Vorhaltungen von SPD und Grünen, deutsche Panzer kämen gegen Kurden zum Einsatz. SPD und Grüne waren grundsätzlich gegen jede Rüstungslieferung an die Türkei. Wir dagegen waren überzeugt, damit einen wichtigen Beitrag zur Stabilität des westlichen Bündnisses zu leisten. Wir hatten genug Material, um es zu gegenseitigem Nutzen in ein Geschäft einzubringen und dem NATO-Partner Türkei zu helfen. In dieser aufgeheizten Situation wurde bekannt, dass das Bundesverteidigungsministerium zusammen mit dem Bundesnachrichtendienst als Landmaschinen deklarierte NVA-Panzer zu Testzwecken an Israel geliefert hatte. Stoltenberg trat daraufhin im März 1992, wenige Wochen nach meiner Ernennung zum Staatssekretär, zurück – nicht ohne zuvor den verantwortlichen Parlamentarischen Staatssekretär Ottfried Henning entlassen zu haben, da dieser ihn nicht informiert hatte. Das war ein bitterer Ausgang, der uns alle tief getroffen hat.

Nach Stoltenberg wurde Volker Rühe Verteidigungsminister. Rühe, vormals Oberstudienrat in Hamburg, war seit 1989 als Nachfolger von Heiner Geißler Generalsekretär der CDU. Er hatte dafür gesorgt, dass mein Bruder Wulf, ein Vertrauter Geißlers, seinen Posten als Leiter der Grundsatz- und Planungsabteilung in der CDU-Geschäftsstelle verlor. Sofort wurde öffentlich kolportiert, dass auch ich Schwierigkeiten mit Rühe bekommen würde. Also erwartete ich seinen Amtsantritt mit einer gewissen Vorsicht. Aus dem Bundeskanzleramt wurde mir bedeutet, dass ich das volle Vertrauen des Bundeskanzlers besäße und mir wegen des neuen Ministers keine Sorgen machen solle. Volker Rühe übernahm seine Aufgabe mit der ihm eigenen Dynamik und Hemdsärmeligkeit. Die Eingewöhnung war nicht einfach, aber nach einiger Zeit konnten wir die anstehenden Fragen offen besprechen. Ich kümmerte mich weiterhin um die NATO-Osterweiterung sowie um alle Rüstungsvorhaben. Rühe ließ mir freie Hand, obwohl es immer wieder zu Spannungen zwischen uns kam, auch zu misstrauischer Vorsicht, was ich bis dahin bei keinem Minister so erlebt hatte. Beispielsweise wollte Rühe entgegen den Verabredungen mit England, Spanien und Italien die Zahlungen für die Entwicklung des europäischen Jagdflugzeuges Jäger 90 im Frühjahr 1993 um mehrere hundert Millionen Mark strecken. Es war nicht gerade leicht, Rüstungskonzernen und ausländischen Vertragspartnern Rühes politische Weisungen zu vermitteln. Hinzu kam, dass sich auch der Haushaltsausschuss des Bundestages gegen die ursprünglich geplante Finanzierung des Jäger 90 sperrte.

Die Zusammenarbeit mit Volker Rühe dauerte schließlich fast vier Jahre. Anfang April 1992 berichtete *Der Spiegel* über den Cadenabbia-Kreis, der sich von Wörner bis Stoltenberg erhalten hatte. Stoltenberg selbst hat in diesem Kreis verschiedentlich an den Diskussionen teilgenommen. Rühe wollte das nicht und bat uns, den Kreis aufzulösen. So trafen wir uns weiterhin als privater Freundeskreis.

Im Rüstungspolitischen Arbeitskreis waren alle rüstungsinteressierten großen deutschen Firmen auf Vorstandsebene vertreten, um Fragen der wissenschaftlich-technologischen Entwicklung sowie Bedarfsüberlegungen der Streitkräfte zu erörtern. Als Folge der schrumpfenden Verteidigungsausgaben mussten die Kapazitäten in allen Bereichen angepasst werden. Beispielhaft sei daran erinnert, dass nach Wegfall der Bedrohung durch sowjetische Panzer ein deutlich geringerer Bedarf an Panzerabwehrraketen, Panzerabwehr-Hubschraubern, Panzerabwehrminen und Luft-Boden-Raketen bestand. Diese Veränderungen führten neben der Neuordnung der nationalen Rüstungsindustrie zu verstärkter internationaler Zusammenarbeit, die in eine »Europäische Rüstungsagentur« münden sollte. Für uns stand ferner die NATO-Osterweiterung auf der Tagesordnung. Rühe hielt eine grundlegende Rede vor dem Internationalen Institut für Strategische Studien in London, in der er erklärte, dass Deutschlands Interesse darin bestehe, aus einer Randlage in seine alte geographische Mittellage zurückzukehren.

Bei den Gesprächen mit meinen Kollegen im Rahmen der Quad-Meetings stellte ich fest, dass die Amerikaner das genauso sahen wie wir. Die Briten und Franzosen waren zurückhaltender. Für dieses Problem war Manfred Wörner der ideale Ansprechpartner, der uns verstand und unterstützte. Aber immer mit der Maßgabe: »Jungs, drängt nicht zu sehr, wir müssen alle mitnehmen.« Ich hatte ihn lange nicht gesehen und erschrak einigermaßen, als wir uns Anfang 1993 endlich wieder begegneten. Er war bereits vom Krebs gezeichnet und sichtbar abgemagert, hatte aber immer noch eine glänzende Kondition und einen starken Willen. Nach unserem letzten Gespräch fand ich 1994 auf Dienstreise in Südamerika in meinem Hotelzimmer eine Nachricht vor, ich möge Frau Wörner in Brüssel anrufen. Sie teilte mir mit, dass ihr Mann überraschend schnell gestorben sei. Am Ende unseres sehr persönlichen Gesprächs versprach ich ihr, mich selbst um die Beisetzungsfeierlichkeiten zu kümmern. Mir unterstand die Protokollabteilung des Ministeriums, und es galt, den Generalsekretär der NATO zu ehren und dem Verteidigungsminister zu danken. Ich wollte nicht, dass die Witwe Manfred Wörners sich von Brüssel aus um Dinge kümmern musste, die meine Mitarbeiter und ich ihr abnehmen konnten.

Noch im selben Jahr 1994 begann die Zusammenarbeit zwischen der NATO und 23 europäischen und asiatischen Staaten namens »Partnership for Peace«. Das Ausmaß der Zusammenarbeit kann von jedem teilnehmenden Staat selbst bestimmt werden. Meist handelt es sich um gemeinsame Manöver und Berücksichtigung von NATO-Standards bei der Beschaffung neuen militärischen Geräts. Die Teilnahme an friedenserhaltenden und friedensschaffenden Missionen der NATO ist ebenfalls möglich. Vorgesehen ist auch die Konsultation der NATO bei Bedrohung eines Unterzeichnerstaates von außen. »Partnership for Peace« ist aber kein Verteidigungsbündnis; Beistands*pflicht* bleibt NATO-Mitgliedern vorbehalten. Es war ein Programm, das wenig kostete, aber psychologisch große Bedeutung hatte. Ich selbst warb bei verschiedenen Besuchen in der Ukraine um ihre Teilnahme, nachdem wir entsprechende Ausbildungs- und Ausstattungshilfe bereitgestellt hatten. Nach der Auflösung des Warschauer Paktes gab es eine neue, Europa und die USA umfassende Zusammenarbeit – das förderte die Stabilität im zusammenwachsenden Europa.

Ich hatte im Parlament regelmäßig um Haushaltsposten des Verteidigungsministeriums zu kämpfen. Da wir keinem übermächtigen Panzerfeind mehr gegenüberstanden wie noch im Kalten Krieg, war unklar, wann und mit wem es jemals zu einem Konflikt um das Hoheitsgebiet der Bundesrepublik Deutschland kommen könnte. Also überprüften wir vor allem die Ausrüstungsplanung und die Rüstungsbeschaffung. Ich schlug dem Minister vor, einen bestimmten Typ Panzerabwehrraketen nicht mehr anzuschaffen. Das Werk für diese Raketen lag allerdings im Wahlkreis eines CDU-Abgeordneten, der großen Wert darauf legte, dass der Auftrag vergeben wurde. Der Minister schloss sich dennoch meinem Votum an, und ich erklärte dem Abgeordneten, dass wir keinen Bedarf mehr an Panzerabwehrraketen hätten. Daraufhin sagte er sinngemäß: »Wie immer Sie den Bedarf definieren – das Geld bekommen Sie von uns. Wenn dieser Auftrag nicht vergeben wird, werden Sie die gleiche Summe an anderer Stelle ebenfalls nicht bekommen.« Ich berichtete Rühe, der wie ich verständnislos reagierte. Tatsächlich nahm der geschlossene Haushaltsausschuss des Deutschen Bundestages, also unter Ausschluss der Öffentlichkeit, unsere Entscheidung zur Kenntnis und strich in einem anderen Bereich ebenfalls 75 Millionen Mark. Zu solchen Racheakten an ihrem Land sind Parlamentarier fähig, wenn es gegen ihre unmittelbaren Interessen im jeweiligen Wahlkreis geht. Alle fordern die Friedensdividende, aber keiner will dafür zahlen. Ähnliche Erfahrungen machten wir auch bei Fragen der Stationierung und Beförderung.

Der Alltag eines Staatssekretärs bringt weite Reisen mit sich, Besuche in China, Südamerika und den Golfstaaten, um sicherheitspolitische Gespräche zu führen, immer in Abstimmung mit der Bundesregierung und dem Auswärtigen Amt. Zu Israel pflegten wir weiterhin ein besonderes Verhältnis. Mit meinem Kollegen im israelischen Verteidigungsministerium, einem früheren Chef der israelischen Luftwaffe, hatte ich regelmäßige Treffen vereinbart. Wir entwickelten eine Matrix der Zusammenarbeit im Rüstungsbereich und zu allen Fragen, bei denen es gemeinsame Interessen gab. Deutsche Erfahrungen auf dem Gebiet vertrauens- und sicherheitsbildender Maßnahmen flossen in die Verhandlungen zwischen Israel und Jordanien ein, die wiederum zu der Waffenstillstandsvereinbarung führten, die im Oktober 1994 in Aqaba unterzeichnet wurde. Es war einer der größten Festakte in der Geschichte Israels: Ministerpräsident Jitzchak Rabin und Jordaniens König Hussein schlossen nach 46 Jahren Kriegszustand offiziell Frieden. Über 5 000 Gäste nahmen an der Feier teil, darunter der amerikanische Präsident Clinton. Auch ich erhielt eine Einladung von Präsident Rabin und König Hussein, konnte ihr aber nicht folgen, da Außenminister Klaus Kinkel Wert darauf legte, die Bundesrepublik Deutschland allein zu vertreten.

Eveline Schönbohm Mein Vater konnte den Fall der Mauer noch miterleben. Er war mit jedem unserer drei Kinder, sobald sie 14 Jahre alt waren, nach Berlin gefahren und hatte ihnen seine Stadt gezeigt. Sie verbanden mit ihrem Großvater immer auch Berlin. Fritz Keue starb mit 87 Jahren an Krebs. Nach seinem Tod übergab mir meine Mutter einen Stoß Akten zur weiteren Verwendung: »Mit Jörgs Hilfe wirst du sicher unsere Vermögensansprüche durchsetzen können.« Es handelte sich um das Wohn- und Geschäftshaus meiner Großmutter Ella Keue und um das Zweifamilienhaus der mütterlichen Großeltern Palwizat. Das erste, in dem wir bis 1953 gewohnt hatten, war zwar testamentarisch an uns Enkel vererbt. Aber auf dem Aktendeckel des Grundbuchs stand zu lesen »Zur Enteignung vorgesehen«. Der Mieter eines der Läden hatte ein Auge darauf geworfen. Die Rechtspositionen der DDR galten aber nicht mehr. Bezüglich des Palwizat-Hauses sollte ich die Sterbeurkunden der mit ihrer Tochter und deren Bräutigam im Auto auf dem Weg nach Senftenberg verbrannten Großeltern beibringen. Darüber hinaus sollte ich (52 Jahre später!) nachweisen, dass meine Großmutter meinen Großvater nicht überlebt hatte, und sei es nur um Minuten. Am schwierigsten gestaltete sich die Rückgabe des väterlichen Betriebes. Wir mussten jemanden finden, der nicht nur uns, sondern auch den VEB auszahlte, der die Säuberung des ölverschmutzten Bodens übernahm und die weitere betriebswirtschaftliche Nutzung garantierte.

Nach einer mühsamen und ergebnislosen Besprechung in Ketschendorf erholten Jörg und ich uns in einem Café auf dem Kurfürstendamm und beschlossen spontan, an dem nahen

BMW-Geschäft vorbeizugehen und die Immobilie dort anzubieten. Dem gar nicht so überraschten Manager trugen wir unser ungewöhnliches Anliegen vor. »Wie hieß der Ort?« Er verschwand und kam mit einem Schreiben wieder, auf dem ich sofort den Briefkopf meines Vaters und die schwungvolle Handschrift meiner Mutter erkannte: »Betrag dankend erhalten.« – »Das ist die Rechnung des ersten BMW-Motorrads eines Freundes, die er mir vor kurzem gebracht hat.« Abgesehen von dem merkwürdigen Zufall fanden wir auf diese Weise tatsächlich einen BMW-Händler, der den väterlichen Betrieb übernahm.

Als erstes kümmerten wir uns um das Palwizat-Haus, dessen Gartenerträge uns in den Nachkriegsjahren das Leben gerettet hatten. Mit dem Grundbuchauszug meiner Großmutter Ella Keue suchte ich einen uns bekannten Notar im Rheinland auf. Er riet mir, mich zunächst enteignen zu lassen und dann weiterzusehen. Ich erinnerte mich an meine Mutter und den Rechtsanwalt, der 1946 die Enteignung des Betriebs mit seinem lapidaren, aber teuren »Hier kann ich auch nichts machen!« kommentiert hatte. Mühsam bewahrte ich die Fassung. Mit Hilfe einer kundigen Sachbearbeiterin gelangen uns schließlich die Rückübertragung und der Verkauf des Hauses. Nicht auffindbar war auf dem nahegelegenen Friedhof die große Familiengrabstätte mit dem schwarzen Marmorgrabstein. Es fiel mir schwer, meiner bereits bettlägerigen Mutter davon zu berichten. Sie tröstete sich und mich mit den Worten: »Sicher hat der Steinmetz aus Ketschendorf, der meine Mutter sehr verehrte, ihn zu sich geholt.«

Jörg Schönbohm In der Zwischenzeit hatten sich in den neuen Ländern Landesregierungen gebildet. 1990 erhielt die Brandenburger CDU bei den ersten Wahlen nur knapp 30 Prozent der Stimmen. Nun stand die Landtagswahl 1994 bevor, und der Landesverband suchte händeringend politische Führungskräfte. Eines Tages bekam ich Besuch von einer Delegation der Brandenburger CDU unter der Leitung von Rainer Eppelmann, die mich dazu bewegen wollte, Spitzenkandidat bei der kommenden Landtagswahl zu werden. Ich war zwar spontan von dieser Idee begeistert, aber unsicher, sobald ich in Ruhe darüber nachdachte. Ich hätte meine Entlassung als Staatssekretär beantragen müssen. Würde mich Minister Rühe überhaupt gehen lassen?

Nach einigen Überlegungen und Diskussionen war ich gewillt, zuzusagen. Rühe konnte sich aber nicht dazu durchringen, mich zu entlassen, weil das rechtlich schwierig war. Aber fortan hat es mich immer wieder gereizt, in die Politik zu gehen. 1994 trat ich in die CDU ein. Ich hatte immer die Auffassung vertreten, dass ein Offizier keiner Partei angehören sollte. Es könnten sich Loyalitäts- und Interessenkonflikte ergeben, zumal, wenn man herausgehobene Führungsfunktionen wahrnimmt. Zudem hatte meine Frau mich 1982, als ich zu Wörner ging, aufgrund ihrer Erfahrungen in der SBZ gebeten, in keine Partei einzutreten. So war ich einer der wenigen parteilosen Staatssekretäre geworden. Aus meinen politischen Überzeugungen hatte ich dennoch nie einen Hehl gemacht.

Schwerter zu Schrott

Der Verteidigungsminister entschied, Panzer und Schützenpanzer an Finnland zu liefern. Das half diesem verlässlichen Partner, seine Armee zu modernisieren, und gleichzeitig wurden für die Instandsetzungswerke in den neuen Bundesländern Arbeitsplätze geschaffen. Waffen und Munition wurden weiterhin auch an die Türkei geliefert. Für den immer wieder im Bundestag und in den Medien erhobenen Vorwurf, dass das Material vertragswidrig im Kampf gegen die Kurden eingesetzt würde, gab es auch weiterhin keine Beweise. Wir hatten keinen Grund, an der Vertragstreue der Türken zu zweifeln. Die Auseinandersetzung artete in eine wüste Polemik aus, vor allem seitens der Grünen, der PDS und auch der SPD – heute alle glühende Befürworter des Beitritts der Türkei zur Europäischen Union! Umgekehrt stehen viele von denen, die damals die Waffenlieferungen an die Türkei verteidigt haben, heute dem Beitritt skeptisch gegenüber – wie ich auch.

Ferner wurde beschlossen, einen Teil der NVA-Küstenschutzschiffe nach Indonesien zu verkaufen, das als aufstrebende Wirtschaftsmacht und größtes islamisches Land der Welt große Bedeutung für uns hat. Die Schiffe wurden in der Peene-Werft in Wolgast umgebaut, wo sie auch ursprünglich vom Stapel gelaufen waren. Das half dem Unternehmen beim Übergang in die Marktwirtschaft. Und Indonesien konnte seine Grenzen und Inseln besser schützen. In diesem Fall gab es Proteste wegen General Suharto, der den moskowitisch orientierten Achmed Sukarno abgelöst hatte und von 1967 bis 1998 Präsident des Landes war. Demonstranten besetzten gewaltsam die Werft und versuchten, die Auslieferung der Schiffe zu verhindern. Offenbar stellten sie sich vor, dass man nur zu lupenreinen Demokraten gute Beziehungen pflegen dürfe – ohne sich klarzumachen, dass man nach diesem Menschheitsbeglückungskriterium gleich die mehrheitlich von Nichtdemokraten besetzten Vereinten Nationen auflösen könnte.

Als ich an der Übergabe der Schiffe in Indonesien teilnahm, konnte ich feststellen, wie wichtig sie für die indonesische Regierung waren. Unser Argument, dass wir lieber Arbeitsplätze erhielten und unseren Bündnispartnern oder Freunden halfen, als dass wir wertvolles Material verschrotteten, war den Demonstranten offenbar zu rational. Für sie zählte weder das eine noch das andere. Die Verwertung der NVA-Bestände war dennoch im November 1997 abgeschlossen. Das Gros der Handfeuerwaffen, Munitionsbestände und gepanzerten Fahrzeuge war verschrottet. Neben der Nachlassverwertung mussten wir uns der Entwicklung und Beschaffung künftig brauchbaren Rüstungsmaterials zuwenden. Kein Land in Europa ist heute noch in der Lage, allen Anforderungen seiner Streitkräfte mit eigener Produktion zu entsprechen. Die nationalen Stückzahlen waren aufgrund der erfolgreichen Rüstungskontrollpolitik und der reduzierten Streitkräfte deutlich zurückgegangen. Mit dem Export des »Leopard«

nach Schweden, in die Schweiz und jetzt nach Polen haben wir bewiesen, dass wir mit unserer panzerbauenden Industrie in und für Europa wichtig sind.

Ein anderer Bereich, in dem wir weltweit führend waren, war der ebenfalls bereits erwähnte Bau konventioneller U-Boote. Die Luft- und Raumfahrtindustrie konnten wir nur gemeinsam mit Bündnispartnern fördern – etwa im Rahmen der *European Aeronautic Defence and Space Company* (EADS), deren Anfänge ich politisch begleitet hatte und die ich ab Juli 2000, dem eigentlichen Gründungsdatum, mit Interesse weiterverfolgte. Vor allem eine Zusammenarbeit mit Frankreich und den USA, in die wir deutsche Firmen einbringen wollten, die in den Bereichen Optronik und Elektronik an der Spitze standen, erschien uns sinnvoll.

Jeder der künftigen Partner wollte in seinem Spezialbereich eine führende Rolle übernehmen, was es nicht gerade leicht machte, die internationale Zusammenarbeit auf den Weg zu bringen. Hier spielte das europäische Jagdflugzeug Jäger 90 (später *Eurofighter* genannt) eine große Rolle, das Großbritannien, Deutschland, Italien und Spanien seit den achtziger Jahren planten. Wie konnten wir ein wettbewerbsfähiges Flugzeug bauen, mit dem wir von den USA unabhängiger werden und gleichzeitig unsere industrielle Basis stärken würden? Unser Interesse an dem europäischen Jagdflugzeug bestand darin, Kompetenzen und Kapazitäten im Bereich der Luft- und Raumfahrtindustrie zu erhalten.

Als Volker Rühe im April 1992 Verteidigungsminister wurde, äußerte er sich in der Öffentlichkeit verschiedentlich skeptisch, obwohl er wusste, dass wir nur *mit* diesem Projekt im Bereich der europäischen Luft- und Raumfahrt vorankommen würden. Auf dem Parteitag der CDU im Oktober 1992 in Düsseldorf kandidierte Rühe für den stellvertretenden Parteivorsitz, unterlag aber überraschend dem sächsischen Innenminister Heinz Eggert. Das brachte auch mich in ein Dilemma, denn ich brauchte für unsere vielfältigen Verhandlungen zwar einen starken Minister, war in dieser Frage aber anderer Meinung als er. Auf Grund der bestehenden Verträge und *Memoranda of Understanding* konnte keine Nation die getroffenen Verabredungen in einem nationalen Alleingang abändern. Also arbeitete ich eng mit Großbritannien, Italien und Spanien zusammen. Es mussten die jeweiligen Anteile an der Produktion des Flugzeugs verhandelt werden, die Stückzahlen sowie die komplizierten Verträge mit der EADS über Laufzeiten und Fälligkeiten der Forschungs- und Entwicklungsmittel. In einem langen Prozess haben wir Lösungen gefunden, die Jahre nach meinem Ausscheiden als Staatssekretär, im September 1998, vertraglich fixiert werden konnten.

Noch immer bauten Franzosen und Schweden ihre eigenen Jagdflugzeuge, und wenn die Briten das ebenfalls angestrebt hätten, wären wir in diesem Bereich niemals wettbewerbsfähig geworden. Wer die transatlantische Zusammenarbeit schätzt, sollte eine europäische Gemeinsamkeit in den wichtigen Positionen entwickeln, um nicht als Bittsteller in Verhandlungen mit den USA zu gehen und um sich nicht ausspielen zu lassen. Das heftig umstrittene Jagdflugzeug wurde ein großer Erfolg. Inzwischen hat Saudi-Arabien 72 Stück bestellt, und mit Österreich und weiteren Staaten laufen Kaufverhandlungen. In keinem anderen Bereich, von der panzerbauenden Industrie bis hin zu den Marinewerften, gibt es so immense Synergieeffekte wie im Bereich der Luft- und Raumfahrttechnik.

Im April 1992 hatte die Bundesrepublik entschieden, mit 140 Sanitätssoldaten an der humanitären Mission *United Nations Transitional Authority in Cambodia* (UNTAC) in Kambodscha teilzunehmen. Das war der erste Einsatz von Soldaten der Bundeswehr außerhalb des NATO-Vertragsgebiets. Minister Rühe und Hans-Ulrich Klose, der damalige SPD-Fraktionsvorsitzende, vereinbarten, diesen Einsatz aus den parteipolitischen Kontroversen herauszuhalten. Auf der Hardthöhe wurde nicht erwartet, dass PDS und Grüne das mitmachen würden, aber wenigstens sollten CDU/CSU, SPD und FDP einer Meinung sein. Der Einsatz wurde auch dann nicht in Frage gestellt, als der Sanitätsoberfeldwebel Alexander Arndt im Oktober 1993 auf offener Straße erschossen wurde. Er war der erste Bundeswehrsoldat, der während eines Einsatzes fiel.

Ich nahm zum ersten Mal seit 1982 wieder an einem deutsch-französischen Gipfel in La Rochelle teil. Unter der Führung von Staatspräsident François Mitterrand und Bundeskanzler Helmut Kohl wurde im Mai 1992 beschlossen, in Straßburg ein Europäisches Armeekorps aufzubauen, das zunächst aus deutschen und französischen Truppenteilen bestehen sollte. Weitere europäische Nationen könnten später beitreten, hieß es. Schon unmittelbar nach Gründung dieses Korps betrachteten die Amerikaner das Vorhaben mit Skepsis.

Eines Tages saßen der Außenminister der Vereinigten Staaten, Lawrence Eagleburger, und der amerikanische Botschafter Robert M. Kimmitt in meinem Büro und versuchten herauszufinden, ob dieses Korps der NATO nun Truppen entzog oder nicht. »Wenn dieses Euro-Korps nicht NATO-assigniert ist, könnte das dann ein Hinweis darauf sein, dass Deutschland seine Verbindung mit den Vereinigen Staaten lockert?« Ich erinnerte daran, dass gerade Deutschland immer ein verlässlicher Partner der USA gewesen sei, insbesondere im Rahmen der Nachrüstung. Den Verbleib in der NATO, den wir 1989/90 innen- und außenpolitisch mühsam durchgesetzt hätten, würden wir jetzt nicht leichtfertig riskieren. Wir hätten Vertrauen verdient.

Aber das Misstrauen blieb, und ich spürte es auch bei meinen folgenden Besuchen in Washington. Wir begegneten ihm mit Integrationsbemühungen auf verschiedenen Ebenen. Die Franzosen und wir würden die gemeinsamen Kommandostrukturen mit den USA und anderen NATO-Partnern abstimmen. Im Laufe der folgenden Monate bildeten wir ein deutsch-holländisches und ein deutsch-amerikanisches Korps. Ab Mitte 1993 gab es für die deutschen Truppenteile nur noch multi- oder binationale Armeekorps – mit Ausnahme des IV. Korps in Potsdam, wegen der oben erwähnten Zusagen an Russland bzw. an die vormalige Sowjetunion aus der Zeit vor der Wiedervereinigung. Welch ein Wandel! Ein deutsch-polnisch-dänisches Armeekorps, das »Multinationale Korps Nord-Ost« wurde 1999 in Stettin in Dienst gestellt. Diese Tendenz zu multinationalen Verbänden wurde, ausgehend von dem ersten deutsch-französischen Truppenteil, selbstverständlich.

Karlsruhe fühlt sich missbraucht

Derweil hatte sich der Jugoslawienkonflikt verschärft. Im März 1993 fiel die Entscheidung, im Rahmen eines humanitären Einsatzes mit einer Transall sowie mit zwei amerikanischen und einer französischen Maschine Hilfsgüter über Ostbosnien abzuwerfen. Dabei sollte es nicht bleiben. Im April 1993 musste das Bundeskabinett sich mit der Frage befassen, ob und inwieweit das im Herbst vom UN-Sicherheitsrat verhängte Flugverbot über Bosnien-Herzegowina von einem NATO-AWACS-Verband unter deutscher Beteiligung überwacht und militärisch durchgesetzt wird. Die NATO-Verbündeten wollten AWACS-Flugzeuge einsetzen, die Radaraufklärungs- und Feuerleiteinrichtungen an Bord haben. Sie konnten Flugbewegungen aus großen Höhen erkennen und Jagdflugzeuge dirigieren, die die gegen das Verbot verstoßenden serbischen Piloten zur Landung zu zwingen oder abzuschießen hatten.

Ein AWACS-Einsatz ist ein Kampfeinsatz. Da die in Frage kommenden Maschinen in Geilenkirchen bei Aachen stationiert sind, konnte ihr Einsatz nur unter Beteiligung der hochspezialisierten, zu 30 Prozent deutschen Besatzungen und nur mit deutscher Zustimmung erfolgen. Vor der damit befassten Kabinettssitzung kam es zu erheblichen Auseinandersetzungen zwischen FDP und CDU darüber, wie man die Anfrage des NATO-Rates beantworten solle. Minister Rühe sagte im Hinblick auf die Bündnisverpflichtungen, dass er keinem deutschen Soldaten befehlen werde, an diesem Einsatz *nicht* teilzunehmen. Die FDP vertrat die Rechtsauffassung, ein Einsatz wie dieser, außerhalb des NATO-Vertragsgebietes, sei verfassungswidrig und damit verboten. Der Gegensatz schien unüberbrückbar zu sein. So bekam ich vor der Kabinettssitzung den Auftrag, gemeinsam mit meinem Kollegen Dieter Kastrup vom Auswärtigen Amt eine Lösung zu suchen. Die gab es nicht: Erstens mussten die in Geilenkirchen stationierten Flugzeuge mit Hilfe deutscher Luftkontrollbehörden auch dort starten und landen. Zweitens musste an einem Einsatz, dessen Dauer nicht vorherzusehen war (und der schließlich bis Ende 2005 währte), die deutsche Besatzung teilnehmen. Es half alles nichts, die Sache musste politisch und für die Besatzungen rechtlich einwandfrei entschieden werden.

Das Bundeskabinett stimmte nach langen Verhandlungen, gegen die Stimmen der FDP-Minister, dem AWACS-Einsatz zu. FDP und SPD klagten gegen die Entscheidung der Bundesregierung mit dem Ziel, die Verfassungswidrigkeit des Beschlusses feststellen zu lassen, um den Vollzug der Regierungsentscheidung zu verhindern. Das Bundesverfassungsgericht wies diese Anträge schon nach wenigen Tagen mit der Begründung zurück, dass eine »empfindliche Störung der von der Völkerrechtsgemeinschaft autorisierten und von der NATO unterstützten Maßnahme« zu vermeiden sei. Wir wussten, dass es eines weiteren Urteils des Bundesverfassungsgerichts bedurfte, wenn wir auch in Zukunft solche Aufgaben wahrnehmen wollten. Aber immerhin, die NATO-Bündnissolidarität war gewahrt, und die schwarz-gelbe Koalition konnte zusammenbleiben.

Ich werde den Tag nie vergessen, an dem der Minister und ich gemeinsam mit anderen Fachleuten in Karlsruhe der Urteilsverkündung beiwohnten. Ich glaube, einigen Zuhörern im Saal fiel ein Stein vom Herzen, wobei sich das Bundesverfassungsgericht in der ganzen Angelegenheit mehr oder weniger missbraucht fühlte: Wenn die Bundeswehr eine gemäß der Verfassung vom Parlament kontrollierte Institution ist, dann muss das Parlament auch die Freiheit haben, über ihren Einsatz abzustimmen und zu entscheiden. Das Bundesverfassungsgericht wurde offenbar in der Absicht angerufen, die verfassungsgemäßen Regularien außer Kraft zu setzen – in der Absicht, eine moralisch angeblich überlegene Minderheitsposition unter Umgehung des Parlaments durchzuboxen. Die Deutschen flogen also mit den AWACS-Maschinen und später auch in einem Jagdgeschwader, das vom italienischen Flughafen Vicenza aus das Flugverbot durchsetzte. Im Sommer 1995 besuchte ich die dortige Leitstelle und fand unsere Piloten erheblich beansprucht, weil die Serben gewillt waren, das UN-Flugverbot zu umgehen, wo immer es ging.

Während meines anschließenden Urlaubs in Jesolo rief mich ein befreundeter Offizier aus dem Pentagon an und unterrichtete mich, dass bei einem schweren Unfall in Jugoslawien drei Angehörige einer Mission von Dick Holbrooke tödlich verunglückt waren. Unter den Opfern war ein Kollege, den ich aus meiner engen Zusammenarbeit mit dem Pentagon gut kannte. Holbrooke hatte die Aufgabe bekommen, den Jugoslawienkonflikt zu schlichten und zu einem Friedensabkommen zu gelangen. Wir hatten ein persönliches Verhältnis entwickelt, seit er 1993 als Botschafter nach Bonn gekommen war. Außer Holbrooke hatte General Wesley Clark, der während der Friedensverhandlungen von Dayton das US-Militär vertrat und den ich ebenfalls gut kannte, den Unfall nur knapp überlebt. Obwohl zur Beisetzung in Arlington keine ausländischen Teilnehmer eingeladen wurden, entschied der amerikanische Verteidigungsminister William Perry, dass ich als Freund der Familie und anderer Delegationsmitglieder dabeisein dürfe. Das hat mich berührt. So flog ich am nächsten Tag nach Washington.

Bewegt war ich von der Art und Weise, wie die Familie des verunglückten Joe Krusel ihr Schicksal hinnahm. Als ich seinem Vater, einem pensionierten General der Luftwaffe, kondolierte, sagte er zu mir: »Ich bin stolz, dass mein Sohn dem amerikanischen Präsidenten gedient und dass er geholfen hat, anderen

Menschen Freiheit und Gerechtigkeit zu bringen.« Die Mutter sagte, es handele sich um einen schrecklichen Unfall, aber sie wüssten, dass Joe für eine gute Sache gestorben sei. So trösteten sich die patriotischen Eltern über den Tod ihres Sohnes. Später erfuhr ich, dass Krusel auf dem Balkan unter anderem dadurch geehrt wird, dass ein Universitätshörsaal nach ihm benannt ist. Nach der Beisetzung lud Holbrooke mich zu einem Spaziergang über den *Arlington War Cemetery* ein, auf dem uns auch Generalleutnant Wesley Clark begleitete, der 1997 Oberbefehlshaber der NATO werden sollte und 1999 vorübergehend Oberbefehlshaber der NATO-Streitkräfte im Kosovo-Krieg.

Kriegsherr ist das Parlament

Holbrooke und Clark hatten wenige Wochen zuvor mehrere europäische Hauptstädte besucht, um für den Friedensprozess zu werben. In Bonn fragte mich Holbrooke: »Sag mal, Jörg, wann beteiligt sich Deutschland eigentlich ohne Wenn und Aber an den Aufgaben, die es als wiedervereinigtes Land im Herzen Europas nun einmal übernehmen muss? Ihr könnt doch wegen eurer Vergangenheit nicht auf ewig eine Sonderrolle spielen. Ihr habt das Vertrauen der Welt, ihr habt das Vertrauen eurer Nachbarn und ihr müsst auch zu euch selbst Vertrauen haben.« Das war mir insofern aus der Seele gesprochen, als mich der grundsätzliche Vorbehalt gegen die Bundeswehr meine gesamte Laufbahn hindurch begleitet hatte. Dieses Misstrauen stützt sich in der Regel auf irreversible Ereignisse während des Zweiten Weltkrieges, was für die Kritiker u. a. sehr bequem ist. Spätestens nach der Wiedervereinigung konnten wir keine Sonderrolle mehr spielen – die Schatten der Vergangenheit durften uns nicht ständig verfolgen. Wer sich dauerhaft auf sie beruft, muss sich nie mit der Unabsehbarkeit aktueller politischer Entwicklungen auseinandersetzen und geht nie das Risiko ein, am Ende falsch optiert zu haben. Ich nannte Holbrooke die Beschränkungen durch die Verfassung, aber auch unser Engagement in Somalia und die Bereitschaft der Bundesregierung und der CDU, weiterhin die AWACS-Einsätze zu gewährleisten: »Wir brauchen Zeit, aber die Richtung ist klar. Deutschland wird seine Verantwortung gemeinsam mit den europäischen und den transatlantischen Partnern wahrnehmen.«

In Somalia war es 1992 im Zuge des dortigen Bürgerkrieges zu einer Hungersnot gekommen, teils als Folge intensiver Plünderungen. Im August 1992 beschloss die Bundesregierung erste Hilfsmaßnahmen. Im April 1993 entschied sie, im Rahmen einer UN-Mission den Wiederaufbau des Landes mit einem verstärkten Versorgungsbataillon zu unterstützen. Die Operation UNOSOM II war der offiziellen Sprachregelung zufolge ermächtigt, »mit allen erforderlichen Mitteln« (Überwachung von Waffenruhen, Beschlagnahme illegaler Waffen und Minenräumung) die Ballungszentren und die Häfen zu sichern und eine sichere Umgebung für die humanitäre Hilfe zu schaffen. Aufgrund dieser Definition nahm die Bundeswehr mit dem *Deutschen Unterstützungsverband Somalia* an dem militärischen Einsatz außerhalb des Bündnisgebietes der NATO teil.

Auch gegen diesen Beschluss der Bundesregierung klagte die SPD. Wiederum musste das Bundesverfassungsgericht sich mit der Frage des Einsatzes der Bundeswehr im Ausland befassen. Im Juni 1993 wurde die Klage abgewiesen. Daraufhin stimmte der Bundestag im Juli zu, bis zu 1500 deutsche Soldaten nach Somalia, nach Belet Uen etwa 330 km östlich von Mogadischu, zu verlegen. Die Deutschen sollten die dort eingesetzten italienischen Kampfverbände versorgen und humanitäre Hilfe für die Bevölkerung leisten. Die Soldaten und die Wehrverwaltung standen vor gewaltigen Herausforderungen, denn mit den örtlichen Bedingungen, vor allem in klimatischer Hinsicht, hatten wir keine Erfahrungen. Aber die holten wir schnell nach.

Die Bedingungen für Auslandseinsätze wurden erst mit einem abschließenden Urteil des Bundesverfassungsgerichts vom Juli 1994 eindeutig geklärt. Seitdem kann Deutschland an allen UN-

Missionen außerhalb des NATO-Vertragsgebietes teilnehmen, wenn der Bundestag einem entsprechenden Antrag der Bundesregierung zustimmt, weil die Bundeswehr ein Parlamentsheer ist. Die deutsche Politik wurde im zusammenwachsenden Europa endlich berechenbarer. Dass ausgerechnet die rot-grüne Regierung Bundeskanzler Schröders eines Tages die Auslandseinsätze der Bundeswehr intensivieren und von diesem Urteil am meisten profitieren würde, war damals noch nicht abzusehen. Die Kläger nutzten also kurze Zeit später – Ironie der Geschichte – die gegen ihren Willen eingeräumten Entscheidungsmöglichkeiten.

Im Sommer 1993 flog ich selbst nach Belet Uen in Somalia. Die Transall landete auf einer Schotterpiste. Wir fuhren mit dem Radpanzer zum Lager, unterwegs freundlich gegrüßt von den Einheimischen. Unsere Soldaten taten alles Notwendige, um das Leben zu normalisieren. Sie bauten Schulen und Krankenhäuser auf, sie bohrten Brunnen, verteilten Trinkwasser, sie überlegten mit den Stammesältesten, was als nächstes zu tun sei, und zwar bei hohen Temperaturen, großer Trockenheit und Unterkunft in Zelten. Als ich an einem solchen Gespräch teilnahm, bestätigte sich meine Vermutung, dass wir einen langen Atem gebraucht hätten, um etwas zu verändern. Der Abzug 1995 war eine Niederlage – besonders grausam für die mit Leichenschändungen ihrer Soldaten gedemütigten USA.

Meine Fußnote zu diesem Einsatz: Nach meiner Rückkehr aus Belet Uen joggte ich eines Sonntags durch den Kottenforst in Meckenheim, als einer meiner Sicherheitsbeamten mich ans Telefon rief. Die Lagezentrale der Bundeswehr informierte mich darüber, dass ein Fleischcontainer bei 40° C in Mogadischu am Kai stehe und abgeholt werden müsse – darin sei die Verpflegung für die Bundeswehr und die Italiener enthalten. Unsere Soldaten hätten aber nur einen Auftrag für *Peace Keeping* und nicht für *Peace Enforcing,* sie sollten also friedenserhaltend und nicht friedenserzwingend tätig werden. Sie müssten aber durch ein bandengefährdetes Gebiet fahren und seien nicht sicher, ob sie Begleitschutz einer anderen Nation anfordern sollten. Sie besaßen selbst diese Kampfkomponente im Rahmen ihres Auftrags, wussten aber nicht, ob sie sie über den Selbstschutz hinaus einsetzen durften. Ich bat das Lagezentrum, einen Augenblick zu warten, ich würde zurückrufen. Ich lief weiter und dachte darüber nach, was unsere Soldaten und was unsere Verbündeten sagen würden, und gab grünes Licht für den Selbstschutz der Bundeswehr und das Recht, die Fahrt durch das betreffende Gebiet für den Fall eines Angriffs auch zu erzwingen. Man sieht an diesem Problem, wie groß die allgemeine Verunsicherung war – und wie realitätsfern sich die politischen Vorgaben ausnahmen. Einige Tage später meldete ich meine Entscheidung dem Minister, der nur trocken bemerkte: »Herr Schönbohm, wenn es schief gegangen wäre, hätte ich ein Problem gehabt, denn die hätten meinen Kopf verlangt und nicht Ihren.« Ich sagte: »Herr Minister, Sie hätten mich dann feuern müssen, das ist mir klar, aber ich fand, etwas anderes dürften wir den Soldaten nicht zumuten.« Es ging noch einmal gut, zeigte aber unser Dilemma. Damit wurde klar, dass die Unterscheidung zwischen *Peace Keeping* und *Peace Enforcing* nicht durchzuhalten war. Soldaten dürften bei der Erfüllung ihres Auftrags eigentlich nicht durch politische Formelkompromisse behindert werden. Ein Vergleich mit preußischer Militärtradition von Subsidiarität und Auftragstaktik, auf die wir so stolz sind, wäre nicht schmeichelhaft.

Als wir uns danach mit größeren Kräften an den UN-Operationen im ehemaligen Jugoslawien beteiligten, war die Erlaubnis, Waffen einzusetzen, unumgänglich. Eine weitere Lehre aus dem Somalia-Einsatz bestand darin, dass einige Bündnispartner zu einem Zeitpunkt abziehen wollten, der nicht mit uns koordiniert war. Wir wurden also von anderen mit nationalen Entscheidungen vor vollendete Tatsachen gestellt und zogen daraus die Konsequenz, nur noch an Operationen teilzunehmen, die gemeinsam anfangen und gemeinsam aufhören. Alles andere entzieht dem jeweiligen Auftrag die Grundlage. Die aufreibenden

Diskussionen um den Afghanistan-Einsatz viele Jahre später hat uns dieser Vorsatz nicht erspart.

Die Russen gehen

Innenpolitisch fiel ein besonders erfreuliches Ereignis auf den 2. September 1993, meinen 56. Geburtstag. Ich kam Berlin noch einmal ein Stück näher, obwohl ich ja schon seit einiger Zeit einen Schreibtisch in der Hauptstadt hatte. Volker Rühe nahm offiziell den Bendler-Block im Bezirk Tiergarten für das Verteidigungsministerium in Besitz. Hier saßen in der Kaiserzeit die obersten Marinebehörden; später wurde das Gebäude als Dienstsitz der Wehrmacht und der Attentäter vom 20. Juli 1944 berühmt.

Eveline Schönbohm Private Anknüpfungspunkte gab es bereits. Wir gaben unsere ursprüngliche Absicht, unseren Lebensabend in Italien zu verbringen, auf und richteten uns auf den Raum Berlin ein, wo wir mit Wolf Jobst Siedler und dem Ehepaar Bödecker bereits freundschaftlichen Anschluss hatten. Das richtige Haus fanden wir in Kleinmachnow, gleich weit entfernt von Berlin-Mitte und Potsdam. Aber zuvor mussten die Zelte im Westen abgebrochen werden: »The same procedure ... !«

Jörg Schönbohm 1994 verbrachten wir viele Wochenenden mit Haus- und Grundstückssuche in der Umgebung von Berlin. Der Besitzer des schließlich gewählten Kleinmachnower Hauses war ein Notar aus Köln, der das in den dreißiger Jahren erbaute Haus von seinem Vater geerbt hatte. Zunächst waren Ansprüche zu klären, die die *Jewish Claims Conference* (JCC) auf das Grundstück erhob. Noch während dieser Klärung drängte die Gemeinde Kleinmachnow zum sofortigen Einzug, weil wir sonst gegen die Wohnungsleerstandsverordnung verstoßen würden. Eine solche Verordnung war mir nicht bekannt. Wir wollten gern so schnell wir möglich einziehen, mussten aber das Haus, das noch die Heizung von 1938 hatte und auch sonst seit dieser Zeit unverändert geblieben war, erst sanieren; alles war marode. Dazu warteten wir auf die Baugenehmigung. Es kam also zu einem intensiven Schriftwechsel. Sogar der zuständige Landrat schaltete sich ein und ignorierte meine Einwände bezüglich der JCC und der ausstehenden Baugenehmigung. Ich hatte zum Glück auch noch etwas anderes zu tun.

Ich besuchte meinen Kollegen in Warschau, der Mitglied der Solidarność gewesen war und mir in einem informellen Gespräch deutlich sagte, dass Polen Sicherheit und Anlehnung an Deutschland wolle. So argumentierten auch Kollegen in Tschechien und Ungarn. Ich versuchte, unseren künftigen Partnern zu erklären, was die NATO, auch als Wertegemeinschaft, vom Warschauer Pakt unterschied. Wenn Mitteleuropa seinen Platz an der Seite der NATO gefunden hätte, wäre die Zeit der Unwägbarkeit und Unsicherheit, des Pendelns zwischen Russland und Europa, beendet. Offenbar hat man mir als ehemaligem General geglaubt, was und wie wichtig *civil control* ist – die parlamentarische Kontrolle der Streitkräfte. Unsere künftigen Partner im Osten kannten nur Verteidigungsminister in Uniform. Ein politischer Verteidigungsminister, der kein militärischer Fachmann ist, war manchen geradezu suspekt. Ich erklärte den systematischen Aufbau unserer militärischen Führung, die Zuständigkeiten, die Verantwortlichkeiten und warb dafür, demokratisch-politisch geführte Streitkräfte mit »Bürgern in Uniform« aufzubauen.

Wie schwierig diese Veränderungen waren, stellte ich in Polen fest. Dort hatten wir 1993 östlich von Krakau eine Übung mit deutschen Fallschirmjägern, die aus polnischen Maschinen und mit polnischen Fallschirmen absprangen. Ich war vom polnischen Verteidigungsminister eingeladen, diese Übung zu besuchen. Nach meiner Landung wurde ich von einem Mitarbeiter des Protokolls begrüßt. Auf meine Frage nach dem Gastgeber sagte er mir, dass der Generalstabschef keine Zeit für mich habe. Ich wies meinen Staatssekretärskollegen darauf hin, dass ich das ungewöhnlich und unhöflich fände, zumal ich in Vertretung des Verteidigungsministers gekommen sei. – »Das mag sein, aber der Generalstabschef erwartet, dass Zivilisten zu ihm kommen«, lautete die knappe Antwort. Ich bot an, erst einmal Pilze sammeln zu gehen, dann würden wir schon sehen, ob er es sich anders überlegt. Bald darauf kam der Generalstabschef und begrüßte mich herzlich: »Zu Ihnen als ehemaligem Inspekteur des Heeres komme ich natürlich! Ich unterhalte mich gern mit Ihnen, der Sie einmal Soldat waren.« Ich erklärte ihm, warum ich sein Verhalten falsch fand, aber er blieb uneinsichtig. Offenbar nicht nur mir gegenüber, denn er wurde eines Tages mit einer anderen Aufgabe betraut.

Allein von der Ankündigung der ersten Übung mit deutschen Soldaten im Osten Polens ging eine große politisch-psychologische Wirkung auf die Nachbarstaaten aus, vor allem auf Russland. Den russischen Verteidigungsminister hatte ich bei einem Besuch in Bonn über das Vorhaben unterrichtet. Als ich das dem polnischen Kollegen mitteilte, war er aufgebracht: »Wie können Sie vorher mit den Russen sprechen, wenn wir so eine Übung machen? Wir sind souveräne Staaten!« Ich erwiderte: »Jerzy, das ist das neue Europa, wir wollen niemanden überraschen. Zu vertrauensbildenden Maßnahmen gehört es, dass wir miteinander sprechen und den Willen zur Zusammenarbeit praktisch demonstrieren.« Nach einigen Diskussionen hat er es eingesehen.

Auch im Westen gab es Neues: Am 14. Juli 1994, als das Euro-Korps aufgestellt wurde, paradierten zum ersten Mal seit dem Ende des Zweiten Weltkriegs deutsche Soldaten in gepanzerten Fahrzeugen mit ihren französischen Kameraden bei der Militärparade zum Nationalfeiertag über die Champs-Élysées vorbei am französischen Staatspräsidenten. Mich bewegte die Zustimmung der Bevölkerung und die der Ehrengäste auf unserer Tribüne einschließlich des diplomatischen Corps. Ich erinnerte mich daran, wie wir als Soldaten 41 Jahre zuvor in Frankreich mit Missachtung gestraft worden waren. Der Empfang bei Staatspräsident François Mitterrand zeigte eine Nation, die sich mit Stolz feierte und nun das erfreuliche Bündnis mit dem früheren »Erbfeind« – nach fünf Kriegen in 200 Jahren – betonte. Die Soldaten der Bundeswehr haben auch an dieser glücklichen Entwicklung ihren Anteil.

Als der russische Präsident Boris Jelzin Deutschland mit einer großen Delegation besuchte, wurde ich beauftragt, mit dem Verteidigungsminister Pawel Gratschow, ein Armeegeneral, über eine etwaige Kooperation beim Bau von Transportflugzeugen und bei der Modernisierung der MiG 29 zu sprechen. Wir hatten von der NVA 24 Exemplare dieses modernen Jagdflugzeugs übernommen und in Zusammenarbeit mit der EADS u. a. die Laufzeit der Triebwerke erheblich verlängert. Die Russen hatten an diesen Verbesserungen großes Interesse und machten deshalb eine gewisse Annäherung.

Damit war aber auch die Grenze des Machbaren erreicht. Die NATO wurde russischerseits immer noch als ein aggressives Bündnis unter Führung der Amerikaner betrachtet. Insbesondere war Präsident Jelzins Warnung vor einer »neuen Eiszeit« alles andere als hilfreich. – Schließlich kamen wir auf den Abzug der ehemals sowjetischen Truppen aus Deutschland zu sprechen. Die Abschlussfeierlichkeiten für die Russen waren für Ende August vorgesehen, für die Alliierten sollten sie einige Wochen später stattfinden. Die Russen hatten ein lebhaftes Interesse an gemeinsamen Feierlichkeiten. Wir wollten aber auch beim Abschied einen Unterschied zwischen den Alliierten als Schutzmächten Berlins und sowjetischen Truppen als ehemaligen Besatzern machen – durch eine angemessene Verabschiedung.

Schließlich sollten die vormals sowjetischen Truppen Deutschland am 31. August verlassen und die Truppen Frankreichs, Großbritanniens und der Vereinigten Staaten am 8. September aus Berlin abziehen. Dem russischen Verteidigungsminister hatte ich weitere Unterstützung für den Abzug in Aussicht gestellt. Ich betonte, dass eine gemeinsame Parade der Alliierten von damals mit den Alliierten von heute auf der Straße des 17. Juni für die Bundesregierung nicht vorstellbar und den Berlinern nach den Erlebnissen der Teilung nicht zumutbar sei. Er akzeptierte das und flog nach Berlin, um den Abschied vorzubereiten. Für den Vortag des 31. August erhielten meine Frau und ich eine Einladung vom russischen Oberbefehlshaber Generaloberst Burlakow, mit dem ich als Befehlshaber des Bundeswehrkommandos Ost lange und gut zusammengearbeitet hatte. Er wollte sich auch privat von uns verabschieden.

Eveline Schönbohm Während des Hinfluges nach Wünsdorf erinnerte ich mich an unser früheres Zusammentreffen mit dem Ehepaar Burlakow auf Schloss Wilkendorf. Zwei Dolmetscher hatten uns bei der Verständigung helfen müssen, und ich hatte erfahren, dass Burlakows Ehefrau aus einer Kulakenfamilie stammte, die unter Stalin von ihrem Hof vertrieben worden war. Ich hatte von meinem Lehreralltag erzählt, von unseren Kindern und Enkeln. Alle vier waren wir etwa gleich alt, hatten den Zweiten Weltkrieg als Kinder, die Nachkriegszeit als Jugendliche erlebt, geprägt von unterschiedlichen Systemen – was kein Gesprächsthema wurde, auch nicht unter den Herren. Unsere jetzige Begegnung fand im Jagdhaus General Burlakows statt. Das kostbare Mobiliar stammte offensichtlich aus nahegelegenen Gutshäusern. Jörg lehnte das Geschenk eines Jagdstuhls ab mit der Begründung, er sei nicht Jäger, sondern Tennisspieler.

Nun trafen wir uns also zum letzten Mal. Der Rotor unseres Hubschraubers wirbelte den Blumenstrauß durcheinander, den General Burlakow mir zugedacht hatte. Nach einem üppigen Mahl besichtigten wir den Privatzoo mit Rotwild und Fischen. Anschließend spielten die Herren Tennis und gingen in die Sauna, während mir der große Gymnastikraum gezeigt wurde. Burlakows achtjährige Enkelin war zu Besuch und demonstrierte ihre Ballettkünste und die Ergebnisse ihres Klavierunterrichts. Sie spielte einen gut gestimmten Bechstein-Flügel, und ich entschloss mich, ihn mit Stücken von Mendelssohn Bartholdy und Chopin zu verabschieden. Wir folgten nicht der Einladung, im Hause zu übernachten, sondern nahmen uns ein Hotelzimmer in der Nähe.

Jörg Schönbohm Der Abzug der russischen Truppen aus Deutschland am nächsten Tag begann mit einer Feierstunde im Schauspielhaus am Gendarmenmarkt, zu der Präsident Jelzin eine erstaunliche Vielzahl russischer Generale, einschließlich Feldmarschalle, begrüßte. Auf deutscher Seite war die Stimmung festlich und erwartungsfroh, auf russischer Seite eher verhalten. Beim anschließenden Essen im Schloss Charlottenburg traf ich Armeegeneral Boris W. Snetkow wieder, Burlakows Vorgänger als Oberkommandierender der sowjetischen Truppen in Deutschland. Mit ihm hatte ich erstmals im Oktober 1990 über die Einzelheiten des Abzugs und die mögliche Unterstützung durch die Bundeswehr gesprochen. Ich hatte ihm auch erzählt, dass meine Mutter und meine Schwiegermutter mit ihren fünf bzw. vier Kindern sozusagen vor ihm und seinen Soldaten geflohen waren, als er mit seinem Panzerzug 1945 die Mark Brandenburg gestürmt hatte. Er antwortete: »Russland kaputt, General kaputt, alles kaputt.« Obwohl unzählige Denkmäler in Berlin und in den neuen Bundesländern bis heute bei uns Deutschen die Erinnerung an den Sieg der »ruhmreichen Sowjetarmee« wachhalten, hatte General Snetkow wie viele Russen beim Mauerfall das Gefühl, den Krieg doch noch verloren zu haben.

VI.

ALS SOLDAT IN DER POLITIK: BERLIN

1995–1998

Eveline Schönbohm Der Abzug der alliierten Truppen acht Tage später vollzog sich in einer ganz anderen Stimmung. Die Parade, den Jubel beim Überflug eines Rosinenbombers, die Reden im Schauspielhaus und den Großen Zapfenstreich vor dem Brandenburger Tor wird wohl keiner, der es erlebt hat, je vergessen. Die Tatsache, dass die Alliierten die Sicherheit West-Berlins gewährleistet hatten, gehörte von nun an der Vergangenheit an – wie der Zweite Weltkrieg und die bedingungslose Kapitulation von 1945. Wir wollten das deutsch-amerikanische Verhältnis auf eine neue Grundlage stellen. Dazu gehört auch der kulturelle und wissenschaftliche Austausch, weshalb Evi und mir die Idee des früheren Botschafters Holbrooke sehr gefiel, in Berlin die *American Academy* zu gründen. In unserem Haus in Kleinmachnow gaben wir einen Gründungsempfang für die Familien, die ihr früheres Anwesen am Wannsee der *American Academy* gestiftet hatten, und für deren amerikanische Freunde.

Jörg Schönbohm Das *Quartier Napoléon*, der ehemalige Standort der französischen Truppen in Berlin, wurde 1995 von der Bundeswehr übernommen und in Erinnerung an den SPD-Politiker und Widerstandskämpfer gegen die Nationalsozialisten in Julius-Leber-Kaserne umbenannt. Im Februar 1995 wurden die Truppenteile der Bundeswehr, die in den neuen Bundesländern standen, in die NATO eingegliedert. Die integrierte Luftverteidigung wurde auf ganz Deutschland ausgedehnt. Der Streit zwischen Stoltenberg und Genscher vom Januar/Februar 1990 war damit Geschichte. NATO-Generalsekretär Willy Claes, ein Belgier, erlebte bei einem Gefechtsschießen im brandenburgischen Klietz die Leistungsfähigkeit unserer Truppen. Am Ende der Übung sagte er: »Wer hätte das gedacht?« Ich konnte nur sagen: »Keiner von uns. Aber wir haben alle unseren Anteil daran. Ohne die NATO hätten wir das nicht erreicht. Auch ohne den Zusammenbruch der Sowjetunion nicht, vor allem aber nicht ohne die Präsidenten Reagan und Bush. Da kommen viele Faktoren zusammen.«

Eveline Schönbohm Auch in unserem familiären Bereich geschah einiges: Zwei unserer drei Kinder heirateten. Im Dezember 1993 schloss Hendrik mit seiner Ulrike den Bund der Ehe. Imme sagte von ihrem Oberleutnant Peter Mai, den sie auf einem Heeresball kennengelernt hatte: »Es war Juni, als der Mai kam, und zwar als der falsche Tischherr, der sich als der richtige erwies.« Er eroberte nach Dienstschluss auch die Zustimmung von Immes Tochter Deborah (12) und ihrem Sohn Benjamin (10) mit Hilfe bei den Hausaufgaben und im Haushalt, während Imme sich auf ihren Studienabschluss in Kunstgeschichte vorbereitete. Imme und Peter heirateten nachnamensgerecht im Mai 1994.

Hendrik und Ulrike promovierten. Sie legten für alle Fälle auch ihr amerikanisches Staatsexamen ab und wollten nach Berlin. Hendrik bewarb sich am Bundeswehrkrankenhaus und Ulrike am Klinikum Friedrichshain; beide wurden angenommen. Sie kauften eine ruhige, zentrale Dreizimmerwohnung mit Blick auf den Funkturm. So hatten wir ein Standbein in der Hauptstadt. Zwischen den Wochenendfahrten nach Berlin zur Haussuche fuhr ich oft nach Rheydt, denn meine Mutter wurde zunehmend hinfällig. Da sie schon seit zwei Jahren bettlägerig war, nahm ich am Ende eines jeden Besuchs Abschied. Im Dezember 1995 starb sie. Wir hatten ihr noch von unserem neuen Heim in Kleinmachnow und dem geplanten Umzug erzählen können. Hendrik und Ulrike hatten den Umbau beaufsichtigt und mit Freunden, Froschgequake und Heeren von Mücken zur Einweihung unseres künftigen Domizils gegrillt.

Silvester 1995 nahmen wir an einer nachmittäglichen Party teil, auf der auch der Regierende Bürgermeister Eberhard Diepgen zugegen war. Ich wollte eigentlich schon gehen, sah aber, dass Jörg noch mit ihm im Gespräch war. Danach zog er mich in eine ruhige Ecke: »Diepgen hat mir den Posten des Innensenators angeboten! Das muss aber noch geheim bleiben.« Ich fiel meinem Mann um den Hals: »Das ist das Beste, was uns passieren kann!« Schon wenige Wochen später wurde Jörg in Berlin vereidigt. Ich ging in den Vorruhestand.

Jörg Schönbohm Wir meinten, wir würden uns jedenfalls nicht langweilen, wenn ich den Posten annähme. Als ich mit Volker Rühe darüber sprach, fragte er mich überrascht, ob ich nicht ganz bei Trost sei: »Haben Sie sich das gut überlegt, Schönbohm?« Und dann sagte er sinngemäß etwas, was sich mir einprägte: »Damit das klar ist, ich finde, Sie taugen nicht für die Politik. Sie sind viel zu offen und vertrauensselig. Sie können das nicht!« Ich erwiderte nur: »Vielleicht komme ich in Berlin zurecht. Es gibt gerade in der noch geteilten Stadt viel zu tun, und ich glaube, dass ich dort aufgrund meiner Erfahrungen bei der Übernahme der NVA meinen Beitrag leisten kann.« Rühe sagte: »Wenn Sie unbedingt wollen, halte ich Sie nicht auf, aber ich unterstütze Sie nicht.« Das war auch nicht nötig. Ich erkundigte mich über die Lage in Berlin und erfuhr manches, das nicht sehr einladend klang. Trotzdem rief ich Diepgen an und sagte zu. Zum ersten Mal würde ich mein Berufsleben dem Privatleben anpassen können. Evi und ich freuten uns auf die Stadt.

Am Spielfeldrand hatte ich viele Eindrücke von der Politik gesammelt. Als ich Manfred Wörners Adjutant war, war mir aufgefallen, dass er am Wochenende stets Sportvereine oder die Feuerwehr besuchte und dass er sich um viele Details in seinem Wahlkreis kümmerte. Jeden Montag gab er uns Zettel, auf denen Aufträge standen, die auf irgendwelche Gespräche zurückgingen. Einmal sagte ich zu ihm: »Herr Minister, wir diskutieren hier über die Nuklearstrategie, über das transatlantische Verhältnis, über die Nachrüstung, und Sie kommen dauernd mit diesen seltsamen Zetteln. Muss das sein?« Daraufhin sagte er nur: »Schönbohm, Sie haben nichts verstanden. Als Parlamentarier bin ich unabhängig und nur den Wählern verpflichtet. Darauf beruht eigentlich meine Autorität. Meine Basis ist nicht das Ministerium. Wenn es hart auf hart kommt, ist der Wahlkreis wichtiger.«

Bei Rupert Scholz hatte ich gesehen, was es bedeutet, keinen Wahlkreis zu haben. Scholz war ein anerkannter Professor, und er war Senator in Berlin gewesen, aber er hatte keine Hausmacht. Als es um eine Regierungsumbildung ging und darum, Finanzminister Stoltenberg ein anderes wichtiges Amt zu übertragen, galt Scholz als verzichtbar. Die Fachkompetenz nützte also nur etwas, wenn man auch ein großes Reservoir an Stimmen hatte. Das hatte Stoltenberg. Er war jahrelang Bundesminister gewesen, über ein Jahrzehnt Ministerpräsident, er war ein *elder statesman* und ein politisches Schwergewicht als Weggefährte von Helmut Kohl. Mit besten Wahlergebnissen in seinem Wahlkreis schien er fast unangreifbar. Und sogar Stoltenberg war nicht vor Skandalisierung geschützt. Eines Tages hatte er nach der Falschaussage eines seiner Mitarbeiter und den Panzerlieferungen an die Türkei und Israel zurücktreten müssen. Wenn also die starke Verankerung zuletzt nicht einmal einem Gerhard Stoltenberg half, wie sollte ich dann ganz ohne sie auskommen? Woher nahm ich den Mut zu glauben, ich wäre diesem Spiel gewachsen?

Wie die Vereinigung von Bundeswehr und NVA lag mir auch die Vereinigung von Ost- und West-Berlin am Herzen. Ich hatte als Soldat geholfen, die Mauer abzubauen. Nun hatte ich Gelegenheit, die Wiedervereinigung auch politisch voranzubringen. Im Unterschied zum Militär lagen in Berlin die Schwierigkeiten eher auf westlicher Seite, soweit man das noch sagen konnte. Trotz stärkerer Wirtschaftsleistung als in den Ost-Bezirken gab es eine ausgeprägte Subventionsmentalität auch in den Westbezirken der Stadt. Die Erlangung von »Staatsknete« rangierte bei vielen über dem Leistungsprinzip. West-Berlin war die Stadt der Wehrdienstverweigerer, die sich nur durch Umzug von West-Deutschland den Wehrdienst *und* den Zivildienst erspart hatten. Im Schatten der Mauer hatte sich, nicht ohne die Großzügigkeit Bonns, eine hochsubventionierte Subkultur entwickelt, die weitgehend die Mentalität und die öffentliche Meinung prägte. Der hohe Ausländeranteil wurde romantisch verklärt, aber es wurde kaum etwas für die Integration getan. Der Innensenator war verantwortlich für die damals 20 000 Polizeivollzugsbeamten, für den Verfassungsschutz, für die Berufsfeuerwehr mit über 4 500 Mitarbeitern, für die zentrale Ausländerbehörde, für die Einwohnermeldeämter, für die Aufsicht über die öffentliche Verwaltung, für das große Landesverwaltungsamt, für Personalfragen und Tarifverhandlungen, für Informationstechnologie und Statistik. Wie wollte ich als Seiteneinsteiger das alles bewältigen?

Ich wusste um den Nachteil, erst seit kurzer Zeit Parteimitglied zu sein und in Berlin kaum jemanden zu kennen. Dafür konnte ich ziemlich vorurteilsfrei und unabhängig an meine Aufgabe herangehen. Ich hatte nach 39 Dienstjahren den höchsten Pensionsanspruch und hätte jederzeit problemlos ausscheiden können. Zum Glück machte mich mein ehemaliger Dienstherr Rupert Scholz (von '94 bis '98 stellvertretender Vorsitzender der CDU/CSU-Bundestagsfraktion) als ein erfahrener Kenner seiner Heimatstadt im Laufe intensiver Gespräche mit allen Personalien und Besonderheiten der Berliner Landespolitik vertraut. Mein Enthusiasmus blieb, aber meine Vorsicht wuchs.

Plötzlich las ich, dass die CDU den namentlich noch unbekannten Innensenator stellen würde und die SPD den dazugehörigen Staatssekretär und dass diese Konstruktion auf einen Kompromissvorschlag Diepgens zurückgehe. Daraufhin teilte ich dem Regierenden Bürgermeister mit, dass er unter solchen Bedingungen auf mich verzichten müsse. Nach meinem Amtsverständnis müssten sich der Minister bzw. der Senator und sein Staatssekretär bedingungslos aufeinander verlassen können. Diepgen stimmte mir im Ergebnis zu, und so flog ich am 26. Januar in Begleitung meiner Frau, der Sicherheitsbeamten und meines Fahrers nach Berlin. Evi beobachtete die Wahl des neuen Senats von der Besuchertribüne. Plötzlich verlangten die Grünen, dass sich der zu wählende Innensenator, den im Unterschied zu den anderen Senatoren keiner so richtig kannte, doch vorstellen möge. Ich nannte mein Alter, meinen Familienstand, die Zahl meiner Kinder und Enkelkinder und betonte, dass ich seit 37 Jahren mit derselben Frau glücklich verheiratet sei. Dann sagte ich, zu den Grünen gewandt: »Ich sollte mich vorstellen. Kennenlernen werden Sie mich später.« Ich bekam mehr Stimmen als Diepgen, was ihn irritierte und mich überraschte.

»Das isser, kannst'n reinlassen!«

Zu meiner Vereidigung setzten die Grünen geschlossen Stahlhelme auf, um zu zeigen, was sie von mir hielten. Ich sagte daraufhin, dass sich das »Tal der Ahnungslosen«, womit man üblicherweise die südöstlichen Randgebiete der DDR bezeichnet, in denen es mangels Empfang kein Westfernsehen gegeben hatte, offenbar bis Berlin erstrecke. Die Mauer habe auch hier für gewisse Defizite gesorgt, wenn nicht bekannt sei, dass ein ehemaliger General ein Staatsbürger ist, mit oder ohne Uniform. Zudem hätte ich den Eindruck, dass viele Zivilisten hier *keine* Staatsbürger seien und dass man auch darüber einmal sprechen müsse. Es begann also gleich mit einem gewissen Antagonismus. Am nächsten Tag besuchte ich die Fraktion der Grünen zur Aussprache. Ich erzählte von meinem beruflichen Werdegang und meinen wichtigsten Vorhaben. Von da an wurde unser Verhältnis persönlicher, aber spannungsfrei war es nie.

Unmittelbar nach meiner Vereidigung fragte mich ein Journalist, ob ich mir eigentlich vorstellen könnte, in Berlin alle noch besetzten Häuser zu räumen einschließlich der Wagenburgen, die sogar im Zentrum der Stadt existierten. Das war damals ein großes Thema. Ich sagte: »Ja, Sie können davon ausgehen, dass die Häuser in spätestens zwei Jahren geräumt und die Wagenburgen verschwunden sind.« Die Häuserräumung wurde nun Gegenstand ständiger Diskussionen. Für die Grünen und die PDS waren Wagenburgen und besetzte Häuser Ausdruck von

Multikulti, Vielfalt und Toleranz. Ich dagegen sah vor allem die Rechtswidrigkeit dieser willkürlichen Privatisierungen und meine Aufgabe darin, diesen Zustand zu beenden.

Von den Medien wurde ich überraschend freundlich begrüßt. Eine große Zeitung brachte als Kioskwerbung den Satz: »Berlin bekommt einen Generator«. Diese Wortbildung aus »General« und »Senator« war offenkundig positiv gemeint. An den Berichten zeigte sich, dass ich wegen der gelungenen Übernahme der NVA einen guten Ruf genoss. Diepgen unternahm einen zweiten Anlauf, mir einen Staatssekretär aufzunötigen. Diesmal handelte es sich um einen CDU-Mann, den er gerne versorgen wollte. Aber ich behielt beide Staatssekretäre, Eike Lancelle und Dr. Kuno Böse, die meinem Vorgänger Professor Dieter Heckelmann loyal und sachkundig gedient hatten. Sie hielten mir den Rücken frei und versuchten nicht, sich auf meine Kosten zu profilieren. Dadurch gewann ich Zeit, hinauszugehen und die Institutionen, für die ich zuständig war, in Augenschein zu nehmen. Diese Methode hatte sich schon in meiner Zeit als Soldat bewährt. Manchmal kam ich angemeldet, meistens aber unangemeldet.

Als erstes besuchte ich eines Abends gegen 20.30 Uhr überraschend eine Feuerwache in Pankow aus der Zeit um 1870. Ich war erst seit zwei Wochen Innensenator. Ein Feuerwehrmann öffnete die Tür und fragte nach meinem Begehr. Ich sagte, dass ich der Innensenator sei und mich mal in der Wache umsehen wolle. Als er einen Augenblick zögerte, rief einer von hinten: »Ja, das isser, kannst'n reinlassen!« Ich sprach mit den beiden diensthabenden Feuerwehrleuten, und sie erzählten mir, dass dies eine der ältesten Feuerwachen Berlins sei und dass sie schon vor dem Ende der DDR hatte renoviert werden sollen, was leider nicht geschehen war. Ich ging mit den beiden Beamten durch ihr Reich und stellte fest, dass die Grenze der Zumutbarkeit erreicht war. Gemeinschaftsräume, Ruheräume, Küche, Duschen – alles war runtergekommen, überall blätterte die Farbe ab. Der amtierende Wachenleiter sagte resigniert: »Wissen Sie, Herr Senator, in der

DDR haben sie uns gesagt, es wird gemacht, Ihre Vorgänger haben es uns gesagt – aber geändert hat sich dann doch nichts.« Auf meine Frage, ob die Feuerwehrleute nicht selbst mit anpacken könnten, weil sie doch alle auch Handwerker seien, sagte er spontan: »Natürlich. Wenn Sie das Zeug besorgen, machen wir das.« Wir besprachen die Einzelheiten, und ich sagte ihnen 50 000 DM für das nötige Material zu. Aus meinem Stab hieß es am nächsten Morgen: »Herr Senator, das haben wir alles schon ganz anders geplant, die kommen erst viel später dran.« Die Feuerwehrleute bekamen aber ihre 50 000 DM, und als ich einige Monate später wieder unangemeldet erschien, sagten sie: »Wir hätten nie gedacht, dass das geht. Und wir sind stolz darauf, denn wir haben selbst etwas geleistet.« So etwas spricht sich herum.

Ein anderer unangemeldeter Besuch galt einer Polizeiwache. Ich kam gegen 21 Uhr. Alles war offen, ich ging ungehindert durch bis in den Aufenthaltsraum, wo Plastiktüten lagen, volle und halbleere Aschen- und Kaffeebecher herumstanden wie nach einer panischen Flucht. Ich stellte den Wachhabenden zur Rede, und einige Tage später berichtete ich den zuständigen Leitern der 46 Schutzbereiche von meinem Erlebnis. Der verantwortliche Hauptkommissar wurde ohne meine Veranlassung als Kontaktbereichsbeamter versetzt, und der entsprechende Zeitungsbericht blieb nicht ohne Wirkung auf die übrigen Schutzbereiche: »Der Senator greift durch.«

Die größte Bewährungsprobe war allerdings der 1. Mai 1996. Die Linke wollte dem Innensenator mit dem Stahlhelm zeigen, wer in der Stadt das Sagen hat. Bedauerlicherweise wurde die Gewaltbereitschaft durch das aufhetzende Gerede der Grünen und anderer Gruppierungen noch gefördert. Ich hatte beschlossen, »Deeskalation durch Präsenz« zu betreiben. Ich hatte meinen Mitarbeitern aber erklärt, dass ich grundsätzlich gegen den Begriff »Deeskalation« sei, weil er den Eindruck erweckt, Polizeipräsenz sei dasselbe wie Eskalation. Sollte die Polizei etwa gewalttätige Demonstranten zu friedensschaffenden Maßnahmen mit

Freibier einladen? Die Eskalation geht vielmehr von denjenigen aus, die sich rechtswidrig verhalten. Deshalb schien es mir geboten, den Begriff »Deeskalation« in Verbindung mit »Präsenz« zu verwenden und die »Eskalationsdominanz« zu behalten.

Das war meine feste Überzeugung: Wenn der Eindruck erweckt wird, die Polizei sei Träger des Unrechts und der Provokation, dann muss man auf *diese* Provokation erst recht mit einem starken Aufgebot reagieren. Ich sprach mit vielen Polizeibeamten und erklärte ihnen die Lage. Noch heute bin ich beeindruckt davon, mit welcher Entschlossenheit und welchem Mut die jungen Beamten in diesen Einsatz gingen, obwohl es damals so viel Hass gegen unseren Staat und seine jungen Polizeibeamten gab, wie ich es seither nicht wieder erlebt habe. Ich hatte mich bemüht, durch eine Vielzahl von Maßnahmen die Schäden gering zu halten, dennoch gab es Randale und auch Verletzte. Aber ein Erfolg der Linken war vereitelt, und die Hauptstadtpresse bewertete unsere Strategie insgesamt positiv. PDS und Grüne versuchten dennoch sofort zu skandalisieren und verlangten Sondersitzungen des Innenausschusses, um mit unbewiesenen Behauptungen von ›Bürgerrechtlern‹ die Polizei zu diffamieren. Immer gilt, was ich als junger Offizier gelernt habe: Autorität stützt Autorität. Bei Anlass zur Kritik findet keine öffentliche, sondern eine dienstliche Klärung statt. Die Polizei kann nur dann Erfolg haben, wenn der Dienstherr hinter ihr steht und sich nicht auf ihre Kosten in den Vordergrund drängt. Das war die wichtigste Frage überhaupt: Wie gelingt es uns, der Polizei Rückhalt zu geben und die Gewissheit, dass die politische Führung sich nicht erpressen lässt? – Indem die politische Führung sich nicht erpressen lässt!

Nach dem 1. Mai 1996 war das Feindbild, das sich die Opposition und die linksextreme Szene von mir machten, gefestigt: »Der General« wolle mit seinem Kampf gegen Wagenburgen und besetzte Häuser in Berlin ohne Rücksicht auf Verluste »aufräumen«. Eine sachliche Diskussion war unmöglich. Dabei ging es nicht nur um Wagenburgen und besetzte Häuser, sondern auch um Ausländerpolitik und Integration. Es ging darum, ob die politische Romantik einer tonangebenden Subkultur die Macht hatte oder die demokratisch legitimierte Exekutive.

Bei meinem Amtsantritt gab es noch 15 besetzte Häuser und zwei Wagenburgen, die eine in der Nähe des Ost-Berliner Hauptbahnhofs, des heutigen Ostbahnhofs, die andere in Kreuzberg. Sie galten vielen als eine multikulturelle Bereicherung des städtischen Lebens. Aber die Polizei betrat die Wagenburg am Ostbahnhof nur im Ausnahmefall; sie war ein rechtsfreier Raum geworden, in dem weder Melde-, Hygiene- noch Umweltschutzvorschriften galten. Außerdem war bekannt, dass es in der Umgebung erhebliche Straftaten, vor allem Drogenmissbrauch und -handel, gab. Diese Wagenburg lag an der »East Side Gallery« nahe der Spree und behinderte die Entwicklung des Gebietes. Nach der Meinung meiner politischen Gegner hätte das alles nicht ausgereicht, um etwas zu unternehmen. Nachdem aber dort auch noch ein junger Mann gequält worden und aus der illegalen Siedlung geflohen war, entschloss ich mich im April 1996, das Gelände kurzfristig räumen zu lassen. Mit Zustimmung der zuständigen Bezirksbürgermeister und des Gesundheitsamtes wurden die Bewohner auf TBC untersucht. Prompt fanden sich Verdachtsfälle. Es war also höchste Zeit gewesen.

Durch die Medien ging ein Aufschrei, aber nicht wegen der vier an TBC erkrankten Personen, von denen sich nur eine in Behandlung begab, während die anderen gemäß Bundesseuchengesetz zur Fahndung ausgeschrieben werden mussten. Nein, der Aufschrei betraf unsere Maßnahmen, die von den Grünen und der PDS als Angriff auf alternative Lebensformen betrachtet wurden. Ihnen ging es um ihr spezielles Lebensgefühl, mir um den Rechtsstaat und den Schutz der Berliner Bürger. Ich führte Journalisten durch die Wagenburg, die einer Müllhalde glich, und zeigte ihnen die untragbaren hygienischen Verhältnisse und die permanenten Verstöße gegen Umweltschutzverordnungen. Nach diesem Pressetermin titelten einige Zeitungen: »Schönbohm siegreich auf den Trümmern der Wagenburg«. Einige andere beschrieben die tatsächlichen Zustände. Insgesamt aber wurde die Räumung begrüßt. Einige Politiker fragten mich vertraulich: »Warum haben wir das nicht eher gemacht? Wir haben gar nicht gewusst, wie schlimm es dort aussah.« Dieses Wahrnehmungsdefizit überraschte mich. Kurze Zeit später räumten wir eine andere Wagenburg in Kreuzberg aus denselben Gründen.

Daraufhin wurde ich von der Humboldt-Universität zu einer Diskussion eingeladen, an der ich mit meiner Frau teilnahm, obwohl Freunde und Kollegen mir davon abgeraten hatten. Letztlich war es dieselbe Auseinandersetzung wie 14 Jahre früher in der Nachrüstungsdebatte, denn in beiden Fällen richteten sich die Angriffe gegen den Repräsentanten des staatlichen Gewaltmonopols, der ich nun einmal war. Als wir in dieser einst ehrwürdigen Universität die Treppe zum ersten Stock hinaufgingen, wurden wir von oben bespuckt, beschimpft und mit Gegenständen beworfen. Meine Sicherheitsbeamten halfen uns mit aufgespannten Regenschirmen. Der Raum war dicht gefüllt mit jungen Leuten, vermutlich Studenten, aber eine Diskussion war nicht möglich. Sobald einer der »Rollheimer« seinen Mund auftat, herrschte andächtiges Schweigen, sobald ich nur meine Lippen bewegte, gellendes Gejohle und Gepfeife.

Your home is my castle

Die Wagenburgen waren geräumt, aber die besetzten Häuser gab es immer noch. Einzelne Fälle von Leerstand wurden als Grund herangezogen, das Eigentumsrecht überhaupt in Frage zu stellen und das Recht zur willkürlichen Nutzung propagandistisch einer Selbstjustiz der Besetzer nutzbar zu machen. Mit Erfolg: Abseits aller rechtlichen Grundlagen hatte man in Berlin die sogenannte »Berliner Linie« entwickelt, die besagte, dass der Hauseigentümer die nach der Räumung vorgesehene Nutzung nachzuweisen hatte und dazu die notwendigen Genehmigungen des Bezirks vorlegen musste. Häufig weigerten sich die Bezirke aus politischen Gründen, diese Genehmigungen zu erteilen. Das war rechtswidrig, aber skandalfrei. Darüber hinaus hatten die Besetzer originelle Methoden entwickelt, sich den Kündigungen zu entziehen. In den Häusern meldeten sich ständig neue Bewohner an, sodass Räumungsklagen gegen einzelne Bewohner, wenn sie endlich vom Gericht angenommen wurden, nicht ausgeführt werden konnten, weil die betreffenden Personen infolge der absichtlich erhöhten Fluktuation dort nicht mehr wohnten, sondern längst von anderen Häusle-Klauern abgelöst worden waren. Es war offenkundig unmöglich, auf diesem Wege eine Räumung durchzusetzen und höchst erstaunlich, wie viele formaljuristische Einwände gegen unsere Maßnahmen jene Hausbesetzer vorbrachten, die ihrerseits alles taten, um die Rechtssicherheit zu untergraben. Der Anfangstatbestand des Hausfriedensbruchs machte ihnen ohnedies kein Kopfzerbrechen.

Bei den Bezirksämtern war bekannt, dass die geltenden Vorschriften betreffs Hygiene, Umwelt-, Feuer- und Brandschutz nirgendwo eingehalten wurden. Energiediebstahl durch Anzapfen von Strom- und Gasleitungen war geradezu selbstverständlich. Die Häuser dienten zum Teil als Unterkunft und Versteck für illegal sich in Berlin aufhaltende Ausländer. Die Fachleute stellten außerdem fest, dass sich die Bewohner gegen eine Räumung sogar mit Falltüren und ähnlichen Tricks wehrten: »Your home is my castle.« Schließlich gelang die Räumung des letzten besetzten Hauses im Westen Berlins. Die rechtlichen Voraussetzungen waren geklärt, sodass der Eigentümer danach wieder über seinen Besitz verfügen konnte. Am Vorabend dieser Räumung rief ich Klaus Böger an, den Fraktionsvorsitzenden der SPD im Berliner Abgeordnetenhaus, um ihn über meine Maßnahme vorab zu informieren. Er bat mich darum, den innenpolitischen Sprecher von der Notwendigkeit der Räumung zu überzeugen, da er heftige parteipolitische Auseinandersetzungen befürchtete. Ich wies auf die Rechtslage hin und fügte hinzu: »Wenn Sie beabsichtigen, eine politische Auseinandersetzung zu führen, weise ich Sie vorsorglich darauf hin, dass ich Video- und Fotodokumentationstrupps einsetze, um das Geschehen und den Zustand des Hauses zu dokumentieren. Sollten Sie meine Maßnahme in Frage stellen, werde ich diese Dokumentation veröffentlichen.« Das half.

In den frühen Morgenstunden des kommenden Tages wurde das betreffende Haus geräumt. Der politische Widerstand der Grünen und der PDS wurde von der öffentlichen Zustimmung erstickt. Dennoch führte ein Abgeordneter der PDS bei einer Demonstration ein Plakat mit der Aufschrift mit: »Gegen Schönbohm hilft nur 9 mm Parabellum«. Dazu kamen, vor allem im ehemaligen Ost-Berlin, an Häuserwänden und Brücken gesprühte Parolen wie »Schönbohm, wir überleben dich«, »Schönbohm, wir kriegen dich« oder »Schönbohm, verpiss dich«.

Immer noch gab es zehn besetzte Häuser im Ostteil der Stadt. Um mir einen Überblick zu verschaffen, ging ich mit Baseballmütze und Sonnenbrille an einem frühen Vormittag, begleitet von einem szenekundigen Führer und meiner Frau, durch die dazugehörigen Innenhöfe. Ich wollte die Voraussetzungen und Bedingungen besser einschätzen können, unter denen die Polizisten die Häuser zu räumen hatten. Am 30. Juli 1997 fanden die nächsten drei Räumungen in Lichtenberg und Friedrichshain statt. Einmal mehr gab es anschließend handgreifliche Auseinandersetzungen zwischen den Besetzern und der »Prügel-Polizei«. Hätten wir, um solche Angriffe zu vermeiden, die Zustände auf Dauer hinnehmen sollen? Das entsprach nicht meinen und auch nicht den Vorstellungen der Mehrzahl der Berliner. Nach diesen Räumungen gab es am Abend eine einstweilige gerichtliche Verfügung, der zufolge zwei Besetzer in das geräumte Haus in der Rigaer Straße 80 zurückkehren durften. Die Eigentümer mussten demolierte Wohnungstüren sowie Fenster und Eingangstüren instandsetzen! Der Zugang zu sämtlichen geräumten Teilen des Hauses war zu gewähren. Es gelang uns dennoch, dem Prinzip der Gefahrenabwehr Geltung zu verschaffen und später auch dieses Haus endgültig zu räumen. An eine Einigung kann ich mich nicht erinnern.

Multikulturelle Inländerfeinde

Die Polarisierung zwischen einer aggressiven, oft ausgehaltenen Minderheit und der zahlenden Mehrheit (die zumindest in Berlin allmählich zur Minderheit wird) betraf nicht nur Hausbesetzungen, sondern auch die Ausländerpolitik. Wir beherbergten damals viele Bürgerkriegsflüchtlinge aus dem ehemaligen Jugoslawien. Nach dem Friedensabkommen von Dayton im Dezember 1995 wurde in meiner ersten Innenministerkonferenz diskutiert, ob und wann die Bürgerkriegsflüchtlinge zurückkehren sollten. Dass sie an der allmählichen Rückkehr interessiert wären, erwarteten die Innenminister übereinstimmend. Zur Unterstützung gab es Anreizprogramme von den Ländern, der Bundesregierung und der Europäischen Union. Gegen die Rückkehr war nichts einzuwenden: Das Heimatland war befriedet und musste wieder aufgebaut werden. Im Unterschied zu den anderen Bundesländern aber kehrten aus Berlin nur wenige zurück.

Ich ließ mich von der Ausländerbehörde über die Lage unterrichten. Aus den Gesprächen mit Sachbearbeitern und Dezernatsleitern erfuhr ich, dass zum Beispiel die Möglichkeit der Familienzusammenführung missbraucht wurde, um sich Vorteile zu erschleichen und unberechtigterweise Sozialhilfe zu beziehen. Viele Mitarbeiter waren enttäuscht und frustriert, weil sie sich vom Staat alleingelassen fühlten und von der Öffentlichkeit keine Unterstützung erhielten. Die Bürgerkriegsflüchtlinge waren aber nicht der einzige Bereich, in dem es Handlungsbedarf gab.

Ich gab einen Erlass heraus, der die Sozialämter verpflichtete, dem Ausländeramt anzuzeigen, wenn ein sich illegal aufhaltender Ausländer Sozialhilfe beantragte. Wir wollten damit den rechtswidrigen Aufenthalt und den Leistungsmissbrauch beenden. Einige Sozialämter lehnten die Zusammenarbeit ab, weil die Maßnahme gegen die »Menschenwürde« und gegen die sozialpolitischen Verpflichtungen Berlins verstoße. Um mich näher mit den Defiziten der Integration vertraut zu machen, besuchte ich im Herbst 1996 eine Mieterversammlung in einem Kreuzberger Hochhaus. Ein CDU-Abgeordneter hatte mich gebeten zu kommen, weil sich noch nie ein Senator den Fragen der Mieter zur Ausländerpolitik gestellt habe. Nicht ahnend, was uns erwartete, machten meine Frau und ich uns auf den Weg.

Eveline Schönbohm Als die ersten jugoslawischen Bürgerkriegsflüchtlinge noch während meiner Lehrtätigkeit in Meckenheim in Deutschland aufgenommen wurden, dienten die unserem Schulhaus gegenüberliegenden ehemaligen und voll intakten Schulgebäude den Flüchtlingsfamilien als Unterkunft. Entsprechend ihrem Alter wurden die Kinder in die Klassen 1 bis 4 eingewiesen. So saßen in meinem Klassenzimmer auf einmal fünf fremdsprachige Schüler und harrten der Dinge, die da kommen sollten. Weder auf Deutsch noch auf Englisch, Französisch oder Italienisch konnte ich mich mit ihnen verständigen. Meine Zweitklässler fanden die Situation ganz spannend, als ich meine Versuche zur Verständigung startete, schließlich mit Hilfe von Gestik und Mimik. Aber auf Dauer fand ich das für die Verfolgung des Lernpensums ziemlich hemmend. »Könnten Sie mir bitte sagen, auf welche Art und Weise ich die jugoslawischen Schüler unterrichten soll, um ihnen Schreiben und Rechnen beizubringen?« Mein Schulleiter schaute mich verständnislos an: »Sind Sie fremdenfeindlich?« – »Im Gegenteil, ich möchte nicht, dass ihnen kostbare Zeit verloren geht. Könnten nicht die Väter und Mütter, die sich den ganzen Tag unterhalten, selbst ihre Kinder in ihrer Muttersprache unterrichten? Ich würde das für sinnvoll halten und werde den Schulrat in dieser Angelegenheit anrufen. Ich bin verantwortlich dafür, dass die deutschsprachigen Kinder in meiner Klasse in einem angemessenen Zeitraum die deutsche Schriftsprache erlernen!« Erst nach anstrengenden Wochen verließen die fremdsprachigen Kinder die einzelnen Klassen und wurden – mit Malen und Basteln – für die Dauer ihres Aufenthaltes beschäftigt. Diese Erfahrungen gingen mir auf unserer Fahrt nach Kreuzberg durch den Kopf.

Jörg Schönbohm Wir kamen in einen mit 350 bis 400 Anwesenden überfüllten Raum. Ich stieg auf einen Stuhl, pfiff auf zwei Fingern und bat um Ruhe: »Ich bin gekommen, um ihre Fragen zu beantworten! Ich gebe das Wort dem Diskussionsleiter!« Daraufhin brach ein Staudamm. Es wurde geklagt und geschimpft über das Verhalten ausländischer Mitbewohner, auch über das ihrer Kinder. Eine junge Frau erzählte fast weinend: »Ich habe ein dreijähriges Kind. Wenn es zum Spielen in den Sandkasten geht, wird es dort von fremdsprachigen Kindern mit den Worten verjagt: ›Du bist ein Nazi! Hau ab!‹« Ein Ehepaar, das im zwölften Stock lebte, berichtete: »Es riecht bei uns im Haus. Wenn wir Weihnachtslieder singen, werden unter uns die Bongo-Trommeln gespielt. Die Mauer ist gefallen – und wir können jetzt aus Berlin wegziehen!« Ähnlich äußerten sich reihenweise Bürger, die keineswegs ideologisch verbohrt waren. Sie waren nur dankbar, dass ein Politiker ihnen einmal zuhörte. Nach etwa drei Stunden war die Aussprache beendet und ich durchgeschwitzt und erschöpft wie selten, vor allem aber ratlos, was zu tun war. Ich brauchte mehr Anschauung.

Deshalb besuchte ich einige Tage später das Ehepaar in seiner Wohnung im zwölften Stock. Danach gingen wir zu Fuß hinunter bis ins Erdgeschoss. Verschiedenste Ethnien lebten dort ohne Rücksicht aufeinander. Es wurde gelärmt, es stank, war verschmutzt, und die meisten fühlten sich offenkundig unzuständig. Zum Abschied erzählte mir das Ehepaar von seinen Absichten, nach 15 Jahren aus diesem Haus auszuziehen, weil die Lebensumstände nicht länger erträglich seien. So wie sie dächten viele deutsche Bewohner, aber die Politiker nähmen das nicht zur Kenntnis.

Die Integrationsfähigkeit einer Gesellschaft ist begrenzt. Integration wird umso schwieriger, je höher der Ausländeranteil ist. Offenheit und Akzeptanz sind nur möglich, solange die einheimische Bevölkerung nicht das Gefühl hat, übervorteilt und überfordert zu werden. Sonst können bei schnell steigenden Ausländerzahlen verständlicherweise Bedrohungs- und Entfremdungsängste wachsen. Letztlich vernachlässigt das Modell einer multikulturellen Gesellschaft den von den freiwillig Zugewanderten einzufordernden Integrationsbeitrag. Die Identität der Bundesrepublik Deutschland als Nationalstaat der Deutschen darf nicht zur Disposition stehen, wird aber mit dem Paradigmenwechsel von »Volk« zu »Bevölkerung« gegen alle Vernunft zur Disposition gestellt. Wolfgang Thierse (SPD) hat als Bundestagspräsident einen Trog für Erde aus den Wahlkreisen der Abgeordneten als künstlerische Installation für einen gut geschützten Innenhof des Reichstags einkaufen lassen: mit dem Schriftzug »Der Bevölkerung«. Damit soll offenbar die Portalinschrift »DEM DEUTSCHEN VOLKE« konterkariert werden, die zu ändern man sich dann doch nicht traut.

Aufgrund meiner Erfahrungen veröffentlichte ich am 25. April 1997 in der *Berliner Morgenpost* einen Artikel mit der Überschrift »Integration ist keine Einbahnstraße«. Einleitend wies ich darauf hin, dass der Ausländeranteil in Berlin schon bei 13 Prozent lag und in Kreuzberg sogar bei 31 Prozent. Zusammenleben sei auf Dauer nur mit gegenseitiger Rücksichtnahme möglich. Die Grundwerte unserer Verfassung wie die Gleichberechtigung von Mann und Frau müssten anerkannt, die Trennung von Staat und Religion akzeptiert und die deutsche Rechtsordnung geachtet werden. Für politische Auseinandersetzungen fremder Länder sei in Deutschland kein Raum. Die in unserem Land lebenden Ausländer müssten unsere Grundsätze anerkennen und in ihrer Lebensweise respektieren, zumal ihre weitere Zunahme prognostiziert sei. Mit diesem Artikel griff ich ein lange vernachlässigtes Thema auf. Ich erhielt viele Zuschriften, auch von der Berliner

Ausländerbeauftragten Barbara John (CDU). In der anschließenden Auseinandersetzung mit ihr wurde mir klar, dass sie sich als Interessenvertreterin der Ausländer verstand und nicht als zuständig für die Vorstellungen der Inländer von einem verträglichen Zusammenleben. Ich hätte mir einen Ausländerbeauftragten gewünscht, der sich auch darum kümmert, wie die Ausländer sich integrieren und zur Verbesserung des Zusammenlebens beitragen.

In einem Interview, das Michael Klonovsky vom *Focus* mit mir führte, sagte ich im Mai 1998: »Es gibt zwei Sorten von Menschen: die Gutmenschen und die, die ihre Pflicht tun. Die Gutmenschen sind diejenigen, die nicht gewählt sind, die keine Verantwortung tragen und ungetrübt von jeder Sachkenntnis zu allen Dingen ihre Entrüstung formulieren. Sie wollen den Verantwortungsträgern mit hohem moralischem Anspruch erklären, was sie tun müssen. Wenn ich darauf hinweise, dass das Geld kostet, sagen sie, Geld sei keine Kategorie. Wenn ich darauf hinweise, dass die Bevölkerung das nicht akzeptiere, heißt es, ich müsse mich mit Vorurteilen auseinandersetzen und dürfe sie nicht schüren. Wenn ich sage, dass in manchen Schulklassen deutsche Kinder benachteiligt würden, heißt es, damit müssten sie lernen umzugehen. Diese Art des moralischen Rigorismus werden wir auf Dauer nicht aushalten. (...) Wenn es inzwischen in jedem Stadtbezirk Ausländerbeauftragte gibt und keine Inländerbeauftragten, dann bin ich eben der Inländerbeauftragte. Mehr als 50 Prozent aller Asylanträge innerhalb der EU werden in Deutschland gestellt. Warum? Sind die anderen Länder keine Demokratien? Oder liegt es daran, dass wir andere Gesetze haben? Weniger als zehn Prozent der gestellten Asylanträge werden anerkannt. Damit wissen wir auch, wo das Problem liegt. Bei Ausnutzung aller Rechtsmittel kann ein abgelehnter Asylbewerber in Deutschland jahrelang mit Staatshilfe prozessieren, bevor er ausgewiesen wird, wenn dann nicht wieder eine besondere Situation eingetreten ist, die das verhindert. Das Thema steht auf der Tagesordnung, und da wir ja so vehement europäisch sind, kann es keinen deutschen Sonderweg geben.«

In Berlin kam es zu lebhaften Reaktionen auf meine Haltung und besonders zu Angriffen von den Grünen und der PDS. Jeder wusste, dass das Zusammenleben mit vielen Ausländern im Alltag schwierig ist, aber keiner wollte das Thema ansprechen, um sich nicht die Finger zu verbrennen. Wir hatten in Berlin rund 30 000 Bürgerkriegsflüchtlinge aufgenommen, mehr als Frankreich und Großbritannien zusammen! Die Belastung für den deutlich defizitären Landeshaushalt lag bei 500 Millionen DM pro Jahr. In Berlin war damals die Erinnerung an die Zerstörung und den Wiederaufbau der Stadt, mithin an die großen Leistungen der Trümmerfrauen, noch lebendig. Bei Bürgerversammlungen hieß es sinngemäß immer wieder: »Während des Krieges im ehemaligen Jugoslawien haben wir ihnen selbstverständlich Zuflucht gewährt. Aber was wir nach dem Zweiten Weltkrieg geschafft haben, müssen sie doch auch leisten können! Jetzt herrscht Frieden in ihrem Land, und sie werden beim Aufbau zuhause gebraucht.« Als der Rückkehr der Bürgerkriegsflüchtlinge aus dem ehemaligen Jugoslawien – auch dank des Einsatzes deutscher Soldaten – nichts mehr im Wege stand, war aber nur ein kleiner Teil zur Heimkehr bereit. Ein enges Netzwerk von Beratern und effizienten Lobbyisten lebte davon, den Flüchtlingen das Bleiben irgendwie zu ermöglichen. Wahrscheinlich sollte auch das noch »Widerstand gegen den Nationalsozialismus« sein, eine Art antinationaler Sozialismus.

Anfang Juli 1998 ließ ich zwei Gruppen ausreisepflichtiger bosnischer Flüchtlinge mit insgesamt 74 Personen in ihre Heimat ausfliegen, nachdem wir sie aus ihren Wohnheimen geholt und bis zum Abflug in Sicherheitsverwahrung genommen hatten. Daraufhin setzten sich die evangelische und die katholische Kirche an die Spitze der moralisierenden Proteste und verschärften die ohnedies vergiftete Auseinandersetzung. Der Cottbuser Generalsuperintendent Rolf Wischnath veröffentlichte im September 1998 einen Beitrag im *Spiegel* über unsere Abschiebepraxis und den Widerstand der Kirchen mit dem Titel: »Heilsame Arznei für den Senator«. Darin hieß es unter anderem: »Ist die Kirche zum Zusehen verurteilt, wenn Politiker wie Jörg Schönbohm und Bayerns Innenminister Günther Beckstein, die öffentlich ihre Zugehörigkeit zur evangelischen Kirche bekunden, sich durch eine menschenunwürdige Ausländerpolitik profilieren? Die Fragen treffen uns ins Mark – und berühren Grundfragen des Kirchenverständnisses.«

Moralmobbing

Indem Wischnath ausdrücklich auf die Enzyklika Papst Pius' XI. von 1937 Bezug nahm, stellte er unser Vorgehen mit der rassistischen Politik der Nationalsozialisten auf eine Stufe: »*In brennender Sorge* [der Enzyklika-Titel, J. S.] muß jede christliche Gemeinde sein wegen der Gefährdung ihrer Abendmahlsgemeinschaft durch die Ablehnung und Abschiebung von Fremden. (...) Unverzichtbar ist die Einsicht, daß sich Christen mit einem öffentlich zum Skandal werdenden Fehlverhalten von Mitchristen nicht stillschweigend abfinden dürfen. (...) An dem Mitchristen Jörg Schönbohm, der nicht nur in Berlin begeisterte Anhänger hat, hat sich exemplarisch eine pastorale Diskussion entzündet. Sie betrifft nicht nur ihn, sondern die Kirche insgesamt. Vor allem muß es dabei um die Flüchtlinge gehen, für deren Menschenwürde die Kirchen eintreten. Wahrscheinlich hat er die Stimmung in der Mehrheit der Bevölkerung zutreffend erfaßt, wenn er unter Beifall erklärt, er werde weitere Abschiebungen politisch ›auch durchstehen‹. Wie er sie als Christ besteht, steht auf einem anderen Blatt.«

Was rechtsstaatlich geboten und politisch notwendig war, wurde somit für unchristlich erklärt. Im Rahmen einer evangelischen Gemeindeversammlung wurde ich auf einem Transparent als Schreibtischtäter, Menschenjäger und Deporteur diffamiert.

Weder ein Gemeindemitglied noch der Pfarrer taten etwas dagegen. Die Nachrüstungsdebatte der achtziger Jahre war von der Geschichte überholt worden. Auch in der Ausländerdebatte der neunziger Jahre zeigte sich allmählich, dass es mit Voluntarismus und moralisierender Flegelhaftigkeit nicht getan war.

Als von außen Kommendem fiel mir die Verwahrlosung deutlich auf, an die sich viele Berliner resignierend gewöhnt hatten: Graffiti, Verschmutzung, Drogendealerei und die Vereinnahmung von »Staatsknete«. Warum sagten die Bürger, die mir in persönlichen Gesprächen und Briefen zustimmten, nicht öffentlich, was sie wollten? Offenbar funktioniert die ewige Einschüchterung mit Hilfe *der* deutschen Vergangenheit und versetzt die Leute ausreichend in Angst, Schwierigkeiten zu bekommen als »Rechte«, wie selbst die legitime Opposition in absichtsvoller Verkennung des demokratischen Spektrums seit langem genannt wird.

Im Vorfeld der Bundestagswahl 1998 betonten Grüne und SPD wieder einmal die Wichtigkeit der multikulturellen Gesellschaft für die Hauptstadt. Im Feuilleton der *Berliner Zeitung* erklärte ich, dass das Konzept der Multikulturalität als ein anhaltender Kampf gegen die Wiedervereinigung zu deuten sei, denn die multikulturelle Gesellschaft werde von ihren linken Protagonisten zum Allheilmittel gegen die angebliche Gefahr eines neuerlichen Nationalismus stilisiert. Die in Deutschland lebenden Ausländer würden gegen die vermeintliche »deutsche Gefahr« in Stellung gebracht und damit in einem ideologischen Bürgerkrieg verheizt, bei dem es nicht um ihre Interessen, sondern um die Machtbedürfnisse ihrer falschen Freunde gehe.

Nachdem ich zweieinhalb Jahre lang diskutiert hatte, entschloss ich mich zu einem Interview mit der Boulevardzeitung *BZ*. Ich wies einmal mehr darauf hin, dass wir illegale Zuwanderung besser kontrollieren und der Entwicklung von Parallelgesellschaften entgegenwirken müssten und dass die hier lebenden Ausländer Deutsch lernen sollten. Otto Schily, damals stellvertretender Vorsitzender der SPD-Bundestagsfraktion, stellte dazu die fundierte Frage: »Sollten Ausländer etwa Sauerkraut essen?« Im Falle des Wahlsieges der SPD kündigte er die Einführung der doppelten Staatsangehörigkeit an. Ob das Problem der Integration auf dem Papier zu lösen sei, fragte ich. Klaus Böger, mit dem ich im Rahmen der Bezirksneugliederung eng zusammenarbeitete, warf mir »Schaumschlägerei« und »verantwortungsloses Gerede« vor und bezeichnete meine Äußerungen als »Steilvorlage für rechtsextreme Parteien«. Er warnte mich, »Geister« zu wecken, »die man nicht mehr los wird«. Da endet jede Diskussion; das bekannte Argument der Kommunisten gegen eine unliebsame Wahrheit hieß: »Das nützt dem Klassenfeind!« Hier hieß es, es nützt den Extremisten – beides sachlich falsche, aber Totschlagargumente.

Höhepunkt dieser Debatte war ein Artikel von Andreas Nachama, dem Vorsitzenden der Jüdischen Gemeinde zu Berlin, vom 10. Juni 1998 im *Tagesspiegel*. Wenige Monate zuvor war ich mit ihm über den Jüdischen Friedhof mit dem Ehrenfeld für Gefallene aus dem Ersten Weltkrieg in Berlin-Weißensee gegangen. Damals hatte ich ihm in einem einvernehmlichen Gespräch von meiner Verbindung zu Israel und von meinem Verhältnis zum Judentum erzählt. Insofern überraschte mich die Bösartigkeit seiner Anfeindungen und persönlichen Beleidigungen. Unter der Überschrift: »Deutschtümelnd, brauner Muff, Blut- und Boden-Ideologie« schrieb mir Nachama den »bräunlich angedunsteten Muff von Stammtischen« zu und fragte, ob der Innensenator statt »Berlin 2000« ein »Germania 2000« anstrebe. Es fehlte auch nicht der Hinweis, dass »der General« sich unter Integration »eine uniformiert antretende Gesellschaft« vorstelle, in der »alle den gleichen grauen Drillich tragen«. Schließlich vermisste Nachama einen »Aufschrei durch die Gesellschaft« – als ob es an Stimmungsmache wie seiner eigenen gefehlt hätte.

Viele Berliner reagierten empört auf diese boshafte Veröffentlichung, schriftlich und mündlich. Auch der israelische Botschafter Avi Primor wandte sich gegen Nachama und bat mich demonstrativ darum, anlässlich seiner Auszeichnung mit dem »Kulturpreis Europas« die Laudatio zu halten: »Herr Schönbohm, ich kenne Sie und Ihre Frau. Was da geschieht, ist nicht akzeptabel!«, sagte er zu mir. Auf der Meinungsseite des *Tagesspiegel*, der viel auf seine Liberalität hält, wurde dagegen vorgeschlagen, die Funktionsweise meines Gehirns untersuchen zu lassen. Auf einer Veranstaltung wurde mir geraten, mich »zu schämen«, so ich »überhaupt der Scham fähig sei«.

550 Politiker eingespart

Es gehörte zu meinen Aufgaben, die Berliner Verwaltung zu modernisieren und die Kosten zu senken. Der Senat und die Koalitionsfraktionen hatten sich darauf verständigt, eine mehrfach verschobene Bezirksneugliederung in der laufenden Legislaturperiode durchzuführen. Nach der Wiedervereinigung hatte die Stadt 23 Bezirke; der kleinste Bezirk zählte 65 000 Einwohnern, der größte etwa 350 000. Ich schlug vor, die Zahl der Bezirke von 23 auf 12 zu reduzieren, um eine vergleichbare Größenordnung von 250 000 bis 350 000 Bewohnern zu erreichen. Die künftigen Bezirke sollten auch mauerübergreifend angelegt sein und verwaltungstechnisch die ehemalige Teilung der Stadt aufheben. Das Konzept war plausibel, aber umstritten, weil das politische Personal deutlich reduziert werden würde. Jeder Bezirk hatte bis dahin einen Bezirksbürgermeister, vier Stadträte und 45 Bezirksverordnete. Allein auf dieser Ebene entfielen also mit einem Schlag 550 Posten. Daher der Widerstand der Parteien.

Das Gesetz musste mit einer Zweidrittelmehrheit verabschiedet werden. CDU und SPD hatten mit 142 Stimmen nur vier mehr als nötig. Nicht zuletzt dank der guten Zusammenarbeit mit dem SPD-Fraktionsvorsitzenden Böger, trotz unserer Differenzen in der Ausländerpolitik, konnte im März 1998 nach gut zwei Jahren Arbeit die Bezirksneugliederung beschlossen werden. So umstritten sie damals war – sie hat sich längst bewährt.

In dieser Zeit wuchs in der Berliner CDU die Unzufriedenheit mit Eberhard Diepgen. Es bildete sich eine parteiinterne Oppositionsgruppe, die sich »Union 2000« nannte und Mehrheiten für den bevorstehenden Parteitag sammelte, um Diepgen als Parteivorsitzenden abzulösen. Auch als Regierender Bürgermeister war Diepgen bei »Union 2000« umstritten. Kritisiert wurde, dass er zu sehr auf Ausgleich und Kompromiss mit dem Koalitionspartner SPD ausgerichtet sei. In diesem Zusammenhang wurde ich gebeten, gegen Diepgen für den Parteivorsitz zu kandidieren. »Union 2000« habe die Mehrheit, und ein Wechsel sei notwendig, weil die Partei sich deutlicher profilieren müsse. Ich lehnte das Ansinnen von vornherein ab und sagte, ich sei »weder ein Parteisoldat noch ein Putschgeneral. Eberhard Diepgen hat mich geholt – und *ich* falle ihm nicht in den Rücken!« Das war und ist für mich eine Frage des Prinzips.

Ich berichtete dem Regierenden Bürgermeister von diesem Gespräch – ohne namentliche Nennung der Beteiligten – und fügte hinzu, dass ich auf keinen Fall gegen ihn anträte, da das nicht meinen Vorstellungen von Loyalität entspräche. Diepgen schaute mich prüfend an und schwieg. Ich wusste, dass meine Aussage »unpolitisch« war – blieb ich aber so unpolitisch, nicht nach der Macht zu fragen? Aus den Umfragen wusste er, dass ich hohes Ansehen genoss. Der Parteitag fand im Februar 1998 – ohne einen Gegenkandidaten zu Diepgen – statt. »Union 2000« hatte inzwischen auch öffentlich Kritik am Vorsitzenden geübt. Es gelang der Gruppe, bei der Vorbereitung der Wahlen in den Bezirken die Kritiker des Landeschefs zu stärken und dessen Anhänger und Unterstützer aus den Listen zu streichen. Man wollte mit Diepgen abrechnen – ohne eine Alternative zu haben. So erhielt er als Parteivorsitzender schließlich 62,6 Prozent der abgegebenen Stimmen. Das war zwar das schlechteste Ergebnis seiner vierzehnjährigen Amtszeit, aber er war wiedergewählt. Mein Freund Rupert Scholz und ich wurden mit 84,5 bzw. mit 79,9 Prozent der Stimmen seine Stellvertreter. Ich hatte in Berlin das Dringendste getan und hoffte, jetzt die Früchte meiner Arbeit ernten zu können. Die Bundestagswahl im Oktober 1998 mit ihrem für die CDU so desaströsen Ergebnis brachte aber neue Aufgaben.

Das Wahlergebnis im Land Brandenburg war für die CDU verheerend, aber nach den zahlreichen und heftigen innerparteilichen Grabenkämpfen, einschließlich persönlicher Diffamierungen, nicht überraschend. Mit 20,8 Prozent hatte die Brandenburger CDU das schlechteste Wahlergebnis aller Landesverbände zu verzeichnen. Die SPD lag mit 42,5 Prozent schier unaufholbar weit vorn. Elf Monate später, im September 1999, sollte die Landtagswahl stattfinden, und die CDU hatte sich schon jetzt selbst zerlegt. Vor diesem Hintergrund besuchte mich der Landesvorsitzende der Brandenburger CDU, Dr. Peter Wagner, und erneuerte Eppelmanns Bitte, nach Brandenburg zu kommen, um den Parteivorsitz zu übernehmen und mich als Spitzenkandidaten aufstellen zu lassen. Er meinte, dass es in der Partei große Bereitschaft zu einer Besetzung von außen gebe, weil man intern zu stark zerstritten sei. Während wir überlegten und verhandelten, versuchte der Fraktionsvorsitzende der Brandenburger CDU, die Weichen für seine Wahl zum Parteivorsitzenden zu stellen. Ich war aber nur bereit, nach Brandenburg zu gehen, wenn mir beides, die Spitzenkandidatur und der Parteivorsitz, angeboten würde.

Nach knapp drei Jahren in Berlin war die Bezirksneugliederung beschlossen und konnte in Kraft treten. In den Auseinandersetzungen um die Ausländer- und Integrationspolitik waren inzwischen Einsicht und Nachdenklichkeit zu spüren. Ich war stellvertretender Parteivorsitzender und konnte nach den ersten mühsamen Jahren ruhigeren Zeiten entgegensehen. Aber: Konnte ich bei meiner Verbundenheit mit dem Land Brandenburg und meiner früheren Klage um den Verlust meiner Heimat jetzt nein sagen? Die SPD hatte die absolute Mehrheit und bezeichnete Brandenburg gern als »die kleine DDR«. In Brandenburg hatte sich im Unterschied zu Sachsen und Thüringen seit der Wiedervereinigung viel zu wenig verändert. Die absolute Mehrheit der SPD musste gebrochen werden.

Meine Frau war zögerlich, aber unter der Voraussetzung einverstanden, dass trotz der Brandenburger Politik Berlin unser kultureller Mittelpunkt blieb. Das war ganz in meinem Sinne. Arne sagte, ich solle lieber für Evi und mich mehr Geld verdienen. Ich erklärte ihm, dass mir andere Dinge wichtiger seien, was er auch verstand. Hendrik, meinte: »Denk an dein Alter und deine Gesundheit. Du hast in deinem Leben schon genug gearbeitet«, und Imme fügte lakonisch hinzu: »Papa, warum fragst du uns eigentlich?«

VII.

HEIMKEHR NACH BRANDENBURG

1999 – 2009

Gründlich durchdacht war meine Entscheidung für Brandenburg nicht. Viel seltener als beim Militär gelingt es in der Politik, aus der Beurteilung der Lage die richtige Taktik abzuleiten. Ich kannte die Landschaft und ihre Geschichte, ich hatte bei Theodor Fontane und Günter de Bruyn viel darüber gelesen. Aber die Menschen, die dort lebten, kannte ich kaum. Ich besaß wenige persönliche Erfahrungen außer denen, die ich bei der Volksabstimmung über die schließlich gescheiterte Fusion der Länder Berlin und Brandenburg gesammelt hatte. Lediglich durch die Übernahme der NVA kannte ich einige Mentalitäten und Vorprägungen.

Meine Berliner Freunde, vor allem Wolf Jobst Siedler und Arnulf Baring, hatten mir abgeraten. Zu Baring hatte ich nach der Lektüre seines gemeinsam mit Siedler herausgegebenen Gesprächsbandes *Deutschland, was nun?* (1991) Kontakt aufgenommen. In jenem Buch hatte Baring die »Verzwergung« und »Provinzialisierung« der Ostdeutschen sowie ihre »Entchristlichung« kritisch aufgezeigt und vermutet, dass 30 Jahre bis zur Vollendung der deutschen Einheit ins Land gehen würden. Siedler hatte in der legendären Tiefdruckbeilage der *Frankfurter Allgemeinen Zeitung* geschrieben, dass man in Brandenburg wegen des fehlenden Landadels und Bürgertums praktisch von vorn anfangen müsse. Aus seinem Buch *Phoenix im Sand* sprach ebenfalls die Skepsis, die ich von Baring kannte.

»Sie passen gut nach Berlin, mit Ihrer Frau, mit Ihrer klaren Haltung, mit Ihren kulturellen Interessen. Aber in Brandenburg werden Sie es schwer haben«, sagten die Freunde. Und Siedler zitierte am Ende eines langen Gesprächs Georg von Frundsbergs Worte an Martin Luther: »Mönchlein, Mönchlein, du gehst einen schweren Gang.« Ich antwortete: »Das mag sein, aber ich gehe nach Hause. Und wenn alles, was Sie sagen, stimmt, dann ist es umso notwendiger. Ich glaube, dass ich zur Veränderung beitragen kann.«

Ich sprach ausführlich mit Karl Feldmeyer von der *Frankfurter Allgemeinen Zeitung*. Wir hatten uns während der Wiedervereinigung intensiv ausgetauscht und später ebenfalls angefreundet. Er war während der deutschen Teilung mit seiner Familie im Urlaub regelmäßig nach Brandenburg gereist. Ich als Offizier durfte nicht in den Ostblock. Erst 1991 waren wir gemeinsam auf den Spuren Fontanes nach Neuruppin, Glindow und Neuglobsow gefahren. Eigentlich lernte ich meine Heimat erst seit diesen Reisen richtig kennen. Feldmeyer arbeitete an seinem Buch *Schwierige Heimkehr*, das 1997 im Siedler Verlag erschien. Er beschreibt darin zwölf adelige Familien, die ihr im Westen verdientes Geld einsetzten, um die jahrhundertealten Stammsitze ihrer Vorfahren zurückzukaufen und wiederzubeleben. Das Buch erzählt, wie unterschiedlich sie aufgenommen und welche Schwierigkeiten ihnen gemacht wurden, manchmal sogar von der Kirche, wenn sie als ehemalige Patronatsherren die alten Dorfkirchen wiederaufbauen oder instandsetzen wollten. Die Behörden hätten den Besitz im allgemeinen lieber den *roten Baronen* überlassen, die erst die LPGs und jetzt die Nachfolgebetriebe leiteten – manche, nachdem sie ihre früheren Genossen durch Bilanzfälschung um ihr Miteigentum gebracht hatten. Aber es stellte sich auch heraus, dass viele Heimkehrer nach kurzer Zeit anerkannt wurden und dass sie – anders als es die jahrzehntelange Propaganda behauptet hatte – oft gute Erinnerungen der älteren Generation nachrief. Wer heimkehrte, konnte gar nicht dem Feindbild des selbstherrlichen und habgierigen Landjunkers entsprechen. Dazu war ein solcher Schritt mit viel zu großen persönlichen Herausforderungen und Belastungen verbunden.

In der Regel geht es den Dörfern, in denen sich eine der alten Familien mit ihren Erfahrungen und guten Verbindungen engagiert, heute besser als anderen Gemeinden, die auf sich selbst gestellt sind. Wahrscheinlich hätte es gerade den armen Landstrichen im Nordosten Deutschlands gutgetan, wenn 1990 nicht die Enteignungen im Zuge der Bodenreform von 1945/46 bestätigt, sondern die Ländereien in großem Stil an die noch existierenden Familien zurückgegeben worden wären. Angeblich war die Beibehaltung der Bodenreformergebnisse Bedingung für die Wiedererlangung der vollen Souveränität Deutschlands in den Zwei-plus-Vier-Verträgen. Die sowjetischen Verhandlungsführer, insbesondere Michail Gorbatschow und Eduard Schewardnadse, bestreiten aber, dass es eine solche Vorbedingung gegeben hat.

Feldmeyer schrieb auch über Gebhard Graf von Hardenberg, dessen Besitz nicht unter das Gesetz von 1990 fiel und dem 1996 Schloss Neuhardenberg zurückerstattet wurde, weil sein Großonkel Carl-Hans Graf von Hardenberg wegen seiner Beteiligung am Attentat auf Hitler vom 20. Juli 1944 im Konzentrationslager Sachsenhausen eingesessen hatte. Zu seinen Leidensgenossen zählte der Kommunist Fritz Perlitz, von Beruf Arbeiter, inhaftiert seit 1941. Die beiden »Vaterlandsverräter«, die nach Herkunft und Denkweise gegensätzlicher nicht hätten sein können, lernten sich kennen und schätzen. Perlitz pflegte Hardenberg, der sich bei seinem missglückten Selbstmordversuch schwer verletzt hatte. Nach der Befreiung trennten sich ihre Wege wieder: Perlitz wurde SED-Parteisekretär in seinem Heimatkreis Seelow, in dem auch Schloss Hardenberg lag; Hardenberg blieb die Rückkehr dorthin verwehrt, er wurde in der Bundesrepublik Vermögensverwalter des vormals regierenden Preußischen Königshauses. Meine Pflegemutter Rose Tritz in Grabow, zu der mich meine Eltern nach der Flucht zwecks Vorbereitung auf den Besuch der höheren Schule gegeben hatten, war eine Verwandte jenes Grafen Hardenberg gewesen. Erst im Jahre 2004 wurde in Sachsenhausen eine Gedenktafel für die Opfer des 20. Juli angebracht, die ich enthüllte. Die anderen Parteien fanden sich nicht ein, als der Widerstand der »Junker« gewürdigt wurde.

Die Gespräche mit Gebhard Graf von Hardenberg und mit dem Landwirt und CDU-Politiker Hans-Georg von der Marwitz, der ebenfalls an den Ort seiner Vorfahren zurückgekehrt war, zeigten mir, dass wir einmal grundsätzlich über die Lage in den neuen Ländern sprechen mussten. Dazu trafen wir uns in Lietzen, wo die Hardenbergs heute wieder die Komturei der Tempelritter und das dazugehörige Gut bewirtschaften. Mit dabei waren Günter de Bruyn, ein Professor von der wiedereingerichteten Universität in Frankfurt (Oder), der Viadrina, und noch einige andere. Wir verbrachten mehr als einen halben Tag zusammen. Alle waren zuversichtlich, aber auch bedrückt von den Nachwirkungen der kommunistischen Indoktrination, der hohen Arbeitslosigkeit, der Sinnleere, der Jugendgewalt und dem Desinteresse an Politik. Ich sprach mit einem Offizierskameraden, dessen Familie aus der Nähe von Frankfurt (Oder) kam – unsere Söhne waren in Bonn gemeinsam zur Schule gegangen – und der ebenfalls den Besitz seiner Familie zurückgekauft hatte, die 350 Jahre lang in Brandenburg ansässig war. Als Familie von Stünzner-Karbe das teilweise abgerissene Gutshaus Sieversdorf wieder übernahm, die Kirche wiederbelebte und half, einen Kirchenchor zu gründen, als sie Betriebe ansiedelte und sich bemühte, einen Kultursommer einzurichten, lebte das Dorf sichtbar auf. Die Bewohner begannen, sie zu akzeptieren, und schließlich hieß es sogar: »Wie schön, dass Sie wieder hier sind.« Eines Abends standen ein Blumenstrauß, ein Korb Obst und selbstgemachte Marmelade mit einem Dankgruß vor der Tür. Viele andere alte Familien, die ebenfalls gern geholfen hätten, ihre Heimat wiederaufzubauen, konnten es sich leider nicht leisten, ihren ehemaligen Besitz zurückzukaufen. Die ansehnlichen Leistungen der Familien Friedrich und Janko von Ribbeck in Ribbeck, die Augenklinik Professor von Barsewischs in Groß Pankow in der Prignitz, der sich um die Wiederbelebung von Schloss Wolfshagen verdient gemacht hat, oder das Engagement des Grafen Hermann von Pückler in und für Muskau – all das wird längst von den Einheimischen angenommen und dankbar begrüßt.

Jedes Jahr ließ sich der Staatsratsvorsitzende Walter Ulbricht melden, wie viele Kubikmeter Schlösser und Kirchen jeweils zerstört worden waren. Siedler berichtet in seinem Buch *Abschied von Preußen* darüber. Ulbrichts Sprengmeistern fielen nicht nur 1950 das Berliner Schloss und 1968 die Potsdamer Garnisonkirche zum Opfer. Auch die historisch gewachsenen Stadtbilder wurden sozialistisch vereinheitlicht: Platte statt Barock. Die Nachwirkungen dieser Politik fallen gravierender aus als in anderen Staaten des ehemaligen Ostblocks. Die DDR hatte als einziger Staat ihr Selbstverständnis *nur* aus dem Kommunismus bezogen, bis sie auf ihre alten Tage Preußen wiederzuentdecken und damit ihr wachsendes Legitimationsdefizit zu beheben versuchte. Die anderen Staaten des sozialistischen Lagers blickten auf eigene nationale Traditionen zurück oder waren wenigstens vor der kommunistischen Machtergreifung gegründet worden. In der DDR spielte die Indoktrination eine viel größere Rolle, seit die aus Moskau heimgekehrten Exilanten den Deutschen der sowjetischen Zone die Chance eröffnet hatten, von der Seite der »braunen« Verlierer auf die Seite der »roten« Sieger zu wechseln. Am Ende gab es auf ihrem Gebiet nur noch 20 % getaufte Christen. Geistig gescheitert und wirtschaftlich ruiniert konnte die DDR nicht überleben. Etwas anderes als die rettende Parole »Wir sind *ein* Volk!« hätten die Demonstranten am Ende gar nicht rufen können.

Kopfnoten

Mir war klar, dass mein erster Wahlkampf sich auf die Frage zuspitzen würde: Stolpe, der alte Fahrensmann aus dem Osten, oder Schönbohm, der zurückgekehrte »Wessi«? Stolpe genoss in Brandenburg hohes Ansehen. Den Wahlkampf 1994 führte er erfolgreich gegen die »Rote-Socken«-Kampagne der CDU und gegen den Vorwurf, er habe sich zu sehr auf die Staatssicherheit eingelassen. Stolpe sagte: »Ich bin einer von euch, und meine Geschichte ist die eure.« Daraufhin gewann er den Wahlkampf mit der absoluten Mehrheit von 54 Prozent, und die CDU kam auf knapp 20 Prozent. Nun war ich zwar Brandenburger, aber nicht als Bürger der DDR. Ich verstand mich als Bürger der Bundesrepublik Deutschland, in der wir doch seit 1990 gemeinsam leben wollten. In Stolpes Buch *Schwieriger Aufbruch,* das er mir im August 1992 zugeeignet hat, lese ich: »Alle Anstrengungen werden nichts daran ändern, dass wir sicherlich zwei Generationen brauchen, bis die innere Einheit der Bundesrepublik tatsächlich verwirklicht ist.« Wegen derart skeptischer Thesen hatte ich mich auch mit Arnulf Baring heftig auseinandergesetzt. Ich wusste ja, dass mein Optimismus nicht immer realistisch war, aber macht nicht, wer etwas tun und wirken will, eher die Chancen stark als die Hindernisse?

Mir kam ein Gespräch in den Sinn, das ich als Staatssekretär 1994 in Prag mit dem damaligen tschechischen Verteidigungsminister Antonín Bandyš über EU- und NATO-Osterweiterung geführt hatte: »Herr Schönbohm, wir haben das Glück, dass es kein Westböhmen gibt. Wir müssen alle Probleme aus eigener Kraft lösen. Die ehemalige DDR hat ein Westdeutschland, auf das sie sich immer verlassen kann. Aber werden die Ostdeutschen eines Tages auf ihre Leistungen stolz sein können?« Manchmal frage ich mich heute, ob auch ohne die Hilfe aus Westdeutschland so viele die Verbesserung der Lebensbedingungen als selbstverständlich hingenommen und die Zustände in der DDR nachträglich verklärt hätten. Hätte der Stolz das Jammern vielleicht überwogen? Man hat viel erreicht und vergisst allzu schnell, wie schlimm es zuvor gewesen war.

Den katastrophalen Bericht Gerhard Schürers, des Vorsitzenden der Staatlichen Plankommission beim Ministerrat der DDR, vom Oktober 1989 hatte man einfach nicht zur Kenntnis genommen: Danach war die DDR schlicht pleite, und der einzige Ausweg hätte darin bestanden, die »Einheit von Wirtschafts- und Sozialpolitik« aufzugeben und den Lebensstandard der DDR um 25 bis 40 % zu senken. Sozialministerin Regine Hildebrandt bot staatliche Bemutterung an und appellierte kaum an die Eigeninitiative. Im Grand Hotel Heiligendamm, das die Fundus-Gruppe für 230 Millionen Euro renovierte und 2003 eröffnete, blieb zu Pfingsten, als das Haus voll belegt war, plötzlich ein Teil der Belegschaft weg mit der Begründung, man habe in der DDR an diesen Feiertagen stets frei gehabt. Gelegentlich hieß es auch: »Ich arbeite doch nicht für 1 300 Euro, wenn ich 1 200 Euro Stütze bekomme!«

Ich wollte selbstbewusste Bürgerlichkeit unterstützen und denen helfen, die etwas unternehmen, ich wollte den Handwerkern ihre Chancen als Selbständige zeigen. Vorbilder gab es ja bereits. Das eindrucksvollste ist für mich Peter Dreißig, Bäcker in dritter Generation, der mit seiner Frau und zwei, drei Mitarbeitern einen kleinen Laden in Guben hatte und der sich nach der Wiedervereinigung sofort in Westdeutschland die Struktur mehrerer Betriebe abschaute und sagte: »Das ist unsere Chance, die wollen wir nutzen.« Heute ist aus dem kleinen Laden eine Großbäckerei mit 100 Standorten und 850 Mitarbeitern geworden. Diesen Erfolg kann man freilich nur mit einem Bewusstsein für produktive Unterschiede schätzen. In den folgenden Jahren fiel mir immer wieder auf, wie sehr Brandenburg heute von derartigen privaten Initiativen lebt, von tatkräftigen Einheimischen und Zugezogenen, die sich eine neue Existenz aufbauen, in einer ehemaligen LPG, einer Steinmetzwerkstatt, einem Reithof, einer privaten Klinik oder Sozialstation.

Sie haben viel erreicht, für sich und für die Nachbarschaft, aber es scheint, die Gesellschaft hätte sich gar nicht verändert. Wo sind alle die Leute geblieben, die 1989 gegen die DDR auf die Straße gegangen sind? Als ich beim Joggen eine Straße überquere, fegt ein Trabi an mir vorbei und es stinkt wie früher. Gegen alle Umweltvorschriften genießen diese Autos bis heute eine Sonderrolle. Es reicht nicht, dass wir die D-Mark, den Euro und die soziale Marktwirtschaft eingeführt haben. Zur sozialen Marktwirtschaft gehört eine Form der Freiheit, der Selbständigkeit und der Auseinandersetzung. Friedrich August von Hayek hat das in seinem Buch *Der Weg in die Knechtschaft* eindringlich beschrieben. Er hat es vor dem Ende des Zweiten Weltkrieges verfasst, und es ist immer noch aktuell. Hayek setzt auf Freiheit und Individualismus gegen den Kollektivismus, auf die Marktwirtschaft gegen die Planwirtschaft. Dem Buch ist ein Zitat von Friedrich Hölderlin vorangestellt, das wie folgt lautet: »Immerhin hat das den Staat zur Hölle gemacht, dass ihn der Mensch zu seinem Himmel machen wollte.« Sozialisten und Kommunisten wollten den Staat zum Himmel machen, aber es ist ihnen nicht gelungen, und darum gilt auch bei uns eines der in der amerikanischen Unabhängigkeitserklärung festgelegten unveräußerlichen Rechte des Menschen: *the pursuit of happiness*. Ein jeder hat die Möglichkeit, seine individuelle Glückseligkeit zu erreichen, mit seiner Leistungsfähigkeit und seinem Sturm und Drang. Wie Alexis de Tocqueville in seinem Buch *Über die Demokratie in Amerika* (1835/40) sagte: »Die Demokratie dehnt die Sphäre der individuellen Freiheit aus, der Kommunismus hingegen schränkt sie ein.«

Eveline Schönbohm »Eins will ich Dir sagen, ich bin eine rote Socke!«, tönte meine alte Freundin D. zur Begrüßung, als wir uns fast ein halbes Jahrhundert, nämlich 50 Jahre, nach meiner Flucht in Kleinmachnow im Garten gegenübersaßen. Ich hielt das für eine ironische Bemerkung, aber sie meinte es ganz ernst: »Warum habt ihr uns damals eigentlich nichts davon gesagt, dass ihr weggeht?« Fassungslos antwortete ich mit einer Gegenfrage: »Kannst du dir das nicht vorstellen? Du musst doch wissen, in welcher Gefahr wir geschwebt haben, erst recht, wenn wir über unsere Pläne gesprochen hätten! Du hast doch später selbst als Sekretärin in einem VEB gearbeitet! Auch der Betrieb meines Vaters sollte volkseigen werden, und ich sollte der Schule verwiesen werden. Da mein Vater unnachgiebig war und einen abgrundtiefen Hass gegen das kommunistische Willkürsystem hegte, stand die schwarze Limousine schon bereit. Sie würden sicher nicht lange gewartet haben mit der Verhaftung! Schon vier Tage nach unserer Flucht war der Betrieb enteignet – auf dem Papier war alles längst vorbereitet.« D. war eben, wie sie mir erzählte, überzeugtes SED-Mitglied geworden – ihrem Mann zuliebe, einem Genossen, den sie als Witwer und vierfachen Vater geheiratet hatte. Sie betrachtete ihre Parteizugehörigkeit keineswegs als Irrtum. Ich sann darüber, inwieweit sich diese Herkunft auf unsere Zukunft auswirken würde. Wie war es möglich, dass meiner Freundin D. eine halbe Generation nach der Wiedervereinigung noch keine Zweifel an ihrer Weltanschauung gekommen waren? Ich brauchte eine Stunde am Flügel, um meine Balance wiederzufinden.

Jörg Schönbohm An den Schulen musste wieder der Leistungsgedanke zählen, um die Schüler nach ihren unterschiedlichen Fähigkeiten zu fordern und zu fördern und nicht mit Kuschelpädagogik einzulullen. Ausgerechnet die kontraproduktiven Lehren der 68er-Generation waren sofort aus dem Westen übernommen worden. Wir, die CDU, wollten Leistungen bewerten, auch das Benehmen, das sogenannte Sozialverhalten, mit »Kopfnoten«, wie wir im Wahlkampf sagten. Das Wort »Kopfnoten« bezieht sich ja nicht auf die Köpfe der Schüler, sondern darauf, dass diese Noten früher im Zeugniskopf, oberhalb der übrigen Noten, standen. Auch in vielen Ländern der alten Bundesrepublik gibt es sie heute wieder. Auch in der DDR hatte es »Kopfnoten« gegeben. 1989 waren sie abgeschafft worden, und heute sind sie in Brandenburg ab der dritten Klasse wieder üblich. Natürlich wurde dagegen polemisiert und behauptet, »der General« wolle in Wahrheit nicht Kopfnoten verteilen, sondern Kopfnüsse. Als ich 2003 einmal laut darüber nachdachte, dass man mit elektronischen Fußfesseln möglicherweise die Gesellschaft vor kriminellen Schulschwänzern schützen könne und diese vor sich selbst, hieß es sofort, der General wolle elektronische Fußfesseln für *alle* Schulschwänzer und er halte *alle* Schulschwänzer für kriminell.

Ließ sich ehrenamtliches Engagement, etwa für die freiwillige Feuerwehr, nicht auch auf andere Bereiche übertragen? »Das ist mein Dorf, das ist die Kita, in die mein Kind geht, darum habe ich ein Interesse daran, dass dort geordnete Verhältnisse herrschen, dass die Wände geweißt sind und dass wir als Eltern notfalls gemeinsam dafür sorgen«? Gemeinschafts- und Verantwortungsgefühl hatte die Kollektivierung nicht gerade gefördert. Nun kam wieder die öffentliche Hand à la Hildebrandt und tat so, als könne man den Leuten alles abnehmen. Anders als in der DDR gepredigt, *wächst* durch Eigentum das Bewusstsein für Verantwortung. Öffentlicher und privater Raum sind zu unterscheiden. Was öffentlich ist, wird öffentlich kontrolliert. Privatsphäre und Privatleben sind unangreifbar. Deshalb war mir der Schutz vor Kriminalität wichtig. In Berlin hatte ich erlebt, dass Bürger ihre Freiheitsrechte kaum wahrnehmen, wenn sie in Angst leben.

Nach meiner Wahl zum Landesparteivorsitzenden und Spitzenkandidaten war meine Lage einigermaßen komfortabel. Das vorzügliche Wahlergebnis von 90 Prozent gab mir parteiintern bis zur Landtagswahl große operative Freiheit. Wir, die CDU-Parteigremien und ich, hatten uns mit 25 Prozent plus x ein ziemlich ehrgeiziges Ziel gesetzt. Damit hätte ich ein Maß an Unabhängigkeit und Autorität, dass es mir erlauben würde zu drängen und zu fordern – und das wollte ich. Nicht nur, um mit 62 Jahren etwas Neues zu machen, sondern weil ich fand, wir hätten Überregulierung und Stillstand zu überwinden.

Zuerst musste sich die Partei vom »konsensuellen Matsch«, von der »flauen Tümelei« (Götz Aly) des »Brandenburger Weges« verabschieden. Dieses Prinzip, das am Anfang der Wiedervereinigung durchaus seinen Zweck erfüllt hatte, führte inzwischen dazu, dass alle Entscheidungen an einem virtuellen Runden Tisch in irgendwelchen Hinterzimmern getroffen wurden und die SPD leichtes Spiel hatte, ihre Regierungsmehrheit und Alleinherrschaft zu sichern. Notwendige demokratische Auseinandersetzungen wurden als quälender Streit empfunden. Also musste die CDU den Konflikt mit dem politischen Gegner suchen, der frühestens *nach* der Wahl unser Koalitionspartner werden konnte. Da in der Partei noch nicht jeder seinen Platz gefunden hatte, obwohl die letzten Wahlergebnisse alarmierend genug gewesen waren, führte ich in kürzester Zeit so viele Einzelgespräche wie noch nie in meinem Leben. Meistens ging es um verletzte Eitelkeiten und selten um das gemeinsame Ziel.

Bei den ersten Vorstandssitzungen forderte ich jeden auf, sich zu fragen, was er zu unserem Wahlkampf beitragen könne. Wenn er nichts tun könne, solle er Vorschläge machen, wie das, von dessen Richtigkeit er überzeugt sei, zu erreichen wäre. Nur in der politischen Auseinandersetzung mit dem Gegner lag die Chance, mehr Gemeinsamkeit in den eigenen Reihen zu schaffen. Nach vielen Gesprächen in Potsdam und auf Reisen über Land entwickelten wir ein Wahlkampfprogramm, das zwischen Parteivorstand und Fraktion abgestimmt wurde. Als es fertig war, hätte sich der Fraktionsvorsitzende am liebsten allein damit profiliert. Ich kam mir manchmal vor wie ein tumber Tor, weil ich immer noch glaubte, es gehe zunächst um die Sache und erst dann um die Person, aber allmählich lernte ich dazu.

»Da könnt' ich den Knüppel nehmen«

Zunächst musste ich in Brandenburg bekannt werden. Das war nur durch persönliche Präsenz und über die Medien zu erreichen. Ich brach früh morgens in Kleinmachnow auf, brachte unsere älteste Enkeltochter, die vorübergehend bei uns lebte, zur Schule und fuhr durchs ganze Land. Ich besuchte Landräte, Oberbürgermeister kreisfreier Städte, freiwillige Feuerwehren, Heimatfeste, Vereine und Schulen und kam spätabends wieder nach Hause. Manchmal fragte ich mich, wen ich eigentlich ansprach und ob sich der Einsatz überhaupt lohne. Meine Neigung zur Ungeduld machte sich wieder bemerkbar. Ich versuchte, die Partei zu mehr Wachsamkeit zu erziehen, damit ich von wichtigen überparteilichen Anlässen erfuhr und Präsenz zeigen konnte. In dieser Hinsicht funktionierte die SPD viel besser. Wann immer sie eine Veranstaltung irgendwo im Lande mitorganisierte, wurde sichergestellt, dass die CDU nicht vorkam: »Solange Sie nicht Minister sind, haben Sie dort auch nichts zu suchen«, hieß es dann.

Diese Tricks kannte ich bereits aus meiner Zeit als Innensenator. Zum Ende des Oderhochwassers 1997 fand in Frankfurt eine Dankveranstaltung für die Bundeswehr mit zahlreichen Ehrengästen statt. Da auch Berliner Einsatzkräfte an den Schutzmaßnahmen beteiligt gewesen waren, saß ich in der ersten Reihe, als ich den Fraktionsvorsitzenden der Brandenburger CDU kommen sah. Für ihn war kein Sitzplatz reserviert. Ich ging zu den Mitarbeitern des Protokolls und verlangte einen Platz für ihn. Man sagte mir, das sei nicht vorgesehen. Daraufhin bat ich ihn, an meiner Stelle Platz zu nehmen, und setzte mich woanders hin. Vorfälle dieser Art erlebte ich immer wieder. Man musste also schon dafür sorgen, wahrgenommen zu werden. In meinem Fall war das zwei Jahre später in Brandenburg gar nicht so schwer, denn die Journalisten wollten natürlich wissen, wie sich »der General« auf dem neuen Terrain machte.

Meine ersten Fahrten in die berlinfernen Regionen wurden regelmäßig von verschiedenen Journalisten daraufhin beobachtet, ob ich mit den Menschen überhaupt zu reden verstand. Ich weiß nicht, was sie sich unter einem General vorgestellt hatten. Eines lag mir aber wirklich nicht: Ich konnte nicht jeden, der mir entgegenkam, umarmen oder sogar küssen. Als Soldat hatte ich gelernt, Abstand zu halten. Warum sollte ich mich jetzt aufdrängen? Ich konnte auch ohne Umarmung mit den Leuten reden und mich auch ohne Bruderkuss ihrer Probleme annehmen. In Jüterbog fand Anfang Juli 1999 der Brandenburg-Tag statt. Bundespräsident Johannes Rau ging bei diesem ersten offiziellen Termin seiner Amtszeit mit Ministerpräsident Stolpe, umringt von Journalisten, über den Marktplatz. Ich selbst hielt mich abseits und mischte mich unter die Leute. Ein Journalist begleitete mich, um festzustellen: Wer kennt Schönbohm? Viele waren es noch nicht, aber auch wenn ich nicht erkannt wurde, führte ich gute Gespräche.

Eveline Schönbohm Auf Einladung der Landesregierung gab es mittags ein Essen mit dem Bundespräsidenten. Als wir uns die Platzierung ansahen, stellten wir fest, dass Jörg neben Regine Hildebrandt sitzen sollte. Da kam sie auch schon herein, schaute sich ebenfalls die Sitzordnung an, rief den Protokollchef herbei und tauschte eigenhändig die Tischkärtchen aus. Für eine Sozialministerin war das nicht gerade souverän. Jörgs »Tischdame« wurde der Leiter eines Biosphärenreservats, mit dem er sich gut unterhielt.

Jörg Schönbohm Bald ergab sich die erste Gelegenheit, die Sozialdemokraten von ihrem hohen Ross herunterzuholen. Im Juni 1999 eröffneten sie in Potsdam den Reigen der Wahlparteitage. Wir wollten natürlich eine Alternative zu dem starken Image von Stolpe und Hildebrandt aufbauen. Das ging nur mit einem Überraschungseffekt. Ich gab eine neue Umfrage in Auftrag; die letzte von Infratest dimap stammte von Ende Mai. Danach würde die CDU 25 Prozent der Stimmen bekommen und die SPD 50 Prozent. Ihre absolute Mehrheit war also bereits in Gefahr. Wenn es gelänge, die SPD mit einer neuen Umfrage zu verunsichern, hätten wir viel erreicht. Wir versuchten es.

Kurz vor dem SPD-Parteitag stellte sich heraus, dass die SPD nur noch 40 Prozent hatte, die CDU 27 und die PDS 21. Im Dezember 1998 hatten wir noch bei 18 Prozent gelegen und die SPD bei 55. Nun musste sich die SPD auf einen Koalitionspartner einstellen: Schluss mit der Selbstzufriedenheit! Die Bundes-CDU hatte natürlich mitgeholfen, aber zu einem guten Teil konnten wir das Ergebnis uns selbst zuschreiben. Nach einigen Erörterungen entschied ich, die neuen Zahlen erst während des SPD-Parteitages bekanntzugeben – direkt nach einem aufwendigen Film, der die Erfolge von Stolpe und Hildebrandt im Wechsel mit blauen Seen und grünen Feldern zeigte. Als die Delegierten frohen Mutes in die erste Kaffeepause kamen, lagen wie von Zauberhand auf allen Tischen die Tickermeldungen über die Umfragewerte aus. Die

Nachricht schlug wie eine Bombe ein. Die Medien berichteten sofort auf allen Kanälen. Die SPD musste sich nun mit der Frage befassen: Koalition mit wem? Aus einem Jubelfest für Stolpe und Hildebrandt wurde ein Parteitag der Verunsicherung.

Regine Hildebrandt versuchte, die Delegierten zu motivieren. Sie hielt eine Rede gegen die Union und gegen Schönbohm und sagte unter anderem: »Da könnt' ich den Knüppel nehmen. Mach' ich aber nicht. Er ist General – wer weiß, was der noch hat.« Dieses Zitat lief über alle Sender, auch abends im Fernsehen. Jetzt wusste man auch im letzten Brandenburger Dorf, dass Schönbohm der ist, den Regine Hildebrandt nicht leiden kann.

Schönes Wetter. Schönen Urlaub. Schönbohm.

Unser Wahlkampf nahm Fahrt auf. Wir zogen aus dem Souterrain mit zweieinhalb Zimmern in ein deutlich größeres Büro in der Heinrich-Mann-Allee – direkt gegenüber der Staatskanzlei. Auch das war eine medienwirksame Maßnahme: »Schönbohm rückt Stolpe auf den Pelz«. Ich sagte: »Ja, von diesem Wahlkampfbüro aus nehmen wir die Staatskanzlei unter Beobachtung.« Nun schon viel bekannter geworden, erhielt ich große Zustimmung, weil ich polarisierte. Ich schreckte aber gleichzeitig diejenigen ab, die keine Veränderung wollten. Wir bekamen ein paar Spenden und hatten trotzdem einen Wahlkampfetat, der nicht einmal halb so groß war wie der der SPD. Bei Beginn der Plakatierung sechs Wochen vor der Wahl lag der Umfragewert für die CDU bei 29 Prozent. Da jetzt alle in die großen Ferien fuhren, entschieden wir uns für ein unpolitisches Plakat zur Sympathiewerbung. Wir griffen auf einen Entwurf zurück, der einen Strand in Südeuropa zeigte, mit blauem Wasser, einem Liegestuhl, einem CDU-Schirm und der Aufschrift: »Schönes Wetter. Schönen Urlaub. Schönbohm.«

Dieses Motiv wurde in allen brandenburgischen Zeitungen abgedruckt. Sogar *Der Spiegel* griff die Sache freundlich auf. In den verbleibenden Wochen mussten wir politisch Dampf machen. Das taten wir mit der versprochenen Unterstützung Wolfgang Schäubles als Bundesvorsitzendem der CDU und mit Angela Merkel, der Generalsekretärin. Für den 2. September, drei Tage vor der Wahl, war eine Fernsehdiskussion mit Manfred Stolpe und Lothar Bisky angesetzt. Ich traf meine Kontrahenten in Frankfurt (Oder). Mein Verhältnis zu Stolpe war ungebrochen gut und offen, wir hatten gegenseitig Verständnis für unsere unterschiedlichen Lebenswege. Mit nur einem Jahr Altersunterschied gehören wir derselben Generation an, auch wenn unsere Berufs- und Lebenserfahrung damals unterschiedlicher kaum sein konnte. Als verbindend empfanden wir aber unsere gemeinsame Verpflichtung für Brandenburg und unsere gemeinsame Wertschätzung der preußischen Geschichte.

Bisky hatte ich im Laufe des Wahlkampfs kennengelernt und mich lange mit ihm über Sozialisation in der DDR unterhalten. Wir wussten beide, dass Stolpe vor der Frage stand, mit wem er die Koalitionsregierung bilden würde. Wir hatten also auch beide ein Interesse, die absolute Mehrheit der SPD zu brechen. Bisky sagte vor der Sendung zu mir: »Dieses Mal schaffen wir es.« Ich aber sagte: »Herr Bisky, ich hoffe, dass *ich* es schaffe und die CDU zweitstärkste Partei wird.« Es wurde eine menschlich faire Fernsehdiskussion mit deutlich erkennbaren Unterschieden – kein »Brandenburger Weg«! Stolpe und Bisky wollten den zweiten Arbeitsmarkt stärken, also die staatlich alimentierte Arbeitsbeschaffung. Ich versuchte, auf Alternativen hinzuweisen, und sagte, wir müssten mehr für Handwerk und Selbständige tun. Das Geld müsse für Hilfe zur Selbsthilfe ausgegeben werden und dürfe nicht in einem künstlichen Markt versickern. Nach der Diskussion wusste man aber nicht, mit wem Stolpe eine Koalition eingehen würde. Er ließ sich nicht in die Karten schauen. Bisky sagte zu mir: »Wenn Stolpe die absolute Mehrheit verliert, trinken wir beide – unabhängig von der Regierungsbildung – sto [= 100] Gramm Wodka.« Ich sagte zu, und er versprach, dass er den eisgekühlten Wodka zur Bekanntgabe des Wahlergebnisses bereithalten würde.

Auf den nächsten Tag war die Abschlussveranstaltung mit Helmut Kohl vor der Stadthalle in Cottbus angesetzt. Bis dahin konnten wir mit ein-, zweitausend Teilnehmern, maximal zweieinhalbtausend rechnen, wenn ein Spitzenpolitiker auftrat. An diesem Tag waren es sicher fünftausend. Der »Kanzler der Einheit« genoss ein ungebrochen hohes Ansehen. Kohl hielt eine fulminante Rede. Nach der Veranstaltung fragte er mich, wo ich hinführe. Ich sagte: »Nach Kleinmachnow bei Berlin, Herr Bundeskanzler.« Er sagte: »Fahren Sie bei mir mit, dann können wir noch ein paar Punkte besprechen.« In diesem Gespräch entwickelte er fast hellseherische Fähigkeiten. Kohl sagte: »Mein Gefühl und meine Erfahrung sagen mir: Erstens, Sie erreichen Ihr Wahlziel, dass Stolpe eine Koalition bilden muss, und zweitens, Sie kriegen Ihre 25 Prozent. Die Begeisterung war heute besonders groß.« Ich wies ihn darauf hin, dass es im südlichen Brandenburg anders sei als im Norden, denn das sei schon immer unsere Hochburg gewesen. Aber er ließ sich nicht beirren: »Nein, es ist ein Funke übergesprungen.« Er fragte mich, was ich nach der Wahl machen wolle. Ich sagte, ich würde Fraktionsvorsitzender werden. Helmut Kohl sah mich erstaunt an und sagte: »Sie müssen in die Regierung eintreten, das ist doch vollkommen klar. Stolpe macht die Regierung mit der CDU, der will durch Sie bürgerlich werden, und er braucht Sie als stellvertretenden Ministerpräsidenten und Innenminister. Einen besseren Innenminister haben die nicht, und der Innenminister ist in einem Land wie Brandenburg wichtig.« Als ich ihm sagte, ich wolle noch mal mit meiner Frau darüber sprechen, da ich ihr mehr Zeit für die Familie zugesagt hätte, meinte Kohl nur: »General, gib mir die Telefonnummer von der Frau, ich ruf sie an.« Ich bat ihn, es nicht zu tun. Ich wollte schon selbst mit ihr reden.

Die Wahl fiel auf den 18. Geburtstag unserer Enkeltochter, die wieder bei ihren Eltern lebte. So entschlossen Evi und ich uns, am Sonntagmorgen nach Nürnberg zu fliegen, ihr zu gratulieren und gleich danach zurückzukommen. Am Nachmittag ging ich zur Wahl, und später fuhr ich in das Dorint-Hotel in Potsdam, wo wir für den Fall des glücklichen Ausgangs eine große Fete vorbereitet hatten. Nach den letzten Umfragen von Infratest dimap vom 30. August lagen CDU und PDS bei 23 Prozent und die SPD bei 44. Die absolute Mehrheit hatte die SPD wahrscheinlich verloren, aber wir wollten auch stärker werden als die PDS. Gemeinsam mit dem Landesvorstand wartete ich. Ich kam mir auf einmal leer vor. Die anderen sahen mich an und fragten mich nach meinen Gefühlen.

Endlich erschien die erste Hochrechnung. Das Glücksgefühl, das jetzt aufkam, hätte ich mir nicht vorstellen können. Sollten wir es geschafft haben, innerhalb von acht Monaten? Damals hatten wir 18 und die SPD 55 Prozent und jetzt hatten wir 26,6, die SPD 39,3 und die PDS 23,3 Prozent. Eine solche Verschiebung zwischen zwei Landtagswahlen hatte es bis dahin nicht gegeben. Die Brandenburger CDU hatte in den letzten neun Jahren keinen nennenswerten Erfolg gehabt und sechs Parteivorsitzende verschlissen. Ich war sprachlos, was mir selten passiert.

Als ich den großen Saal betrat, spürte ich zum ersten Mal, was für eine Faszination von der Politik ausgehen kann. Parteimitglieder und wildfremde Menschen fielen mir um den Hals und bedankten sich. Die Stimmung war unbeschreiblich. Nur die Wiedervereinigung hatte bei mir eine ähnliche Euphorie ausgelöst. Ich bedankte mich mit beinahe versagender Stimme bei allen, die mir vertraut und uns geholfen hatten, nicht zuletzt mit Geld: »Ich verspreche Ihnen, dass ich das, was ich im Wahlkampf angekündigt habe, jetzt auch anpacke, sei es in der Regierung oder als Oppositionsführer. Ich werde dafür sorgen, dass in Brandenburg ein anderer Ton einzieht. Ein Ton der harten Auseinandersetzung bei gegenseitiger Achtung. Einer Auseinandersetzung um das, was für Brandenburg gut ist und nicht darüber, was den Parteien hilft.« Ich war bewegt: »Ich bin wieder in Brandenburg, ich bin jetzt einer von euch.« Großer Jubel, alle waren außer sich. Ein Jahr zuvor hatte der SPD-Landesverband noch ein Plakat mit der Aufschrift »Unser Brandenburg« vertrieben, auf dem eine direkte Linie vom Soldatenkönig über seinen Sohn Friedrich den Großen zu Regine Hildebrandt und Manfred Stolpe führte. Dieser Hochmut hatte sich nun gerächt.

Die »kleine DDR«

Angesichts dieses fulminanten Wahlsieges mussten wir zurückhaltend und überlegt mit der SPD umgehen, denn die Partei war zutiefst verunsichert. Für eine Koalitionsregierung brauchten wir einen verlässlichen Partner. Sollte sich die Prognose Helmut Kohls bewahrheiten und Stolpe eine Koalition mit der CDU eingehen? Ich wollte schnellstmöglich Verbindung zum Ministerpräsidenten aufnehmen – erstens, um ihm zu sagen, dass wir zu Sondierungsgesprächen bereit seien, und zweitens, um der SPD die Richtung zu weisen, bevor die Aufarbeitung des schlechten Wahlergebnisses sie allzu sehr durcheinanderbrachte. Stolpe hatte offenbar ein ähnliches Interesse. Es gab in der SPD natürlich große Widerstände gegen eine Koalition mit der CDU, allen voran bei Regine Hildebrandt. Als medienwirksame Vertreterin der SPD hatte sie früh erklärt, dass sie nur für eine Koalition mit der PDS zur Verfügung stünde. Stolpe stand entsprechend unter Druck. Während wir noch überlegten, was im Einzelnen zu tun sei, trat die auf 25 Abgeordnete vergrößerte Fraktion zusammen, und ich wurde zu ihrem Vorsitzenden gewählt. Damit wollte ich zeigen, dass wir nicht unter allen Umständen regieren mussten, und dass ich auch bereit war, in die Opposition zu gehen.

Vor der Wahl hatte ich vorsorglich mit den Ministerpräsidenten Kurt Biedenkopf (Sachsen) und Bernhard Vogel (Thüringen) gesprochen, um mich ihrer Unterstützung zu versichern. In Brandenburg fehlte es uns an erfahrenem Personal. Außerdem waren nur 14 Beamte der Landesministerien Mitglied der CDU. Die

SPD saß fast überall. Wer sich damals zur CDU bekannte, war ein Überzeugungstäter. Für die Koalitionsverhandlungen brauchte ich aber vorbereitende Arbeitsgruppen. Nach der Wahl bat ich Biedenkopf und Vogel vor allem auf dem Gebiet der Finanz-, Sozial-, Wirtschafts- und Schulpolitik um Rat. Brandenburg stand im Verhältnis zu den anderen Ländern schlecht da – das Land hatte zu viele Schulden gemacht in der Hoffnung, dass die damit angestoßene wirtschaftliche Entwicklung eine baldige Rückzahlung ermöglichen würde. Nun belegte Brandenburg den dritten Platz bei der Verschuldung der neuen Länder. Man musste dringend mit weniger Personal auskommen. Als die SPD allein regierte, hatte sie alle notwendigen und unpopulären Maßnahmen wie Personalabbau, Polizei- und Kommunalreform sowie die Haushaltssanierung aufgeschoben. Nach den ersten Sondierungsgesprächen war klar, dass wir in Koalitionsverhandlungen eintreten würden, an denen der stellvertretende Parteivorsitzende, der Generalsekretär, der Schatzmeister und ich selbst als Partei- und Fraktionsvorsitzender teilnehmen sollten. Da ein baldiges Ergebnis in unserem gemeinsamen Interesse war, einigten wir uns schnell auf die Tagesordnung. Die meisten Sachfragen konnten wir zügig klären, aber in der Frage des Religionsunterrichts hatten wir gegensätzliche Auffassungen.

Wir von der CDU wollten, dass der Religionsunterricht als Wahlpflichtfach Teil des regulären Schulunterrichts ist. Religionsunterricht außerhalb des Stundenplans hätte im ländlich strukturierten Brandenburg bedeutet, dass am Ende des regulären Unterrichts die Schulbusse weggefahren wären und die, die Religion belegen, nicht gewusst hätten, wie sie nach Hause kommen sollen. Bischof Wolfgang Huber und der damalige CDU-Bundesvorsitzende Wolfgang Schäuble sicherten mir telefonisch ihre Unterstützung zu. Nun kam es zu der seltsamen Situation, dass unsere SPD-Verhandlungspartner, zu denen als »professionelle« Christen ein Konsistorialpräsident und zwei ehemalige Pfarrer zählten, gegen den Religionsunterricht als Wahlpflichtfach waren und wir, die wir nur Laienchristen aufzubieten hatten, dafür. Gewiss, wir hatten nur noch 20 bis 22 Prozent getaufte Christen in Brandenburg. Wir hatten die Kirchen, aber kaum Kirchgänger. Die Beteiligung an der Jugendweihe war dreimal höher als an der Konfirmation. Für mich war die ziemlich erfolgreiche Zerstörungsarbeit des Kommunismus aber kein Argument, das Christentum nicht zu stärken.

Der 1996 zwischen der evangelischen Kirche und der Landesregierung geschlossene Staatsvertrag ließ der SPD in Fragen des Religionsunterrichts ziemlich freie Hand, weil man diesen wichtigen Punkt einer gesonderten Regelung vorbehalten hatte. Ferner gab es ein laufendes Verfahren vor dem Bundesverfassungsgericht, sodass wir uns darauf einigten, den Religionsunterricht ohne Benotung während der Regelunterrichtszeit anzubieten und das Urteil des Bundesverfassungsgerichtes abzuwarten. In dieser Zeit bekam ich *keine* Briefe von aufgebrachten Christen oder Pastoren und auch nicht vom Generalsuperintendenten Wischnath aus Cottbus. Auch der ihnen nahestehenden SPD verlangten diese Leute keinen Religionsunterricht ab. Offenbar meldeten sie sich nur bei Fragen zu Wort, die sie weniger angingen als ihre ureigenen Belange.

Man muss einmal an einer nichtchristlichen Trauerfeier teilgenommen haben, wie es mir 2004 erstmals passierte, um zu ermessen, was die Entchristlichung konkret bedeutet. Einer der Mitarbeiter aus dem Munitionsbergungsdienst war bei einem Einsatz tödlich verunglückt. In dem 200-Seelen-Dorf gab es eine hübsche Kirche, aber die Beisetzung fand in einer eigenen »Trauerhalle« statt, wo der hauptberufliche »Trauerredner« den Lebenslauf des Verstorbenen vorlas und mit Hilfe eines CD-Players Musik von Johann Sebastian Bach erklingen ließ. Die anschließende Urnenbestattung verlief wortlos. Später wurde ich mit einer Vorlage aus meinem Ministerium mit dem Ansinnen konfrontiert, Friedhöfe durch »Friedwälder« zu ersetzen, weil die Zahl der anonymen Bestattungen stieg. Nur die Angehörigen wissen, unter welchem

Baum sie die jeweilige Urne finden, und müssen nichts mehr für die Grabpflege tun. Kein Stein, der dazu ermahnte, die Ruhestätte zu besuchen, der auch anderen die Möglichkeit gäbe, des Toten zu gedenken. Diese »Entsorgung« verstorbener Angehöriger sollte einen Fortschritt gegenüber unserer Grabstättenkultur und unseren christlichen Bestattungsriten darstellen? Ich lehnte das Ansinnen im Rahmen meiner Zuständigkeit ab.

Ähnlich schwierig war die Verständigung mit der SPD über den zweiten Arbeitsmarkt, auf dem mit öffentlich finanzierten Arbeitsbeschaffungsmaßnahmen die Arbeitslosigkeit vorübergehend reduziert wurde. In den Landkreisen waren es häufig PDS-geführte Organisationen, die mit ihrer Auftragsvergabe über Wohl und Wehe vieler Bürger entschieden. Die Diskussion darüber war ähnlich emotional wie der Streit um den Religionsunterricht, denn für die SPD ging es um den fürsorglichen Sozialstaat und um das politische Erbe Regine Hildebrandts. Wir einigten uns darauf, den zweiten Arbeitsmarkt nicht grundsätzlich in Frage zu stellen, aber schrittweise abzubauen.

Heftige Auseinandersetzungen um die Koalitionsbildung wie nach der Landtagswahl in Thüringen 2009 blieben zum Glück aus. Die verunsicherte SPD hatte nach ihrem bescheidenen Wahlergebnis nicht den Absprung zur PDS gesucht, obwohl mindestens ein Drittel der Partei das gern gesehen hätte; Regine Hildebrandts Ausstieg aus der Regierung hat sie hingenommen, nicht zuletzt auch wegen der damaligen staatsanwaltlichen Ermittlungen gegen ihren freizügigen Umgang mit dem Haushaltsrecht. Die Ermittlungen wurden später eingestellt, aber Hildebrandt erklärte ganz offen, dass sie ihre Mitarbeiter aufgefordert hatte, »bis an die Grenzen der Legalität zu gehen«.

Mitte Oktober war der erfreulich ideologiefrei und pragmatisch gehaltene Koalitionsvertrag ausgehandelt. Stolpe machte mir klar, dass er ihn nur unterschreiben würde, wenn ich als Innenminister und als Stellvertretender Ministerpräsident in die Regierung einträte. Ich staunte wieder über Helmut Kohls Voraussicht. Das

Wirtschafsministerium beanspruchte ich ohnedies für die CDU, weil wir in der Wirtschaftspolitik besonders viel verändern mussten und ein Gegengewicht zum zweiten Arbeitsmarkt brauchten. Dann wollten wir für alle Europafragen zuständig sein, die im Justizministerium ressortierten, und schließlich bestand ich auf der Übernahme des Kultus- und Wissenschaftsministeriums, weil ich Wissenschaft, Technologieforschung und Wirtschaft enger verflechten wollte. Stolpe war einverstanden; nur das ebenfalls geforderte Ministerium für Bildung, Jugend und Sport bekamen wir nicht. Die SPD stellte den Ministerpräsidenten und fünf Minister, die CDU vier Minister – eine faire Aufteilung.

»Das wollte Alwin auch schon!«

Wir hatten zu wenig eigenes Personal für die Kabinettsbildung, obwohl die Fraktion um sieben Abgeordnete gewachsen war. Wir hatten die über Fünfzigjährigen, auch ein paar Dreißigjährige, aber die Generation dazwischen war kaum vertreten. Ich musste Leute von außen holen. Vor der Landtagswahl hatte ich nur eine junge Juristin und einen jungen Wirtschaftsfachmann gewonnen, denen wir noch kein Ministeramt anvertrauen konnten. Auf der Suche nach einem Wirtschaftsminister rief ich meine Bekannten in der Industrie an, Vorstandsvorsitzende großer Unternehmen, und fragte sie, ob sie mir jemanden nennen könnten. Ihre Gegenfrage lautete: »Was verdient ein Wirtschaftsminister in Brandenburg?« Ich sagte, etwa 240 000 DM pro Jahr, aber er dürfe keine Nebentätigkeiten ausüben. Daraufhin hieß es: »Für das Geld bekomme ich nicht einmal einen Hauptabteilungsleiter!« Ich holte mir nur Abfuhren, bis ich schließlich auf Wolfgang Fürniß stieß, der in Heidelberg für das Amt des Oberbürgermeisters kandidiert hatte und Generalbevollmächtigter für die weltweite Expansion des Softwareherstellers SAP war. Der SAP-Vorstandsvorsitzende Hasso Plattner hatte 1998 das Hasso-Plattner-Institut für Softwaresystemtechnik an der Universität Potsdam gegründet, das er inzwischen mit insgesamt 200 Millionen Euro aus seinem Privatvermögen unterstützt; 2007 sagte er 20 Millionen Euro für die Rekonstruktion der Fassaden des Potsdamer Stadtschlosses zu. Als ich Plattner fragte, ob er unter Umständen auf den betreffenden Mitarbeiter verzichten könne und ihn nach Brandenburg entlassen würde, stimmte er zu, und nach erfolgreichen Verhandlungen mit Fürniß hatte ich einen Wirtschaftsminister.

Wie findet man einen Justizminister, der auch die Europapolitik wahrnehmen würde? Mit fiel ein Staatssekretärs-Kollege aus dem Bundesinnenministerium ein, den Otto Schily entlassen hatte: Kurt Schelter. Er war schon fast im Aufbruch nach New York begriffen, um dort Hausjurist eines Marketing-Unternehmens zu werden. Auch Schelter konnte ich für Brandenburg gewinnen, als Nachfolger von Hans-Otto Bräutigam. Kultur- und Wissenschaftsminister wurde der bisherige Fraktionsvorsitzende Wolfgang Hackel, der zwar nicht immer loyal gewesen war, der aber, so hoffte ich, auf diese Weise in die Kabinettsdisziplin eingebunden werden würde. Damit stammten alle vier CDU-Minister aus dem Westen. Mir war klar, dass nicht nur die SPD diese Besetzungspolitik ausschlachten, sondern dass sie auch in der eigenen Partei hinterfragt werden würde, aber was hätten wir tun sollen? Wir wollten Brandenburg voranbringen und auch bei der Wahl 2004 Erfolg haben. Meine Vorschläge wurden schließlich angenommen. Dennoch blieb eine gewisse Spannung, und es freute mich, dass wir immerhin einer in Brandenburg aufgewachsenen Frau, nämlich Beate Blechinger, den Vorsitz der Landtagsfraktion anvertrauen konnten. Sie war bundesweit die erste Frau einer Volkspartei, die diese Funktion in einem Landtag übernahm, und wurde später unsere Justizministerin.

Dass »der General« nicht prinzipiell gegen Frauen und »Ossis« war, sondern interessiert an der Leistungsfähigkeit des Führungspersonals, wollte die SPD einfach nicht wahrhaben. Aber jetzt ging alles schnell. Im Oktober 1999 wurde das Kabinett vor dem Landtag vereidigt. Meine Frau und unser Sohn Hendrik begleiteten mich. Ich trug einen dunklen Anzug mit dem Großen Bundesverdienstkreuz, das mir nach der Übernahme der Nationalen Volksarmee vom Bundespräsidenten verliehen worden war. Ein Journalist fragte meine Frau, »was für einen Sticker« ihr Mann da trage. Seit diesem Tag heißt das Bundesverdienstkreuz in unserer Familie nur noch »der Sticker«. 54 Jahre nach unserer Flucht war ich wieder in Brandenburg – und Innenminister. Die Übergabe durch meinen Vorgänger Alwin Ziel, der dasselbe Ministerium neun Jahre lang geführt hatte, verlief außerordentlich fair und kollegial; die Mitarbeiter gaben sich offen und interessiert. Aus meiner Erinnerung an den Wechsel von Verteidigungsminister Hans Apel (SPD) zu Manfred Wörner (CDU) wusste ich, dass eine solche Amtsübergabe kühler ablaufen kann.

Alle fünf Abteilungsleiter des Ministeriums waren SPD-Mitglieder. Zuerst erinnerte ich sie daran, dass sie als Beamte dem Land zu dienen hätten und nicht ihrer Partei. Im Ministerium herrschte ein seltsamer Umgangston. Der Minister, der Staatssekretär und die Abteilungsleiter duzten sich als Genossen der SPD. Sie verwechselten Staats- und Parteiamt. Das zeigte, wie bequem die SPD es sich mit ihrer komfortablen Mehrheit gemacht hatte. Dass es Schwierigkeiten mit sich bringen würde, nicht den Duzfreund zu spielen und unbequeme Maßnahmen durchzusetzen, merkte ich gleich in den ersten Tagen. Ich hatte im Wahlkampf versprochen, dass Neustadt an der Dosse nach Möglichkeit den von ihr beantragten Beinamen »Stadt der Pferde« bekommen würde – wegen des auf König Friedrich Wilhelm II. zurückgehenden namhaften Brandenburgischen Haupt- und Landgestüts. Seit 2001 wird es als Stiftung öffentlichen Rechts fortgeführt. Ich ließ den zuständigen Abteilungsleiter kommen, um Neustadt den Zusatz zu bewilligen. Er klopfte sich lachend auf die Oberschenkel und sagte: »Herr Schönbohm, das wollte Alwin auch schon!« Ich hielt es für nötig, dem Abteilungsleiter erstens mitzuteilen, dass wir keinen Plausch über den Gartenzaun hielten, dass ich zweitens für ihn nicht »Herr Schönbohm«, sondern »Herr Minister« sei und dass ich drittens ihn um eine Vorlage bäte, in der die betreffenden gesetzlichen Bestimmungen und etwaige persönliche Widerstände gegen das Vorhaben aufgeführt seien. Der Abteilungsleiter versuchte noch ein wenig zu diskutieren, aber ich beendete das Gespräch mit der Bitte, mir den Vermerk bis zum nächsten Morgen vorzulegen. Wir waren aufeinander angewiesen, und es musste klar sein, wer die Führung hatte. Die Vorlage zeigte, dass der Namenszusatz eine reine Ermessensfrage war, ganz wie ich es vermutet hatte – und dass bis dahin nicht etwa der Minister, sondern der Abteilungsleiter diesen Ermessensspielraum für zu klein befunden hatte. Seit 2000 trägt Neustadt an der Dosse den Zusatz »Stadt der Pferde«. Ich nahm den Vorfall zum Anlass einer Dienstbesprechung, in der ich meinen Mitarbeitern erklärte, wie ich mir unsere künftige Zusammenarbeit nach Maßgabe wechselseitiger Loyalität vorstellte.

Die Kommunalreform musste dringend in Angriff genommen werden, ebenso die Polizeireform. Wir hatten zu viele Polizeipräsidien. Die Entscheidungsabläufe mussten gestrafft werden. Mir war klar, dass ich das allein nicht schaffen würde, und so war ich froh und dankbar, dass mein Berliner Staatssekretär Eike Lancelle, der dort für den gesamten Verwaltungsapparat verantwortlich war, als Staatssekretär zu mir ins Brandenburger Innenministerium wechselte. Sein Vorgänger wurde Abteilungsleiter im Bundesinnenministerium. Meine größte Freude war, dass mir auch meine Sekretärin Ursula Eichhorn-Sabin aus Berlin nach Potsdam folgte, obwohl sie »im Osten« nur 86,5 Prozent ihres vorherigen Gehalts bekam. So konnte ich mich auf meine Mitarbeiter voll und ganz verlassen.

Nachdem ich Ende November den Chef der Abteilung für Verfassungsschutz, auch ein Mitglied der SPD, wegen unbotmäßiger öffentlicher Äußerungen hatte entlassen müssen, blickte ich auf einen recht turbulenten Start zurück. Stolpe hatte im Oktober in einem Interview Fehler seiner Partei eingeräumt und die von der CDU ausgehende Belebung als vorteilhaft für die SPD bezeichnet. Er wolle, sagte er, dass das Land Brandenburg sein exotisches Image ablege und anstelle der DDR-Nostalgie sich auf die Zukunft konzentriere. Brandenburg müsse den Weg zur Gleichberechtigung in Deutschland finden. Das wollte ich auch. Aber dann folgte wieder eine Formulierung, wie sie typisch war für den Menschenfischer Stolpe: »Wir tragen das Etikett der ›kleinen DDR‹ stolz. Ziel muss es sein, dass Brandenburg und Ostdeutschland in dieser Republik ernst genommen und die Ostdeutschen nicht nur als arme Verwandte angesehen werden, die man notgedrungen mitschleppen muss!«

Mit dem zweiten Satz war ich wieder einverstanden. Stolpe stellte sich vor, dass er für das Bewahren zuständig sei und ich für das Verändern. Er wies auch darauf hin, dass der Erwartungsdruck auf die CDU-Minister aus dem Westen größer sei als auf die einheimischen – eine interessante Formulierung, die man auch als Drohung hätte verstehen können. Aber es stimmte natürlich. Und insgesamt machte das Interview deutlich, dass Stolpe die Große Koalition positiv bewertete. Zum Thema »kleine DDR« sagte ich meinerseits zwei Tage später, ich sei stolz darauf, dass die Bürger die DDR abgeschafft haben. Und die Reste, die es in Brandenburg noch gibt, würden wir in dieser Legislaturperiode, also bis zum Jahr 2004, auch noch beseitigen.

Weniger Häuptlinge, mehr Indianer

Die Bürger sollten sehen, dass die CDU anders war. Bei unserer ersten, von mir im Jahr 2000 nach bayrischem Vorbild eingeführten Aschermittwochsveranstaltung, die allmählich zur größten fröhlichen Parteiveranstaltung in Brandenburg wurde, hielt ich eine Grundsatzrede, in der ich die Differenzen zur SPD auf Bundesebene und in Brandenburg in den Bereichen Wirtschafts-, Finanz- und Schulpolitik aufzeigte. Im Rahmen der von uns verabredeten vertrauensvollen Zusammenarbeit hatte ich die Rede am Vorabend Stolpe gegeben. Wir von der CDU mussten auf der einen Seite gut mit der SPD zusammenarbeiten, auf der anderen Seite aber auch an eigenem Profil zulegen.

Brandenburg hatte mit 3,4 Millionen Einwohnern 1 479 Kommunen, von denen die größte 150 000 Einwohner hatte und die kleinste 85. Es gab zu viele Gemeinden, die ihre Aufgaben nicht mehr selbständig erfüllen konnten. Die Kommunalreform war überfällig. Bei der Polizei hatten wir mit sechs Präsidien und 21 Schutzbereichen eine allzu kopflastige Organisation. Die Polizei hatte in Brandenburg mehr Personal als in anderen Bundesländern. Ich beschloss, beide Reformen parallel anzugehen und in der laufenden Legislaturperiode abzuschließen, um mit diesen Leistungen den Wahlkampf 2004 zu bestreiten. Diese Reformen hatte die SPD, trotz erkennbarer Notwendigkeit, mit ihrer absoluten Mehrheit nicht durchgeführt.

Für die Kommunalreform sollten die Kommunen selbständig über ihre Zusammenschlüsse mit Nachbarn zu größeren Gemeinden entscheiden. Wenn sie das taten, erhielten sie eine einmalige Prämie. Für den Fall, dass sie sich nicht selbständig vereinigten, wurden Grundsätze für den Zusammenschluss von Gemeinden durch den Gesetzgeber entwickelt. Diese Eckpunkte diskutierten wir mit Landräten und Bürgermeistern, obwohl meine Mitarbeiter mir empfohlen hatten, die Reform ohne solche Diskussionen durchzuführen und das Gesetz durchzupauken. Ich wollte aber die Ansichten der Betroffenen kennenlernen. Es stellte sich heraus, dass die Landräte so wenige Kommunen wie möglich wollten, die Bürgermeister bzw. die Städte und Gemeinden so viele wie möglich. Ganz gleich wie wir entschieden, es würde Widerstand geben. Das verschaffte uns wiederum einen gewissen Freiraum. Widerstand gab es aber auch innerhalb der CDU – privat war die Einsicht in die Notwendigkeit der Reform vorhanden, öffentlich aber wurde Unverständnis demonstriert, wenn sie regionale Interessen berührte.

Man wollte Veränderung, aber ohne Nebenwirkungen. Man wollte mir mit hinhaltendem Widerstand den Schneid abkaufen.

Ich suchte die Diskussion in Cottbus, Frankfurt (Oder) und Potsdam und mit insgesamt 800 bis 900 ehrenamtlichen Bürgermeistern. Das dauerte in der Regel drei bis vier Stunden, die ich allein bestritt, wenngleich meine Fachleute in der Nähe waren. Die Bürgermeister waren überrascht, dass ich mich ihnen stellte, die Pläne erklärte und widersprach. Einzelne Gegenargumente schlugen sich später in unseren Maßnahmen nieder; vor allem aber lernte ich Land und Leute kennen. Wie emotional die Diskussion gelegentlich war, zeigt die Wortmeldung eines Bürgermeisters: »Mein Dorf ist über 600 Jahre alt. Es hat den Dreißigjährigen Krieg überlebt, es hat die Nazis überlebt, es hat die Kommunisten überlebt, und ich sage Ihnen, Sie überleben wir auch!« Das gab jubelnden Beifall, der Saal tobte. Wir mussten auch auf eher unsinnige Hinweise vermittelnd reagieren und den Druck aufrechterhalten, um möglichst viele Zusammenschlüsse in Eigenregie der Gemeinden zu erreichen. Wir schafften es tatsächlich, die Zahl der politischen Gemeinden mit Bürgermeistern von 1 479 auf 420 zu reduzieren, und die Zahl der Ämter von 152 auf 52. Nach dreieinhalb Jahren Arbeit und manchen Klagen trat das kommunale Reformgesetz im Juli 2003 in Kraft – rechtzeitig vor den Kommunalwahlen.

Wie aber erreichten wir den notwendigen Personalabbau bei der Polizei? Die innere Sicherheit hatte im Wahlkampf eine große Rolle gespielt. Die Polizei musste auf der Straße präsent bleiben. Darum gab ich als Grundsatz vor: »Weniger Häuptlinge, mehr Indianer!« Es gab fünf Präsidien für die Landpolizei und ein Präsidium für die Wasserschutzpolizei. Sie waren Ausdruck einer zentralen Führungsstruktur. Zum Wochenende gab jedes dieser Präsidien detaillierte Weisungen an die nachgeordneten Behörden heraus. Ich meinte dagegen, dass die örtliche Polizei am besten wisse, was zu tun ist. Dazu musste sie aber auch mehr Entscheidungsfreiheit bekommen und ggf. die entsprechende Fortbildung erhalten. Wenn wir von den sechs Präsidien vier auflösten, waren Einsparungen möglich, die der Bürger nicht spürte. Dann konnten wir bei der Wasserschutzpolizei und beim Wach- und Wechseldienst sogar ein paar Beamte zusätzlich bereitstellen. Für diese Veränderungen brauchten wir moderne Organisations- und Führungsmethoden sowie eine verbesserte Fachhochschulausbildung. Die alte Fachhochschule saß in Plattenbauten in Basdorf und hatte noch den unverkennbaren DDR-Charme. Ich wollte stattdessen auf dem Gelände eines aufgelösten Polizeipräsidiums in Oranienburg in unmittelbarer Nähe zum KZ Sachsenhausen eine Fachhochschule für die Polizei bauen. Dort würde für jeden evident sein, dass der Rechtsstaat durch nichts außer Kraft gesetzt werden darf.

Die Polizeireform wurde nicht besonders freundlich begrüßt. Die Brandenburger Polizei war gewerkschaftlich gut organisiert: 85 Prozent der Beamten verteilten sich auf drei verschiedene Gewerkschaften. Ich hatte es vor allem mit zwei Gewerkschaftsvertretern zu tun, von denen einer, Andreas Bernig, Vorsitzender des Hauptpersonalrats im Innenministerium und selbst stellvertretender Gewerkschaftsvorsitzender, 1987 an der Akademie für Staats- und Rechtswissenschaften der DDR über das Thema promoviert worden war: »Das Zusammenwirken der örtlichen Organe der Staatsmacht mit den Leitungen der Gewerkschaften in der Großstadt bei der Ausarbeitung und Durchführung der Aufgaben der gesellschaftlichen Entwicklung im Territorium«. Der Verfasser heute Landtagsabgeordneter der PDS, hatte mit Sicherheit andere Vorstellungen als ich. Sein Gewerkschaftsvorsitzender wollte zum Beispiel das Polizeipräsidium Cottbus erhalten, in dem er selbst als Volkspolizist gedient hatte. Das Argument, dass die Zusammenarbeit mit Polen wesentlich verbessert werden könnte, wenn dafür *ein* Präsidium zuständig wäre und nicht drei, überzeugte ihn ebenso wenig wie die Aussicht auf eine modernere technische Ausstattung, auf weniger Bürokratie und mehr Entscheidungsbefugnis am Ort.

Schließlich demonstrierten 1200 bis 1500 Polizeibeamte vor dem Landtag. Als ich von den Organisatoren verlangte, auf dieser gegen mich gerichteten Demonstration sprechen zu dürfen, lehnten sie ab, bis ich drohte, mit einem eigenen Lautsprecher zu kommen. Daraufhin wurden die innenpolitischen Sprecher aller Landtagsparteien eingeladen, mit dem Ergebnis, dass der PDS-Vertreter für seine Rede große Zustimmung bekam, der SPD-Redner begrenzte Zustimmung, weil er die Reform mit Abstrichen verteidigte, und unser CDU-Mann Ablehnung, weil er die Reform voll und ganz verteidigte. Als ich sprach, standen alle Polizeibeamten nach kurzer Zeit mit dem Rücken zu mir. Ich bat sie, so stehen zu bleiben, weil ich kurzsichtig sei. Ich setzte meine Brille auf, wartete kurz ab und sagte, der Haarschnittappell sei beendet, ungefähr ein Drittel müsse wohl zum Frisör gehen, und sie könnten wegtreten. Als mir auffiel, dass die an den Schwarzen Brettern aushängenden Gewerkschaftsinformationen über die Reform irreführend waren, bat ich sechs junge Absolventen der Fachhochschule der Polizei, sich zu überlegen, wie wir die Beamten unter Nutzung moderner Informationstechniken sachlich informieren könnten.

Die von mir ausgewählten jungen Beamten entwickelten ein Dialogkonzept für unser Intranet. Wir stellten die wichtigsten reformbedingten Veränderungen dar und gaben den Nutzern die Möglichkeit, per E-Mail Fragen und Kommentare zu schicken, die nachmittags und abends gesichtet und zusammengefasst wurden. Am nächsten Tag stellten die jeweils zuständigen Fachleute die Antworten ins Netz. Wir beantworteten während der Umstellung mehr als 250 000 Anfragen. Auf diese Weise konnten wir das gewerkschaftliche Informationsmonopol brechen. Es war viel effektiver, miteinander zu sprechen als übereinander, zumal die Beamten nun im Detail wussten, was tatsächlich auf sie zukam. Nach weniger als drei Jahren, im Juli 2002, konnte die Reform in Kraft treten. Die repräsentativen Umfragen in der Bevölkerung zeigten, dass nicht nur die Reform positiv bewertet wurde, sondern auch das Ansehen der Polizei besser war, als die Mitarbeiter selbst vermutet hatten.

Von den bis dahin tätigen, 1990/91 ernannten Polizeipräsidenten gehörten drei der SPD an, einer der CDU, einer der FDP und eine Polizeipräsidentin den Grünen. Sie waren nach dem Prinzip des »Brandenburger Weges« ausgesucht worden, eher nach politischen als nach fachlichen Kriterien. Die neu zu schaffenden zwei Präsidien sollten die Fach- und Dienstaufsicht führen und die Präsidenten dem Innenminister gegenüber als politische Beamte dafür verantwortlich sein, dass in ihrem Bereich die Mittel und Ressourcen sachgerecht eingesetzt würden. Wir hatten dann nur noch zwei statt sechs Notrufzentralen und Rettungszentren, mussten allerdings digitale Karten bereitstellen, um den Einsatz effektiv leiten zu können. Auch das wurde kritisiert, obwohl es machbar war. Schließlich wurde dergleichen auch anderswo in Deutschland eingeführt, wenngleich nicht in den neuen Bundesländern. Die Stellenausschreibungen für die Polizeipräsidenten führten zu einer guten Bewerbungslage. Wir konnten eine Verwaltungsgerichtspräsidentin aus Cottbus dafür gewinnen, die erste Polizeipräsidentin in Frankfurt (Oder) zu werden, und der Inspekteur der Polizei wurde Präsident in Potsdam. Zum Glück waren beide in keiner Partei, denn sonst hätten andere Parteien gefordert, nunmehr auch berücksichtig zu werden.

Schröder auf Stimmenkauf

Während wir in Brandenburg alle Hände voll zu tun hatten, den Haushalt zu konsolidieren und unsere Reformprojekte auf den Weg zu bringen, brachte Bundeskanzler Gerhard Schröder im Sommer 2000 ein höchst umstrittenes Steuerentlastungsgesetz gegen die Stimmen von CDU und FDP durch den Bundestag. Es hatte noch den Bundesrat zu passieren und war die zweite Stufe der dreistufigen Steuerreform von 1999 bis 2002, die eine Erhöhung des Grundfreibetrags, eine Herabsetzung des Eingangssteuersatzes und eine Erhöhung des privaten Höchststeuersatzes und auch des Höchststeuersatzes für gewerbliche Einkünfte vorsah.

Kurz zuvor, im April 2000, war ich als einer von sieben Beisitzern in das Präsidium der CDU gewählt worden. Nach den dortigen Erörterungen sah ich voraus, dass es beim Steuerentlastungsgesetz im Bundesrat zu einem Kräftemessen zwischen CDU und SPD/Grünen kommen würde; im Hinblick auf die Wahl 2002 hatte die Frage grundlegende politische Bedeutung. Diese Spannung wollten Stolpe und ich nicht in die Brandenburger Politik hineintragen. Wie in anderen Ländern, die von einer Großen Koalition regiert werden, hatten wir in unseren Verhandlungen festgelegt, dass die Landesregierung sich im Bundesrat der Stimme enthält, wenn sie sich nicht auf ein gemeinsames Abstimmungsverhalten verständigen kann: »1. Die Interessen des Landes haben absoluten Vorrang; 2. Wortlaut und Geist der Koalitionsvereinbarung sind zu berücksichtigen; 3. Es werden nur solche Fragen als strittig gestellt, die nach Auffassung eines Koalitionspartners von grundsätzlicher Bedeutung sind.« Ferner hatten wir wie üblich vereinbart: »Kommt eine Einigung nicht zustande, enthält sich das Land der Stimme.« Enthaltung bedeutet Nein, denn im Bundesrat werden nur die Ja-Stimmen gezählt. Ein Gesetz tritt nur dann in Kraft, wenn mindestens 35 Ja-Stimmen, abgegeben werden. Brandenburg hat im Bundesrat vier Stimmen und bei den Koalitionsverhandlungen 1999 war noch nicht abzusehen gewesen, dass es auf diese vier Stimmen eines Tages ankommen würde.

Besondere Brandenburger Interessen waren bei diesem Gesetz nicht erkennbar. Das Land würde sich also enthalten müssen, weil die Landes-CDU strikt gegen das Gesetz war. Die Bundesregierung konnte es aber allein mit den Stimmen von SPD und Grünen nicht durch den Bundesrat bringen. Für die Mehrheit von 35 Stimmen fehlten fünf. Von den Landesregierungen mit Großen Koalitionen (Bremen, Berlin und Brandenburg) mussten also zwei zustimmen, denn keines dieser Länder hatte allein fünf Stimmen. Sowohl die Bundesregierung als auch die CDU/CSU-Fraktion im Bundestag hatten es in dieser Frage auf einen

Machtkampf angelegt. Die Union wollte geschlossen die Bundesregierung ausbremsen, sodass die CDU Brandenburg den Koalitionsbruch riskierte, wenn sie statt der Landes- der Bundespolitik den Vorrang gab. Stolpe erklärte, dass er zustimmen wolle, und ich, dass wir das nach dem Koalitionsvertrag nicht könnten. Auf diese Linie hatte ich mich im Vorfeld der Bundesratssitzung auch mit den Gremien meiner Partei verständigt. Am Vorabend der Abstimmung flogen Stolpe, Justizminister Schelter und ich zur letzten Sitzung des Bundesrates in Bonn vor dem Umzug nach Berlin.

Nach der Ankunft erörterten wir noch einmal die Lage, kamen aber zu keiner Lösung. Stolpe wollte oder musste mit Ja stimmen; ich bestand auf Enthaltung. Ich ging in der Annahme zu Bett, dass unsere Koalition, die so verheißungsvoll begonnen hatte, am nächsten Tag platzen würde und schlief entsprechend schlecht. Noch vor sieben Uhr weckte mich ein Anruf von Stolpe, der zu mir sagte: »Herr Schönbohm, unsere Koalition ist gerettet. Heute Nacht haben Berlin und Bremen Zustimmung signalisiert. Der Bund wird ein Mittelstandsfördergesetz verabschieden, in dem all die Punkte enthalten sind, die die Union immer gefordert hat.« Das war durchaus auch im Interesse Brandenburgs. Bei einem Treffen der CDU-Ministerpräsidenten in der Hessischen Landesvertretung vor der Sitzung des Bundesrats sagte einer der Ministerpräsidenten zu mir, es würde ihn zutiefst enttäuschen, wenn ich zustimmte. Meine Schwierigkeiten seien ihm bewusst, aber ich müsse der Bundespolitik den Vorrang geben. Kurz zuvor hatte er selbst in einer ähnlichen Lage seine Entscheidung am Interesse seines Landes ausgerichtet. Zum Glück kam es auf die Stimmen Brandenburgs nicht mehr an, sodass ich es ohne Schaden Stolpe überlassen konnte, mit Ja zu stimmen. Spätestens als bekannt wurde, dass Berlin und Bremen für ihr Abstimmungsverhalten vom Bund erhebliche materielle Zusagen erhalten hatten, wurde mir unwohl. Wie ich außerdem erfuhr, hatte Brandenburg die Zusage bekommen, dass bereits geplante und bewilligte

Verkehrsmaßnahmen um zwei Jahre vorgezogen würden. Ich war erschrocken darüber, zu welchen Mitteln die rot-grüne Bundesregierung griff, um die Länder gefügig zu machen – dass sie Mehrheiten einsammelte gegen Bezahlung.

Die entscheidende Frage war, wie ich in einer ähnlichen künftigen Konstellation die Interessen des Landes vertreten sollte, ohne die Koalition aufs Spiel zu setzen. Ich las noch einmal die Entstehung des Bundesrates aus dem Norddeutschen Bund nach und befasste mich mit der Frage, wie es eigentlich zu den Abstimmungsregeln gekommen war. Die Regelungen des Bundesrates gehen darauf zurück, dass bereits die Länder des Norddeutschen Bundes und später des Deutschen Reiches im Bundesrat als der zweiten Kammer Stimmrecht besaßen und der jeweilige Herrscher das Stimmverhalten festlegte; die Anzahl der Stimmen richtete sich nach der jeweiligen Einwohnerzahl. Nach dieser Tradition heißt es auch im Grundgesetz, Artikel 51 Absatz 3: »Jedes Land kann so viele Mitglieder entsenden, wie es Stimmen hat. Die Stimmen eines Landes können nur einheitlich und nur durch anwesende Mitglieder oder deren Vertreter abgegeben werden.« Warum sind es eigentlich mehrere Vertreter, wenn sie nicht individuell abstimmen dürfen? Ist das nicht ein Erbe der überwundenen Fürstenherrschaft?

Das Recht der Stimmabgabe ist in Artikel 51 Absatz 3 des Grundgesetzes unklar geregelt. Man muss sich mit der Frage behelfen, die der Jurist Gerd Roellecke nach dem Abstimmungsdebakel von 2002 unter der Überschrift »Schönbohm ist unschuldig« in der *Frankfurter Allgemeinen Zeitung* aufwarf: Entweder ist der Bundesrat eine Vertretung der Bundesländer *als Staaten* oder er ist eine Vertretung der Landesvölker. Wenn er eine Vertretung der Länder ist, muss die Einheit des jeweiligen Landes im Bundesrat den Ausschlag geben. Nach dem Willen der Verfassungsväter und nach der deutschen Verfassungstradition ist der Bundesrat eindeutig eine solche Vertretung der Länder als Staaten. Roellecke sagt nun: »Dem widerspricht jedoch der Satz: ›Der

Bundesrat besteht aus den Mitgliedern der Regierungen der Länder‹. Denn wäre der Bundesrat lediglich eine Vertretung der Länder als Staaten, dürften nur die Länder Mitglieder sein und nicht, wie allgemein anerkannt, die Mitglieder der Landesregierungen.« Deshalb, so Roellecke weiter, könne man den Mitgliedern der Landesregierungen keinen Vorwurf daraus machen, wenn sie *in persona* ihr Abstimmungsrecht wahrnähmen: »Das ist der Sinn der Personalisierung der Mitgliedschaft: Der Bundesrat sollte auch eine Tribüne für die Landespolitik werden, damit sich die Landesregierungen in ihm engagieren und die Verhandlungen nicht einfach ihren Beamten überlassen [wie es in der Weimarer Republik der Fall war, J. S.]. (...) Den Bundesrat hat er [der Gesetzgeber] eben dadurch aktiviert, dass er den Mitgliedern der Landesregierungen eigene Rechte und Pflichten aufnötigte. Das machte den Bundesrat interessant, schloss aber eine gewisse Parteipolitisierung ein.«

Was passiert nun, wenn die Stimmen nicht einheitlich abgegeben werden? Die meisten waren der Ansicht, dass sie nicht gültig seien, aber das ist im Hinblick auf die von den Verfassungsvätern beabsichtigte Stärkung des Bundesrates, wie Roellecke sie erläutert, nicht sicher. Jedenfalls schien mir hier ein Konstruktionsfehler vorzulegen, den ich nicht einseitig gegen mich bzw. gegen die CDU verwendet wissen wollte.

Auch wenn eine Wiederholung des Konflikts noch nicht in Sicht war: Bremen und Berlin hatten mit ihrem Beidrehen bzw. Beigedrehtwerden in letzter Minute unsere Koalition gerettet.

Thierse nun wieder!

Im September 2000 schrieb mir Bundestagspräsident Wolfgang Thierse wenige Wochen vor dem »Aufstand der Anständigen« einen Brief, über den der *Spiegel* vorab berichtete. Thierse setzte sich darin für den in Brandenburg lebenden Algerier Khaled Bensaha ein, der zu den Opfern der ausländerfeindlichen Hetzjagd in Guben vom Februar 1999 gehört hatte, bei der der Algerier Omar Ben Noui nach dem Sprung durch eine Glastür seinen Schnittverletzungen erlegen war. Das Berliner Oberverwaltungsgericht hatte Bensaha erlaubt, sich in Deutschland einer Therapie zu unterziehen. Danach sollte über sein schwebendes Asylverfahren bzw. über eine dauerhafte Aufenthaltsgenehmigung entschieden werden. Die Rechtsanwälte hingegen verlangten, dass ihr Mandant, um die Therapie anzutreten, *vorher* die dauerhafte Aufenthaltsgenehmigung bekäme.

Für die Entscheidung über einen Asylantrag ist weder die Stadt Potsdam noch das Land Brandenburg zuständig, sondern das *Bundesamt für Migration und Flüchtlinge*. Insofern war es korrekt, dass die Ausländerbehörde Potsdam Herrn Bensaha zwar die Therapiekosten bewilligte, aber nicht über sein Aufenthaltsrecht entschied. Die Ausländerbehörden der Bundesländer sind für aufenthalts- und passrechtliche *Maßnahmen* sowie für die Entscheidung über Abschiebungen und deren Durchführung zuständig. Vor der Durchführung der Abschiebung prüft die Ausländerbehörde in eigener Zuständigkeit etwaige Abschiebungshindernisse. Die Ausländerbehörden erhalten vom Bundesamt schriftliche Mitteilungen über den Stand und den Ausgang der Asylverfahren, über die nur das Bundesamt entscheidet.

Matthias Platzeck, damals Potsdamer Oberbürgermeister, hatte eine Ausnahmeregelung durch das Innenministerium des Landes Brandenburg erwirken wollen, die wir verweigerten, um nicht in die Kompetenzen des Bundesamtes einzugreifen. Thierse bezog sich nur auf das Schreiben der Rechtsanwältin, die ihm den Fall ihres Mandanten aus ihrer Sicht vorgetragen hatte. Als Präsident des Bundestages wusste Herr Thierse, dass die Gesetzeslage beim Aufenthaltsrecht kompliziert ist und der Sachverhalt von der Rechtsanwältin und der Ausländerbehörde Potsdam unterschiedlich beurteilt wurde. Er machte sich einfach die Argumentation der Anwältin zu eigen und fragte weder bei der Ausländerbehörde noch beim Innenministerium nach.

Ohne eigene Sachkunde veröffentlichte der Bundestagspräsident den Fall und löste damit den beabsichtigten Protest der Ahnungslosen aus. In seinem Brief heißt es: »Diese Haltung [gemeint war die meines Ministeriums, J. S.] finde ich empörend, ist sie doch dazu geeignet, den Eindruck zu erwecken, dass deutsche Regierungsstellen die Ergebnisse und Konsequenzen rechtsextremer und rassistischer Vorfälle nicht nur hinnehmen, sondern sogar nutzen, indem sie Teil offizieller Argumentation werden.« Allein dieser Vorwurf eines Bundestagspräsidenten an einen Minister, an eine Stadtverwaltung, an Beamte und Angestellte des öffentlichen Dienstes, die einen Eid auf die Verfassung abgelegt haben, war ungeheuerlich. Am Ende des Briefes hieß es noch einmal: »Ich bitte Sie ferner, alles Ihnen mögliche zu tun, dass er [Khaled Bensaha] und andere Opfer rassistischer Gewalt und die in unserem Land lebenden Ausländer sich der unbedingt eindeutigen Ablehnung und Verfolgung solcher Taten seitens offizieller Stellen gewiß sein können.«

Das war der schärfste Angriff, den ich bis dahin erlebt hatte, wenngleich mir der Versuch nicht neu war, nach Belieben rechtsstaatliche Prinzipien außer Kraft zu setzen. Thierses Vorgehen fand natürlich breiten Widerhall. Im Laufe der so geschürten Erregung wurden aus dem Zusammenhang gerissene Formulierungen benutzt, um die Verwaltung und mich zu diffamieren. Man zitierte manipulierend aus den Briefen meiner Juristen an die Ausländerbehörde Potsdam und an die Rechtsanwälte. Die Empörungsmaschine funktionierte wie geschmiert. Der Leiter der Pressestelle des Bundestages, Wolfgang Weimar, äußerte sich zu weiteren Details ganz im Sinne des Rechtsanwaltsbüros, ohne je mit uns gesprochen zu haben.

Khaled Bensaha weigerte sich, die Therapie anzutreten, deren Kosten vom Steuerzahler übernommen werden sollten. Auf diese Weise wollte er die dauerhafte Aufenthaltsgenehmigung erzwingen. Ministerpräsident Stolpe beklagte, dass ein Hauch von Thierses Kritik das ganze Land treffe. Die SPD warf mir mangelnde Sensibilität für Opfer »rechter« Gewalt vor, und der SPD-Fraktionschef mahnte mehr Fürsorge an. Auch er erwähnte nicht den SPD-Landesvorsitzenden und Oberbürgermeister von Potsdam, dessen Ausländerbehörde ihr Vorgehen mit meinen Mitarbeitern erörtert und abgestimmt hatte. Die Zuständigkeit des Bundes interessierte ihn ebenfalls nicht.

Das Land Brandenburg sah sich pauschal dem Vorwurf ausgesetzt, nichts gegen Fremdenfeindlichkeit zu tun. Die Arbeit der zurückliegenden Monate, in denen ich als Innenminister diesen Kampf intensiviert hatte, zählte offenbar nicht. Sogar die Opposition im Landtag hielt meine Arbeit in diesem Bereich für vorbildlich. In die Diskussion schalteten sich natürlich bald auch die Kirche und der stets engagierte Generalsuperintendent Rolf Wischnath aus Cottbus ein. Als Vorsitzender des Aktionsbündnisses gegen Gewalt und Fremdenfeindlichkeit stellte er sachkundig fest: »Der Umgang mit Ausländern macht mich oft fassungslos.« Vielleicht hätte er sich kompetenter äußern können, wenn er nicht sofort die Fassung verloren hätte. Aber bei diesem Thema schien es ihm geboten, andere öffentlich anzugreifen und selbst zur Sache nichts beizutragen. Ich lud Herrn Wischnath ein, mit mir nach Guben zu fahren, wo die Übergriffe stattgefunden hatten. Ich besuchte mit ihm die Tankstelle, an der sich die Jugendlichen zusammenrotteten, und bat ihn, mit dem mir unbekannten Pächter zu sprechen und sich seine Sicht der Dinge anzuhören. Der Pächter erzählte von Jugendlichen, die sich dort trafen, unterhielten und Bier tranken. Das seien aber keine gewaltbereiten Schlägertypen, sondern junge Leute, denen einfach ein Treffpunkt fehle. Konnte da niemand etwas tun? Diese Darstellung war so nicht bekannt – auch nicht dem Jugendpfarrer? Wischnath lernte eine andere Seite der Wirklichkeit kennen.

Der Vorfall wurde Gegenstand einer Bundestagsdebatte, aber Thierse hatte sich trotz seiner Kompetenzanmaßung moralisch unangreifbar gemacht. Kurze Zeit später nahm er in einer Sendung des Rundfunks Berlin-Brandenburg seine Vorwürfe beiläufig zurück und sagte, er habe keine Rassismusvorwürfe gegen Herrn Schönbohm oder das Land Brandenburg erhoben. Er habe lediglich die Informationen, die ihm zugetragen worden seien, genutzt, da sie ihn alarmiert hätten. Ja, er habe sich an den Brandenburger Innenminister Schönbohm gewandt, aber mehr sei dazu nicht zu sagen. Ich hätte es begrüßt, wenn es tatsächlich so gewesen wäre und es die öffentliche Verdächtigung und moralische Verurteilung nicht gegeben hätte. Aber Brandenburg stand am Pranger, sogar der Bundespräsident bat um eine Darstellung des Sachverhalts und die *Berliner Zeitung* brachte eine Karikatur im Sinne der Vorwürfe: Ein Skinhead hat soeben einen Ausländer zusammengeschlagen und sagt: »Schönbohm, übernehmen sie!«, und »ich« stelle fest: »Klarer Abschiebefall«.

Der »betroffene« Herr Thierse hatte in der Tat viel bewegt. Obwohl in Brandenburg nicht viele Ausländer lebten, blieb das Thema auf der Tagesordnung. Es wurde eine Härtefallkommission gefordert, für die es damals keine Rechtsgrundlage gab. Es hätte also nur eine Alibi-Veranstaltung daraus werden können, was ich erst recht ablehnte. Ich hatte immer die Auffassung vertreten, dass eine Kommission nur dann tätig werden könne, wenn das Gesetz den Innenministern der Länder einen Ermessensspielraum gewährt. Solange diese gesetzliche Grundlage – für die ich mich einsetzte! – nicht existierte, waren Forderungen an die Exekutive sinnlos. Es gab durchaus Fälle, in denen auch ich es notwendig und hilfreich gefunden hätte, anders zu entscheiden als die Gerichte. Manche Urteile waren auch mir schlicht unverständlich, aber deshalb konnte man sich doch nicht willkürlich über rechtsstaatliche Verfahren hinwegsetzen. Christen und nichtchristliche Gutmenschen von der PDS, Teilen der SPD und den Grünen argumentierten gegen Maßnahmen des Ministeriums, die auf Gerichtsentscheidungen beruhten. Sie polemisierten gegen die Ausländerbehörden, die nur ihre Aufgaben erfüllten. Die Nächstenliebe endete vor den Mitarbeitern des öffentlichen Dienstes. Es war eben bequem, die Konsequenzen aus problematischen Bundesgesetzen bzw. Urteilen dem jeweiligen Innenminister vorzuwerfen.

Verteidigung nicht gestattet

Landesbischof Wolfgang Huber wandte sich im September 2000 mit einem Brief an Ministerpräsident Stolpe und behauptete unter Bezug auf drei Fälle, dass man in Brandenburg den Asylbewerbern Grund- und Menschenrechte verweigere. Ich entschloss mich daraufhin, auf einer Pressekonferenz anhand der drei von Huber genannten Fälle den ausländerrechtlichen Werdegang sowie die rechtlichen Bewertungen, Urteile und Entscheidungen darzulegen. Alle persönlichen Daten waren in den Vorlagen geschwärzt. Nun erklärte der Datenschutzbeauftragte des Landes öffentlich, er könne »keine Rechtsgrundlage« für die Weitergabe dieser Informationen erkennen. Zudem vermisse er »die Erforderlichkeit für eine so ausführliche Information«.

Jeder konnte aus allen Akten zusammenhanglos etwas behaupten, um die Verwaltung anzugreifen; und die Behörden sollten nicht befugt sein, den Sachverhalt richtigzustellen? Ich hatte die Pflicht, mich vor meine Mitarbeiter zu stellen, die sich an die Rechtslage hielten. Privatim fragte ich mich durchaus, ob ich es nicht vielleicht verantworten könnte, bestimmte Urteile nicht umzusetzen. Wenn ein Beamter das tut, auf Grund seiner persönlichen Gewissensentscheidung, dann muss er bereit sein, hinterher etwaige dienstrechtliche Konsequenzen zu tragen. Das ist seine persönliche und individuelle Angelegenheit, und es ist problematisch genug, aber diese Möglichkeit gibt es – ohne Gefahr für Leib und Leben. Die Pflichttreue unserer Beamten ist einer hysterisierten Öffentlichkeit kaum noch zu vermitteln. Irgendeiner höhnt immer im Stil Oskar Lafontaines, mit »Sekundärtugenden« könne man auch ein KZ betreiben – was prinzipiell stimmt, den Wert von Sekundärtugenden aber nicht schmälert. Dass wir gerade im Hinblick auf die nationalsozialistische Vergangenheit rechtsstaatlichen Prinzipien folgen, will diesen Leuten nicht einleuchten. Sie fordern unter Hinweis auf ein vergangenes Willkürregime ihnen genehme Willkürmaßnahmen.

Können und dürfen Entscheidungen von der öffentlichen Stimmung abhängig gemacht werden? Wollen wir ausschließlich moralische Maßstäbe, also Gerechtigkeit *statt* Recht? Das ist die Frage, um die es letztlich geht. Wohin das führt, wissen wir doch mindestens aus der Französischen Revolution. Moral statt Recht konnte man auch im Sozialismus erleben. Es ist überhaupt der Schlachtruf der Totalitären. Ist das Recht etwa unmoralisch? Der Journalist Rainer Hank schrieb am 23. August 2009 in der *Frankfurter Allgemeinen Sonntagszeitung* sehr richtig: »Angesichts einer um sich greifenden Empörungsmoral muss heute aber wieder die moralische Dignität von Recht und Vertrag verteidigt werden, die uns vor dem Moralismus eines neuen Gesinnungsterrors schützt.«

Schon kam der nächste Eklat mit meiner Evangelischen Kirche auf mich zu. Ein Pfarrer gewährte mit seiner Gemeinde einer ausreisepflichtigen Familie »Kirchenasyl«. Die Entscheidung zur Ausreise dieser Familie hatte die zuständige Ausländerbehörde des Landkreises unter Verantwortung eines Landrates getroffen, der der SPD angehörte. Von mir aber wurde jetzt erwartet, dass ich die rechtmäßige Entscheidung aufhob. Die SPD skandierte mit und äußerte öffentlich ihr Unbehagen am Innenminister. Da ich nicht zuständig war und keine Notwendigkeit und Möglichkeit sah, das Verfahren an mich zu ziehen, weigerte ich mich, etwas zu tun, und begründete das öffentlich. Nun erhielt ich von mehreren evangelischen Kirchengemeinden Briefe mit Hunderten von Unterschriften ihrer Gemeindemitglieder, die mich aufforderten, von der Abschiebung der vietnamesischen Familie abzusehen. In meinen Antwortbriefen an die Kirchengemeinden erläuterte ich die Rechtslage und meine im Falle eines Gerichtsurteils begrenzten Befugnisse. Und ich fügte hinzu, dass ich mich bei den Koalitionsverhandlungen zum Thema Religionsunterricht gut zwölf Monate zuvor über Briefe an SPD und CDU sehr gefreut haben würde.

Ich schrieb: »Ich hielte es (...) für wünschenswert, wenn sich die Kirchen auch ihrer ureigensten Aufgabe mit der gleichen Hingabe widmen könnten, mit der sie sich dem Thema Asyl und Ausländerfragen widmen.« Große Aufregung bei der Kirche! Unter dem Beifall von 150 Teilnehmern der Herbstsynode der evangelischen Kirche Berlin-Brandenburg rief ein Synodaler aus: »Schönen Gruß an den Genossen Schönbohm«, und sagte, der Genosse Schönbohm erinnere ihn an den Genossen Honecker, von dem habe er das letzte Mal so etwas gehört. Ich hatte eine erstaunliche Karriere gemacht. Zugegeben: Es darf nicht jeder im wiedervereinten Deutschland leben, der das gern möchte. Aber es sei daran erinnert, dass die SED im Unterschied dazu praktisch niemandem erlaubte, das Land zu verlassen. Ein Staat, der es sich vorbehält, Gastlichkeit aus bestimmten Gründen zu verweigern, ist doch wohl etwas anderes als ein Zuchthaus namens DDR.

Kurze Zeit später fand ein Gespräch mit der evangelischen Kirchenleitung unter Vorsitz von Bischof Huber statt. Generalsuperintendent Wischnath, mein alter Widersacher und Fachmann für Ausländerfragen, nahm ebenfalls daran teil. Es wurde eine sehr lebhafte Aussprache. Verschiedene Teilnehmer demonstrierten ihre ostdeutsche Befindlichkeit. Daraufhin erlaubte ich mir, meine westdeutsche Befindlichkeit ins Feld zu führen und Herrn Wischnath daran zu erinnern, dass er mit seiner reformierten Kirche 1982/83 öffentlich die Auffassung vertreten hatte, dass sich für alle Befürworter der atomaren Nachrüstung die Frage des *Status Confessionis* stelle und man sie aus der Kirche ausschließen solle. Ich erinnerte Bischof Huber daran, dass er seinerzeit als Professor in Heidelberg mit großer Vehemenz gegen die angebliche moralische Verwerflichkeit der Nachrüstung argumentiert hatte. Nach der Wiedervereinigung, so führte ich weiter aus, und nach dem Ende des Kalten Krieges hätte ich nie ein Wort der Entschuldigung gehört oder auch nur eine Erklärung zu der Tatsache, dass man die Nachrüstung der NATO und ihre politische Wirkung – den Sozialismus einzudämmen – offenkundig falsch eingeschätzt hatte. Ich bäte die ostdeutschen Kirchenleute zu akzeptieren, dass wir an dieser Stelle tatsächlich unterschiedliche Erfahrungen und Erinnerungen haben. Ganz zu schweigen von der unverschämten Gleichsetzung mit Honecker, gegen die keiner der Synodalen etwas unternommen hatte.

Als Ergebnis der Diskussion hielten wir fest, dass wir einen wichtigen Meinungsaustausch geführt und uns näher kennengelernt hatten. Wir wollten künftig mehr miteinander sprechen und weniger öffentlich übereinander herfallen; das diene weder der Kirche noch den Ausländern. Dass es auch mir nicht diente, wurde nicht weiter erwähnt. Später, als wir unter meiner Mitwirkung eine gesetzliche Härtefallregelung geschaffen hatten, die im Rahmen des zweiten Ausländergesetzes auf Bundesebene verabschiedet wurde, konnten wir die geforderte Härtefallkommission bilden. An dieser Härtefallkommission sind die Kirchen beteiligt, sodass wir von nun an in Einzelfällen nach rein humanitären Grundsätzen entscheiden können. Die letzte Entscheidung ist nach diesem Gesetz dem Innenminister vorbehalten, der sich sinnvollerweise von der Kirche und anderen Organisationen beraten lässt. Inzwischen ist man auch bereit zu akzeptieren, dass eine Verlängerung des Aufenthaltes nur dann in Frage kommt, wenn der Antragsteller den Nachweis führt, dass er innerhalb einer bestimmten Frist für seinen eigenen Unterhalt sorgen kann und von staatlicher Sozialhilfe unabhängig wird.

Die ersten zwölf Monate der neuen Landesregierung gingen dem Ende zu. Ich suchte das Gespräch mit den Abgeordneten des Landtages, vor allem mit denen der Koalitionsfraktionen. Die anfänglichen Vorbehalte gegen »den General«, den bekennenden Konservativen und »Wessi« mit seiner ungewöhnlich bürgerlichen Lebensführung waren noch immer nicht ganz ausgeräumt. Ich war seit mehr als vierzig Jahren mit einer berufstätigen Frau verheiratet, hatte drei Kinder und damals sechs Enkel.

Ich setzte mich offenbar nicht genug für den weiteren Ausbau der Kinderkrippen ein, und ich fand den Angriff der früheren Brandenburger Finanzministerin Wilma Simon ziemlich unpassend, die mir während des Landtagswahlkampfes 2004 ein »vermufftes« Frauenbild vorwarf und meiner »gewiss liebenswerten Frau« nachsagte, dass sie »aus innerer Überzeugung die traditionelle Frauenrolle ausgefüllt hat und ausfüllt«: So schnell schlägt die »Offenheit« für neue Lebensformen in Feindseligkeit gegen diejenigen um, die nicht auf den Zug aufspringen.

Bei den Diskussionen um das Kindergartengesetz im Jahre 2000 ging es um die Frage, ob Kinder von Geburt an ein Recht auf einen Kita- oder Krippenplatz haben sollten. Der größte Teil der SPD sowie die PDS unterstützten diese Position. Ich fand, nicht der Staat solle sich im Regelfall um die Kinder in ihren ersten drei Lebensjahren kümmern, sondern die Eltern. Alleinerziehende bedürfen natürlich besonderer Unterstützung. Ich meinte, eine kollektive und fremdbestimmte Umsorgung des Kleinkindes entbehre der familiären Geborgenheit und individuellen Förderung. Daraufhin wurde natürlich der Vorwurf erhoben, dass »der General« die Frau »an den Herd fesseln« wolle. Wie oft habe ich erlebt, dass das Misstrauen überbordet, wenn es um staatliche Gewaltausübung geht. Auf anderen Gebieten wird seltsamerweise die staatliche Bevormundung der Eigenverantwortung vorgezogen. Die berechtigten Argumente, mit denen die Kirchen im 19. Jahrhundert das staatliche Schulmonopol bekämpft haben, sind den Kita-Anhängern offenbar völlig fremd. Sie wollen auch noch die frühkindliche Erziehung der Aufsicht des Staates unterwerfen. Dass dabei eine ideologisch-politische Instrumentalisierung der Kinder droht, scheint sie nicht zu bekümmern. Wer dagegen an Resten privater Lebensführung festhält, gilt wohl oder übel als reaktionär.

Einige Mütter bekannten öffentlich, sie seien unfähig, ihre Kinder zu erziehen. In einer Fernsehdiskussion sagte eine junge Frau aus Brandenburg, dass sie arbeitslos sei, aber ihr zweijähriges Kind in die Krippe geben müsse, da sie nicht mit ihm umgehen könne. Die junge Frau tat mir leid; ihr musste zweifellos geholfen werden. Schrecklich aber war der Beifall des Publikums. Galt er dem Mut der jungen Mutter, dass sie trotz ihrer Hilflosigkeit ein Kind geboren hatte, oder sollte er die Notwendigkeit von Kinderkrippe und Kindergarten unterstreichen? Ganz zu schweigen von der Frage, warum die staatliche Krippe die einzige Antwort auf derartige soziale Probleme sein soll. Bundesfamilienministerin von der Leyen (CDU) baute die frühkindliche Betreuung durch den Staat später weiter aus.

Zum Jahresbeginn 2007 kritisierte ich in einem *Spiegel*-Interview ihr antiquiertes Männerbild. Frau von der Leyen wollte, dass sich die Männer mehr um die Kindererziehung kümmern und die Frauen mehr arbeiten gehen. Ich fand, dadurch würden Familien herabgesetzt, die sich anders entscheiden: »Männer, das sind für sie offenbar familienscheue Drückeberger mit lächerlichem Imponiergehabe«, sagte ich. Die junge Generation betrachte Kindererziehung längst als gemeinsame Aufgabe. Wie sie diese Aufgabe angeht, müsse sie selbst entscheiden: »Eine christdemokratische Familienministerin sollte jeden Eindruck vermeiden, sich da einzumischen.« Frau von der Leyen sagte daraufhin dem Magazin *Stern*, dass alle Männer lernen sollten, Windeln zu wickeln. Offenbar hatte sie nicht mitbekommen, wie partnerschaftlich heutige Eltern diese Aufgaben meistern. Gegenüber der *Frankfurter Allgemeinen Sonntagszeitung* sprach sie bald darauf immerhin von einem »pragmatischen Familienbild«.

Wenn es um das Erbe der DDR geht, stellt man fest, wie konservativ Linke sein können. Eigentlich galten in Brandenburg *alle* übernommenen Strukturen als bewährt, was die Kommunalreform nicht eben erleichterte. Ich erlebte eine hitzige Diskussion in Groß Muckrow mit seinen 800 Einwohnern. Die Bürger beschimpften mich persönlich und verlangten, ihre Gemeinde selbständig zu belassen: »Der General« wolle ihnen nicht nur den Bürgermeister, sondern auch Kirche, Feuerwehr und Vereine wegnehmen. Es gab eine diffuse Angst, man würde ihnen ihre Identität rauben. Ich wiederholte, dass ich nicht nur die Kirche im Dorf, sondern auch Feuerwehr und Vereine dort lassen wolle – solange es noch genügend Christen und Feuerwehrleute gebe. Rationale Argumente wie die Vorteile einer gemeinsamen Verwaltung wurden nicht akzeptiert und die Widerstände von der Bewahrerpartei PDS instrumentalisiert. Jede Reform des DDR-Erbes gaben die Genossen als einen Angriff auf die Lebensleistung ihrer Mitbürger aus. Dem »Wessi« wurde vorgeworfen: Der versteht uns nicht, der kennt weder unsere Mentalität noch unser früheres Leben! Gelegentlich sagte ich: »Wir sind keine DDR mit Westgeld!«

Aufgrund meiner Berliner Erfahrungen mit der Bezirksneugliederung war ich dennoch zuversichtlich, dass nach dem Inkrafttreten der Gemeindereform die vorhergesagten Effekte eintreten und begrüßt würden. Die vielen Gespräche mit Abgeordneten, zum Teil auch bei uns zuhause, führten auf die Dauer zu einer gewissen Annäherung. »Der General« des Jahres 1999 wurde allmählich ein anerkannter Innenminister. Man ließ sich davon überzeugen, dass es mir um das Wohl des Landes ging. Nach einer Sitzung des Haushaltsausschusses sprach sich herum, dass ich als ein ehemaliger Staatssekretär des Verteidigungsministeriums *von dort* meine Pension bezog und in Brandenburg auf Lohnsteuerkarte 6 für 25 Prozent eines Ministergehalts arbeitete. Ich zahlte mehr Steuern, als ich netto ausgezahlt bekam.

Eine Hand beschmutzt die andere

Die Reformen waren auf gutem Wege, die Arbeitslosenquote sank, der Schulstreit entschärfte sich, die Kriminalität ging zurück und die Aufklärungsquote in der Verbrechensbekämpfung stieg. Wir konnten den Haushalt weiter konsolidieren. Da wurde erneut Gefahr auf Bundesebene erkennbar. Rot-Grün setzte 2002 die Zuwanderungsfrage wieder auf die Tagesordnung. Wir von der CDU klärten in der zuständigen Kommission unter dem Vorsitz des saarländischen Ministerpräsidenten Peter Müller unsere Grundsätze betreffs Zuwanderung und deren Begrenzung sowie einer Verstärkung der Integrationsleistungen seitens der Deutschen und der hier lebenden Ausländer. Anfang September 2001 besprach Bundesinnenminister Otto Schily mit den Innenministern einen Referentenentwurf, bei dem es sich um eine restriktivere Fassung der Ergebnisse der »Süssmuth-Kommission« handelte, dem wir CDU-Innenminister zustimmen konnten. Seit dem Anschlag auf das *World Trade Center* am 11. September 2001 in New York hatte sich die Sicherheitslage auf der ganzen Welt schlagartig geändert. Nun konzentrierten sich die Diskussionen auf Innere Sicherheit und Terrorismus.

Minister Schily nutzte die Gunst der Stunde und setzte mit seinen populären Forderungen nach schärferen Sicherheitsgesetzen das Bundeskabinett, die SPD-Fraktion und die Grünen gehörig unter Druck. Die Grünen stimmten am Ende zu. Offensichtlich hatten sie dafür aber von der SPD die Zusage bekommen, dass das Zuwanderungsgesetz in »grünem« Sinn überarbeitet würde. Ein gemeinsamer parteiübergreifender Gesetzentwurf von CDU, SPD und Grünen war nun nicht mehr möglich. Im Vorlauf zur Bundestagswahl 2002 mutierten die grundlegenden Fragen zu taktisch eingesetzten Wahlkampfthemen. Die Regierung Schröder hatte nach verschiedenen Verlusten bei Landtagswahlen im Bundesrat keine Mehrheit mehr. Die beiden noch rot-schwarz regierten Bundesländer hatten zusammen sieben Stimmen, und davon entfielen vier auf Brandenburg. Im Konfrontationsfall konnten Gesetze im Bundesrat nur mit den vier Stimmen Brandenburgs verabschiedet oder verhindert werden. Dieser Zustand währte im Bundesrat vom Oktober 2001 bis April 2002.

In diesem kurzen Zeitraum konnte *jedes* umstrittene Gesetzesvorhaben, zumal angesichts der bevorstehenden Bundestagswahl, die Landesregierung Brandenburgs unter erhebliche Spannung setzen. Die Bundesregierung legte ein Gesetz vor, das in Wahrheit die Zuwanderung *nicht* begrenzte und Integration nicht im notwendigen Umfang unterstützte. Im Vergleich mit dem ersten Entwurf von 2001 trug das Gesetz nun erkennbar die Handschrift der Grünen. Es war allen Beteiligten klar, dass wir diesem Gesetz erst recht nach den auch in Brandenburg geltenden Koalitionsregeln nicht zustimmen konnten. Ich sprach deshalb ausführlich mit Minister Schily, um einen Kompromiss auf der Basis des Referentenentwurfs vom September des vorausgegangenen Jahres zu erzielen. Wir kamen zu keinem Ergebnis.

Im CDU-Präsidium wurde neben den fachlichen Fragen und möglichen Kompromissen auch die Haltung Brandenburgs erörtert: »Steht Schönbohm – und damit Brandenburg – zur Enthaltung?« Ähnlich war es auf der anderen Seite. So begannen Ministerpräsident Stolpe und ich als sein Stellvertreter, uns frühzeitig mit dieser Frage auseinanderzusetzen und die beiderseitigen Befindlichkeiten zu klären. Demonstrativ bekam Manfred Stolpe während seines Winterurlaubs in der Schweiz Besuch von Otto Schily, der mit einem Hubschrauber einflog. Sie arbeiteten einen Kompromiss aus, den ich nicht akzeptieren konnte, wobei Schily und Stolpe wussten, dass es mir um eine Grundsatzfrage ging und ich nicht kompromissbereit war. Nach meinen Berliner Erfahrungen und intensiver Lektüre war mir klar geworden, dass dieses Gesetz nicht wirksam werden durfte.

Besonders beeinflusst hatte mich damals das Buch des Nestors der amerikanischen Soziologie und Pulitzerpreisträgers Arthur M. Schlesinger Jun., Sonderberater der Präsidenten Kennedy und Johnson, der seine Lebenserfahrung und seine wissenschaftlichen Erkenntnisse unter dem Titel *The Disuniting of America* (1991) zusammengefasst hatte. In diesem Buch beschreibt Schlesinger die Entwicklung der USA vom »Schmelztiegel« – wie ich es noch in der Schule gelernt hatte – zur »Salatschüssel«, in der alle nebeneinander leben, ohne ihre Eigenart ändern zu müssen. Er weist auf die Gefahren ausbleibender Integration seitens der Zuwanderer hin und nennt beispielhaft die Zweisprachigkeit in

Kalifornien. Heute stellt sich seine Frage viel dramatischer: 2008 schlug der Erzbischof von Canterbury, Rowan Williams, vor, der britische Staat solle es seinen muslimischen Bürgern zur Wahl stellen, ob sie etwa im Ehe- und Finanzrecht nach englischem oder islamischem Recht, der Scharia, behandelt werden wollen. Ähnliches fordert Christian Giordano, ein Sozialanthropologe an der Universität Fribourg. Der Historiker Egon Flaig schreibt dazu: »In den beiden traditionsreichsten Ländern der europäischen politischen Kultur wird also erwogen, das Staatsvolk in zwei – oder noch mehr – Rechtsgemeinschaften zu trennen und damit einen Staat im Staate entstehen zu lassen.« Auch so wird die moralische Dignität von Recht und Gesetz untergraben.

Ministerpräsident Peter Müller versuchte als Vorsitzender unserer Kommission erneut, mit Schily zu einem Kompromiss zu kommen, ebenfalls ohne Erfolg. Der rot-grünen Bundesregierung ging es vor dem Bundestagswahlkampf offensichtlich darum, CDU und CSU zu spalten. Die Frage war also: Welche Möglichkeiten gibt es, das Zuwanderungsgesetz zu verhindern und dabei die Geschlossenheit der Union *und* die Koalition in Brandenburg zu retten? Ministerpräsident Stolpe würde die im Koalitionsvertrag für solche Fälle vorgesehene Stimmenthaltung brechen und dem Gesetz zustimmen. Ich schloss den Bruch der Koalition nicht mehr aus und erläuterte im Februar 2002 vor der CDU/CSU-Bundestagsfraktion unsere Lage. Ich wies darauf hin, dass die einzige Chance für die Brandenburger Koalition darin bestand, dass das Gesetz vom Bundesrat an den Vermittlungsausschuss überwiesen würde und nach der für die CDU vorhersehbar erfolgreichen Wahl im April in Sachsen-Anhalt im Bundesrat keine Mehrheit bekäme. Bei diesem Machtspiel war das Schicksal des Landes für die Mehrzahl der Abgeordneten von geringer Bedeutung. Ich war überrascht, mit welcher Leichtfertigkeit mir einige Parteifreunde aus dem Westen rieten, die Koalition zu beenden. Sie, die sie so gern die »Kommunistenfresser« spielten, wussten nicht, was Rot-Rot gerade in diesem

Bundesland bedeutete. Meinem Ärger Luft machend, wurde ich drastisch: »Ich habe den Eindruck, dass einige der Anwesenden auf meinem Hintern durchs Feuer reiten wollen!« So war es auch. Der bayrische Innenminister Günther Beckstein argumentierte ausschließlich rechtlich; die Schwierigkeiten einer Koalition kannten die Bayern noch nicht. Alle erwarteten Standhaftigkeit und Disziplin. Es ging schließlich um den Bund – und Bund geht vor Land. Ministerpräsident Stolpe argumentierte genau umgekehrt – und wollte *dennoch* den Koalitionsvertrag brechen.

Die Bundestagsdebatte zum Zuwanderungsgesetz am 1. März 2002 war polemisch, gehässig und verletzend. Der Verlauf bereitete auf den Showdown im Bundesrat vor. Offensichtlich hatten die Grünen den Skalp erhalten! Es ging den Regierungsfraktionen nur noch darum, unseren Kanzlerkandidaten Edmund Stoiber als *lame duck* vorzuführen. Am nächsten Tag, einem Sonnabend, unterrichtete mich der Ministerpräsident telefonisch über eine Meldung der *Passauer Neuen Presse*: Stolpe wolle im Falle einer Ablehnung durch die CDU zurücktreten und mich damit zwingen, ebenfalls zurückzutreten und die Koalition zu beenden. Nach Stolpes Auffassung kam diese »Information« aus der CSU-Spitze, was später bestätigt wurde.

In einer weiteren CDU-Präsidiumssitzung über das Zuwanderungsgesetz konnte mir keiner der Anwesenden sagen, wie ich mich im Bundesrat verhalten sollte, falls Ministerpräsident Stolpe vertragswidrig mit Ja stimmte. Die Lösung des Problems blieb mir vorbehalten. Abends erörterte ich mit dem Brandenburger CDU-Generalsekretär Thomas Lunacek unsere Lage. Er war in Brandenburg geboren, aufgewachsen und über Ungarn 1989 nach Westdeutschland geflohen. Jetzt lebte er mit seiner jungen Familie wieder in der Nähe von Berlin. Er bat mich eindringlich, die Koalition nicht aufzugeben: »Herr Schönbohm, meine Kinder gehen hier zur Schule. Ich bin schon einmal weggegangen. Jetzt will ich hierbleiben. Und ich will nicht, dass meine Kinder unter einer rot-roten Regierung zur Schule gehen – dann wird die Zeit zurückgedreht. Das können Sie nicht wollen. Sie müssen einen Weg finden, die Koalition zu erhalten.« Drei Tage später sprach ich anderthalb Stunden mit Ministerpräsident Stolpe. Wir spielten noch einmal alle Möglichkeiten durch, aber er legte sich auf nichts fest, stand unter erheblichem Druck und würde – vermutlich – zustimmen. Bundeskanzler Schröder hatte schon bei dem Steuergesetz gezeigt, dass er es verstand, Ministerpräsidenten gefügig zu machen. Mich musste das nicht beeindrucken.

Im Stillen fragte ich mich

In einer gemeinsamen Sitzung von CDU- und CSU-Präsidium am 9. März in Wörlitz zum Thema Zuwanderung trugen Angela Merkel und Edmund Stoiber ihre Vorstellungen vor und warben um Zustimmung und Geschlossenheit. Ich wurde gebeten, über die Lage in Brandenburg zu berichten. Dazu erläuterte ich die mit dem Landesvorstand abgestimmte Position, das Gesetz möglichst zu verhindern – auch unter Inkaufnahme eines Koalitionsbruches. Die Aussprache war von großem Ernst und Verantwortungsbewusstsein geprägt. Die 200 Jahre alte großartige Wörlitzer Parklandschaft versetzte mich in Staunen und romantische Stimmung. Ich ging mit der Überzeugung zu Bett: »Lieber opponiert als korrumpiert.« Dabei stellten sich die ersten Abschiedsgedanken ein. Im Stillen fragte ich mich: Was bleibt von meinen Zielen, wenn die Koalition bald beendet wird? Ich kam abends oft entmutigt, enttäuscht, zuweilen sogar verbittert nach Hause. Dieses Gefühl hatte ich bis dahin nicht gekannt. Gewiss, meine Frau, meine Kinder und meine Freunde standen mir bei. Ich versuchte, mit dem Ministerpräsidenten unseren »märkischen Sandkasten« zu beleben. Während unserer Überlegungen sagte Stolpe plötzlich: »Damit das klar ist: Wenn *Sie* aufhören, weil *ich* den Vertrag breche, gibt es unsere Koalitionsregierung nicht mehr! Ohne Sie führe ich die Koalition nicht weiter. Sie *müssen* bleiben!« Bei allen gemeinsamen Auftritten bemühte er sich, den

Eindruck von Geschlossenheit aufrechtzuerhalten. Als wir an einem Kongress teilnahmen und ein Foto von uns gemacht werden sollte, stieß er mich an: »Machen Sie doch auch ein freundliches Gesicht!« Mir war aber das Lächeln vergangen. In den Bürgersprechstunden oder bei Reisen über Land, wo ich Bürgermeister beim Wahlkampf unterstützte, wurde ich immer wieder gefragt: »Wie retten wir bloß die Koalition? Sie können doch nicht wegen der Zuwanderung, die uns in Brandenburg gar nicht betrifft, die Koalition aufgeben. Brandenburg ist doch wichtiger!« Die nationale Dimension wollte keiner wahrhaben.

Angela Merkel und Edmund Stoiber teilten mir mit, es gebe Gerüchte, nach denen Brandenburg kippen würde, weil mir der Erhalt der Koalition wichtiger sei als die Abstimmung im Bundesrat. Ich erklärte ihnen, dass es für mich, wenn überhaupt, nur einen Ausweg gebe: Wir müssten den Vermittlungsausschuss anrufen und nach der Wahl in Sachsen-Anhalt im Bundesrat neu entscheiden. Aber diesen Weg wollte keiner gehen. Mein Staatssekretär und meine Mitarbeiter standen mir mutig zur Seite, machten sich aber Sorgen, was mit ihnen geschehen würde, wenn die Koalition nicht mehr bestehen sollte. Die PDS witterte schon ihre Chance: Sie polemisierte zwar noch immer gegen meine Reformen, aber nicht mehr gegen die SPD.

Erneut erläuterte ich dem Ministerpräsidenten, dass ich im Falle seiner Zustimmung zum Gesetz mit Nein stimmen würde, um damit die vier Stimmen Brandenburgs ungültig zu machen. Er bestritt, dass das rechtlich möglich wäre. Der SPD-Vorsitzende Platzeck bat mich nachdrücklich, die Koalition zu erhalten, um Brandenburg bürgerlicher zu machen. »Die Koalition funktioniert nur mit Ihnen«, sagte er und appellierte an mein Herz für Brandenburg: »Wenn wir das hier gemeinsam überstehen, haben wir die Chance, unser Land nach der Landtagswahl 2004 gemeinsam weiter voranzubringen.« Aus der Sicht des Jahres 2009 mit Platzecks rot-roter Koalition war das wohl ein Argument, das in Wahrheit eine bundespolitische Funktion hatte.

Die Frage, ob durch mein abweichendes Votum unsere vier Stimmen ungültig würden, war noch nicht geklärt. Sie war selbst unter Juristen umstritten, und so bat ich den renommierten Staatsrechtler Professor Josef Isensee kurzfristig um ein Gutachten. Er sagte mir gleich am Telefon, noch bevor er mir wenige Tage später das schriftliche Gutachten schickte, dass bei Stimmabgabe mit einem Ja und einem Nein die Stimmen Brandenburgs ungültig seien. Das überzeugte und beruhigte mich. Ich suchte Altbundeskanzler Helmut Kohl auf. In unserem freundschaftlichen Gespräch ging er gar nicht auf die Einzelheiten ein, sondern kam gleich zu einer einfachen Feststellung: »Bleiben Sie sich selber treu. Ihr Wert ist Ihre Authentizität – und das ist auch Ihr Wert für die CDU. Lassen Sie sich von niemandem beeinflussen!« Die Unterredungen mit dem Altbundeskanzler und mit Professor Isensee bestärkten mich darin, abweichend zu votieren. Einen solchen Fall hatte es seit 1949 noch nicht gegeben. Die Tatsache, dass ich für mein Verhalten von allen Ausländerschutzorganisationen und den Kirchenvertretern einmal mehr beschimpft werden würde, konnte mich verglichen damit nicht einschüchtern. Stolpe, Platzeck und Justizminister Schelter kamen am 20. März zu mir nach Hause. Die Stimmung war angespannt, und auch der Rotwein konnte den Ernst der Lage nicht vertreiben.

Meine Rede vor dem Bundesrat beabsichtigte ich vor allem auf das Gutachten von Professor Isensee zu stützen. Ich maß ihm eine programmatische Bedeutung zu, denn ich wollte darlegen, warum und gegen welchen Druck mein Nein zustande gekommen war. Zudem hatte sie rechtliche Bedeutung für die Bewertung unseres Abstimmungsverhaltens. Dass ich mit Nein stimmen würde, musste ich *vorher* unmissverständlich ankündigen. Die Stimmung in meinem Büro schwankte zwischen Leidensbereitschaft und Durchhaltewillen. Der Ministerpräsident unterrichtete mich, dass er als letzter nach unserer Abstimmung noch etwas sagen würde. Ich nahm diesen Hinweis zur Kenntnis, nicht sogleich ahnend, was er damit andeutete. Wusste er bereits, dass Bundesratspräsident Wowereit rechtswidrigerweise nachfragen würde, sobald die dissentierenden Voten ausgesprochen waren? In einem weiteren Telefongespräch bat er mich, nach seinem letzten Statement während der Abstimmungsphase »keine besonderen Leibesübungen« vorzuführen. Jetzt war klar, dass der Bundesratspräsident ein zweites Mal fragen würde – und darauf wollte ich vorbereitet sein. Angela Merkel und Edmund Stoiber unterrichtete ich entsprechend.

Am Vorabend der Sitzung begab ich mich zu einer letzten Absprache ins Konrad-Adenauer-Haus. Wir, Angela Merkel sowie die Ministerpräsidenten und der Fraktionsvorsitzende der CDU/CSU, besprachen unser taktisches Vorgehen. Über unsere Geschlossenheit waren wir uns einig. Der sächsische Ministerpräsident Kurt Biedenkopf berichtete, dass der amtierende Bundesratspräsident Klaus Wowereit ihm am Tag zuvor gesagt habe, nach seiner Auffassung führe ein in sich gespaltenes Abstimmungsverhalten eines Landes zur Ungültigkeit seiner Stimmen. Ebenso hatte sich der Direktor des Bundesrates geäußert. Dennoch musste mit allem gerechnet werden, und wir überlegten also, wie wir uns im Falle eines zu befürchtenden Verfassungsbruchs verhalten sollten. Die Unsicherheit blieb. Um ein Uhr nachts war ich endlich zuhause.

22. März 2002, Tag der Abstimmung: Das Bundesratsfrühstück diente der gegenseitigen Versicherung unserer Absprachen. Die Gerüchte, dass die geteilte Stimmabgabe von Wowereit als gültige Ja-Simme gewertet werden würde, nahmen zu. Um viertel nach neun traf ich mit Stolpe, Platzeck und Schelter zusammen. Der Ministerpräsident informierte mich darüber, dass er mich entlassen müsse, falls ich auch bei der Nachfrage mit Nein gegen ihn stimmen sollte. Er werde das als Affront werten, den er nicht hinnehmen könne. Vorher werde Sozialminister Ziel im Namen der vier Vertreter Brandenburgs mit Ja stimmen. Stolpe wies darauf hin, dass er trotz seines Vertragsbruches die Koalition erhalten wolle.

Ich hatte den Eindruck, dass sich die intensive Vorbereitung meiner Rede gelohnt hatte. Bei der Reinschrift waren am Vorabend alle Computer ausgefallen, so dass wir von der Polizei eine mechanische Schreibmaschine hatten holen müssen – ein Omen? Nachdem die Ministerpräsidenten gesprochen hatten, kam ich an die Reihe. Zu Beginn wies ich darauf hin, dass die rot-grüne Bundesregierung das Zuwanderungsgesetz im Bundestag regelrecht durchgepaukt und keinerlei Bereitschaft gezeigt habe, auf die notwendigen Ergänzungswünsche der Union und die Interessen unseres Landes einzugehen.

»Ich bin aus staatspolitischen Gründen der Auffassung, dass wir in dieser Frage parteiübergreifend Konsens anstreben sollten. Aber diese Chance ist vertan. (...) Nachdem das Gesetz vorgelegt worden war, sagten Sie, es gebe nichts mehr zu verhandeln. (...) Meine Damen und Herren, über das Dosenpfand, die Verpackungs- oder die Legehennenverordnung können wir trefflich streiten. Aber bei diesem wichtigen Gesetz, das die Zukunft unseres Landes in erheblichem Maße bestimmt, wollen wir uns das versagen?

Herr Ministerpräsident Gabriel, ich (...) habe in den letzten Tagen den Versuch unternommen zu erreichen, dass der Vermittlungsausschuß aus acht Gründen angerufen wird. Das war nicht möglich. Ich nenne Ihnen einige Punkte:

Erstens: Festschreibung der Zuwanderung in den Arbeitsmarkt nur bei eindeutig nachgewiesenem nationalen Arbeitsmarktbedürfnis. Einige sagen, dies sei in dem Gesetz enthalten. Aber dann muß das Gesetz unmißverständlich gefaßt werden.

Zweitens: gerechte Verteilung der Integrationskosten, auch hinsichtlich der Integrationsmaßnahmen sich bereits hier aufhaltender Ausländer. Man muß doch sagen können: Auch das wollen wir gerne erreichen.

Drittens: Schaffung von effizienten Sanktionsmöglichkeiten zur Förderung der Motivation bei integrationsunwilligen Zuwanderern – das müßte doch auch in Ihrem Sinne sein –, Einführung einer Härtefallregelung – einer anderen als der vorgesehenen – zur Lösung außergewöhnlicher Einzelfälle, strikte Anpassung an den Wortlaut der Genfer Flüchtlingskonvention – d. h. Streichung der nichtstaatlichen Verfolgung – usw. Wenn wir uns nach dem Vieraugenprinzip zusammensetzten, würde jeder von Ihnen sagen: Wir müssen die acht Punkte klären, aber das ist nicht möglich, weil wir sie bei der rotgrünen Bundesregierung nicht durchsetzen können. (…)

Meine Damen und Herren, für die Abstimmung über das Gesetz brauchen Sie die Stimmen von SPD/PDS – sie sind Ihnen sicher – und die vier Stimmen unseres geschundenen, alten Bundeslandes Brandenburg, das seit zweieinhalb Jahren mit erkennbaren Erfolgen gemeinsam von SPD und CDU regiert wird. Weil es auf unsere vier Stimmen ankommt, lag der Fokus der Aufmerksamkeit in den letzten Tagen auf uns. Ich kann Ihnen sagen: Wir hätten darauf verzichten können.

Die gesamte Operation ist auf den heutigen Tag hin angelegt. Sie kann nur Erfolg haben, wenn das Bundesland Brandenburg (…) zustimmt oder die Koalition auseinander geht. (…)

Das Gesetz ist als CDU/CSU-Spaltungsgesetz angelegt. Das ist seine aktuelle Funktion, es wird sie nicht erfüllen. (…) Bei einem theoretisch möglichen Koalitionswechsel der SPD in Brandenburg zur PDS könnte die Bundesregierung immerhin die Zustimmung von vier PDS-beteiligten Landesregierungen im Bundesrat als Block erwarten. Wenn Sie das wollen, sagen Sie es hier und heute! Oder rufen Sie gemeinsam mit uns den Vermittlungsausschuß an, um zu einem gemeinsamen Ergebnis zu kommen! Schon heute bestimmt die PDS dank Entscheidungen der SPD in drei Ländern mit. Sie ist an der Bundesgesetzgebung über den Bundesrat bei der SPD stärker beteiligt als die Grünen. Daher hat die PDS auf Bundesebene bereits eine wichtige Rolle übernommen.

Vor dem Hintergrund des soeben Gesagten möchte ich Sie darüber informieren, dass ich bei diesem Gesetz mit Nein stimmen werde. Nach unserem Koalitionsvertrag müßten wir uns der Stimme enthalten. Die Zustimmung zu diesem Gesetz stellte den Bruch unseres Koalitionsvertrages dar. Mit meinem Nein möchte ich diesen Bruch heilen.«

Abschließend zitierte ich aus dem Gutachten von Professor Isensee: »In der Zusammenfassung seiner Bewertung schreibt er: ›1. Wenn die vier Vertreter des Landes Brandenburg im Bundesrat sich nicht auf ein einheitliches Votum verständigen, können sie kein wirksames Votum abgeben. Im Falle der Uneinigkeit wird das Land so behandelt, als wenn es nicht an der Abstimmung teilnähme.‹

Um die Einheitlichkeit der Abstimmung sicherzustellen, gibt es Koalitionsverträge – das sage ich jetzt – und Absprachen in Kabinetten. Wenn man sich in den Kabinetten nicht einigen kann, was zum letzten Mal im Jahr 1949 geschah, tritt dieser Fall ein. Das ist der Punkt.

Der zweite Punkt, den er nennt: ›Ohne Verständigung in der Sache gibt es keinen Stimmführer. Der Ministerpräsident wäre nicht ermächtigt, das Stimmenpaket des Landes abzugeben.‹

Der dritte Punkt: ›Der Dissens unter den Vertretern muß in der Beratung rechtzeitig und deutlich angezeigt und ebenso in der Abstimmung verlautbart werden.‹

Ich habe diesen Dissens, meine ich, deutlich genug angezeigt. Herr Präsident, ich beschreibe meine Position deswegen so eindeutig, damit Sie nachher beim Aufrufen des Landes Brandenburg nicht überrascht sind. Ich werde meine Ablehnung des Gesetzes in Kenntnis von Artikel 51 Abs. 3 unseres Grundgesetzes sowie der sich daraus ergebenden Gesetze und Verordnungen, wie sie im Handbuch des Bundesrates von Reuter beschrieben sind, laut und unzweideutig formulieren. Ersparen Sie es uns bitte, durch Nachfragen noch einmal ein anderes Stimmverhalten zu erwarten oder anzumahnen. Die erste Aussage wird klar und unmißverständlich sein.«

Nach weiteren Reden – es sprachen unter anderen Ministerpräsident Stolpe und Bundesminister Schily –, kam der Bundesrat zur Abstimmung. Ich stimmte laut und deutlich mit Nein, nachdem Minister Ziel mit Ja gestimmt hatte. Im Protokoll der Sitzung heißt es nun:

»Präsident Klaus Wowereit: Damit stelle ich fest, dass das Land Brandenburg nicht einheitlich abgestimmt hat. Ich verweise auf Artikel 51 Absatz 3 Satz 2 Grundgesetz. Danach können Stimmen eines Landes nur einheitlich abgegeben werden. Ich frage Herrn Ministerpräsidenten Stolpe, wie das Land Brandenburg abstimmt.

Dr. h.c. Manfred Stolpe (Brandenburg): Als Ministerpräsident des Landes Brandenburg erkläre ich hiermit Ja.

Jörg Schönbohm (Brandenburg): Sie kennen meine Auffassung, Herr Präsident!«

Nach diesen Worten traf mich ein kalter Blick des Ministerpräsidenten. Er zischte mich an: »Das war ein Satz zu viel!« Ich erwiderte: »Es war notwendig, und Sie wissen das!«

Im Protokoll heißt es weiter: »Präsident Klaus Wowereit: Damit stelle ich fest, dass das Land Brandenburg mit Ja abgestimmt hat.«

Nun kam es zu tumultartigen Szenen, zu minutenlangen Protesten von Angehörigen der Union: »Das ist unmöglich!« (Peter Müller) »Verfassungsbruch!« (N. N.) »Herr Präsident! Sie brechen das Recht! (...) Das geht nicht!« (Roland Koch) »Ein vorbereiteter Rechtsbruch! – Rechtsbeugung!« (N. N.) »Wenn Herr Schönbohm eben geschwiegen hätte, mag das sein! Aber er hat gesagt: Ich nicht!« (Roland Koch) »Unterbrechen Sie die Sitzung, dass diese Frage geklärt wird! Das geht so nicht!« (Peter Müller) »Das ist ja wohl das Letzte!« (Roland Koch) »Verfassungsbrecher!« (N. N.) Weitere lebhafte Zurufe laut Protokoll. Der Präsident gab Ministerpräsident Stolpe noch einmal das Wort:

»Dr. h.c. Manfred Stolpe (Brandenburg): Als Ministerpräsident des Landes Brandenburg erkläre ich hiermit Ja.

Roland Koch (Hessen): So! Und was sagt Herr Schönbohm?

Präsident Klaus Wowereit: So, dann ist das so festgestellt. Ich bitte fortzufahren in der Abstimmung.

Zuruf: Unerhört!

Präsident Klaus Wowereit: In der Abstimmung fortzufahren.

Dr. Bernhard Vogel (Thüringen): Ich bitte um das Wort zur Geschäftsordnung!

Präsident Klaus Wowereit: Sie können sich anschließend, nach der Abstimmung, zur Geschäftsordnung melden. Wir sind jetzt in der Abstimmung.«

Die Abstimmung wurde zügig fortgesetzt. Bevor die Sitzung auf seinen Antrag unterbrochen wurde, ergriff Ministerpräsident Bernhard Vogel das Wort und sagte zu Recht: »Nirgendwo, Herr Präsident, steht geschrieben, dass der Ministerpräsident eines Landes die einheitliche Stimmabgabe festzulegen hat. Dies widerspricht dem Grundgesetz für die Bundesrepublik Deutschland.«

Nach der Pause ergriff Ministerpräsident Roland Koch das Wort mit dem Antrag, das Abstimmungsergebnis zu korrigieren. An die Adresse des Bundesratspräsidenten Wowereit sagte er: »Es besteht nach unserer Einschätzung (...) keinerlei Interpretationsspielraum. Deshalb ist das Gesetz nicht ordnungsgemäß zu Stande gekommen. (...) Sie haben (...) offensichtlich wissentlich und geplant gegen eine grundlegende Regel der Verfassung verstoßen. Das ist aus unserer Sicht bei einem Präsidenten des Bundesrates, der nach unserem Verständnis die zweithöchste Position in diesem Staat innehat, noch zu keinem Zeitpunkt in der Geschichte unseres Landes vorgekommen.«

Koch wies vor allem darauf hin, dass Wowereit zwei Tage vor der Abstimmung im Rahmen der Konferenz der Ministerpräsidenten der ostdeutschen Länder auf die Frage Professor Biedenkopfs geantwortet hatte, er sei der Rechtsauffassung, dass dissentierende Voten nicht durch eine Nachfrage korrigiert werden könnten, sondern offensichtlich im Raum stünden. Deshalb sagte Roland Koch: »Wir wissen nicht, Herr Präsident, warum Sie in den letzten zwei Tagen Ihre Meinung geändert haben. Wir vermuten, dass es mit der Entscheidung an anderer politischer Stelle zu tun hat.«

So wurde am 22. März das von Professor Gerd Roellecke beschriebene Problem deutlich. Wäre der Bundesrat lediglich eine Vertretung der Länder als Staaten, dürften nur die Länder Mitglieder sein und nicht, wie allgemein anerkannt, die Mitglieder der Landesregierungen. Als solche haben diese Mitglieder *eigene mitgliedschaftliche Rechte* im Bundesrat, die sie *auch gegen ihre Landeskollegen* geltend machen können. Das heißt doch wohl, die Richtlinienkompetenz kann und darf im Bundesrat nicht greifen. Andernfalls brauchte das Land wie zur Zeit der Weimarer Republik nur einen einzigen Vertreter zu entsenden und mit der Abgabe seiner Stimmen zu beauftragen (vgl. *Frankfurter Allgemeine Zeitung* vom 28. Juni 2002). Der Antrag, die Sitzung zu vertagen, wurde abgelehnt. Den CDU/CSU-regierten Ländern blieb nur noch der Weg zum Bundesverfassungsgericht.

Wie es in unserer Koalition in Brandenburg weitergehen würde, blieb zunächst offen. An diesem denkwürdigen Märztag 2002 fuhr ich abends nach Zeuthen zur Landesdelegiertenkonferenz, wo unsere Bundestagsliste aufgestellt werden sollte. Angela Merkel rief mich während der Fahrt an, um sich zu bedanken. In Zeuthen führte ich mit dem Parteivorstand ein Vorgespräch, um das Geschehene zu erläutern. Ich erhielt volle Zustimmung und freie Hand für die weitere Arbeit unserer Koalition in Brandenburg. Die Landesdelegierten nahmen meine Erklärungen mit großem Beifall zur Kenntnis. Sicherlich spielte dabei auch eine Rolle, dass die Bundes-CDU sich schon positiv geäußert hatte. Die Wahl zur Landesliste erfolgte anschließend wie vorgeschlagen. Das bedeutete Zustimmung für den Parteivorsitzenden.

Am Tag danach berichteten die Zeitungen von Rücktrittsforderungen gegen den Ministerpräsidenten und seinen Stellvertreter. Kanzlerkandidat Edmund Stoiber rief an, um sich mit den Worten zu bedanken: »Gestern war ein wichtiger Tag für die Union und für unseren Wahlkampf.« Manfred Stolpe, der kühle und aufmerksame Beobachter, sagte mir in einem späteren Gespräch, dass ich im Laufe der Bundesratssitzung 18-mal von CDU-Ministerpräsidenten angesprochen und offenbar unter Druck gesetzt worden sei. Der Hubschrauberbesuch seines Parteigenossen Schily im Schweizer Urlaub war ihm wohl entfallen. Stolpe lenkte nur von seinem Vertragsbruch ab. Ich erwiderte, dass sich niemand meinen Kopf zu zerbrechen brauche.

Böhmer als Retter

Erschöpft fragten wir uns, wie es nun weitergehen würde. Es gab für Brandenburg keine Landesinteressen, die einen Bruch der Koalitionsvereinbarung hätten rechtfertigen können. Wir hatten eine hohe Arbeitslosigkeit, und wir hatten keinen Bedarf an Zuwanderern, so lange wir nicht in der Lage waren, die bei uns lebenden Bürger in Lohn und Brot zu bringen. So skandalös die Sache auch war – bundespolitische Gründe hatten den Ausschlag gegeben, und die Frage war nun, ob sich so etwas wiederholen würde. Wie lange würden die Mehrheitsverhältnisse im Bundesrat von den Stimmen unserer Großen Koalition abhängen?

Die in vier Wochen bevorstehende Landtagswahl in Sachsen-Anhalt würde vermutlich die ersehnte Änderung bringen, sofern die CDU die von der PDS tolerierte SPD-Minderheitsregierung ablöste. Dann wäre die Druck- und Ausnahmesituation in Brandenburg überstanden, wir wären nicht mehr Zünglein an der Waage. Mit dieser Aussicht warb ich dafür, die Koalition fortzusetzen. Natürlich meinten Journalisten und andere kundige Mitbürger sofort, ich wolle die Koalition nur erhalten, weil ich an meinem Sessel klebte. Der Vorwurf kam offenkundig von Leuten, die sich gar nicht vorstellen konnten, dass ich bei so häufigem Sesselwechsel nie dazu gekommen war, festzukleben.

Die Wiedervereinigung und die aus ihr entstandenen Aufgaben reichten völlig aus, mich zu motivierten.

Ein paar ernste Gespräche führte ich aber doch – mit Freunden, die mir empfahlen, die Koalition zu beenden, weil ich nach diesem Wortbruch Stolpes nicht länger mit ihm zusammenarbeiten dürfte. Einer sagte: »Jörg, wenn du die Koalition beendest, bist du ein Vorbild für viele und hast gezeigt, dass du zu deinen Grundsätzen stehst.« Auf meine Frage, ob es denn nur um mich und meine Grundsätze gehe, sagten sie, meine Aufgabe sei zweitrangig. Das war eben der Unterschied. Ich dachte an die Gespräche, die ich mit Bürgern geführt hatte, die in der DDR aufgewachsen waren und die zu mir gesagt hatten: »Tun Sie alles, um Rot-Rot zu verhindern. Wir sind noch nicht so weit, dass wir die Folgen einer solchen Politik verkraften könnten!« Aus diesen Gesprächen und Überlegungen riss mich am Wochenende nach der Bundesratssitzung ein Bericht heraus, der von einer Rede des Saarländischen Ministerpräsidenten Peter Müller (CDU) im Saarländischen Staatstheater handelte.

Müller hatte zum Thema »Theater und Politik« gesprochen und behauptet, dass der Eklat im Bundesrat inszeniert gewesen sei. Ich war empört. Mir zumindest war es um die Frage gegangen, was man verantworten kann und was nicht. Es hatte innerhalb der CDU keine korrupten Versprechungen oder Absprachen gegeben. Auch Müller und ich hatten intensiv darüber diskutiert, wie wir uns verhalten sollten, falls Wowereit den Brandenburger Stimmensalat als gültig bewerten würde. Auch die Unterbrechung der Sitzung war keine »Inszenierung«, sondern eine sinnvollerweise vorbereitete Maßnahme, die dann tatsächlich notwendig wurde. Müllers leichtfertige Äußerung wurde mir auch bei späteren Diskussionen immer wieder vorgehalten, um mich lächerlich zu machen. Der *Tagesspiegel* griff das Wort von der »Inszenierung« dankbar auf und brachte eine Karikatur mit den Beteiligten, lustig kostümiert auf einer Bühne irgendwo zwischen Zirkus und Theater. Der Bundesrat als Rummelbude –

sollte dies etwa das Bild sein, das von der dramatischen Sitzung und Verfassungskrise hängen blieb? Wenn man die 2007 erschienenen Erinnerungen Klaus Wowereits *... und das ist auch gut so.* liest, kann man diesen Eindruck durchaus haben. Auch Wowereit deutet das Ergebnis als bloße Inszenierung, ohne als Jurist, der er ist, das verfassungsrechtliche Problem zu würdigen.

In der Sitzung des Koalitionsausschusses äußerte sich Stolpe nicht über die Gründe für seinen Bruch der Koalitionsvereinbarung, aber die lagen ja auch offen zu Tage: Parteidisziplin – und vor allem das Durchpauken des Zuwanderungsgesetzes, bevor mit der Wahl in Sachsen-Anhalt die rot-grüne Bundesratsmehrheit möglicherweise verloren ging. Er sei sich sicher, sagte er, dass es keine Wiederholung geben werde, und empfahl, die Koalition fortzusetzen. Die Brandenburger CDU war sich dennoch unsicher, wie es weitergehen sollte. Ich schlug vor, in der nächsten Sitzung des Koalitionsausschusses die Form unserer Zusammenarbeit für die verbleibenden zwei Jahre der laufenden Legislaturperiode festzulegen und nicht die Vertrauensfrage zu stellen. Ich war dafür, Themen zu definieren, die unsere Handlungsfähigkeit bewiesen und uns klar von der PDS abhoben. Dieser Linie stimmten nach einigen Gesprächen sowohl der CDU-Landesvorstand als auch die Kreisvorsitzenden zu. Natürlich gab es auch andere Vorstellungen. Einige wollten um jeden Preis in die Opposition gehen, weil sie glaubten, sich dann besser profilieren zu können. In der nächsten Sitzung des Koalitionsausschusses rauften wir uns erstaunlich schnell zusammen. Stolpe wies in dieser Sitzung darauf hin, dass in Sachen Bundesrat der Ball jetzt beim Bundespräsidenten und möglicherweise auch beim Bundesverfassungsgericht liege. Ich hatte den Eindruck, dass die Koalition durchaus bis zu den Wahlen 2004 halten könnte.

Eveline Schönbohm Nach den zurückliegenden Strapazen erinnerte uns das Osterfest wieder daran, dass man seinen Lebensweg nur mit Familie und Freunden gehen kann. Jörg und ich besuchten den Karfreitagsgottesdienst im Berliner Dom, dessen Gemeinde wir angehören. Wir sangen Paul Gerhardts Passionslied »O Haupt voll Blut und Wunden«, das um 1650 entstand, in Bachs Matthäus-Passion einging und heute zum Weltkulturerbe zählt. Während wir sangen, musste ich daran denken, dass Gerhardts Jugend, seine erste Lebenshälfte, in die Zeit des Dreißigjährigen Krieges fiel, mit Hunger, Pest und Pocken, und dass er allzu früh seine Eltern verlor, seine Frau und fast alle seine Kinder. 1643, als der Theologe und Kirchenmusiker nach Berlin kam, hatte die Stadt von 12 000 Einwohnern 7 000 verloren. Das waren Prüfungen anderer Art, und es ist wichtig, sich von Zeit zu Zeit daran zu erinnern.

An diesem Osterwochenende 2002 rief zu unserer großen Freude Erika von Hornstein an, eine alte Freundin. Erika war vier Jahre jünger als unsere Mütter und hatte wie sie viele zeitbedingte Erschütterungen, Umbrüche und Herausforderungen zu bestehen gehabt. Sie hatte noch bei Karl Schmidt-Rottluff und Carl Hofer studiert und war Schriftstellerin, Malerin und Filmemacherin geworden. Sie und ihr Mann hatten südlich von Schwerin eine Papierfabrik besessen, die nach dem Krieg von den Sowjets demontiert wurde. Als ihr Mann sie endlich wieder aufgebaut hatte, wurde er enteignet. Dann drohte dem Paar die Verhaftung, der es sich nur durch Flucht in den Westen entziehen konnte. Erika von Hornstein wurde mit ihren autobiografischen Büchern über Berlin und Potsdam hinaus bekannt, besonders mit ihrem Buch *Der gestohlene Phoenix* (über die Demontage und Enteignung der Fabrik), mit Berichten aus den frühen Jahren der DDR unter dem Titel *Flüchtlingsgeschichten* und mit ihren Erinnerungen an Karl Schmidt-Rottluff und Carl Hofer *So blau ist der Himmel*. Uns verband auch die gemeinsame Liebe zu Italien.

Jörg Schönbohm Erikas Klugheit und Lebenserfahrung vertraute ich. Wir sprachen über meine Absicht, die Koalition trotz mancher Zweifel und Widerstände fortzusetzen, und sie sagte nur: »Jörg, wenn du das machst, was du für richtig hältst, dann wird es auch richtig sein. Du bist standhaft genug, und ich glaube, es ist besser, wenn du weiterarbeitest. Denk auch an meine Heimatstadt Potsdam und an die Garnisonkirche, die hast du dir ja auch noch vorgenommen.« Das war eine Ermutigung der 2005 im Alter von fast 92 Jahren gestorbenen Freundin, an die ich mich später erinnerte.

Wertlose Politik?

Mitte April kam George Bush nach Berlin, um den *Erik-M.-Warburg-Preis* der Atlantikbrücke für sein Lebenswerk und insbesondere für seinen Beitrag zur Wiedervereinigung entgegenzunehmen. In seiner Dankesrede im Anschluss an die von Helmut Kohl gehaltene Laudatio sagte Bush sinngemäß: »In den Vereinigten Staaten bin ich in erster Linie der Vater des heutigen Präsidenten. In Europa bin ich der Mann von Barbara Bush, und heute stehe ich endlich einmal als ehemaliger Präsident vor Ihnen. Deshalb bedanke ich mich besonders herzlich für die Einladung.«

Ich war zum Vorgespräch mit Richard von Weizsäcker, Helmut Kohl und Bush eingeladen worden. Als ich Bush vorgestellt wurde, erkannte er mich zu meiner Freude wieder. Ich sagte zu ihm: »Herr Präsident, ich danke Ihnen für die Wiedervereinigung Deutschlands.« Und Bush antwortete: »Wissen Sie, Herr General, ich habe meinem Freund Helmut Kohl vertraut.« In unserem kurzen Gespräch wurde wieder einmal deutlich, wie wichtig in der Politik das persönliche Vertrauensverhältnis ist. Viele, gerade jüngere Politiker glauben leider, dass das, was sie im Fernsehen sagen oder das, was über sie in der Zeitung steht, wichtiger sei als das, womit sie auf lange Sicht identifiziert werden.

Ich habe erlebt, wie Manfred Wörner und Hans Apel sich an das gemeinsame Fußballspiel als junge Bundestagsabgeordnete erinnerten; wie Volker Rühe mit Hans-Ulrich Klose über den Einsatz in Kambodscha sprach; wie Gerhard Stoltenberg mit Oppositionspolitikern über Beschaffungsvorhaben und über die

Auflösung von Bundeswehrstandorten verhandelte. Alle diese Gespräche hatten ein Mindestmaß an Vertrauen zur Voraussetzung, das vielen erst dann bewusst wird, wenn es verloren ist. In Berlin hatte mich der SPD-Landesvorsitzende Peter Strieder einst gebeten, ihm ein Gespräch mit Eberhard Diepgen über das heikle Thema Landesbank zu vermitteln – zu einem Zeitpunkt, da CDU und SPD eine gemeinsame Koalition bildeten! Als ich Strieder fragte, warum er nicht selbst auf Diepgen zugehe, sagte er: »Bei uns in Berlin funktioniert das nicht so richtig. Machen Sie das mal.« Ich erklärte mich bereit, ein einziges Mal den Briefträger zu spielen. Diese Sprachlosigkeit war dann auch der Anfang vom Ende der Großen Koalition in Berlin.

Inzwischen war ein Wahlsieg von Union und FDP bei der Bundestagswahl 2002 in den Bereich des Möglichen gerückt. Ich wurde von verschiedenen Spitzenpolitikern der CDU/CSU angesprochen, ob ich mir vorstellen könne, Verteidigungsminister zu werden – nach dem Motto: »Niemand ist besser geeignet als Sie – der General, Staatssekretär, ausgewiesene Politiker und Transatlantiker.« Ich freute mich über dieses Ansinnen, wollte aber auch nicht vorschnell riskieren, was wir uns in Brandenburg so mühsam erarbeitet hatten. Die öffentliche Diskussion über das Schattenkabinett führte natürlich zu der Frage, wer in Brandenburg mein Nachfolger werden könnte. Justizminister Schelter? Wirtschaftsminister Fürniß? Beide hatten Ambitionen, stellvertretender Ministerpräsident und Parteivorsitzender zu werden, aber es gab auch noch andere, die nervös wurden. Die Unruhe war groß. Ich musste alles tun, um die Nachfolgediskussion zu unterbinden, und bat öffentlich und im kleinen Kreis darum, die Ministerfrage nicht länger zu forcieren. Der Personalaufbau der Brandenburger CDU war keineswegs abgeschlossen. Immer noch fehlte die Generation der 40- bis 55-Jährigen. Die jüngeren und ehrgeizigeren Politiker standen in einem kräftezehrenden Verdrängungswettbewerb. Weitere Seiteneinsteiger ins Boot zu holen erschien mir fast aussichtslos. Ich hatte mit rund 800 persönlichen Briefen versucht, ausgewählte Bürger, die in den CDU-Fraktionen der Kreistage und Stadtverordnetenversammlungen als Parteilose saßen, für die CDU zu werben. Der prozentuale Erfolg solcher Aktionen ist immer bescheiden, aber in diesem Fall hatte kein einziger Adressat auch nur geantwortet.

Angesichts dieser Schwierigkeit mussten die innerparteilichen Streitigkeiten erst recht auf ein Mindestmaß beschränkt werden. Darum wollte ich mit einer Gruppe von zehn bis zwölf Mitgliedern des Landtages und anderen hoffnungsvollen jungen Leuten aus der Brandenburger Politik regelmäßige Gespräche führen. Das erste Treffen dieser Art fand bei uns zuhause im Wintergarten statt. Meine Frau servierte selbstgemachte Pizza (in der Familie »Mamma Mia« genannt), und ich besorgte die Getränke. Unser Ehrengast war Günter de Bruyn. Ich bat ihn, aufgrund seiner Lebenserfahrung über die geistige Situation in unserem Heimatland Brandenburg zu sprechen, über notwendige Veränderungen und über die Bedeutung von Werten. An diesem Abend kam ein Gedankenaustausch in Gang, der mich hoffnungsvoll stimmte. Die nächste Gesprächsrunde fand in Berlin am Pariser Platz bei einer der dort ansässigen Banken statt. Ein Mitglied des Vorstandes referierte auf meine Bitte über Investitionen, Investitionsrisiken und Wirtschaftsentwicklung. Bei diesem Besuch stellte ich fest, dass das Interesse schon wieder nachließ. Man kam nicht oder hörte nicht zu. Die älteren Parteifreunde waren teils umstritten und kaum mehrheitsfähig, die jüngeren ehrgeizig, aber offenbar nur begrenzt gemeinschaftsfähig. Jeder glaubte, schon alles zu wissen.

Wie knapp unsere personellen Ressourcen waren, hatten wir bereits 2000 nach einem Jahr Koalition feststellen müssen, als der Kultusminister und frühere Fraktionsvorsitzende Wolfgang Hackel zurücktrat. Er war in Berlin an drei Altenheimen und in Brandenburg an einem Regionalsender beteiligt. Wirtschaftliche Betätigung ist den Ministern in Brandenburg aber untersagt. Hackel hatte den Geschäftsführerposten für die Heime an seine Frau abgegeben, die Anteile als Gesellschafter aber behalten. Nach längerer Auseinandersetzung mit dem Chef der Staatskanzlei Rainer Speer von der SPD rief Hackel mich an, als wir gerade für ein paar Tage bei Freunden in Spanien waren, und sagte nur: »Herr Schönbohm, ich fahre jetzt zu Herrn Stolpe und trete zurück. Ich bin es leid, immer wieder auf meine geschäftliche Tätigkeit angesprochen zu werden.« In der Brandenburger CDU gab es keinen Ersatz, sodass ich erleichtert war, als wir im benachbarten Sachsen-Anhalt in Professorin Johanna Wanka eine Kandidatin mit einer unbelasteten DDR-Biografie fanden, die schon im dortigen Kompetenzteam der CDU mitarbeitete und seit 1994 Rektorin der Hochschule Merseburg war. Aber ihr fehlte noch das Parteibuch, was natürlich zu Diskussionen in der Fraktion führte: »Warum sie? Haben wir keine eigenen Leute?« Ich sagte: »Nein, noch nicht. Wir müssen uns mit Zuwachs von außen profilieren, bis wir für gute Leute attraktiv werden.« Den jungen Politikern fehlte einfach noch die nötige Erfahrung und das Wissen. Dass wir einen »großen Fang« gemacht hatten, dass Frau Wanka meine Nachfolgerin als Parteivorsitzende werden und sieben Jahre später für die Brandenburger CDU als Spitzenkandidatin in den Wahlkampf ziehen würde, ahnte natürlich auch ich nicht.

Bei der Wahl in Sachsen-Anhalt im April 2002 erhielten CDU und FPD eine klare Mehrheit. Rot-Grün geriet im Bundesrat in die Minderheit, und es kam dort künftig nicht mehr auf unsere Stimmen an. Aber die zurückliegende Bundesratsabstimmung sorgte immer noch für Diskussionen. Noch hatte der Bundespräsident das Gesetz nicht unterzeichnet. Würde er auf Verfassungsbruch erkennen und seine Unterschrift verweigern? Wie würde das Bundesverfassungsgericht entscheiden, nachdem dort CDU-geführte Länder eine Klage eingereicht hatten? Im Juni 2002 bat Bundespräsident Johannes Rau Ministerpräsident Stolpe und mich zu einem Gespräch. Der Bundespräsident wollte die Beteiligten selbst hören, bevor er über die Unterzeichnung des Gesetzes entschied. Ich hatte ihm meine Auffassung zuvor schriftlich dargelegt, um jedes Missverständnis auszuschließen. Wir erläuterten, jeder aus seiner Sicht, die Vorbereitung und den Verlauf der Sitzung. Ganz gleich wie Rau sich verhielt – ich vermutete, dass endgültige Klarheit erst nach dem Urteil des Bundesverfassungsgerichts herrschen würde.

Stolpe geht

Im Sommer 2002 sprach ich mit Stolpe über den bevorstehenden Parteitag der SPD und fragte ihn, ob irgendwelche Besonderheiten zu erwarten seien. Nein, es werde keine Überraschungen geben, meinte er, aber er wolle mich am Vorabend noch einmal privat treffen, am besten bei mir im Garten bei einer Flasche Rotwein, damit wir in Ruhe reden könnten. Ich begann zu grübeln, worum es gehen mochte. Ich spielte verschiedene Möglichkeiten durch. Am nächsten Morgen um sechs Uhr sprang ich aus dem Bett und wusste: Stolpe will zurücktreten. Er hatte das immer dementiert, aber es ergab einen Sinn. Es waren noch gut zwei Jahre bis zur nächsten Landtagswahl und er hatte mit Matthias Platzeck einen Nachfolger, der von Bundeskanzler Schröder im Hinblick auf die Bundestagswahl demonstrativ umworben wurde – eine gute Gelegenheit für Stolpe, erhobenen Hauptes von der Bühne zu gehen.

Stolpe, wie immer jovial, kam, und wir setzten uns in den Garten. Ich sagte: »Herr Stolpe, ich habe eine Flasche guten Bordeaux geöffnet, weil ich Sie heute zum letzten Mal als Ministerpräsidenten zu Gast habe.« Er sah mich überrascht an und fragte streng: »Wer hat gequatscht? Bislang wissen das nur drei Personen, und die sind absolut vertrauenswürdig – oder etwa nicht?« Ich beruhigte ihn. Stolpe bestätigte, dass er Platzeck den Weg freimachen wollte, damit er sich auf die Wahl vorbereiten konnte und nicht vom Bund abgeworben würde. Danach sprachen wir über die Zukunft der Koalition. Stolpe vertrat die Ansicht, dass ich für die Koalition als Stabilisator unentbehrlich sei und nicht in die Bundespolitik wechseln dürfe. Das sei auch die Auffassung von Matthias Platzeck. Diese Art der Unterrichtung durch Stolpe war ein Ausdruck unserer gegenseitigen Achtung. Mir war seine Entscheidung völlig plausibel, und ich sagte ihm faire Zusammenarbeit mit Platzeck zu. Vertrauen und Belastbarkeit müssten freilich erst noch entstehen. Als die Entscheidung bekannt war, gab ich im Fernsehen eine Erklärung ab, und viele wunderten sich, dass ich Stolpe lobte und Platzeck freundlich willkommen hieß. Frei nach Arthur Schopenhauer: Höflichkeit mildert die Stöße des Lebens.

Gleichzeitig wurde die Entscheidung des Bundespräsidenten bekannt. Er unterschrieb das Zuwanderungsgesetz und rügte Stolpe und mich gleichermaßen. Ich fand es falsch, dass er sich nicht für eine der beiden konkurrierenden Rechtsauffassungen hatte entscheiden wollen. Der Bundespräsident hatte es sich nicht nur für meinen Geschmack zu leicht gemacht: »Mit Blick auf die kontroversen Auffassungen in dieser verfassungsrechtlichen Frage«, ließ er wissen, habe er einen Verfassungsverstoß, der es rechtfertigen würde, die Unterschrift zu verweigern, »nicht zweifelsfrei« feststellen können. Das Bundesverfassungsgericht hatte also das letzte Wort. Ich war zuversichtlich, dass es in meinem Sinne entscheiden würde, nach allem, was ich als juristischer Laie dazu gelesen hatte.

Zwei Tage vor dem 18. Dezember, dem Tag, an dem das Urteil des Bundesverfassungsgerichts erwartet wurde, lud ich die Mitglieder des CDU-Präsidiums zu uns nach Hause ein. Sie waren bis zu diesem Tag verhaltener Stimmung, ich hingegen war zuversichtlich, dass das Bundesverfassungsgericht das Zuwanderungsgesetz wegen der fragwürdigen Abstimmung kippen würde. Am Tag der Entscheidung bekam ich gegen zehn Uhr morgens einen Anruf, dass das Bundesverfassungsgericht die Abstimmung vom 22. März mehrheitlich für ungültig und damit das Zuwanderungsgesetz für nichtig erklärt habe: »Der die Abstimmung leitende Bundesratspräsident ist grundsätzlich berechtigt, bei Unklarheiten im Abstimmungsverlauf mit geeigneten Maßnahmen eine Klärung herbeizuführen und auf eine wirksame Abstimmung des Landes hinzuwirken. (...) Das Recht zur Nachfrage entfällt allerdings, wenn ein einheitlicher Landeswille erkennbar nicht besteht und nach den gesamten Umständen nicht zu erwarten ist, dass ein solcher noch während der Abstimmung zustande kommen werde.« Damit war die parteiische Verhandlungsführung durch den Bundesratspräsidenten festgestellt. Die Union hatte nun die Chance, auf das Gesetz gemäß ihren Vorstellungen Einfluss zu nehmen, was im Jahre 2007 mit der Reform des 2004 verabschiedeten Zuwanderungsgesetzes auch endlich geschah. Seitdem gibt es z. B. eine integrationsorientierte Anpassung des Ehegattennachzugs mit Mindestalter. Ferner müssen vor der Einreise einfache Sprachkenntnisse nachgewiesen werden.

An einem Junisonntag fand abends die Sitzung unseres Koalitionsausschusses mit Stolpe und Platzeck statt. Die Stimmung war locker und entspannt, wir wollten mindestens bis 2004 Kontinuität wahren. Wir legten die kommenden Vorhaben fest. Bis nach Mitternacht saßen wir mit Platzeck und Rainer Speer, dem bisherigen Chef der Staatskanzlei und Vertrauten von Platzeck, zusammen. Mir war klar, dass ich in dieser Situation nicht nach Berlin in die Bundesregierung wechseln konnte. Noch hatten wir in Brandenburg zu viel zu tun, um mit einer unsicheren SPD und dem Erbe der DDR fertigzuwerden. Der größere Teil meiner ostdeutschen Kollegen erkannte diese Notwendigkeit nur begrenzt, und der kleinere Teil sah zwar die Notwendigkeit, wollte die Defizite aus Angst vor den Wählern aber nicht offen ansprechen.

Platzeck betonte, dass wir eine gute Chance hätten, die Wahl 2004 zu gewinnen, wenn die Koalition bis dahin so arbeitete, wie wir alle uns das vorstellten. Der Wechsel von Stolpe zu Platzeck wurde noch im Juni 2002 vollzogen, anlässlich des zehnjährigen Bestehens der Landesverfassung. Für die Wahl zum neuen Ministerpräsidenten hatte ausgerechnet die DVU mich vorgeschlagen, und die PDS hatte gestänkert. Platzeck wurde mit komfortabler

Mehrheit gewählt, aber aus der Regierungskoalition fehlten drei Stimmen. Man schaute auf die CDU, aber in der SPD waren die Spannungen erheblich stärker, zumal Platzeck Mitglieder des Kabinetts auszutauschen beabsichtigte.

Er wollte zwar die Zusammenarbeit der beiden Koalitionspartner ausdrücklich intensivieren, aber er erpresste mich auch: »Die Umfragen weisen darauf hin, dass die Zustimmung für Sie steigt. Wenn Sie stärkste Partei werden, regiere ich mit der PDS, ansonsten bleibe ich mit der CDU zusammen.« Ich wiederum wäre natürlich lieber Vorsitzender der stärksten Partei mit dem entsprechenden Gestaltungsanspruch geworden, statt als Juniorpartner Kompromisse erkämpfen und sie in den eigenen Reihen verteidigen zu müssen.

Zur Verabschiedung des Ministerpräsidenten Stolpe hielt Richard von Weizsäcker eine sehr persönliche Festansprache – als alter Gefährte, der Stolpe seit den sechziger Jahren gut kannte. Dieser Abschied und die Bilanz unserer gemeinsamen Arbeit waren der versöhnliche Abschluss dreier spannender Jahre. Der Wechsel von Manfred Stolpe zu Matthias Platzeck war ein tiefer Einschnitt. Stolpe war für viele Ostdeutsche eine väterliche Identifikationsfigur, Platzeck ein junger Dynamiker, der strahlend alle umarmte und sich immer um positive Stimmung bemühte. Mit Blick auf die zwanzig Jahre Altersunterschied zwischen Platzeck und mir wurde unsinnigerweise sofort vermutet, dass wir nicht zueinander passen würden. Ich war aber mein ganzes berufliches Leben lang immer mit großen Altersdifferenzen konfrontiert gewesen, oft mit älteren Untergebenen und gelegentlich auch mit jüngeren Vorgesetzten. Dann hieß es, der ehemalige grüne Bürgerrechtler einerseits und der General andererseits, das könne nichts werden. Auch das war Unsinn: Platzeck hatte in der Zeit des Oderhochwassers 1997 als »Deichgraf« die Bundeswehr intensiv kennen und schätzen gelernt. Gewiss, wir hatten unsere unterschiedlichen Biographien in Ost und West. Am Runden Tisch entwickelt man sicher ein anderes Verständnis von Politik als bei der Bundeswehr. Mich interessierte aber viel mehr, ob der junge Ministerpräsident fähig sein würde zu führen und zu entscheiden. Als Potsdamer Oberbürgermeister war er beliebt und anerkannt. Aber die Verwaltung war unter seiner Verantwortung nicht effizienter geworden und die Verschuldung weiter angestiegen. Das betraf mich insofern, als das Innenministerium auch Kommunalaufsichtsbehörde ist und auf diese Dinge ein besonderes Auge haben muss. Dennoch war ich mit Blick auf unsere Zusammenarbeit zuversichtlich, auch aufgrund unseres bis dahin guten Verhältnisses.

Der falsche Stolz

Am Abend des Tages, an dem Stolpe verabschiedet wurde, war ich in eine Talkshow eingeladen, in das Leipziger *Riverboat*: Dort sprach ich mit einem bekannten DDR-Regisseur über ostdeutsche Befindlichkeiten. Alles, was über die Wohltaten der DDR gesagt wurde, bedachte das Publikum mit Applaus. Meine Anmerkungen zum Glück der deutschen Einheit, zur Verantwortung für die Nation, zur friedlichen Übernahme der NVA wurden schweigend, fast regungslos zur Kenntnis genommen. Ich stand der Verklärung der DDR hilflos gegenüber. Viele Ostdeutsche meinten schon damals – und meinen bis heute –, dass sie die DDR verteidigen müssten, um ihre Biographien vor westdeutschen Angriffen zu schützen. Im Wahlkampf 2009 streichelte Platzeck die »Ostseele«, indem er in einem Interview sogar behauptete, dass die Westdeutschen 13 Jahre bis zum Abitur benötigten, weil sie ein Jahr Schauspielunterricht zur besseren Selbstdarstellung erhielten.

Warum man die Kritik an den Zuständen in der DDR aber keineswegs als einen Angriff auf sich selbst zu empfinden braucht, hat kürzlich der in Sachsen geborene Philosoph und evangelische Theologe Richard Schröder (SPD) mit bewundernswert einfachen Worten erklärt: »Ostdeutsche können durchaus stolz darauf sein, was sie persönlich in Familie und Beruf in jenen vierzig Jahren geleistet haben, und zwar unter den erschwerenden Bedingungen von Diktatur und Mangelwirtschaft. Aber bitte doch nicht plötzlich stolz sein wollen auf die erschwerenden Bedingungen selbst.« (*Frankfurter Allgemeine Zeitung* vom 9. Mai 2009) Schröder, der schon Abgeordneter und Fraktionsvorsitzender der SPD in der Volkskammer der DDR sowie Abgeordneter im Deutschen Bundestag zur Zeit der Wiedervereinigung war, schätze ich als stets klugen und anregenden Gesprächspartner, der mich in meiner gelegentlichen Ungeduld ähnlich wie Baring und Siedler darauf hinwies, dass die Aufarbeitung der DDR-Vergangenheit noch viel Zeit und Verständnis benötige.

Ich wiederum führte in öffentlichen Diskussionen gelegentlich an, was der Onkel meiner Frau uns unmittelbar nach der Wende erzählte, als wir ihn in Fürstenwalde besucht hatten. Er war kriegsbeschädigt und hatte bei Pneumant gearbeitet: »Ich habe 1978 einen Trabi bestellt, der 1989 geliefert wurde, gleichzeitig mit dem Fall der Mauer. Mein Leben in der DDR kam mir auf einmal genauso wertlos vor wie dieser Trabi.« Dieser Satz hat mich immer wieder beschäftigt, und ich war seitdem wie Richard Schröder der Ansicht, dass die persönlichen Lebensleistungen stets zu würdigen seien, dass es aber möglich sein müsse, nach dem Ende der DDR die nötigen Veränderungen in Angriff zu nehmen. Man muss sich nicht wundern, dass sich Leute an die DDR klammern, denen man keine alternative Identifikationsmöglichkeit anbietet. Nach einer Diskussion mit etwa einhundert Oberschülern im Jahre 2004 durfte ich drei Wünsche äußern. Mein wichtigster und letzter hieß: »Wenn Ihr gefragt werdet, woher Ihr kommt, dann sagt nicht, ›aus Strausberg bei Berlin‹, sondern ›aus Strausberg in Brandenburg‹. Und dann müsst Ihr blitzende Augen bekommen und selbstbewusst sagen: ›Brandenburg ist ein schönes Land!‹« Daraufhin gab es jubelnden Beifall, und ich fragte die Jugendlichen, was daran so bemerkenswert sei. Da sagte ein Mädchen: »So, wie Sie das gesagt haben, hat uns das noch nie jemand gesagt. Wir dachten, dass wir uns hinter Sachsen oder Bayern verstecken müssten.« Ich gab noch ein paar Literaturempfehlungen von Theodor Fontane bis zu Günter de Bruyn und stellte einmal mehr fest, dass Jugendliche einfach keinen Bedarf an miesepetriger Selbstverleugnung haben.

Wer ein lebhaftes Interesse daran hat, privates und öffentliches Leben zusammenzuwerfen, dürfte klar sein: Die PDS verklärt die DDR, weil die Angst des »kleinen Mannes« um die Anerkennung seines Lebenswerkes ihn auf ihre Seite zieht. Aber auch Matthias Platzeck macht es den Leuten zu bequem, wenn er sie mit Formeln wie »Zukunft braucht Herkunft« einlullt – ein Satz, der höchst selektiv zum Einsatz kommt und immer nur eine bestimmte Herkunft meint, die gegen andere Dimensionen von Herkunft ausgespielt wird. Immer wieder wurde mir in den folgenden Jahren vorgeworfen, ich sei nicht in Brandenburg angekommen und ich verstünde die DDR-Bürger nicht. Das ist ein Totschlagargument, weil es mit einem Unterschied arbeitet, den ich niemals überwinden kann. Bequem ist es obendrein, weil es nur mir Anpassung abverlangt, nicht aber denen, die in der DDR aufwuchsen.

In einem Dorf nahe der ehemaligen Zonengrenze, wo ich den Grundstein für ein Bürgerhaus legte, brüllte mich auf dem Markt ein Passant an: »Ist doch alles Mist!« und drehte sich einfach weg. Ich wollte wissen, was er meine, aber er sagte nur: »Mit Ihnen rede ich nicht!« Ein anderer sagte: »Warum betonen Sie immer, dass Ihre Mutter mit Ihnen aus Brandenburg geflohen ist? Warum sagt Ihre Frau, dass sie 1953 in den Westen ging? Das geht doch nicht, dass alle fliehen, darauf können Sie nicht stolz sein!« Als ich von Freiheit sprach, hieß es: »Glauben Sie denn, nur Sie im Westen waren frei!?« Diese Mischung aus Selbstmitleid und Selbstgerechtigkeit machte mich manchmal krank. Wir hatten es in Deutschland doch schon mit ganz anderen Aufgaben zu tun gehabt. Es gab doch genug Ostdeutsche in Westdeutschland – und umgekehrt –, die sich problemlos einlebten. Ich gab den Kampf nicht auf, auch nicht, als ich nach dem Rücktritt von Wolfgang Fürniß der vorletzte »Wessi« im Kabinett war. Nachdem man mir meine Brandenburger Wurzeln mit Verweis auf die DDR zehn Jahre lang streitig gemacht hatte, hat es mich sehr amüsiert, dass die SPD im Wahlkampf 2009 für den in Detmold geborenen Frank-Walter Steinmeier als »echten« Brandenburger warb.

Eveline Schönbohm Theodor Fontane kannte seine märkischen Landsleute: »Mit der Lust zu leben nimmt auch die Lust zu arbeiten zu und der Mut, mehr zu unternehmen.« Aber er konnte noch nicht wissen, wie zwei Diktaturen die Brandenburger Beständigkeit erschüttern würden. Meine Erinnerung an die Völkerwanderung der Jahre zwischen Krieg und Mauerbau, an den täglichen Strom von Ost nach West, führte zu einer eigentümlichen Feststellung. Auf einer Tagung in Rom, zu der ich Jörg begleitete, fragte mich eine Amerikanerin interessiert, ob ich aus dem Westen oder aus dem Osten Deutschlands käme. Ich erzählte ihr von meiner Kindheit und Jugend in der Sowjetisch Besetzten Zone und versuchte ihr zu erklären, dass es nicht nur behördliche Hürden gegeben habe, sondern etwa die sich verändernde Einstellung zum Eigentum, die Menschen aus demselben Ort trennte. Eigentlich nähme ich jetzt erst Abschied von allem; es läge kein Schlüssel mehr unter der Matte. Aus meiner melancholischen Stimmung riss mich die ernüchternde Frage einer holländischen Tischnachbarin: »Wieso stellen Sie Ansprüche, wenn Ihre Familie doch freiwillig gegangen ist?« Ich versuchte zu erklären, dass eine weitere Enteignung und Verhaftung vorgesehen war, dass meine beiden Geschwister als Kinder eines unpolitischen, kapitalistischen Vaters nicht die Oberschule hatten besuchen dürfen, aber meine Argumente blieben unverstanden. Der Begriff des politischen Flüchtlings hatte nach den großen Flüchtlingswellen der fünfziger Jahre eine neue Definition bekommen. Meine Eltern waren keine Widerständler. Wir ließen uns nur nicht zwingen, und wir wollten uns nicht von unserem christlichen Glauben abwenden. Unbehaglich zweifelnd bis ablehnend schauten mich einige Damen an, als ich berichtete, daß mein Vater als ziviler »Kapitalist«

in Speziallagern an meinem Heimatort, in Buchenwald und auch zwei Jahre im sibirischen Karaganda interniert war. Fanden sie meine Erzählung unpassend, oder dachten sie, die Internierung werde schon einen guten Grund gehabt haben? Hastig verkürzte ich die Geschichte: Vaters Rückkehr 1948, Flucht 1953 über Westberlin, große Freude beim Fall der Mauer, Vaters Tod 1990 – und nun sei ich dabei, die Rückübertragungsansprüche meines Vaters geltend zu machen, da meine Mutter krank war. Was hätte ich meinen Gesprächspartnerinnen vorwerfen sollen? Dass sie sich Abhängigkeiten und Nöte durch staatliche Willkür und Allmacht nicht vorstellen konnten? Dass Privatleben und Privateigentum ihnen als zweitrangige Selbstverständlichkeiten erschienen?

Zu meiner Überraschung wurde ich zu einem Klassentreffen in Fürstenwalde eingeladen, zu einer Reise in die Vergangenheit, auf der mich Gudrun von Falkenhagen begleitete, die sechs Jahre lang ebenfalls die Domschule besucht hatte. Wir beide hatten den Chemielehrer Dr. Georg Müller besonders geschätzt, ohne dass seine Bemühungen bei mir auf fruchtbaren Boden gefallen wären. Aber meine Begleiterin studierte Pharmazie zunächst an der Humboldt-Universität und nach ihrer Flucht Mitte der sechziger Jahre in Mainz. Obwohl mich auf diesem Klassentreffen alle namentlich ansprachen, erkannte ich keinen meiner ehemaligen Mitschüler wieder. Es wurde über Banales von früher gewitzelt, aber nicht über die angstvolle Atmosphäre gesprochen, die Angst vor Verhaftungen, auch nicht über die Suche nach dem »roten Faden« im Deutsch- und Geschichtsunterricht. Auch ich wagte nur, nach Kindern und dem gegenwärtigen Befinden zu fragen. Nach dem desillusionierenden Gartengespräch mit meiner Busenfreundin D. misslang der zweite Versuch, mit meinen ehemaligen Klassenkameraden zu sprechen.

Jörg Schönbohm Im Juli 2002 trat unsere Polizeireform in Kraft. Es hatte sich gelohnt, die gesamte Polizei von den Präsidenten abwärts mit Workshops in die Reform einzubinden und auf ihre dort vorgetragenen Bedürfnisse einzugehen. Der Übergang von sechs Polizeipräsidien auf zwei verlief erstaunlich geräuschlos. Insgesamt wurden über 3500 Polizeibeamte versetzt. Auf diese Weise wurden so manche eingespielten Kommunikationswege unterbrochen. Nach knapp dreijähriger Tätigkeit als Innenminister hatte ich zwei große Reformen durch den Landtag gebracht. Ich hatte in meinem Bereich durchgesetzt, was die SPD in fünf Jahren absoluter Mehrheit nicht geschafft hatte. Mein Ansehen in Brandenburg war deutlich gestiegen. Ich galt als unbequem, aber ehrlich.

Platzeck und ich waren noch nicht so eingespielt, wie es in dieser Zeit manchmal wirken mochte. Während ich für die unbeliebten Dinge zuständig war, behielt sich der Ministerpräsident die Rosinen vor. Es ist nun einmal die unangenehme Aufgabe des Innenministers, zum Beispiel bei Fällen von Kirchenasyl, wie das in den kommenden Jahren gelegentlich notwendig werden sollte, auf der Einhaltung von Recht und Gesetz zu bestehen und die Polizei unter Umständen in ein Pfarrhaus zu schicken, um einen rechtskräftigen Ausreisebeschluss zu vollstrecken. Platzeck stellte sich in solchen Fällen gern auf die Seite von Bischof Wolfgang Huber, der im Jahre 2003 Kirchenasyl als einen »Dienst am Rechtsstaat« bezeichnete. Platzeck sicherte sich auch den Zuspruch von links, indem er sich in einem *Spiegel*-Interview die Möglichkeit offenhielt, eine Koalition mit der PDS zu bilden. Andererseits hatte er erkannt, dass wir nach der Stolpe- und Hildebrandt-Ära die Eigenverantwortung stärken mussten. Das aber bedeutete Abschied vom allumsorgenden Staat, dem bisherigen Markenzeichen der SPD unter Manfred Stolpe. Die CDU und ich spielten also mit überfälligen und unbequemen Reformen den *bad cop*, sodass Platzeck bewahrend und beruhigend durchs Land ziehen konnte.

Die bevorstehende Bundestagswahl forderte mich zunehmend. Ich begleitete die Parteivorsitzende Angela Merkel auf einer Sommertour nach Potsdam und Lübben, wo sie sehr freundlich empfangen wurde. Auf dieser Reise bat sie mich, mich mehr zur Bundeswehr zu äußern, weil außer mir kaum jemand gleichermaßen bekannt und kompetent sei. Ich sagte ihr das zu, weil ich mich nach den Erfahrungen im Bundesrat ohnedies aufgerufen fühlte, die Konfrontation mit der Bundes-SPD zu suchen. Die Landes-SPD hatte zuletzt mit der Herausgabe eines Pamphlets mit dem Titel *Stoibers Welt* neue Spielregeln aufgestellt, indem sie Stoiber mit Zitaten, die durchweg aus dem Zusammenhang gerissen waren, als einen Feind Brandenburgs darstellte, was vollkommen abwegig war. Aus seiner Aschermittwochsrede von 1999 wurde Stoiber in kritischer Absicht mit den Worten zitiert: »Wir sind letztlich ein Land, das geprägt ist von der abendländisch-christlichen Kultur. Diese Kultur ist sozusagen die Leitkultur in unserem Lande. Sie soll letzten Endes auch die Leitkultur bleiben und nicht aufgehen in einem Mischmasch. Darum geht es!« Mit selektiertem statistischem Material wurde der Eindruck erweckt, Bayern gehe es wirtschaftlich schlechter als Brandenburg. Schon wegen der DDR-Propagandasendung *Der Schwarze Kanal* hatte ich für solche Tricks nichts übrig. Ich erinnerte Platzeck daran, dass er selbst auf »Fairness« erpicht gewesen war, als die Brandenburger CDU auf Schwachstellen der SPD aufmerksam gemacht hatte. Jetzt sei Bundestagswahlkampf und nicht Landtagswahlkampf, sagte er daraufhin. Ich entnahm seiner Antwort, dass auch ich mit stärkeren Bandagen kämpfen musste. An Einladungen zu Wahlkampfveranstaltungen fehlte es mir nicht. Gegen Bundeskanzler Schröder und große Teile der SPD, die den Deutschen die Einheit am liebsten verweigert hätten, und gegen Rot-Grün zog ich doch immer gern ins Feld.

Eingeladen von der CSU, sprach ich auf einer Veranstaltung des Wehrpolitischen Arbeitskreises zum Thema Bundeswehr – in einem Münchner Bierkeller. Als ich 1982 am selben Ort zum ersten Mal an einer solchen Veranstaltung teilgenommen hatte, war Franz Josef Strauß noch Bayerischer Ministerpräsident und das beherrschende Thema der Kalte Krieg gewesen. Die damals mit Spannung erwarteten Reden von Strauß und Wörner mit geistreichen Aperçus waren für mich eine Sternstunde der politischen Rhetorik gewesen. Zwanzig Jahre später sollte ich also am selben Ort eine Grundsatzrede über Sicherheitspolitik und Rüstungsindustrie halten. Weil ich auch auf den Zusammenhang zwischen äußerer und innerer Sicherheit einging, besprach ich den Text mit Wolfgang Schäuble, der keine Einwände hatte.

Meinen Forderungen, das Verhältnis zu den USA zu verbessern und mehr in Personal und Ausrüstung zu investieren, damit die Bundeswehr ein verlässlicher Partner der NATO blieb, stimmte man lebhaft zu. Wenn ich dasselbe in Brandenburg sagte, wurde gepfiffen, wie ich es etwa in der Deutsch-Sowjetischen-Freundschaftsgesellschaft erwartet hätte. Mit gespaltener Zunge zu reden lag mir aber nicht. Wir mussten Außen- und Sicherheitspolitik für das ganze wiedervereinigte Deutschland machen und sie in den alten und neuen Bundesländern gleichermaßen vermitteln. Nach meiner Rede gab es in München sogar *standing ovations*. Mehrere Soldaten sagten: »Wenn Sie Verteidigungsminister werden, wird uns das mit der Politik versöhnen. Sie sind ein anerkannter Politiker, und Sie waren ein geschätzter Soldat.« Von Freunden wurde ich mehrfach davor gewarnt, Verteidigungsminister zu werden, da ich nur ein Feigenblatt wäre und man auch bei der CDU nicht mehr wisse, wofür die Partei eigentlich stehe. All das hinderte mich nicht, mich im Wahlkampf zu engagieren. Aber bestimmt hätte ich die Brandenburger Landespolitik nur schweren Herzens aufgegeben.

Das Wunder von Mühlberg

Justizminister Kurt Schelter, den ich noch aus Bonn kannte, kündigte mir im Juni 2002 eine Veröffentlichung im neuen *Spiegel* an, in der es um seine privaten Immobiliengeschäfte gehen würde. Er hatte 61 Wohnungen in Ost-Berlin gekauft, renoviert und vermietet. In diesem Zusammenhang gab es Vermutungen über finanzielle Unregelmäßigkeiten. Im CDU-Landesverband herrschte große Aufregung. SPD und PDS überschütteten uns bereits mit Häme. Nach Wolfgang Hackel wurde der zweite Minister aus dem Westen als geldgierig enttarnt.

Ich wusste nicht, ob die Vorwürfe berechtigt waren, aber in der Politik kann man nicht warten, bis so etwas juristisch geklärt ist. Nach einigen Überlegungen und Gesprächen stand für mich fest, dass Schelter zurücktreten muss. Ich bedauerte das, weil er ein ausgezeichneter Minister und für die CDU ein Aushängeschild im Bund und im Land Brandenburg war. Als zuständiger Minister für Europapolitik genoss er auch in der Europäischen Union einen vorzüglichen Ruf. Aber eine lange Diskussion über die Rechtmäßigkeit der Vorwürfe konnten wir uns nicht leisten, schon gar nicht in Brandenburg. Und ein Rücktritt ist kein Schuldeingeständnis, auch wenn er nahezu immer so angesehen wird. Schelter zog die Konsequenzen, und ich hatte den Eindruck, dass Matthias Platzeck die Diskussion gern noch etwas weitergeführt hätte, denn sie gereichte uns nicht gerade zum Vorteil. Schelters Nachfolgerin wurde Barbara Richstein, die einzige West-Juristin aus der Fraktion der CDU. Für mich persönlich war Schelters Rücktritt eine bittere Stunde, zumal ich mich ihm freundschaftlich verbunden fühlte.

Danach gab es für mich im Regierungsamt trotz aller Bemühungen um Nachwuchs keinen potentiellen Nachfolger. Es blieben zunächst nur Wolfgang Fürniß und Ulrich Junghanns, wobei letzterer damals noch Stadtverordneter in Frankfurt (Oder) war und sich eigentlich selbständig machen wollte. Wirtschaftsminister Wolfgang Fürniß war mein letzter CDU-Vertrauter aus der Anfangszeit unserer Regierung. Er hatte als Kreisvorsitzender in Brandenburg an der Havel gute Parteipolitik gemacht. Sein Ansehen wuchs, vor allem auch in der Wirtschaft. Die Chipfabrik in Frankfurt (Oder) schien im August 2002 noch auf einem guten Wege zu sein; Bundesbildungsministerin Edelgard Bulmahn, Ministerpräsident Platzeck und sogar Mitglieder des Königshauses aus Dubai reisten zur Grundsteinlegung an. War es denkbar, dass Fürniß mich ersetzte und ich doch in die Bundesregierung wechseln könnte? Er hätte gern eine größere Rolle gespielt, wollte mir aber vorerst keine Konkurrenz machen.

Kurz bevor die neue Justizministerin Richstein vereidigt wurde, rief Platzeck mich an und sagte mir, dass er sich von Sozialminister Ziel, meinem Vorgänger im Innenministerium, trennen müsse. Ziel war für ihn nicht mehr haltbar, weil er den Maßregelvollzug verteidigte, obwohl der Mörder und Vergewaltiger Frank Schmökel den Freigang zur Flucht genutzt und weitere Verbrechen, darunter auch ein Tötungsdelikt, begangen hatte. Ziels Nachfolger, so Platzeck, werde Gunter Baaske, der bis dahin Sozialdezernent im Landkreis Potsdam-Mittelmark war. So wurden die beiden neuen Minister in derselben Sitzung vereidigt, wobei der zukünftige Sozialminister bei diesem Anlass ein Sweatshirt mit Jacke trug. Ich fragte den Ministerpräsidenten, ob er nicht auch der Ansicht sei, dass der Inhaber eines hohen Staatsamtes ein Mindestmaß an Form wahren müsse, wenigstens, wenn er vereidigt wird. Platzeck sah das offenbar anders – und nicht einmal er allein. Was die Bekleidungsgewohnheiten betrifft, kam ich aus dem Staunen nicht heraus: Bei meinem Besuch in Brandenburg an der Havel im Rahmen des Kommunalwahlkampfes 2003 machte nicht nur die Stadt, mit Ausnahme des gewaltigen Doms, einen deprimierenden Eindruck. An diesem warmen Sommertag war der Oberbürgermeister nicht da, und sein Stellvertreter begrüßte mich in einem vom Vortag durchgeschwitzten Hemd ohne Krawatte, sein persönlicher Referent im Muskelshirt, beide mit offenen Sandalen. Ich fragte mich, ob sie in einer derartigen Aufmachung auch potentielle Investoren begrüßten.

Das Elbehochwasser wurde seit Anfang August 2002 zu einer akuten Gefahr. Es war bereits die zweite »Jahrhundertflut« nach der vorangegangenen von 1997; die dritte ereignete sich 2006. Ich besuchte den Ort Cumlosen in der Prignitz und ließ mir vom Landrat über die Lage vortragen. Ein paar Tage würde es noch dauern, bis das Hochwasser die Prignitz erreichte. Noch konnten wir uns vorbereiten. In Mühlberg nahe der Grenze zu Sachsen musste schneller reagiert werden, aber in Cumlosen war mehr zu tun. Binnen weniger Tage musste der Deich auf 13 Kilometern Länge mit Hunderttausenden von Sandsäcken um durchschnittlich 50 Zentimeter aufgekatet werden. Zum Glück war die Bundeswehr mit 1 200 Mann schnell zur Stelle. Wir bekamen Fähren, mit denen auch von der Wasserseite aus gearbeitet werden konnte.

Ich übertrug den beiden Kommandeuren des jeweiligen Pionierbataillons die Aufgabe, für ihren Abschnitt die Organisation unter der Gesamtverantwortung des zuständigen Landrats zu übernehmen. Man nahm die Entscheidung dankbar an, ohne irgendeine »Militarisierung« zu beklagen. Diese beiden Bataillonskommandeure und ihre Soldaten leisteten hervorragende Arbeit nach den Vorgaben der unteren Katastrophenschutzbehörde. Für mich, der ich für den Katastrophenschutz des Landes verantwortlich war, kam es vor allem darauf an, dass die zivilen Behörden und die militärischen Helfer reibungslos zusammenarbeiteten.

Evakuierungen waren nicht zu vermeiden. Der Elbpegel bei Mühlberg war in der Nacht dramatisch angestiegen. Viele suchten die Verbindung zu Gott, und ich hatte den Eindruck, dass das in manchen Fällen sogar sie selbst überraschte. Im Rahmen unserer Vorbereitungen hatte ich den besorgten Bürgern bei Versammlungen versichert, dass wir Plünderungen mit einer starken Polizeipräsenz zu verhindern wüssten. Die weitaus größere Sorge bestand darin, dass die Deiche wahrscheinlich nicht halten würden. Ich besuchte die Evakuierten in ihren Schlafsälen. Wir hatten den Ort gesichert, aber praktisch schon aufgegeben, als das »Wunder von Mühlberg« geschah und der Ort von den Wassermassen knapp verschont blieb.

Als die Einwohner nach Mühlberg zurückkehrten, fehlten nur zwei Flaschen aus einem Bierkasten, der unter freiem Himmel gestanden hatte. Ich ließ mir vom örtlichen Katastrophenschutzstab vortragen, was bis dahin veranlasst worden war und welcher Bedarf noch bestand. Am Ende der Besprechung kam der Ministerpräsident dazu, dem ich binnen zehn Minuten die Ergebnisse unserer zweistündigen Besprechung referierte. Anschließend trat der »Deichgraf« vor die Presse, wiederholte alles und bat den Innenminister, dem Gesagten einige Erläuterungen hinzuzufügen. Ich antwortete kurz: »Herr Platzeck, Sie haben alles, was ich Ihnen vor einer halben Stunde vorgetragen habe, korrekt wiedergegeben; ich habe dem nichts hinzuzufügen.« Ein solcher Vorfall hat sich seitdem nicht wiederholt.

Das Hochwasser wurde nicht nur vom gummistiefelbewehrten Bundeskanzler genutzt, der sich vor den Fluten ablichten ließ und Interviews gab, es wurde von der SPD insgesamt in den Wahlkampf eingebaut. Der Bundesverteidigungsminister hatte sich in der Prignitz angemeldet und der Bundesinnenminister in Mühlberg. Beide wollten sich an Ort und Stelle öffentlichkeitswirksam über den Katastrophenschutz informieren. Ich als zuständiger Minister wurde nicht offiziell informiert; der Ministerpräsident wollte beide Termine selbst wahrnehmen. Da sie praktisch gleichzeitig stattfanden und er das gar nicht konnte, flog ich mit dem Hubschrauber in die Prignitz und begrüßte Verteidigungsminister Struck, der sehr überrascht war, mich zu treffen: »Herr Schönbohm, Sie hatte ich hier überhaupt nicht erwartet.« – Ich sagte: »Herr Struck, ich weiß, dass das Ihre und Herrn Platzecks Geheimoperation werden sollte, aber als zuständiger Innenminister lege ich Wert darauf, Sie persönlich über unsere gemeinsamen Anstrengungen und über die vorzügliche Zusammenarbeit mit der Bundeswehr zu informieren.« Struck war verständig und unprätentiös. Er wurde überhaupt von der Truppe für seine direkte Art geschätzt.

Manchmal amüsierte es mich geradezu, wie unverhohlen das Hochwasser auf die Wahlkampfmühlen geleitet wurde. Als wir die Polder fluteten, um den Wasserstand der Elbe zu senken, kam es zu einem einzigartigen Schauspiel, denn der Wasserdruck war so stark, dass die Havel rückwärts floss, einen großen Teil der Havelauen überflutete und einen Rückstau bis nach Berlin verursachte, bis sich die Wasserpegel angeglichen hatten. Wir hatten diese Entscheidung getroffen, um vor allem von den tiefer liegenden Gebieten Niedersachsens und Mecklenburg-Vorpommerns Schaden abzuwehren. Das nutzte nun der niedersächsische Ministerpräsident Sigmar Gabriel (SPD), indem er öffentlich erklärte, er habe mit Matthias Platzeck sichergestellt, dass das Wehr in Quitzöbel geöffnet würde. In Wahrheit wurde nur eine ältere Vereinbarung zwischen den Landesregierungen von Brandenburg, Sachsen-Anhalt, Niedersachsen und Mecklenburg-Vorpommern fachlich korrekt umgesetzt.

Nachdem das Hochwasser zurückgegangen war, lud der Landrat die haupt- und ehrenamtlichen Helfer zu einer Feier ein. Ich lernte einen Maler aus dem Ruhrgebiet kennen, und auf meine Frage, warum er mitgeholfen habe, sagte er: »Es geht doch nicht, dass ich in meinem Atelier sitze, als sei nichts passiert.« Diese Einstellung habe ich vielfach angetroffen; in der Stunde der Not gab es den Ost-West-Unterschied nicht mehr. Besondere Hochachtung hatte ich vor den Männern und Frauen der Freiwilligen Feuerwehren, die aus allen Teilen des Landes gekommen waren und bis zum Umfallen gearbeitet hatten. Andere hatten die Helfer mit Verpflegung unterstützt, und viele örtliche Unternehmer hatten ihre Fahrzeuge zur Verfügung gestellt, um Sandsäcke auf die Deiche zu bringen. Der Zusammenhalt der Brandenburger, auch der Sachsen, war ein großartiges Erlebnis.

Ich befürwortete ein öffentliches Gelöbnis der Bundeswehr nach dem Hochwasser in Bad Wilsnack, einem Städtchen in der Prignitz. Dort waren auch Wehrpflichtige im Einsatz gewesen, die erst seit wenigen Wochen bei der Bundeswehr waren. Die meisten kamen aus Nordrhein-Westfalen, wo der Verband stationiert war, und ihre Eltern waren gerührt von der Aufnahme der jungen Männer, von Dankbarkeit und Gastfreundschaft. Beim gemeinsamen Essen nach dem Gelöbnis hieß es: »Jungs, dass ihr das geschafft habt! Ihr habt unseren alten Ort mit seiner großen Wallfahrtskirche vor dem Schlimmsten bewahrt, und das werden wir euch nie vergessen.« Viele der übermüdeten jungen Soldaten hatten zwar Blasen an den Händen, aber sie waren fröhlich, und ihre Eltern waren stolz auf sie. Die Wunderblutkirche St. Nikolai, bis zur Mitte des 16. Jahrhunderts eines der berühmtesten Wallfahrtsziele in Nordeuropa, war unbeschädigt geblieben.

Unfromme Kirchgänger

Zu den erfreulichen Ereignissen dieser Wochen gehörte auch mein 65. Geburtstag. Am Vorabend gaben wir ein Fest. Eine befreundete Opernsängerin mit einem kleinen Salonorchester sang Lieder aus den zwanziger Jahren. Angela Merkel und Manfred Stolpe kamen, um zu gratulieren. Wir hatten Freunde und Bekannte eingeladen zu diesem fröhlichen und beschwingten Abend. Am Tag darauf war das Haus noch voller. Ich hatte 150 Gäste zu uns gebeten, um für die Hochwasseropfer zu spenden. Der Schauspieler Ezard Haußmann las eine Kurzgeschichte und Gedichte von Hermann Hesse, darunter Liebesgedichte an Haußmanns Mutter Ruth Wenger, die von 1924 bis 1927 in erster Ehe mit Hesse verheiratet gewesen war. 227 000 Euro wurden für die Behebung von Hochwasserschäden gespendet. Das Geld wurde weniger in Brandenburg als vielmehr in Sachsen benötigt, zum Beispiel für das Evangelische Kinderhaus in Pirna, das von der Flut fast vollständig zerstört worden war. Als ich dort im September 2003 150 000 Euro übergab, stellte ich fest, dass der junge Pfarrer durch sein Krisenmanagement in seiner Gemeinde sehr an Profil und Ansehen gewonnen hatte. In Lorenzkirch in der Nähe von Mühlberg übergab ich auf Vermittlung des Landrats Rainer Kutschke einen Scheck über 50 000 Euro für den Wiederaufbau und die Restaurierung der Kirche. Die Pastorin sagte: »Der Wiederaufbau wird wahrscheinlich weniger Zeit beanspruchen als die Erweiterung der christlichen Basis, aber dieses können wir nicht ohne unsere Kirche bewerkstelligen.« Die Pastorin war ganz überrascht, dass ein Landesinnenminister sich zum Christentum bekannte und obendrein auch noch Geld gab.

Der Bundestagswahlkampf ging weiter. Die Stimmung in der CDU hob sich, denn wir waren mit der SPD in den Umfragen gleichauf und rechneten uns Chancen aus. Angela Merkel bat mich, ein Streitgespräch mit Verteidigungsminister Struck zu führen. Die Fernsehdiskussion über die sicherheitspolitische Ausrichtung der Bundeswehr, über den künftigen Wehretat und über die Wehrpflicht moderierte der Journalist Dieter Kronzucker. Es gab kaum Streit, weil Struck und ich in den meisten Dingen derselben Ansicht waren. Wahrscheinlich wäre das beim Thema Innere Sicherheit und Einsatz der Bundeswehr im Inneren anders gewesen. Das stand aber nach dem erfolgreichen Einsatz gegen das Hochwasser gerade nicht zur Debatte.

Mit diesem Thema befasste ich mich aber im Februar 2006 erneut intensiv, als das Bundesverfassungsgericht das seit 2005 gültige Luftsicherheitsgesetz verwarf, das als ultima ratio den Abschuss eines Verkehrsflugzeuges erlaubte, sollte dieses wie bei den Anschlägen vom 11. September 2001 als Waffe benutzt werden: Keinesfalls dürfe der Staat eine Mehrheit seiner Bürger dadurch schützen, dass er eine Minderheit vorsätzlich tötet. Im Zuge dieser Entscheidung flammte gegen den Willen der SPD auch die allgemeinere Diskussion über die Innere Sicherheit wieder auf. Die Bedrohungslage hatte sich seit Gründung der Bundesrepublik sehr verändert: Nichtstaatlich organisierte Terrorkommandos sind mit herkömmlicher militärischer Abschreckung nicht zu beeindrucken. Ihre Abwehr dürfen bislang nur die zivilen Sicherheitsbehörden gewährleisten, da wir uns ja nicht im erklärten Kriegszustand befinden.

Ich meinte, wie ich damals in der *Welt* schrieb, dass im Interesse der Bürger die Bundeswehr folgende Aufgaben über den Katastrophenschutz hinaus übernehmen können sollte: Gewährleisten der Sicherheit gegen terroristische Angriffe aus der Luft und von See, Ersetzen von Polizeikräften durch Übernahme von Aufgaben im Objektschutz und der Verkehrsregelung, Unterstützen der Sicherheits- und Ordnungsbehörden durch Bereithalten von ABC-Abwehrkräften und sanitätsdienstlichen Einrichtungen mit Fachpersonal. Dank der Notstandsgesetze kann die Bundeswehr zwar schon seit 1968 bei »Feststellung des Spannungsfalls« durch den Bundestag im Innern eingesetzt werden. Es ist aber nötig, das Militär weit im Vorfeld von Anschlägen, die zeitlich und räumlich nicht genau eingeordnet werden können, hinzuziehen zu dürfen, also präventiv, wie das im Ausland schon heute der Fall ist. Bundesinnenminister Wolfgang Schäuble und ich waren uns mit dem Verteidigungsministerium und den für die Polizei zuständigen Länderbehörden eigentlich einig, dass wir dafür eine neue rechtliche Grundlage benötigten. Aber eine parlamentarische Mehrheit war nicht in Sicht. Auf meine Frage, ob 55 Jahre Demokratie nicht schwerer wögen als 12 Jahre Diktatur, hieß die Antwort der SPD schlicht: »Nein.« Die Bundeswehr dürfte also einen Anschlag wie den auf das *World Trade Center* nicht verhindern – wegen Hitler?

Aber zurück zum Herbst 2002. In einer ORB-Fernsehdiskussion mit den Brandenburger Parteivorsitzenden zum Thema Irak richtete sich die erste Frage an den Ministerpräsidenten. Sie war freundlich und harmlos gehalten. Bei mir dagegen ging es gleich ans Eingemachte: »Herr Schönbohm, Sie sollen Verteidigungsminister werden. Schicken Sie deutsche Soldaten in den Irak?« Die Frage war eine Frechheit. Ich musste mich erst mit dem einen und dann mit dem anderen auseinandersetzen. Bei meinen Antworten wurde ich häufig unterbrochen. Der Ministerpräsident wurde mit Samthandschuhen angefasst und durfte im Unterschied zu mir ausreden. Man möge sich dazu einmal die Fernsehdiskussion mit Hans-Dietrich Genscher, Helmut Kohl, Helmut Schmidt und Franz-Josef Strauß anschauen, die ARD und ZDF gemeinsam am Vorabend der Bundestagswahl 1980 sendeten: das sachliche Niveau der Diskussion – bei aller Härte – und die Länge der Redebeiträge, bei denen sich höchstens die Kandidaten ins Wort fielen, und auch das nur selten, kann man heute lange suchen. Es war eindeutig, dass der ORB bei der Sendung mit Platzeck und mir Rot-Rot unterstützte.

Eveline Schönbohm Zum ersten Jahrestag des Angriffs auf das *World Trade Center* fand im Berliner Dom ein ökumenischer Gottesdienst statt. Als Mitglieder der Domgemeinde gingen wir wie immer durch den Nebeneingang. Wir trafen auf Bundespräsident Rau, Bundestagspräsident Thierse und Bundeskanzler Schröder. Sie gaben uns angestrengt und etwas konsterniert die Hand, weil sie uns nicht erwartet hatten. Die Tatsache, dass die drei obersten Vertreter des Staates allesamt der SPD angehörten, machte den Wechsel, wenigstens in einem der Wahlämter, umso dringlicher. Nach dem eindrucksvollen Gottesdienst betete nur das halbe Bundeskabinett das Vaterunser. Was tat die andere Hälfte überhaupt in der Kirche?

Jörg Schönbohm Mit der Bundestagswahl am 22. September 2002 kam endlich der Tag der Entscheidung. Im Präsidium schwankten wir alle zwischen Hoffnung und Enttäuschung. Das Ergebnis blieb lange unklar; sicher war schließlich nur, dass wir nicht die Regierung bilden würden. Gegen 23 Uhr fuhr ich nach Hause. Am nächsten Morgen, als ich gerade die Nachrichten hörte, rief Angela Merkel an, um mir mitzuteilen, dass sie Friedrich Merz im Fraktionsvorsitz folgen wolle. Ich hatte die Nachrichten noch nicht gehört und war der Annahme, dass wir die stärkste Partei seien. Ich ging irrtümlicherweise davon aus, dass Wolfgang Thierse zu meiner Freude nicht als Bundestagspräsident wiedergewählt werden würde. Als mich ein Reporter nach meiner Bewertung des Wahlergebnisses fragte, sagte ich: »Immerhin bleibt Thierse nicht Bundestagspräsident.« Diesmal war der nachfolgende Hohn leider nicht unberechtigt.

Nach der Bundestagswahl hatte sich die Position der CDU in Brandenburg verbessert, weil die PDS durch die Art ihres Wahlkampfes auch bei der SPD an Ansehen verloren hatte. Die kritische Finanzlage des Landes wurde beherrschendes Thema. Die Steuereinnahmen blieben hinter den Prognosen zurück, wobei ich vermutete, dass sie mit Absicht zu optimistisch gewesen waren. Außerdem schlugen jetzt die Zinsen für die Schulden der ersten zehn Jahre immer spürbarer zu Buche. Es kam zu erheblichen Spannungen in der Koalition, weil wir von der CDU die Schuldenaufnahme reduzieren wollten und es strittig war, bei welchen Ausgaben wir sparen könnten. Die Finanzministerin wollte am liebsten bei der Polizei anfangen, indem nicht mehr befördert würde. Ich baute aber schon Personal ab, was ich leichter hätte vertreten können, wenn man in anderen Bereichen ebenfalls konsequent gespart hätte. Platzeck musste allmählich die Verantwortung für die Gesamtlage in Brandenburg übernehmen, denn schließlich hatte er bzw. die SPD seit 1990 ununterbrochen regiert und für alles verantwortlich gezeichnet, was uns jetzt belastete: hohe Verschuldung, schlechte Schulen, eine aufgeblähte und schwerfällige Bürokratie und eine Wirtschaftspolitik, die die kleinen und mittelständischen Unternehmen vernachlässigte. Meine Chance für die Wahl 2004 bestand demnach darin, unser eingeleitetes Reformprogramm konsequent weiterzuverfolgen.

In der ersten Sitzung des Koalitionsausschusses nach der Bundestagswahl ging es denn auch um Haushaltssanierung und Schulpolitik. Zu Beginn der Besprechung fragte Platzeck plötzlich, ob die CDU die Koalition überhaupt noch wolle, und zitierte aus einigen Presseartikeln unfreundliche Bemerkungen von Mitgliedern der CDU über die SPD. Aber er konnte sich nicht auf mich oder meine Vertreter beziehen. Ich erinnerte daran, dass allein das Machwerk *Stoibers Welt* Grund genug gewesen wäre, unsere Zusammenarbeit zu beenden. Uns jetzt irgendwelche Vorhaltungen zu machen sei völlig unangemessen. Die Zitate, die er brachte, seien weder von mir noch vom geschäftsführenden

Landesvorstand zu verantworten. Ich stellte der SPD frei, die Koalition zu beenden, wenn sie das wollte. Wir seien bereit, unverzüglich in die Opposition zu wechseln. Am nächsten Morgen berichtete die *Märkische Allgemeine Zeitung*: »CDU starr vor Schreck«. Wir hatten keinen Grund, den Gang in die Opposition gegen Rot-Rot zu fürchten. Die SPD konnte drohen, aber realistischerweise nicht mit der PDS zusammengehen, ohne sich von ihrer bisherigen Politik zu verabschieden.

Wachmann und Putzfrau

Für die Brandenburger CDU war das bei der Bundestagswahl erzielte Ergebnis von knapp 25 Prozent nicht gerade ein Ruhmesblatt. Wir hatten kaum zwei Jahre Zeit, uns bis zur Wahl 2004 zu verbessern. Ich erhöhte mein Engagement, sodass ich allein im dünn besiedelten Brandenburg pro Jahr 80 000 bis 100 000 Kilometer zurücklegte. In der Bundes-CDU setzte eine verhaltene Diskussion über die Ursachen der Wahlniederlage ein. Karl Feldmeyer berichtete in der *Frankfurter Allgemeinen Zeitung* über ein Gespräch mit unserer Parteivorsitzenden Angela Merkel unter der Überschrift »Wo ist ein neuer Stoltenberg?« Ich las den Artikel mit zunehmender Irritation, weil Frau Merkel dort Positionen einnahm, die mich kaum noch an die Inhalte erinnerten, die wir kurz zuvor im Wahlkampf vertreten hatten. Mit Blick auf die Wähler der Grünen, die Merkel für wichtiger erklärte als die der SPD, wandte sie sich den Frauen und den großstädtischen Milieus zu, den Singles und den Beziehern von Sozialhilfe, Arbeitslosengeld oder Rente. Ihnen sei der Verbraucherschutz, der Ausbau des öffentlichen Nahverkehrs oder eine gute Kinderbetreuung so wichtig, dass sie sogar die Öko-Steuer hinnähmen. »Sicherheit« meine in diesen Kreisen nicht nur die Bekämpfung von Kriminalität, sondern auch Schutz vor vergifteter Milch und BSE-verseuchtem Fleisch. Bei solchen Fragen vertrauten die Bürger Renate Künast aber mehr als der CDU.

Ich hatte den Eindruck, dass eine Kursänderung auf Kosten klassischer CDU-Positionen vollzogen wurde. Mussten die Fragen der öffentlichen Sicherheit derart gegen den Verbraucherschutz ausgespielt werden? Es mag sein, dass es immer schwieriger wird, Wahlkampf zu führen, ohne dabei neue Milieus zu umwerben oder die steigende Zahl der Empfänger von »Transferleistungen«, die bereits in sieben Bundesländern die Mehrheit der Wähler stellen. Frau Merkel ging aber nur von den vermuteten Erwartungen CDU-kritischer Wähler aus und nicht von eigenen politischen Zielen. Das zeigte sich besonders bei ihren Äußerungen zur Familienpolitik. Die CDU werde immer noch als die Partei angesehen, für die die Ehe, die traditionelle Familie und die Mutter- und Hausfrauenrolle Leitvorstellung sei: Mit dieser »Präferenz für bestimmte Lebensformen« verschrecke die Partei »Patchwork-Familien«, berufstätige Mütter und Alleinerziehende. Sie wollten die gleiche Akzeptanz spüren wie andere. Ausdrücklich bekannte sich Frau Merkel zur Gleichwertigkeit aller Lebensformen. Musste die CDU allein wegen der Tatsache, dass es solche Lebensformen *auch* gibt, gleich ihre Prinzipien aufgeben und Familien mit gleichgeschlechtlichen »Eltern« und Kindern aus verschiedenen Beziehungen preisen?

Merkels Richtungsänderung rief meinen grundsätzlichen Widerspruch hervor. Ich gab dem *Spiegel* ein Kurzinterview, das rechtzeitig zur Präsidiumssitzung am Montag, dem 7. Oktober 2002, für Stimmung sorgte: Man verkenne die Tatsache, dass es den Bewohnern der Großstädte nicht primär um Umwelt oder Menschenrechte gehe, sondern um die Sicherheit ihres Stadtviertels und um die Integration dort lebender Ausländer. Das wusste ich aus Berlin. Ich sagte, dass wir für die Vereinbarkeit von Familie und Beruf seien, aber natürlich eine Präferenz hätten. Wenn eine Mutter sagt, sie möchte ihre Kinder lieber selbst erziehen, dann ist das ihr gutes Recht und kein Grund, sie als »Heimchen am Herd« zu diffamieren – wie wir umgekehrt berufstätige Mütter auch nicht als »Rabenmütter« bezeichnen. Wir müssten uns wieder stärker zur Nation bekennen, da die Partei andernfalls ihr Profil preisgäbe und nichts weiter übrigbliebe als eine Interessengemeinschaft zur Durchsetzung des eigenen Vorteils: »Wenn die CDU linksliberale Themen besetzt, werden sich konservative Wähler andere Vertreter suchen.«

Nach einer Vorabmeldung des *Spiegel* begann noch am Wochenende die Diskussion. Thüringens Ministerpräsident Bernhard Vogel sagte: »Ich kann nicht empfehlen, dass die Union von ihren Grundlinien abweicht und nach der Methode vorgeht, wie hättet ihr denn gern, dass die Union ist?« Nach dieser und weiteren Wortmeldungen war klar, dass es in der CDU durchaus noch unterschiedliche Strömungen gab. Unmittelbar vor der Präsidiumssitzung rief mich Frau Merkel am Sonntagabend an und fragte mich, ob ich in dieser Frage Krieg wolle. Nein, ich wollte eine grundsätzliche Diskussion anstoßen, zu der es am Montag auch kam. Es gelang uns, einige gemeinsame Positionen zu entwickeln, und Angela Merkel ging mit der Sprachregelung in die Pressekonferenz, Schönbohm sei der Wachmann und sie die Putzfrau; er bewache das konservative Tafelsilber und sie putze es.

An meiner Linie hielt ich fest. Im August 2003 erlaubte ich mir, Berlins Regierenden Bürgermeister Klaus Wowereit öffentlich zu kritisieren, nachdem er beim alljährlichen »Christopher Street Day« auf dem ersten Wagen mitgefahren war, nicht nur in Berlin, sondern auch in Köln. Schon sein bekanntes Outing hatte ich einst als Zumutung empfunden. Müssen sexuelle Neigungen zum Gegenstand öffentlicher Bekenntnisse werden? In einem Interview mit der *Berliner Zeitung* sagte ich dazu Sätze, die mir sehr viel Ärger einbrachten. Wowereits Homosexualität sei seine Privatsache und kein Grund, sich öffentlich der Spaßgesellschaft anzubiedern. Wer in der Politik Verantwortung hat, solle sich zu Ehe und Familie bekennen, unabhängig von seinen persönlichen Lebensbedingungen. Übrigens wäre das auch im Sinne der Homosexuellen. Auch sie haben Väter und Mütter; auch sie zehren von der Verwurzelung in der Familie. Die Frivolität aber, mit der manche Homosexuellen-Aktivisten besonders in Berlin das bürgerliche Milieu angehen, zeugt von einer seltsamen Undankbarkeit gegen die eigene Herkunft.

Man fand meine Äußerungen »indiskutabel« (Wowereit), »peinlich« und »unzeitgemäß« (Michael Müller, SPD). Volker Beck (Bündnis 90/Grüne) und der Lesben- und Schwulenverband ließen es sich nicht nehmen, mich empört als »protestantischen Ratzinger« zu bezeichnen – im Hinblick auf das intellektuelle Format von Papst Benedikt XVI. und die Würde seines heutigen Amtes ein großes Kompliment. Die CSD-Organisatoren forderten Ministerpräsident Matthias Platzeck auf, mich zu entlassen. Es gab auch Unterstützung: von der Sprecherin der Evangelischen Kirche Berlin-Brandenburg Susanne Tenhagen und von dem Potsdamer SPD-Fraktionschef Gunter Fritsch. Aber die Medien waren auf der Seite meiner Kritiker.

Wenn das Argument stimmt, dass Ehe und Familie an Bedeutung verlieren, und wenn man ferner meint, mit einem zivilrechtlichen Substitut für vielfältigere Lebensformen darauf reagieren zu müssen, hätte man dem französischen Modell *Pacte civil de solidarité* (PACS) folgen können, wonach generell zwei Personen einen Partnerschaftsvertrag mit bestimmten Rechten und Pflichten schließen können: eine schlichte Vereinbarung ohne den Nimbus der Ehe. Dieser Vertrag hat nichts mit dem Geschlecht der Partner oder ihren sexuellen Vorlieben zu tun.

Seit den achtziger Jahren schon betreibt die CDU Appeasement gegenüber dem Zeitgeist. Es ist aber nicht bewiesen, dass nur diejenige Partei Chancen hat, die dem allgemeinen Trend folgt. Es traut sich einfach niemand, es darauf ankommen zu lassen, vor allem aus Angst vor den Medien, die als *potestas indirecta* immer mehr das politische Geschehen bestimmen. Bei der Bundestagswahl 2009 hat die CDU unter den weiblichen Wählern und in einigen neuen Bundesländern zugelegt bei gleichzeitigen Verlusten unter den traditionellen katholischen west- und süddeutschen Wählern. Unter dem Strich hat sie ihr schlechtestes

Ergebnis seit 1949 eingefahren. Dazu schreibt Karl Feldmeyer in seinem Blog: Die CDU stellt zwar weiter die Kanzlerin: »Als Partei aber hat sie abermals Stimmen verloren. Das ist der Preis für den Verzicht auf ihr früheres politisches Profil, den Merkel ihr auferlegt hat.«

Wenigstens diese Bundestagswahl sollte ein Warnschuss sein, sich mehr um die früheren Stammwähler zu bemühen. Sie sehnen sich nach klaren Aussagen, nach Bekenntnissen zur Familie und zur Förderung der Heimat, um einen Halt in der sich globalisierenden Welt zu finden. Das meine ich mit dem Satz: Die Union muss ihr konservatives Tafelsilber wieder pflegen. Es geht um das Maß. Übertreibt man, berührt das die Identität, den konservativen »Markenkern« unserer Partei, die das C im Namen trägt. Dieses darf nicht weiter verwässert werden. Natürlich müssen wir uns zur Mitte öffnen, der Jugend eine Perspektive geben. Es gab die Flügel der Konservativen, der Arbeitnehmer, der Wirtschaft. Jetzt kommt keiner mehr richtig vor. Es fehlt an Vertretern in der Partei, mit denen sich die verschiedenen Wählergruppierungen identifizieren könnten.

Angela Merkel ist gewiss keine konservative Jeanne d'Arc. Optimistische Konservative sagen allerdings, dass eine Strömung, die von der »Technikerin der Macht« beachtet und aufgenommen werden soll, nur genügend gesellschaftliche Relevanz zu erreichen brauche, um genügend Platz in der Partei zu erhalten. Merkel sei grundsätzlich bereit, sich der jeweiligen Veränderung anzupassen. Das eröffne auch konservativen Strömungen neue Chancen. Mich beruhigt das nicht. Der konservative Gedanke ist in der alltäglichen Lebensführung unserer vielen Kleinfamilien viel selbstverständlicher und viel weiter verbreitet, als unsere Intellektuellen und Ideologen das wahrhaben wollen. Manche Positionen und Lebensformen kommen ausschließlich in den Medien zu kurz und werden von den politischen Repräsentanten einzig aus dem Grund vernachlässigt, dass sich *in den Medien* mit ihnen kein Blumentopf gewinnen lässt. Die öffentlich dominierende Meinungsmache baut ihren Machtanspruch längst nach Art des brandenburgischen Großen Kurfürsten aus: »Es ist dem Untertanen untersagt, den Maßstab seiner beschränkten Einsicht an die Handlungen der Obrigkeit zu legen.«

Es war klar, dass die frisch bestätigte rot-grüne Bundesregierung weiterhin versuchen würde, zustimmungspflichtige Gesetze durch den Bundesrat zu bringen. Die Hoffnung der Unionsparteien lag daher auf der Landtagswahl in Niedersachsen am 2. Februar 2003. Würde die von Sigmar Gabriel angeführte SPD-Regierung fallen? Dann wäre der Bundesrat wieder eine Bastion der CDU/CSU. Ich half intensiv beim Wahlkampf mit, zumal es um ein Bundesland ging, das während der deutschen Teilung meine Ersatzheimat gewesen war. Kurz vor der Wahl kam nach einer Veranstaltung in der Lüneburger Heide ein älterer Mann auf mich zu, sah mich etwas verlegen an und fragte: »Jörg, kennst du mich noch?« Ich sagte: »Nein!« – »Na, ich bin der Fritze Borchert, den du 1945 oder 46 verprügelt hast, weil ich gesagt habe, ›Ihr doofen Flüchtlinge, haut doch ab!‹« Er war mit unserer ganzen Gruppe ehemaliger Dorflümmel zu der Wahlkampfveranstaltung gekommen, und so saßen wir noch lange beisammen und tauschten unsere Erinnerungen aus. Ich merkte, dass mich die schwierigen Lebensbedingungen der Nachkriegszeit viel stärker geprägt hatten, als es mir bis dahin bewusst geworden war. Während dieses Wahlkampfes fiel mir auch Wilfried Hasselmann wieder ein, der niedersächsische Innenminister und stellvertretende Ministerpräsident, den ich 1988 in meiner Zeit als Divisionskommandeur kennengelernt hatte. Hasselmann war der Nestor der niedersächsischen CDU und von 1990 bis zu seinem Tod im Jahre 2003 ihr Ehrenvorsitzender. 1924 als Sohn des Landwirts und Politikers Otto Hasselmann geboren, war Hasselmann für mich ein Vertreter des robusten norddeutschen Menschentyps: standfest, klar und urteilsstark. Trotz seiner amtlichen Verpflichtungen hatte er es sich nicht nehmen lassen, als Oberst der Reserve Artillerie-Wehrübungen abzuhalten.

Auf dem nahenden Parteitag der CDU in Hannover am 11. und 12. November 2002 wollte ich erneut für den Bundesvorstand der Partei kandidieren. Der brandenburgische Landesverband hatte nur 18 von insgesamt 1 000 Stimmen, sodass ich also rund 500 weitere Stimmen brauchte. Frau Merkel hatte mich gefragt, ob ich wieder kandidieren würde, und mir ihre Unterstützung zugesichert. »Trotz der Geschichte mit dem Tafelsilber?«, fragte ich. »Ja«, meinte sie, »die Partei braucht Sie. Sie wissen, dass Ihre Position besonders im Süden Deutschlands, in Baden-Württemberg, in Hessen, auch in Rheinland-Pfalz, geschätzt wird.« Das wusste ich, und ich wusste auch, dass das die Landesverbände mit besonders vielen Mitgliedern waren. Deshalb war ich auch in diesen Ländern im Wahlkampf aktiv gewesen. Auf dem Parteitag selbst bekannte sich Frau Merkel tatsächlich zum »konservativen Tafelsilber« und erleichterte mir damit die Wiederwahl. Allen Brandenburger Querelen zum Trotz konnte und sollte ich auf Bundesebene weiterhin mitreden.

Personalprobleme

Für das Amt des Potsdamer Oberbürgermeisters musste ein Nachfolger gefunden werden, da Matthias Platzeck nun Ministerpräsident war. Für die SPD bewarb sich sein bisheriger Stellvertreter Jann Jakobs und für die CDU der Landtagsabgeordnete Dr. Wieland Niekisch, obwohl er keine Chance hatte. Ich dachte, Potsdam sei bereits erkennbar bürgerlicher geworden, auch wenn die Verwaltung nach wie vor stark sozialistisch geprägt war. Jann Jakobs gelang es bei der Wahl am 22. September nicht, die notwendige absolute Mehrheit zu erzielen, daher wurde eine Stichwahl zwischen ihm und dem zweitplazierten Dr. Hans-Jürgen Scharfenberg von der PDS notwendig, die am 27. Oktober stattfand und mit 50,1 Prozent der Stimmen für Jakobs sowie 49,9 Prozent für Scharfenberg denkbar knapp ausging. Die Differenz betrug nur 122 Stimmen! Die PDS wurde bei der Kommunalwahl

2008 in der alten preußischen Residenzstadt zum wiederholten Male stärkste Partei. Der bürgerliche Anstrich Potsdams täuschte über die Wirklichkeit hinweg: Die CDU hatte auch mit den vielen Neubürger-Stimmen in den mittlerweile sanierten Villenvierteln auf lange Sicht keine Chance gegen die PDS-dominierten Plattenbausiedlungen.

In der DDR hatte man auch städtebaulich das bürgerlich-konservative Erbe Potsdams vernichten und das, was der Krieg an barocker Bausubstanz verschont hatte, abreißen wollen. Zum Glück kamen die Wiedervereinigung und das Engagement von Matthias Platzeck dazwischen, der im April 1988 Gründungsmitglied der Potsdamer Bürgerinitiative »Arbeitsgemeinschaft für Umweltschutz und Stadtgestaltung« war. In dieser Zeit begann auch die politische Laufbahn Rainer Speers, der in der DDR u. a. als Restaurator von Schloss Lindstedt bei Sanssouci tätig war, 1999 Chef der Staatskanzlei und 2004 Finanzminister wurde. Zu ihm hatte ich stets ein gutes kollegiales Verhältnis. 2009 wurde er mein Nachfolger im Amt des Innenministers im Rahmen der rot-roten Koalition.

Konnte Platzeck ein Mitstreiter für eine bürgerliche Politik sein? Die klare Sprache, die nötig war, um vor allem Arbeitslose und Sozialhilfeempfänger von notwendigen Veränderungen zu überzeugen und politisch in die Zukunft zu weisen, vermisste ich bei ihm. Seine Regierungserklärung, die er mir im Entwurf zu lesen gab, enthielt nichts von der angekündigten Blut-Schweiß-und-Tränen-Rede: keine Aufforderung zu mehr Selbständigkeit, keine Rede vom Glück der Freiheit und der Verantwortung. Der Ton grenzte an Larmoyanz. Platzeck streichelte die ostdeutsche Seele und stellte die Wiedervereinigung beinahe als einen Betriebsunfall dar, der das geruhsame Leben in der DDR durcheinandergebracht habe, von einem Hinweis auf die Zahlungsunfähigkeit der DDR oder einem Bekenntnis zur deutschen Einheit zu schweigen. Ein Abschied von der Versorgungsmentalität und den Streicheleinheiten der Ära Stolpe/Hildebrandt war so nicht möglich. Eine örtliche Zeitung berichtete über diesen ersten Entwurf und monierte ganz in meinem Sinne das Fehlen substantieller Aussagen. Das war ärgerlich, weil der Verdacht auf die CDU fiel. Dabei war die Rede in einer Schreibstube der SPD entstanden und die Staatskanzlei unglücklich darüber, dass man ihr das nicht zugetraut hatte. Ich brachte meine Einwände vor, da es schließlich darum ging, die gemeinsame Politik unserer Großen Koalition zu formulieren, aber leider wurde die Chance, deutlicher zu werden, mit viel unbestimmtem Gerede vertan.

Der Personalmangel war nach wie vor akut, erst recht seit den Rücktritten von Wolfgang Hackel und Kurt Schelter. Meine Hoffnung richtete sich auf den 1956 in Gera geborenen Bundestagsabgeordneten und heutigen Unternehmer Ulrich Junghanns. Unter seinem Vorsitz war die Demokratische Bauernpartei 1990 in der CDU aufgegangen. Wegen hartnäckiger Vorwürfe, er sei für den Staatssicherheitsdienst tätig gewesen, war er dreimal ergebnislos überprüft worden, darunter auch auf eigenen Antrag. Nach Gesprächen mit Lothar de Maizière, Helmut Kohl, Angela Merkel und Wolfgang Schäuble, die Junghanns als Mitglied der Bundestagsfraktion kannten, schien mir ausgemacht zu sein, dass er etwas leisten konnte und als Ostdeutscher ein Gewinn für die Landes-CDU wäre. Ich konnte ihn davon überzeugen, 2004 für den Landtag zu kandidieren, um eine herausgehobene Position in der Fraktion oder im Kabinett zu besetzen – in der festen Annahme, dass wir wieder zweitstärkste Partei werden würden.

Eine Vergangenheit wie die des Abgeordneten Junghanns war ein ständiges Gesprächsthema. Während einer Abendeinladung bei uns zuhause erzählte der Schauspieler Ezard Haußmann von seinem Leben in der DDR und seinen Schwierigkeiten mit der einstigen Nomenklatura. Er konnte es kaum verstehen, dass ich in der Brandenburger Politik mit Personen eng zusammenarbeitete, die nachweislich das DDR-Regime unterstützt hatten. Gäste aus West und Ost diskutierten die Frage. Ich erklärte, dass die Wiedervereinigung nur dann erfolgreich sein könne, wenn alle mithelfen, die dazu willens und fähig sind. Justitiable Vergehen seien Aufgabe der Gerichte, und man müsse niemanden lieben, der sich aus heutiger Sicht zu weit auf das DDR-Regime eingelassen habe. Aber gegen eine Zusammenarbeit zum Wohl des Landes Brandenburg sei nichts einzuwenden. Eine fortdauernde Spaltung wäre viel schlimmer. Auch für mich war das bei aller Vernunft immer wieder ein schwieriger Spagat.

Anfang November rief mich während des Bundesparteitages überraschend Wirtschaftsminister Fürniß an: Er habe erfahren, dass *Der Spiegel* von einem privaten Darlehen wisse, mit dem ihm, Fürniß, ein befreundeter Scheich zu banküblichen Konditionen aus einer dramatischen finanziellen Klemme geholfen habe. Fürniß war häufiger nach Dubai gereist, um für den Bau der Chip-Fabrik in Frankfurt (Oder) und andere Projekte zu werben. Dort hatte er offenbar die Bekanntschaft des reichen Mannes gemacht, dem er nach kurzer Zeit von seinen privaten Steuerschulden in Millionenhöhe aus früheren geschäftlichen Tätigkeiten erzählte. Scheich Sultan bin Mohammed al-Kasimi veranlasste die Überweisung von 1,5 Millionen Dollar auf Fürniß' Konto. Daraufhin verständigten die Mitarbeiter der Mittelbrandenburgischen Sparkasse in Potsdam nach den Bestimmungen des Geldwäschegesetzes pflichtgemäß das Landeskriminalamt, das die Ermittlungen aufnahm. Ein strafrechtlich relevantes Fehlverhalten wurde nicht festgestellt, aber das minderte die politische Brisanz keineswegs. Das Blatt hatte seine umfangreichen Informationen vermutlich von der Staatsanwaltschaft erhalten. Würde Fürniß zurücktreten müssen? Damit würde der dritte von vier brandenburgischen »West«-Ministern stürzen und ich meinen zweiten potentiellen Nachfolger verlieren. Personell stünde ich dann annähernd vor der gleichen Situation wie bei meinem Antritt in Brandenburg Ende 1998. Platzeck wollte abwarten. Mit Spannung wartete ich auf den Bericht des *Spiegel*. Fürniß beabsichtigte, sich im Rahmen einer Pressekonferenz zu erklären und glaubte, jeden Verdacht ausräumen zu können.

Am Rande des Parteitags in Hannover sprach ich mit einigen Präsidiumsmitgliedern, die die Auffassung vertraten, Fürniß müsse zurücktreten, weil es um die Glaubwürdigkeit der CDU gehe. Das leuchtete mir ein. Andererseits tat mir Fürniß leid, weil ich wusste, dass er praktisch keine Chance auf eine sachliche Darstellung seines Falles bekommen würde, sobald die Kampagne einmal angelaufen war. Tatsächlich rettete ihn seine Pressekonferenz nicht. Der *Spiegel*-Artikel war gut recherchiert und geschrieben und in der Stoßrichtung vernichtend. Platzeck wollte an Fürniß festhalten – ich vermutete, um uns zu schaden. Letztlich musste ich selbst entscheiden, was zu tun war. Ich sprach ausführlich mit Fürniß und versuchte, ihn davon zu überzeugen, dass er die gegen ihn erhobenen Vorwürfe nicht mehr los würde. Es sei das Beste für ihn, seine Familie und die Partei, wenn er zurücktrete. Das sei kein Schuldanerkenntnis; darin liege eben der Unterschied zwischen dem Politiker und dem Privatmann. Ich kam mir vor wie der Sendbote des türkischen Sultans, der schuldig gewordenen Beamten als Aufforderung zum Selbstmord eine seidene Schnur schickte. Kurz darauf verkündete Fürniß im ORB, dass er den Ministerpräsidenten um seine Entlassung gebeten habe. Er halte sich für unschuldig, wolle aber dem Wohl des Landes nicht länger im Weg stehen. Immerhin richteten sich damals noch große Hoffnungen auf die geplante Chip-Fabrik. In der folgenden Sitzung des Landtages versuchte man schließlich noch, mich in die Affäre mit hineinzuziehen. Mir wurde ohne Beweis vorgeworfen, ich hätte Herrn Fürniß über Erkenntnisse des Landeskriminalamtes informiert. Axel Lüdders, der Direktor der Behörde, hatte mich als seinen obersten Dienstherrn aber lediglich über die Anzeige der Mittelbrandenburgischen Sparkasse informiert und darüber hinaus gebeten, Herrn Fürniß zur Zusammenarbeit in der Sachaufklärung seines Falles aufzufordern. Lüdders bestätigte dieses Vorgehen, als die Affäre im Rahmen des Wahlkampfes 2004 noch einmal aufgekocht wurde. Offenbar hatte *Der Spiegel* umfangreiches Material über Fürniß' finanzielle Verhältnisse gesammelt.

Ich wunderte mich einmal mehr, wie emsig gerade diejenigen bei der Beschaffung solcher Informationen mitwirkten, die sonst bei jeder Gelegenheit mehr Datenschutz forderten. Die Durchstechereien fielen nicht zum ersten Mal auf.

Natürlich nutzte unser Koalitionspartner, der parteipolitisch unser Gegner blieb, jede Gelegenheit, den CDU-Innenminister zu beschädigen. Ich wiederum konnte in einem Gespräch mit dem Ministerpräsidenten auf den Untersuchungsausschuss zum Versagen der Landesentwicklungsgesellschaft (LEG) hinweisen: Sie war 1991 als hundertprozentige Landestochter gegründet worden, um Entwicklungsprojekte zu übernehmen, die für Privatinvestoren nicht lukrativ zu sein schienen. Die nötigen Mittel sollten durch Immobiliengeschäfte erwirtschaftet werden; tatsächlich entstanden nur Verluste. Der Schaden für das Land Brandenburg belief sich schließlich auf rund 250 Millionen Euro, sodass Finanzministerin Dagmar Ziegler im November 2001 die Liquidation der LEG durchsetzte. Für uns (und in seltener Einmütigkeit auch für die PDS) war die Sache klar: Bilanzfälschungen spätestens seit 1995, Insidergeschäfte unter den LEG-Töchtern, Konkursverschleppung und schließlich das Versagen des SPD-geführten kontrollpflichtigen Finanzministeriums.

»Die Anklage ist berechtigt, weil sie erhoben wird«

Wenn Platzeck versuchte, ein gemeinsames Problem parteipolitisch auszuschlachten, schob ich ihm den Schwarzen Peter zurück: »Entweder wir regieren gemeinsam, oder wir gehen auseinander. Wenn wir auseinandergehen, gibt es Wahlkampf.« Als Platzeck bei der Aufstellung des Haushalts 2003 in letzter Minute den vier CDU-Ressorts nach allen Sparrunden eine zusätzliche Einsparung von 18 Millionen Euro abverlangte, wählten wir Projekte aus, die der SPD besonders am Herzen lagen. Die SPD war empört und drohte mit dem Ende der Koalition; sie offenbarte damit aber nur ihre argumentative Schwäche. Meine Devise war in solchen Situationen immer Herbert Wehners »Wer rausgeht, muss auch wieder reinkommen.« Die SPD kam wieder herein, und wir fanden eine gemeinsame Lösung.

Junghanns wurde schneller gebraucht als ursprünglich geplant. Er bat um zwei Tage Bedenkzeit, da er eine Firma gegründet hatte, die er als Minister würde ruhen lassen bzw. verkaufen müssen. Mein Votum für Junghanns erzeugte Unruhe in der Fraktion. Es ging vor allem um verletzte Eitelkeiten; einige wären gern gebeten worden, obwohl sie wussten, dass sie für das Amt des Wirtschaftsministers nicht oder noch nicht in Frage kamen. Der zurückgetretene Kultusminister Hackel drohte öffentlich, wenn »Stasi-Junghanns« Minister werde, gebe es »totalen Krieg«. Ich fragte, ob es etwa neue Erkenntnisse gebe, und verwies auf Junghanns' Fürsprecher de Maizière, Kohl, Merkel und Schäuble. Hackel schaute schweigend vor sich hin, als sein Nachbar ihn zu mehr Nüchternheit am Morgen ermahnte. Das war zuweilen das Niveau, auf dem wir uns auseinandersetzten. Hackel hatte sich einen Bärendienst erwiesen und mir die Sache leicht gemacht. Meine Widersacher in der Fraktion versuchten später bei anderer Gelegenheit, sich an mir zu rächen. Junghanns fand eine Möglichkeit, aus seiner Firma auszusteigen, sagte zu und arbeitete sich binnen kurzer Zeit ein. Er konnte auf unsere bis dahin erzielten Erfolge aufbauen: Brandenburg und Sachsen waren schon 2002 in den neuen Bundesländern die Spitzenreiter bei der Selbständigenquote. In den darauf folgenden Jahren hat Brandenburg sogar den ersten Platz einnehmen können. Die »kleine DDR« wurde allmählich Vergangenheit, und Junghanns hatte einen entscheidenden Anteil daran.

Nachdem Platzeck und ich am 11. November unser Votum für Junghanns verkündet hatten, kehrte trotz der Androhung von Widerstand zunächst Ruhe in die Partei ein. Uns versetzte ohnedies etwas anderes in Aufruhr: der Mordfall von Potzlow. In dem Dorf in der Uckermark war im Sommer ein grausames Verbrechen geschehen, das erst ein halbes Jahr später aufgeklärt wurde.

Der 16-jährige Marinus Schöberl war seit Monaten spurlos verschwunden. Am 22. November konnte man endlich drei Täter festnehmen – zwei 17-jährige Jungen und einen vorbestraften 23-jährigen Mann –, die den Jungen offenbar nach dem Vorbild von Gewaltszenen aus dem Film *American History X* in der ehemaligen Schweinemastanlage der LPG brutal gequält, erschlagen und schließlich in einer leeren Jauchegrube versenkt hatten. Keiner hatte den Tätern etwas angemerkt, bis einer von ihnen zuviel trank und sich in einer Diskothek verplapperte. Die Betreffenden hatten keinen Schulabschluss, sie waren dumpf und dumm. Der Regisseur Andreas Veiel griff den Fall später in einem Theaterstück und in einem Film mit dem Titel *Der Kick* auf; weitere künstlerische Umsetzungen folgten.

Die Medien reagierten geradezu erleichtert, als die Staatsanwaltschaft mitteilte, es handele sich um eine Straftat mit rechtsextremistischem Hintergrund. »Gott sei Dank, es waren welche von der rechten Seite«: Diese Denkweise hat mich stets empört. Die Gewaltbereitschaft Jugendlicher ist generell ein Problem, und wir müssen mit aller Entschiedenheit dagegen vorgehen. Aber welchen Anteil haben ideologisch-politische Motive? Natürlich suchen Jugendliche den »Kick« genau dort, wo sie das größte Erregungspotential vermuten, und das ist nun einmal der »Kampf gegen Rechts«, das sind alle mit ihm zusammenhängenden Verbote. Je mächtiger ein Tabu wie Fremdenfeindlichkeit, desto größer die Lust, mit entsprechenden Obszönitäten auf sich aufmerksam zu machen. Über die analytischen Schwächen unserer Journalisten kann man sich besonders bei diesem Thema nur wundern. Der »Kampf gegen Rechts« oder auch der »Aufstand der Anständigen« war schließlich ein von Bundeskanzler Gerhard Schröder ersonnener Trick, die SPD-Linke mit moralischem »Engagement« beschäftigt zu halten und die CDU zur Teilnahme an SPD-Demonstrationen zu zwingen – also hinter roten Fahnen herzulaufen und sich selbst Konkurrenz zu machen oder aber sich »Blindheit auf dem rechten Auge« vorwerfen zu lassen: ein unwürdiges und demokratiefeindliches, wenn auch erfolgreiches Spiel.

Angesichts einer allgegenwärtigen Medienöffentlichkeit kann sich niemand, der in Deutschland etwas werden will, diesem Gesinnungsdruck entziehen. Ich habe wiederholt die hysterischen Proteste erleben müssen, mit denen vor allem Journalisten reagierten, wenn ich der Wochenzeitung *Junge Freiheit* ein Interview gegeben hatte, wenn ich gemeinsam mit Joachim Fest darauf bestand, dass auch diese Zeitung ein Recht habe, in den Genuss der Meinungs- und Pressefreiheit zu kommen und etwa auf der Leipziger Buchmesse vertreten zu sein, da sie nicht gegen unsere Gesetze verstieß. Der verdiente Dirigent Rolf Reuter, dem meine Frau und ich freundschaftlich verbunden waren, geriet im Jahre 2007 in heftige Kritik, nachdem er 2006 einen »Singleiterkurs« des als rechtsextremistisch eingeschätzten *Freundeskreises Ulrich von Hutten* eröffnet und bei dieser Gelegenheit zwei Vorträge zur Bedeutung des Volksliedes gehalten hatte. Sofort wurde verlangt, ihm das Bundesverdienstkreuz abzuerkennen, was der Bundespräsident ablehnte. Reuters Frau gab der heftigen Kampagne schließlich eine Mitschuld am plötzlichen Tod ihres Mannes. Es gibt weitere »Fälle«: den Schriftsteller Martin Walser, den Politiker Martin Hohmann (CDU), die Fernsehmoderatorin Eva Herman, den Brigadegeneral a. D. Reiner Günzel, den Politiker Peter D. Krause (CDU) und den Bundesbankvorstand Thilo Sarrazin (SPD) – all die gegen sie gerichteten Kampagnen sind Beispiele dafür, dass bei unbotmäßigen Äußerungen umgehend Berufsverbot droht. Als Hohmann wegen seiner Rede zum 3. Oktober 2003 des Antisemitismus' verdächtigt wurde, warnten mich einige mir bekannte Journalisten: »Sagen Sie nichts, ganz gleich, ob Sie recht haben.« Auch ich habe eine Schere im Kopf, denn wenn die Empörung einmal da ist, kann einem niemand mehr helfen, der nicht seinerseits die soziale Ächtung fürchten müsste. Dabei spielt es keine Rolle, ob der Anfangsverdacht haltbar ist oder nicht: »Die Anklage ist berechtigt, weil sie erhoben wird«, so

Andrei J. Wyschinski, Chefankläger im Rahmen der Stalinschen Säuberungen. Nach diesem totalitären Prinzip funktioniert allzu häufig auch unsere heutige Öffentlichkeit.

Unbestreitbar gibt es Straftaten mit rechtsextremistischem Hintergrund, aber es ist vollkommen irreführend, so zu tun, als sei das Böse letztlich nur bei einer radikalen politischen Minderheit zu finden, deren Anhänger dann zu »Unmenschen« erklärt werden. Auch die rechtsextremistische Straftat ist ein »menschliches« Phänomen in dem Sinne, dass das Böse eine Möglichkeit des Menschen ist – die man freilich eindämmen muss, so gut es geht. Jugendliche in subkulturellen Milieus wollen mit brutaler Gewalt gegen Unbeteiligte vor allem ihrem eigenen Umfeld imponieren. Wer überall nur noch rechtsextremistische Hintergründe sieht, unterschätzt des eigentliche Problem: die generelle Gewaltbereitschaft, die wir in manchen ländlichen Gegenden haben, die vor wehrlos am Boden Liegenden nicht mehr haltmacht und die sich schließlich auch nicht auf die Frage reduzieren lässt: Ist der Täter Sozialhilfeempfänger? Alkoholeinfluss und der niedrige Intelligenzquotient zweier Täter von Potzlow galten vor Gericht als mildernde Umstände. Hier ging es um Bildungsferne und soziale Verwahrlosung, um den Zerfall von Gesellschaft und Gemeinschaft. Daran wirken die Journalisten, die sich so gern erregen, selbst mit: Den Eltern des ermordeten Jugendlichen wurde Geld angeboten, damit sie etwas über ihren toten Sohn sagen und Bilder herzeigen. Sie weigerten sich, obwohl sie bedürftig waren. Der Ministerpräsident besuchte am 24. November den Trauergottesdienst in Potzlow. Der Innenminister, der mit dem Fall intensiv befasst war, war nicht eingeladen.

Üb immer Treu und Redlichkeit

Mitte Dezember 2002 lag die Brandenburger CDU sensationellerweise in den Umfragen mit 36 Prozent zwei Prozentpunkte vor der SPD und die PDS bei 20 Prozent, und das trotz unserer drückenden Ministerverluste. Brandenburg schien also mitnichten für alle Zeiten ein Erbteil der SPD zu sein. Das zeigte auch der Erfolg der CDU-Oberbürgermeisterkandidatin Dietlind Tiemann in Brandenburg an der Havel, die 2003 in einer Stichwahl siegte und die Zustände in der Stadt bald sichtbar verbesserte. Nach einem demonstrativen gemeinsamen Gang über den Weihnachtsmarkt mit dem Ministerpräsidenten drängten Junghanns und ich in einem anschließenden Gespräch mit Platzeck und seinem Vertrauten Rainer Speer auf eine intensivere Haushaltskonsolidierung im neuen Jahr des Kommunalwahlkampfes. Die SPD wollte von ihren Wohltaten noch immer nicht so recht lassen, aber der Druck war inzwischen so groß geworden, dass sie kaum noch ernsthaft mit der PDS liebäugeln konnte. Es hatte sich gezeigt, dass die Planungen, die wir für 2002 und 2003 vorgenommen hatten, von viel zu hohen Steuereinnahmen ausgegangen waren. Nach der Bundestagswahl kam das ganze Desaster der sinkenden Einnahmen ans Licht. Was Platzeck als Ministerpräsident für richtig hielt, konnte er in seiner Partei oft nicht durchsetzen; deshalb brachten uns, die CDU und die Landesregierung, die Haushaltsschwierigkeiten immer wieder in härteste Auseinandersetzungen mit der SPD. Schließlich verständigten wir uns im Februar auf eine Kürzung des Haushalts um 424 Millionen Euro – und trotzdem fraßen die Sozialausgaben immer noch fast alles auf und blockierten die Zukunft des Landes.

Wie wenig die Finanzschwierigkeiten bei den Mitarbeitern angekommen waren, offenbarte sich mir bei einer Personalversammlung. Das Ministerium hatte in den vorangegangenen Jahren viel geleistet, und wir hatten auch viel erreicht. Überstunden wurden freiwillig erbracht, und die Stimmung war wohlwollend. Aber die Fragen des Personalabbaus und der ausbleibenden Beförderungen beschäftigten die Leute sehr, auch wenn sie den parteipolitischen Forderungen der Gewerkschaften nach Vermögens- und Reichensteuer vielfach reserviert gegenüberstanden. Die Gewerkschaften wollen diese Reserviertheit aber nicht zur

Kenntnis nehmen. Als ich einmal sagte, dass wir nicht mehr Geld ausgeben könnten, als wir haben, und dass wir in allen Bereichen sparen müssten, kamen die Gewerkschaftsfunktionäre mit der einfachen Antwort: »Das ist nicht unser Problem. Das ist das Problem der Politik.« Es gab auch noch andere Aufgaben.

In Potsdam hatten wir begonnen, uns um den Wiederaufbau der 1968 gesprengten Garnisonkirche zu bemühen. Der erste große Erfolg bestand darin, dass die Stadtverordnetenversammlung Ende Dezember 2002 dem Wiederaufbau zustimmte. Aber die Schwierigkeiten waren erheblich. Ein ehemaliger Offizier der Bundeswehr, Oberstleutnant Max Klaar, den ich seit 1974 kannte, hatte schon Ende der siebziger Jahre als Kommandeur eines Fallschirmjägerbataillons begonnen, für die Garnisonkirche Geld zu sammeln. Der Wiederaufbau war zum damaligen Zeitpunkt ein völlig unrealistisches Ansinnen, aber Klaar war eben davon überzeugt, dass er eines Tages möglich sein würde. Viele, die ihn damals allein gelassen hatten, waren nun überrascht, dass er mit seiner »Traditionsgemeinschaft Potsdamer Glockenspiel« Spenden in Millionenhöhe gesammelt hatte. Klaar war streng protestantisch und hatte wenig Verständnis für die Lage der evangelischen Kirche in den neuen Ländern. Er verknüpfte die Unterstützung des Wiederaufbaus – zunächst des Turmes – mit Forderungen, die für die Kirche nicht akzeptabel waren: Er verlangte eine schriftliche Zusicherung, dass dort keine Trauungen homosexueller Paare stattfänden, keine Beratung für Wehrdienstverweigerer angeboten würde und Soldaten in Uniform heiraten dürften. Er wollte letztlich das kirchliche Leben mitbestimmen.

Obwohl ich mit manchen Forderungen Klaars sympathisierte, lehnte ich sie unter Verzicht auf die gesammelten Spenden ab. Ich hielt es mit Ernst Jünger: »Die Mauern bleiben, die Plakate wechseln.« Ich fand Klaars Verknüpfung des Wiederaufbaus mit seinen kirchenpolitischen Anliegen nicht nur aussichtslos, sondern auch widersprüchlich. Ein Gebäude wie die Garnisonkirche wird für Jahrhunderte errichtet und nicht als Waffe für die

Kämpfe des Tages. Nach weiteren, längeren Auseinandersetzungen kamen wir schließlich zu einem übergreifenden Konsens zwischen dem Ministerpräsidenten, Bischof Huber, mir und anderen. Wir gründeten zunächst einen eigenen Verein und 2008 die »Stiftung Potsdamer Garnisonkirche«, um als ersten Schritt den Aufbau des gewaltigen Turms in Angriff zu nehmen, angespornt vom faszinierenden Vorbild der Dresdner Frauenkirche.

Nach dem fulminanten Wahlsieg der CDU in Hessen und Niedersachsen hatten wir ab Frühjahr 2003 endlich eine komfortable Mehrheit im Bundesrat. Wir einigten uns im CDU-Präsidium auf Bündnistreue zu den USA angesichts des bevorstehenden Irak-Krieges. In der folgenden Zeit musste ich mich häufiger für entsprechende öffentliche Aussagen rechtfertigen, auch im Brandenburger Landtag, wobei mich vor allem das Niveau der Kritik erstaunte, wenn etwa gesagt wurde, der General könne eben den Krieg nicht lassen. Das kam von Leuten, die ihrerseits kein Problem darin sahen, wegen des militärischen Einsatzes der Amerikaner sogar Kinder in Tageskrippen zu agitieren, die noch nicht einmal wussten, wo der Irak überhaupt lag. Im März 2003, als die Bombardierung Bagdads begann, wurde ich in Sabine Christiansens Diskussionssendung eingeladen. Dort, bei einem öffentlich-rechtlichen Sender, ging es gleich mit tendenziöser Stimmungsmache los: mit einem Kriegsfilmausschnitt, mit einer Blitzumfrage und mit großer Empörung. Merkels und Schönbohms CDU als Kriegstreiber! Als ich Frau Christiansen nach der Sendung auf ihre Manipulationen hinwies und ihr Gesinnungsjournalismus vorwarf, gab sie mir sogar recht und sagte, es gehe eben nicht anders. Bereits nach einer früheren Sendung zum Thema Irak, an der ich teilgenommen hatte, hatte sie zugegeben, dass es vor allem darauf ankomme, die Stimmung des Publikums zu bedienen. Von amerikanischer Seite jedenfalls wurde mir erzählt, dass Bundeskanzler Schröder in Berlin Präsident George W. Bush einst zugesichert habe, sich im Falle eines Krieges nicht öffentlich gegen die USA auszusprechen, auch wenn Deutschland sich an diesem Krieg nicht beteiligen sollte. Ich fand die Bitterkeit der Amerikaner verständlich, als sie sagten: »Nicht einmal an diese minimale Absprache habt ihr euch gehalten.« Schröder wollte um jeden Preis die Wahl gewinnen.

Wo waren all die pazifistischen Besserwisser und Moralapostel, als Saddam Hussein die Menschenrechte mit Füßen trat? Wo waren sie, als es 1994 in Ruanda zu einem Völkermord kam, bei dem binnen weniger Monate fast eine Million Tutsi starben? Wo waren sie, als die DDR und andere Ostblockstaaten über Jahrzehnte ganze Völker gefangenhielten? Während der Aufregung um den Irak-Krieg hörte ich von einem guten Bekannten, der ebenfalls in Bonn tätig gewesen war, dass 1981 ein Oberstleutnant der DDR-Grenztruppen nach seiner Flucht in den Westen von seiner Frau und offiziellen Stellen der DDR unter festen Zusagen in die DDR zurückgelockt wurde. Er sollte aus der Armee entlassen werden, aber es hieß, weiter würde ihm nichts passieren und er könne mit seiner Familie zusammenleben. Nach dem Mauerfall tauchten Dokumente auf, aus denen hervorging, dass er hingerichtet wurde, obwohl der Rechtsanwalt und DDR-Unterhändler Wolfgang Vogel sein Wort gegeben hatte, dass dem Rückkehrer nichts passieren werde. Der damalige Chef des Bundeskriminalamts und das Bundesministerium für innerdeutsche Beziehungen hatten den Mann nicht auf die Gefahr hingewiesen, um den Entspannungsprozess nicht zu stören. Hätten wir wirklich nicht auf größere Veränderungen in der DDR hinwirken können? Diese Frage wurde damals und auch später kaum diskutiert, aber zu jeder Zeit machte man sich Gedanken über Menschenrechtsverletzungen praktisch überall auf der Welt.

Im Rahmen meiner vierten Aschermittwochsrede kündigte ich an, dass ich im kommenden Jahr 2004 noch einmal für eine Legislaturperiode zur Wahl antreten würde. Die Umfrageergebnisse waren in jenen Wochen sehr gut. Die SPD hatte 36 Prozent, die CDU 35 Prozent, und somit wäre die Große Koalition auf die komfortable Mehrheit von 71 Prozent gekommen. Die Brandenburger

CDU hatte sich stabilisiert – im Gegensatz zur Berliner CDU, die sich seit vielen Jahren selbst versenkt. Im Herbst wurden die Auseinandersetzungen im Vorfeld der Wahl intensiver. Eine Tickermeldung behauptete, dass 39 Prozent der Brandenburger vor einem Ministerpräsidenten Schönbohm Angst hätten und Platzeck der beliebteste Landespolitiker sei; die Brandenburger Zeitungen titelten: »Angst vor Schönbohm«. Die eigentliche Nachricht lautete also, im Unterschied zu Schönbohm ist Platzeck »einer von uns«. Gegenüber Ausländern wurde so viel Toleranz gefordert, dass für »Wessis« offenbar nicht viel übrig blieb. Die Kommentatoren unterstützten überwiegend die SPD. Mir gefiel die Idee Evis, die zu mir sagte: »Gib doch ein Spiel heraus: ›Wer hat Angst vorm schwarzen Mann?‹« In persönlichen Gesprächen mit den Leuten auf der Straße hörte ich immer wieder, ich sei in Wirklichkeit ganz anders, »zu ehrlich«, »zu direkt«. Tatsache ist, dass die *one man show*, zu der ich wegen unserer Nachwuchsprobleme verdonnert war, einen großen Nachteil hatte: Wenn ich getroffen wurde, war auch gleich die CDU beschädigt. Jeder Schatten, der auf mich fiel, verschlechterte die Umfrageergebnisse.

Als ich wissen wollte, wie sich die PDS aufstellen würde, erfuhr ich vom Landesvorsitzenden Ralf Christoffers, dass er einen Untersuchungsausschuss zur Chip-Fabrik ablehnte. Das Projekt war schließlich daran gescheitert, dass eine Bürgschaft des Bundes zur Besicherung des Fremdkapitals nicht zustande gekommen war. Nun gab es zahlreiche gegenseitige Schuldvorwürfe der Beteiligten. Christoffers glaubte, dass ein Untersuchungsausschuss das Ansehen des Landes Brandenburg als Wirtschaftsstandort beschädigen würde. Ich stimmte ihm zu und unterstützte seine Haltung, schließlich gab es in Brandenburg damals fast fünfzig erfolgreiche Großprojekte, die viel eher Aufmerksamkeit verdient hätten und über die kaum berichtet wurde, aber Christoffers konnte sich innerhalb der PDS nicht behaupten. Schließlich setzten PDS und SPD entgegen der Koalitionsvereinbarung den Ausschuss ein. Aus Kreisen der SPD erfuhr ich, dass man damit die CDU unter Druck setzen und verhindern wollte, dass in Sachen Landesentwicklungsgesellschaft, die ja ebenfalls Gegenstand eines Untersuchungsausschusses war, zu viele unangenehme Wahrheiten über die dubiose Verschwendung von Steuergeldern ans Licht kamen.

Das Jahr 2004 begann damit, dass die Zeitungen über den geplanten Empfang aus Anlass des 50. Geburtstages von Platzeck in der Historischen Mühle zu Sanssouci berichteten, für den er 3 500 Euro öffentliche Mittel vorgesehen hatte. Ich war mit diesem bescheidenen Ansatz völlig einverstanden, denn schließlich war der 50. Geburtstag des Ministerpräsidenten ein repräsentativer Akt, zu dem Landräte, Oberbürgermeister und viele weitere Vertreter des öffentlichen Lebens erwartet wurden. Mein Kommentar lautete: »Wir sind arm, aber nicht ärmlich.« Ich empfahl dem Ministerpräsidenten, nicht einzuknicken, denn andernfalls wären wir in Zukunft bei jedem öffentlichen Anlass erpressbar. Aber nach der *Bild*-Schlagzeile »Warum sollen wir Ihren Geburtstag bezahlen, Herr Platzeck?« machte er seine Entscheidung rückgängig und trug die Kosten aus eigener Tasche. Ich hielt das für falsch und sagte es auch öffentlich.

Am 24. März, einen Tag nach dem Beginn des Irak-Krieges, lag die Brandenburger CDU in den Umfragen sogar vor der SPD. Das stärkte das Selbstbewusstsein der Partei enorm, und zum Sponsorenessen mit Angela Merkel kamen viele namhafte Bürger zu uns nach Hause. Ein weiteres Essen dieser Art mit Helmut Kohl brachte mir öffentliche Kritik von der SPD ein, unter Hinweis auf die »schwarzen Kassen« und Kohls Rede von den »blühenden Landschaften«. Zunehmend bestimmten die Diskussionen um Hartz IV und die Agenda 2010 den Wahlkampf. Die Montagsdemonstrationen »gegen Sozialabbau« steuerten auf ihren Höhepunkt am 30. August 2004 zu. Am 9. Juli war das entsprechende Gesetz im Bundesrat mit den Stimmen von SPD und CDU verabschiedet worden – auch Platzeck hatte dafür gestimmt, was ihn nicht daran hinderte, sich später öffentlich gegen

Hartz IV auszusprechen. Die Ausführungsbestimmungen ließen auf sich warten; das allein vergrößerte die Unsicherheit und trug dazu bei, dass sich die Stimmung im Lande drehte, denn schließlich sind 45 Prozent der Brandenburger von Transferleistungen abhängig und viele in irgendeiner Weise von Hartz IV betroffen. In der Uckermark, mit 12 000 Langzeitarbeitslosen unter den 135 000 Einwohnern, schlug Hartz IV pro Jahr mit zusätzlich 50 Millionen Euro zu Buche bei insgesamt 17 000 Anspruchsberechtigten. Der Landrat klagte, dass er ab Mai keine Vorauszahlungen mehr leisten könne.

Koalition der großen Verlierer?

Vor Ostern brachte ich meine letzten Sicherheitsgesetze in den Landtag ein; die SPD konnte sie im Hinblick auf den Wahlkampf nicht mehr scheitern lassen. Matthias Platzeck hielt sich nach außen alle Optionen offen, nur eine Große Koalition unter Führung der CDU schloss er kategorisch aus. Von Journalisten erfuhr ich, dass die SPD gleich vier Personen damit beauftragt hatte, jede meiner Äußerungen daraufhin zu überprüfen, ob man sie im Wahlkampf gegen mich verwenden könnte. Zwei Monate vor der Wahl lagen wir mit der SPD noch gleichauf. Nun setzten die Jusos ein größeres Kaliber ein, was nicht verhindern konnte, dass sie, erneut danebenschossen. Der ehemalige Spremberger Bürgermeister und Chef der CDU-Kreistagsfraktion Spree-Neiße Egon Wochatz hatte sich mit 30 ehemaligen Angehörigen der SS-Division Frundsberg getroffen, die einst in der Normandie gegen die Alliierten gekämpft hatte und im April 1945 bei Spremberg vorübergehend eingekesselt worden war. Ihr berühmtester Angehöriger ist der Literaturnobelpreisträger Günter Grass; er hatte nicht an dem Treffen teilgenommen. Die SPD forderte Wochatz' Rücktritt, Platzeck nannte den Vorgang »unerhört«. Wochatz gab als Begründung an, er habe im Rahmen seiner Arbeit für den Volksbund Deutsche Kriegsgräberfürsorge die Umbettung gefallener

Soldaten im Braunkohlegebiet Welzow gewährleisten wollen. Die Jusos agierten mit einer Fotomontage, die den Alt-Bürgermeister in einer SS-Generalsuniform zeigte, und auf der Rückseite den Spruch: »Wir wollen ein Brandenburg ohne SS-Kameradschaften, ohne Fußfesseln, ohne General Schönbohm«.

Die Diskussion über Hartz IV ließ aber alle anderen Fragen in den Hintergrund rücken. Jede Sachlichkeit wurde durch Hysterie im Keim erstickt. Platzeck bezeichnete die neuen Regelungen sogar als »Westgesetz«. Die PDS und die DVU machten Wahlkampf mit der Parole »Hartz IV ist Armut per Gesetz«. Platzeck brachte für 200 000 Euro eine Hochglanzbroschüre heraus, die ihn in fast allen Lebenslagen zeigte, während bei uns zugesagte Sponsorengelder ausblieben und Friedrich Merz den Kündigungsschutz zur Disposition stellte, um die Hürden für Neueinstellungen zu senken. Da hatte Platzeck leichtes Spiel mit seiner Gruselstory, unter einer CDU-Regierung gäbe es bald Löhne wie in Polen und Slowenien. Auch mein Auftritt mit Helmut Kohl in Strausberg rettete uns nicht mehr. Wir behielten mit unseren 19,4 Prozent nur noch 20 statt 25 Mandate und waren auf den Stand von 1994 (18,7 Prozent) zurückgefallen; wenigstens wurde die PDS nicht stärkste Partei. Ich hatte nicht einmal in meinem Wahlkreis gewonnen. Auf die Große Koalition fielen 51 Prozent der abgegebenen Stimmen bei einer Wahlbeteiligung von 60 Prozent. Also hatten uns nur 30 Prozent aller Wahlberechtigten gewählt. In Sachsen war die CDU sogar um 15 Prozentpunkte gefallen. Am folgenden Abend rief Helmut Kohl an und forderte mich auf weiterzumachen. Nach drei Wochen waren die Verhandlungen zur Fortsetzung der Großen Koalition (»Koalition der großen Verlierer«, wie manche höhnten) abgeschlossen. Am 13. Oktober eröffnete ich als Alterspräsident mit meinem »Sticker« und einem PDS-Beisitzer in Jeans und T-Shirt den neuen Landtag. Die CDU-Minister wurden in ihren Ämtern bestätigt. Platzeck wurde mit knapper Mehrheit wiedergewählt und außerdem kurze Zeit später Präsident des Bundesrates. Dass er dort – anders als zuhause in Brandenburg – keineswegs als Vertreter des Ostens zu sprechen pflegte, fiel nicht weiter auf.

Anfang November besuchte die britische Königin Elisabeth II. Deutschland, und ich wurde gebeten, Prinz Philip zu begleiten. Ihm fiel auf, dass es in Rheinsberg und Wittenberge Schulen mit dem Namen des sozialistischen Politikers Salvador Allende gab. Ich führte als Erklärung das von den vielen gewählten SED-Nachfolgern hochgehaltene DDR-Erbe an, aber Prinz Philip sagte nur ganz trocken: »I don't believe it!« – eine Reaktion, die ich bereits an vielen anderen Besuchern erlebt hatte. Die Königin begab sich ganz selbstverständlich zum Soldatenfriedhof in Stahnsdorf und erwies den britischen Gefallenen die Ehre. Warum können wir so etwas nicht? Warum müssen wir zwischen »guten« und »bösen« Toten unterscheiden? Man kann lebende Verbrecher bestrafen; nachgetragene Verachtung ist bestenfalls lächerlich. Beim Festkonzert in der Berliner Philharmonie saß ich neben der Grünen-Politikerin und damaligen Bundesministerin Renate Künast, die, als die Queen und der Bundespräsident den Saal betraten, vernehmlich die Frage stellte: »*Muss* man denn aufstehen, wenn die reinkommen?« Unsere gesellschaftlichen Probleme waren offenbar nicht auf die Sowjetfreunde beschränkt.

Ebenfalls im November wurde ich auf dem Landesparteitag in Schwedt, auf dem Angela Merkel die Eröffnungsrede hielt, mit 78 Prozent der Stimmen erneut zum Vorsitzenden gewählt. Die Zustimmung für mich war kontinuierlich gesunken – weil ich die Partei überfordert und zu sehr auf Veränderungen gedrängt hatte? Der 1967 geborene stellvertretende Vorsitzende der CDU Brandenburg, Sven Petke, wurde auf meinen Vorschlag Generalsekretär. Er war so alt wie mein Sohn Arne, eloquent und intelligent. Einige ältere Parteimitglieder hatten mich zwar vor ihm gewarnt, aber ich hatte den Eindruck, dass er für meine Hinweise offen war, ganz gleich, ob es sich um Lob oder Kritik handelte. Prompt rutschten einige junge Leute in den Vorstand, die nicht gerade bekannt waren. Petke und seine Frau Katherina Reiche hatten offenbar im Hintergrund schon begonnen, die Fäden zu ziehen. Sie hatten beste Aufstiegschancen, waren aber wie andere junge Leute in der Partei zu ungeduldig. Ihr Rollenverständnis schien zu sein, dass sie die SPD angriffen und wir die Koalition zusammenhielten, dass also die Kreisvorsitzenden sich auf Kosten des Landesvorstands profilierten, allgemeiner gesagt: die Jüngeren auf Kosten der Älteren und zwar zum Schaden der ganzen Landespartei. Ich konnte immer nur vorübergehend den innerparteilichen Frieden wiederherstellen. Ich musste auf Ulrich Junghanns oder Johanna Wanka setzen, wenn ich 2007 tatsächlich aufhören wollte.

Am 30. Dezember feierten Evi und ich unseren 45. Hochzeitstag. Ich dachte darüber nach, mich 2007, anlässlich meines 70. Geburtstages, nach über 50 Jahren im öffentlichen Dienst, aus der Politik zurückzuziehen. Evi und ich freuten uns über diese Aussicht. Als wir Silvester anstießen, sagten die Kinder: »Papa, das neue Jahr wird ruhiger.« Ich hoffte, sie würden recht behalten. Im folgenden Frühjahr, April 2005, feierten wir in unserem Tennisclub Evis 70. Geburtstag mit allen Kindern, Enkelkindern und vielen Freunden im Beisein Helmut Kohls und des Ehepaars Siedler. Eine befreundete Pianistin aus der Ukraine spielte Chopin, später trat das Jazzquartett auf, dem Evis Bruder angehört hatte und das es immer noch gab. Kohl und das Ehepaar Siedler verzichteten generationentypisch wegen unangenehmer Kriegserinnerungen auf das Erlebnis des Feuerwerks, das zu der Arie »Vincerò« aus Puccinis letzter Oper *Turandot* abgebrannt wurde.

Wenige Tage später feierte Helmut Kohl seinen 75. Geburtstag und wurde im Schlüterhof des Zeughauses von vielen Gästen aus dem In- und Ausland geehrt. John Major berichtete in seiner amüsanten Rede davon, dass bei einem Besuch Kohls in Großbritannien streikende Minenarbeiter den Kanzler mit ihrem Ruf »Coal forever!« spontan sehr erfreut hatten. Neben den deutschen Gästen mit Bundespräsident Köhler an der Spitze erwiesen ihm auch Felipe González, Henry Kissinger und Lord

Weidenfeld die Ehre. Viele frühere Spannungen gehörten der Vergangenheit an. Gefeiert wurde der »Kanzler der Einheit«.

Das Wahlergebnis der CDU in Nordrhein-Westfalen bei der Landtagswahl am darauffolgenden Sonntag, dem 22. Mai, übertraf alle Erwartungen. Jürgen Rüttgers wurde Ministerpräsident, und die Stimmung in der Union stieg spürbar. Das Ereignis leitete den Regierungswechsel in Berlin ein. Bundeskanzler Schröder und Fraktionsvorsitzender Müntefering kündigten noch am selben Abend für September jene vorgezogenen Neuwahlen an, die Angela Merkel ins Kanzleramt trugen, nachdem Edmund Stoiber sie als Spitzenkandidatin vorgeschlagen hatte. Platzeck genoss fortan als einer von nur noch drei SPD-Ministerpräsidenten eine größere bundespolitische Bedeutung. Ich fand das vorteilhaft, weil es ihn zusätzlich nötigte, nicht nur als Sachwalter des Ostens aufzutreten. Deshalb begrüßte ich auch seine Wahl zum Bundesvorsitzenden der SPD im November 2005, ein Amt, das er nur fünf Monate behalten sollte.

Im Rahmen einer Informationsveranstaltung für die ehemaligen Staatssekretäre im Verteidigungsministerium rieten mir ehemalige Kollegen von der SPD, mich innerlich auf das Amt des Verteidigungsministers vorzubereiten. Auch Angela Merkel machte mir gegenüber wieder einmal ähnliche, freilich unverbindliche Andeutungen. *Der Spiegel* berichtete am 1. August über diese Möglichkeit für den Fall einer schwarz-gelben Koalition. Ministerpräsident Platzeck schien die Sache ernst zu nehmen und sagte, dass mein Wechsel in die Bundespolitik das Ende der Großen Koalition zur Folge haben würde. Ein Jahr zuvor war ich noch der Buhmann gewesen, jetzt war ich der Anker.

Wilde Schwermut

Im Rahmen des Bundestagswahlkampfs 2005 besuchte ich in Potsdam ein vom evangelischen Jugendhilfswerk unterstütztes Haus für junge Mütter zwischen 14 und 18 Jahren. Ihr Optimismus und ihre Verantwortungsbereitschaft beeindruckten mich; eine Mutter hatte soeben ein sehr gutes Abitur abgelegt. Unmittelbar nach diesem Besuch erfuhr ich, dass in einer Garage in Brieskow-Finkenheerd südlich von Frankfurt (Oder) bei Aufräumarbeiten Menschenknochen gefunden worden waren. Meine Beamten stießen auf weitere acht Leichen. Sie waren in der voller Gerümpel stehenden Garage in Blumentöpfen, Blumenkästen und Eimern unter Sand und Erde versteckt. Die Mutter der Toten lebte mit vier weiteren Kindern seit einer Weile in Frankfurt (Oder). Sie hatte neun ihrer zwischen 1988 und 2004 geborenen Kinder getötet. Wahrscheinlich handelte es sich um den größten Fall von Kindstötungen in der deutschen Nachkriegsgeschichte.

Im Berliner *Tagesspiegel* erschien am 3. August ein Interview mit mir, das mit der Frage begann, was mir durch den Kopf gegangen war, als ich die grausame Nachricht erhalten hatte. Ich sagte sinngemäß: Ich war gerade von einem Gespräch mit jungen Müttern in einem Heim der evangelischen Jugendhilfe nach Hause gekommen. Wir hatten uns darüber unterhalten, was es bedeutet, in jungen Jahren ein Kind zur Welt zu bringen. Die Mütter gehen weiter zur Schule und wollen eine Lehre machen. Ich habe sie ermutigt. Diesen Eindruck hatte ich noch im Kopf. Als ich von dem Fund der neun toten Babys hörte, wurde mir physisch schlecht. Ich habe an meine eigenen Kinder gedacht und an meine sechs Enkelkinder.

Dann wurde ich nach den Ursachen gefragt: »Wir haben uns diese Frage gestellt, als 1999 eine Mutter in Frankfurt (Oder) ihre zwei Kinder in der Wohnung verdursten ließ. Und als vor einem Jahr [2004] in Cottbus die Leiche des kleinen Dennis gefunden wurde, die die Mutter in einer Kühltruhe versteckt hatte. Auch der Mord in Potzlow, wo Skinheads einen Schüler zu Tode gequält haben, ist so ein Fall. (...) Diese Grausamkeit der Täter und die Gleichgültigkeit der Umgebung, da befällt einen die wilde Schwermut.« Mit diesem Wort zitierte ich aus dem Anfang von Ernst Jüngers Erzählung *Auf den Marmorklippen*.

Der Journalist fragte: »Also keine Erklärung möglich?« Und dann sagte ich die entscheidenden Sätze: »Vielleicht doch. Die ländlich strukturierten Räume Ostdeutschlands sind stärker verproletarisiert als ein eher städtisch geprägtes Land wie Sachsen, wo ein Teil des Bürgertums die SED-Diktatur überlebt hat. Jetzt werden natürlich wieder viele sagen, der Wessi tritt uns Ossis ins Kreuz. Aber ich glaube, dass die von der SED erzwungene Proletarisierung eine der wesentlichen Ursachen ist für Verwahrlosung und Gewaltbereitschaft.« – »Und was bedeutet Proletarisierung?«, fragte der Journalist. Ich sagte: »Mit der Kollektivierung der Landwirtschaft durch die SED in den 50er Jahren ging der Verlust von Verantwortung für Eigentum einher, für das Schaffen von Werten. Das freie, selbstverantwortliche Bauerntum wurde vertrieben.« Frage: »Ist der Werteverlust durch die Kollektivierung eine hinreichende Erklärung dafür, dass ausgerechnet im dünn besiedelten Brandenburg offenbar häufiger unfassbar grausame Verbrechen verübt werden als in anderen Bundesländern, auch im Osten?« Meine Antwort: »Natürlich nicht. Aber ich kann es kaum anders erklären. Ich bin gebürtiger Brandenburger, aber ich weiß nicht, wo sonst noch bei einem Teil unseres Menschenschlags die Gleichgültigkeit herkommt.«

Als ich meiner Frau die freigegebene Fassung zeigte, prophezeite sie mir sofort, dass mir dieses Interview Ärger einbringen würde, vor allem wegen des Begriffs »Proletarisierung« – und das, obwohl ich ausdrücklich nur Fälle von Verwahrlosung und Gewaltbereitschaft angesprochen hatte?! Evi meinte, ich hätte wenigstens »Entbürgerlichung« sagen sollen ... Die Reaktionen, die, beginnend am nächsten Tag, nun über mich hereinbrachen, waren in der Tat unglaublich. Im ganzen Land, vom Bundeskanzler bis hinunter zu einfachen Leuten, ging ein Sturm der Entrüstung los, mit persönlichen Beleidigungen, wenn auch durchsetzt von Zustimmung aus dem Westen der Republik. Gerhard Schröder traf den vorherrschenden Ton, als er am 6. August in einem Interview mit der *Märkischen Allgemeinen Zeitung* sagte: »Herr

Schönbohm beleidigt die Menschen im Osten und missachtet ihre Lebensleistung.« Im Büro gingen Hunderte von E-Mails von Bürgern ein, die sich »getroffen« und »verletzt« fühlten, weil ich ihre Biografie nicht anerkannt hätte. Kritik kam von allen Parteien. Sogar unsere Vorsitzende Angela Merkel distanzierte sich von meiner Äußerung: »Ein solch furchtbares Verbrechen kann und darf man nicht mit pauschalen Einschätzungen dieser Art erklären. (…) Ich habe mit Jörg Schönbohm gesprochen und erwarte, dass er so schnell wie möglich diese Diskussion beendet.« Da hatte ich bereits eine Entschuldigung formuliert, deren Veröffentlichung in der Bild-Zeitung ich Frau Merkel auch schon angekündigt hatte.

Ministerpräsident Platzeck warf mir vor, mit der Kritik an den Ostdeutschen die Linkspartei zu stärken: »Herr Schönbohm hat eine Steilvorlage für die ehemalige PDS geliefert.« Es sei falsch, die DDR-Vergangenheit für heutige Verbrechen verantwortlich zu machen. In der DDR habe es keineswegs weniger Zuwendung gegeben: »Im Gegenteil: In den Hausgemeinschaften und Arbeitskollektiven war sie ausgeprägter als heute.« Um mitzuregieren, reiche es nicht, nur die Landschaft und die Geschichte des Landes zu lieben. Man müsse auch die Menschen mögen, achten und respektieren, die in ihm leben, sagte Platzeck wenige Tage nach dem *Tagesspiegel*-Interview. Der SPD-Vorsitzende Müntefering sprach von einer unverschämten Diskreditierung. Der Ministerpräsident Sachsen-Anhalts, Wolfgang Böhmer (CDU), sagte: »Aus der Kollektivierung der Landwirtschaft in der DDR eine normative Verwahrlosung abzuleiten, halte ich für völlig unbegründet.« Auch Katherina Reiche distanzierte sich von meiner These: Bei der Kindstötung handele es sich um einen »Zivilisationsbruch«, der sich überall ereignen könne. Zu den Ursachen zählten Alkoholismus, Werte- und Sittenverfall. Wolfgang Thierse sagte der *Berliner Zeitung*: »Ich halte absolut nichts von einfachen Erklärungen nach dem Motto ›Die DDR ist die Wurzel allen Übels.‹«

Natürlich fehlte es auch nicht an Rücktrittsforderungen. Cornelia Pieper, stellvertretende FDP-Vorsitzende, meinte gegenüber der *Sächsischen Zeitung*, ich käme wegen meiner »krassen Fehlleistung« als Kabinettsmitglied in einer Regierung Merkel »nicht in Frage«. Böhmer und sogar Sachsen-Anhalts Verkehrsminister Karl-Heinz Daehre (CDU), den kaum einer kannte, forderten mich öffentlich zum Rücktritt auf. Ich rief Böhmer an und fragte ihn, ob er das Interview gelesen habe. Er sagte, nein, ihm reiche, was er gehört habe. Ministerpräsident Stoiber machte die Sache noch schlimmer, als er am 5. August im niederbayrischen Deggendorf mit Blick auf die PDS sagte: »Nur die dümmsten Kälber wählen ihre Metzger selber!«

Ich hatte niemanden kränken wollen. Ich hatte lediglich auf gesellschaftliche Ursachen aufmerksam gemacht – und das in einem Land, in dem seit Jahrzehnten, und zwar in Ost *und* West, alle möglichen Vergehen auf genau diese Weise nicht nur erklärt, sondern auch entschuldigt werden. Mit zwei- bis dreistelligen Millionenbeträgen aus Steuermitteln hat man versucht, mentale Folgen der NS-Diktatur zu bekämpfen, die sich angeblich bis heute bemerkbar machen. Die Journalistin Tissy Bruns schrieb im *Tagesspiegel*: »Die Vorstellung ist geradezu grotesk, dass die Spuren einer Diktatur, die zwei Generationen länger gedauert hat, schneller verschwinden könnten. (...) In der DDR wurde nicht nur das Bürgertum enteignet oder vertrieben. Die SED hat auch die Arbeiterschaft, das Proletariat, erniedrigt und um die Emanzipation und politische Partizipation betrogen, die es sich in Westdeutschland erkämpfen konnte. (...) Schönbohm hat uns darauf gestoßen, dass das ganze Land noch an den Folgen trägt. Befremdlich, dass weder eine ostdeutsche Kanzlerkandidatin noch ein Kanzler, der von unten kommt, zur Sache selbst ein Wort zu sagen hat.« Der Journalist Frank Pergande äußerte in der *Frankfurter Allgemeinen Zeitung* auf ähnliche Weise Verständnis für den »Gefühlsausbruch« des »Familienmenschen« Schönbohm und unterlegte die These von der »Proletarisierung in der DDR« mit einer detaillierten Beschreibung derselben. Eine andere sachliche Reaktion kam von dem früheren niedersächsischen Justizminister Christian Pfeiffer (SPD). Der Kriminologe verwies auf die Statistik: »Danach werden, gerechnet auf 100 000 Einwohner, in Ostdeutschland etwa dreimal so viele Kinder von ihren Eltern getötet wie in Westdeutschland.« Nach der Wiedervereinigung sei der Unterschied sogar noch größer gewesen, und generell sei die Frage berechtigt, was die DDR den Menschen an Stabilität im persönlichen Bereich und an Empathie für Kinder mitgegeben hat.

Heinrich von Kleist schrieb in einem Zeitungsbeitrag über die Aufhebung der Leibeigenschaft: »Jede Beschränkung der Freiheit hat die notwendige Folge, dass der Beschränkte dadurch in eine Art von Unmündigkeit tritt. Wer seine Kräfte nicht gebrauchen darf, verliert das Vermögen, sie zu gebrauchen. (...) Wird ein Mensch, dem so lange der Gebrauch gewisser Kräfte untersagt war, in deren freien Gebrauch wieder eingesetzt, so muss er erst lernen, von dieser Freiheit Gebrauch zu machen, so wie ein Blindgeborner, der durch die wohltätige Hand eines Arztes sein Gesicht wieder erhielt, allmählich sehen lernen muss.« Hat man diesem Dichter jemals den Vorwurf gemacht, er habe den Leibeigenen ihre Biografien gestohlen? Müsste man nicht auch den Schriftsteller Günter Kunert an den Pranger stellen, der sich 1999 in seiner Eröffnungsrede zu den Kleist-Tagen in Frankfurt (Oder) auf eben diesen Text bezog: »Was für eine dauerhaft gültige Einsicht! Ob die geistigen Kräfte zwölf Jahre brach liegen oder vierzig – das Ergebnis wird stets dasselbe sein: die intellektuelle Unmündigkeit. Das haben wir am eigenen Leibe erleben müssen.« Auch das war noch ein hartes und dabei folgenlos gebliebenes Urteil über die Spätfolgen der DDR-Diktatur.

Mir aber fielen sogar Bundestagsabgeordnete in den Rücken, deren politische Karriere ich gefördert hatte. Bei einer Wahlkampfveranstaltung in Prenzlau wurde ich von zwei älteren Damen beschimpft und aufgefordert, aus der Stadt zu verschwinden.

Ich war betrübt und deprimiert, dass 15 Jahre nach der Wiedervereinigung eine angeblich zu bewahrende Ost-Identität als Ressentiment gegen den Westen der Republik in Stellung gebracht wurde. Wie ging das zu? Ich hatte doch nicht eine allgemeine Abneigung geäußert, sondern eine *staatlich organisierte* Verwahrlosung kritisiert. Warum folgten plötzlich alle der PDS-Propaganda, damit nähme man den DDR-Bürgern ihre Biografien weg? Abgesehen davon, dass man die Biografie so wenig »stehlen« kann wie den Schatten eines Menschen, hatte Richard Schröder doch das Nötige dazu gesagt: Dass jeder auf sein Leben stolz sein dürfe, aber doch nicht auf die erschwerenden Bedingungen unter der Diktatur. Alle relevanten politischen Kräfte, die sich anheischig machten, die ostdeutschen Biografien zu »schützen«, unterstützten indirekt die PDS. Sie halfen ihr, Terrain jenseits ihrer Stammwähler zu erobern und nationale Reputation zu gewinnen. War das bereits das Wetterleuchten einer rot-roten Bundesregierung?

Organisierte Heuchelei

Wenn mir Journalisten hinter vorgehaltener Hand sagten: »Sie haben ja recht, aber warum müssen sie es denn aussprechen?«, erwiderte ich: »›Wessis‹ dürfen die Dinge nicht ansprechen und ›Ossis‹ wollen es nicht! Wenn ich es nicht sage, dann sagt es ja gar keiner.« Daraufhin hieß es: »Na, dann sagt es eben keiner.« Die Journalisten gaben also zu, dass der Konformitätsdruck einer tatsächlichen oder vermuteten Mehrheitsmeinung die »Schweigespirale« (Elisabeth Noelle-Neumann) kräftig antrieb. Journalisten erklärten sich zu Gegnern der Meinungsfreiheit! Man kann keine Missstände ansprechen, ohne irgendjemanden zu verletzen. Wenn man meint, ich sagte die richtigen Dinge zur falschen Zeit, dann muss ich entgegnen, dass es für bestimmte Themen wie sozialistische Proletarisierungstendenzen einen richtigen Zeitpunkt in Deutschland nicht gibt. Anlässlich der Aufregung um den Bundesbankvorstand Thilo Sarrazin, der sich kritisch zur Arbeitsproduktivität und der Geburtenrate der in Deutschland lebenden Türken geäußert hatte, schrieb der Journalist Volker Zastrow im Oktober 2009 in der *Frankfurter Allgemeinen Sonntagszeitung*:

»Unserer Gesellschaft scheint inzwischen etwas vorzuschweben wie ein moderierter Diskurs, in dem jeder Inhalt sich der Etikette zu beugen hat. Wobei Etikette (…) nicht wirklich meint, wie etwas gesagt wird, sondern was. Das erkennt man daran, dass denen, die dagegen verstoßen, sofort mit dem Berufsverbot gedroht wird, dem Strafrecht gar, dass ihnen nicht widersprochen wird, sondern dass sie nicht mehr sprechen sollen. Es soll Redefreiheit nur im Rahmen dessen geben, was man hören möchte. (…) Nach der großen Kulturrevolution der sechziger Jahre ist an die Stelle der geschleiften Autoritäten ein anonymer, konturenloser Schleim getreten, die verallgemeinerte Autorität, aus dem je nach Bedarf wie Formwandler Gestalten springen und Verdikte verkünden, gegen die keine Berufung eingelegt werden kann. (…) Merkwürdig: Der Konformitäts-, Leistungs-, Anpassungsdruck in unserer aller äußeren Autorität entkleideten Gesellschaft scheint nicht schwächer, sondern stärker geworden zu sein. (…) Wehe, wenn da einer stört.«

Ein weiterer Kommentar, der mir aus dem Herzen sprach, erschien im Dezember 2005 im Feuilleton der *Frankfurter Allgemeinen Zeitung*, verfasst von Edo Reents: »Wie schön ist es doch, beleidigt sein zu dürfen! Es gibt sogar schon eine richtige Kultur des Beleidigtseins. Sie hat den Vorteil, daß es bei ihr im Gegensatz zur Kultur des Beleidigens aufs Können nicht ankommt; das Gefühl reicht völlig aus. Wie verheerend sie sich auf das Niveau unserer Öffentlichkeit auswirkt, war im Wahlkampf zu sehen, in dem sie in prächtigster Blüte stand – die Auslassungen Jörg Schönbohms und Edmund Stoibers über Ostdeutschland wurden, obwohl sie sich auf niemanden persönlich bezogen, so lange zitiert, bis sich ein ganzer Landstrich beleidigt fühlen konnte. Man kam sich vor wie in Dostojewskis Prosa-Komödie ›Das Gut Stepantschikowo und seine Bewohner‹, in welcher der Heuchler

Foma Opiskin beim geringsten Anlaß ruft: ›Seht alle her, man hat mich beleidigt!‹«

Die Umfragewerte der Brandenburger CDU rauschten auf 21 Prozent in die Tiefe gegenüber 39 Prozent für die SPD und 27 Prozent für die PDS. Platzeck war stolz darauf, dass er sich gegen meine Entlassung gestemmt hatte und der entsprechende PDS-Antrag am 1. September abgelehnt wurde: »Ich habe Sie verteidigt, aber Sie müssen wissen, es kommt nicht darauf an, was Sie gesagt haben, sondern darauf, wie die Menschen es empfinden!« Da war sie wieder, die Rücksicht auf Volkes Stimme, die einen davon befreit, eine Haltung einzunehmen. Ich hatte der Sitzung beigewohnt, ohne selbst das Wort zu ergreifen. »Schönbohm ist die eiserne Klammer der brandenburgischen Union«, sagte der parlamentarische Geschäftsführer der SPD, Christoph Schulz. Die Regierungsfähigkeit der CDU hänge von mir ab. Nach einem Monat Dauerfeuer schien die Sache endlich ausgestanden zu sein, aber der Landesverband kam nicht zu Ruhe und spekulierte immer noch über meine möglichen Nachfolger. Helmut Kohl ermutigte mich erneut, weiterzumachen.

Nach der Bundestagswahl stand bald fest, dass die CDU im Rahmen der Großen Koalition tatsächlich das Verteidigungsressort übernehmen würde. Meine Chancen standen offenbar eins zu eins, und die entscheidende Frage war, ob Angela Merkel der einflussreichen hessischen CDU den Vorrang geben würde (Franz Josef Jung war Chef der dortigen Landtagsfraktion) oder den neuen Ländern. Ich hatte in mehreren Interviews deutlich gemacht, dass ich das Amt des Bundesverteidigungsministers übernehmen würde. Ich hatte Frau Merkel aber auch zu verstehen gegeben, dass ich im Hinblick auf die internationale Sicherheitslage kein »Abrüstungsminister« für die Bundeswehr werden und an der Wehrpflicht festhalten würde, ohne die die Bundeswehr es sehr viel schwerer hätte, gutes Personal zu rekrutieren. Die Versöhnung von Militär und Politik am Ende meiner Laufbahn war mir aber nicht vergönnt. Zumal nach der Proletarisierungsdebatte des Vorjahres überfiel mich gelegentlich wieder ein Gefühl von Resignation. Johanna Wanka fragte mich, ob ich überhaupt noch weitermachen wolle. Ich nahm das zum Anlass, sie um ein größeres Engagement in der Partei zu bitten.

Zu meiner großen Freude hielt Helmut Kohl die Festrede bei unserem Neujahrsempfang am 18. Januar 2006. Wir hatten den größten Saal in Potsdam gemietet mit deutlich mehr als 1 000 Plätzen. Es meldeten sich 2 200 Teilnehmer an. So bauten wir Zelte mit Übertragungsmöglichkeiten auf. Trotz Schneefalls kamen die Leute aus allen Teilen Brandenburgs. Sie wollten den Kanzler der Einheit sehen und ihm danken. Kohl war überrascht und gerührt. Seine Rede war emotional und kämpferisch. Er gab Geschichtsunterricht. Auch mir verhalf er wieder zur Orientierung. Er erwähnte meine Rolle bei der Übernahme der NVA und meine Leistung in Brandenburg. Einige Gäste hatten Tränen in den Augen. Das alles wirkte tief in die Partei hinein. Die Medien sprachen am nächsten Tag ausführlicher über die organisatorischen Probleme als über die Begeisterung der Zuhörer. Glücklicherweise berichtete der Rundfunk Berlin-Brandenburg fair.

Ich hatte gerade eben mit Angela Merkel darüber gesprochen, dass ich 2007 zurücktreten wolle, und mich auf ihren Wunsch hin bereit erklärt, noch ein weiteres Mal für das CDU-Präsidium zu kandidieren, als Matthias Platzeck krankheitsbedingt auf den eben erst übernommenen SPD-Vorsitz verzichten musste. Während ich Platzeck versprach, ihn zu schonen, witterten meine jüngeren Parteifreunde wieder Morgenluft. Platzeck war laut Umfragen der beliebteste und ich der unbeliebteste Politiker Brandenburgs. Die Jüngeren meinten wohl auch, Andeutungen über mein Ausscheiden im Jahr 2007 vernommen zu haben. Mein Misstrauen gegen den Generalsekretär Sven Petke wuchs – seine Anhänger wollten sich partout nicht gedulden und auch nicht den Generationswechsel abwarten, der 2009 fällig war. Ich spürte, dass ich mit Platzecks Ausscheiden aus der Bundespolitik auch für Frau Merkel nicht mehr so wichtig war wie zuvor.

In den Medien wurde über den schweren körperlichen Angriff berichtet, den Ostern 2006 in Potsdam der Deutsch-Äthiopier Ermyas Mulugeta erlitten hatte. Es wurde ein rechtsextremistischer Hintergrund unterstellt, noch bevor der Sachverhalt geklärt war. Sogar die Bundeskanzlerin äußerte sich im Fernsehen spontan mit Abscheu über Rechtsextremismus und Fremdenfeindlichkeit. In Potsdam versammelten sich Bürger zu Mahnwachen und Protesten. Ich weigerte mich, Kommentare abzugeben, bevor der Sachverhalt geklärt war, und bedauerte Mulugeta, ganz gleich, ob der Mann das Opfer einer rechtsextremistisch oder anders motivierten Straftat geworden war. Er war zur Tatzeit erheblich alkoholisiert und lag im Koma.

Zu unserer großen Überraschung übernahm Generalbundesanwalt Kay Nehm die Ermittlungen. Die Sache fiel überhaupt nicht in die Zuständigkeit der Bundesregierung, aber die Kanzlerin erklärte abends in der ARD, es werde alles getan, um den Fall aufzuklären. Wir hatten in Potsdam bereits eine über 30-köpfige Sonderkommission gebildet. Nach kurzer Zeit wurden zwei Verdächtige festgenommen. Die Medien aber, unterstützt von der Politik, kamen nicht zur Ruhe, und die *Frankfurter Allgemeine Zeitung* fragte zu Recht, wie es sein könne, dass zwei Gewaltverbrecher derart die Stimmung in der Bundesrepublik dominierten.

Der Generalbundesanwalt begründete die Übernahme des Falles mit dem Hinweis auf ein Urteil des Bundesgerichtshofs, wonach einer Straftat besondere Bedeutung zukomme, wenn sie Signalwirkung für potentielle Nachahmungstäter haben oder das Erscheinungsbild der Bundesrepublik Deutschland gegenüber anderen Staaten beeinträchtigen könnte, die Deutschland durch gemeinsame Wertvorstellungen verbunden sind. Das war nicht der Fall, es sei denn durch die hysterische Reaktion von Politik und Medien. Sie – und nur sie – war geeignet, Nachahmungstäter aufmerksam zu machen und das Ansehen der Bundesrepublik zu beschädigen. Die beiden Straftäter wurden mit Masken über den Köpfen fernsehwirksam dem Haftrichter zugeführt. Zur selben Zeit wurde in Neuruppin ein Pfarrer beraubt und schwer verletzt, das aber interessierte niemanden, obwohl es das eigentliche Problem deutlich machte: die zunehmende Gewaltbereitschaft. Später stellt sich heraus, dass die schweren Vorwürfe unbegründet waren und dass die Brandenburger Polizei den Fall selbst hätte aufklären können. Den Ermittlern war bereits zwei Tage nach der Tat klargewesen, dass die auf einer Handy-Mailbox aufgenommenen fremdenfeindlichen Äußerungen in keinem unmittelbaren zeitlichen und räumlichen Zusammenhang mit dem späteren Faustschlag standen, durch den der 37-jährige Familienvater lebensgefährlich verletzt worden war. Die Bundesanwaltschaft gab den Fall an die Potsdamer Staatsanwaltschaft ab, und die beiden Angeklagten wurden 14 Monate nach dem Vorfall aus Mangel an Beweisen freigesprochen. Obwohl es bundesweit inzwischen eine ganze Reihe von Fällen gibt, in denen sich der Anfangsverdacht rechtsextremistischer Motive nicht bestätigt hat, läuft die Empörungsmaschine jedesmal wie geschmiert, als gäbe es die rechtsextremistische Gewaltbereitschaft gewissermaßen *a priori*, sodass man gar nicht genug gegen sie demonstrieren und vor ihr warnen könne.

Auch darin steckt Volksverhetzung. Sie wird aber geduldet, solange es »nur« gegen Deutsche geht. Die vernichtende Verleumdung ist erlaubt, wenn sie dem »richtigen« Feind schadet. Die *Frankfurter Allgemeine Sonntagszeitung* druckte eine erfundene »Moralische Geschichte« des Schriftstellers Maxim Biller, die vermutlich ironisch gemeint war, als Ironie aber nicht funktioniert. Darin tat Biller so, als hätte ich einen rechtsextremistischen Hintergrund im Fall Ermyas Mulugeta von vornherein *ausgeschlossen*. Er machte sich einen Spaß daraus, mit dem vernichtenden Antisemitismusvorwurf zu spielen: » … als nächster erschien auf dem Bildschirm der lächelnde Innenminister von Brandenburg. ›Ich warne davor, den Angriff auf diesen jüdischen

Schmierfinken Kohn für eine antisemitisch motivierte Tat zu halten‹, sagte er. Er stand vor der Potsdamer Kongreßhalle, wo gerade eine große Lack- und Leder-Party stattfand, und trug unter seinem weißen SA-Ausgehmantel einen hübschen, schwarzen Lederslip. ›Und hat dieser Israelit überhaupt eine Aufenthaltsgenehmigung?‹« Das stand nicht in irgendeinem Blog, sondern in einer seriösen überregionalen Zeitung. Der Antisemitismusvorwurf ist offenbar schon aus sich heraus gerechtfertigt.

Gern nahmen meine politischen Gegner die Gelegenheit wahr, die Kritik an meiner abwartenden Haltung in Sachen Ermyas Mulugeta mit ihrer Empörung über eine Rede zu verknüpfen, die ich ebenfalls in jenen Wochen gehalten hatte. Ich hatte den erkrankten Ministerpräsidenten bei der Gedenkveranstaltung zum 61. Jahrestag der Befreiung des Konzentrationslagers Sachsenhausen vertreten, der Opfer des Nationalsozialismus gedacht und dann Sätze gesagt, die einen neuerlichen Eklat zur Folge hatten (vgl. S. 61 ff.): »Es wäre unrecht, hier in Sachsenhausen nicht auch der Menschen zu gedenken, die nach 1945 hier eingesperrt waren. Ebenso rechtlos wie die KZ-Opfer. Auch nach 1945 wurde hier (…) gefoltert und getötet, starben Menschen an den furchtbaren Verhältnissen im sowjetischen Speziallager. Bis zu 60 000 Menschen litten hier in Sachsenhausen bis 1950. An sie muss deshalb nachdrücklich erinnert werden, da ihrer über vierzig Jahre lang an diesem Ort überhaupt nicht gedacht wurde. Sie, als Überlebende des Konzentrationslagers, werden sicherlich besonders gut empfinden können, was dieses bedeutet. Nämlich eine andauernde Verhöhnung der Opfer über ihre körperlichen Leiden, ja über ihren Tod hinaus.«

Ich hatte in meiner Rede auf die in der DDR verschwiegene Existenz dieses und anderer Speziallager hingewiesen. Sie gehören eben zur Geschichte auch des Lagers Sachsenhausen nach der Befreiung durch die Sowjets. Der Generalsekretär des Internationalen Sachsenhausen-Komitees, Hans Rentmeister, stand auf und warf mir vor, ich würde die Opfer der Nationalsozialisten und deren Mörder auf eine Stufe stellen. Ebenso äußerte nach der Veranstaltung der Fraktionsvorsitzende der SPD in einer Pressemitteilung sein Unverständnis; mit meiner Argumentation würde ich den Rechtsextremisten in die Hände arbeiten. Wieder kam es zu einer Koalitionskrise. Ich erhielt aber auch viele zustimmende und ermutigende Briefe von Zeitzeugen und ehemaligen Häftlingen der Jahre 1945 bis 1950.

Natürlich meldete sich Claudia Roth von den Grünen zu Wort und forderte meinen Rücktritt: Ich sei eine »Schande« für Brandenburg. Die Bundestagsfraktion der Grünen stellte meine Ausführungen in einen Zusammenhang mit meinem Verhalten im Fall Ermyas Mulugeta: »Er [Schönbohm] bagatellisiert die Tat von Potsdam wie Schäuble zu einem gewöhnlichen Kriminalfall. Schönbohm will mit allen Mitteln davon ablenken, dass die Tat von Potsdam nur auf einem in unserem Land und leider besonders in Ostdeutschland fruchtbaren rechtsextremen Nährboden möglich war.« Warum »besonders in Ostdeutschland«? Jetzt empörte sich niemand. Wer meint, er müsse den Kommunismus mit mehr Nachsicht beurteilen als den Nationalsozialismus, dem kann ich von der Gedenkfeier des 60. Jahrestages der Schlacht bei den Seelower Höhen mit Bischof Wolfgang Huber und dem heutigen Außenminister Guido Westerwelle berichten: Der polnische Botschafter Byrt erwähnte, dass der Zweite Weltkrieg von zwei totalitären Systemen mit dem *gemeinsamen* Überfall auf Polen begonnen wurde; ein Satz, den jeder hören konnte, der es wollte.

Dass nationalsozialistische Funktionäre unter den 12 000 Opfern des Speziallagers waren, hatte ich gar nicht bestritten. Aber war ihr Tod im Hinblick auf eine anzunehmende Schuld von vornherein gerechtfertigt? Wollte man tatsächlich allen Opfern der Sowjets die Trauer verweigern und so die Schreckensherrschaft legitimieren? Wahrscheinlich ja. Kurz nach der Veranstaltung wurde Rentmeisters hauptamtliche Tätigkeit für das Ministerium für Staatssicherheit einer breiteren Öffentlichkeit bekannt. Am 6. Mai 2006 beendete die Stiftung die Zusammenarbeit mit Rentmeister.

Ich entschloss mich, in Potsdam ein wissenschaftliches Kolloquium über die Speziallager zu veranstalten, das schließlich auf den 16. August 2006, den Jahrestag ihrer Gründung, fiel. Am Vormittag nahmen Evi und ich an einer Gedenkveranstaltung im ehemaligen Lager Ketschendorf teil. Bei der abendlichen Podiumsdiskussion, die im Alten Rathaus stattfand, kam es zu einem offenen Streit unter den ehemaligen Häftlingen und ihren Angehörigen über die richtige Gedenkpraxis. Ich versuchte, die Wogen zu glätten, indem ich zu anderen Spätfolgen der kommunistischen Indoktrination überging. Ich bedauerte, dass es nicht einmal möglich war, in Lübbenau eine Straße nach Wilhelm Friedrich Graf zu Lynar zu benennen, der sein dortiges Schloss den Widerstandskämpfern des 20. Juli 1944 zur Verfügung gestellt hatte und nach einem Urteil des Volksgerichtshofes am 29. September 1944 in Berlin-Plötzensee hingerichtet worden war. Ich wies darauf hin, dass die Straßen in den neuen Ländern immer noch vielfach nach Kommunisten hießen und nicht nach Demokraten oder Bürgerrechtlern. Ich fragte, ob die Kommunisten etwa noch Vorbildfunktion hätten, nachdem die Bevölkerung der DDR deren Regime hinweggefegt hatte.

Im gängigen Ton der Entrüstung berichteten am nächsten Tag die *Märkische Allgemeine Zeitung* und die *Mitteldeutsche Zeitung* über meine eher beiläufigen Bemerkungen und erklärten mich unter Erinnerung an die Proletarisierungsdebatte aus dem Vorjahr zum »Schilderstürmer«. Die Redaktionen hatten sich bequemerweise nur auf knappe Agenturmeldungen gestützt. Platzeck, dem ich meine in Sachsenhausen gehaltene Rede schickte, rührte sich nicht, und auch die CDU gab sich eher desinteressiert. Offenbar war es wirklich nicht mehr möglich, politische Positionen abseits der öffentlichen Meinung zu vertreten, ohne flächendeckendes »Beleidigtsein« zu provozieren. So viel war mindestens von der DDR geblieben: Dass Abweichungen grundsätzlich nicht geschätzt wurden. Ob es in meiner Schulzeit um Jean-Paul Sartre gegangen war oder später um die Nachrüstung: Ich hatte meine Positionen stets im Widerspruch erkämpfen oder wenigstens behaupten müssen. Das entsprach meiner Gewohnheit und meinem Temperament. Ich bin überzeugt, dass das auch der Demokratie entspricht. Aber inzwischen zweifelte ich zunehmend an meiner Selbstverpflichtung, wunde Punkte anzusprechen und zu fordern, was ich für richtig hielt. Sollten sie doch machen, was sie wollten. – Aber konnte das mein letztes Wort sein?

Eine Partei versenkt sich selbst

Die nächste Krise begann mit einer harmlos klingenden Frage am Ende einer Pressekonferenz. Ein Journalist erkundigte sich nach dem Namen der Internetfirma, die die Homepage der CDU Brandenburg betreut. Ich antwortete wahrheitsgemäß, dass ich das nicht wisse und dass dafür Generalsekretär und Geschäftsführer zuständig seien. Der betreffende Medienunternehmer Daniel Schoenland war Mitarbeiter des Generalsekretärs und betreute dessen Internetseite. Er hatte den Internetauftritt der CDU aufgebaut. Schoenland warf Generalsekretär Petke und seinem Landesgeschäftsführer Rico Nelte im Sommer 2006 vor, sie hätten in der Parteizentrale die elektronische Post des gesamten CDU-Landesvorstands überwacht und manipuliert. Er konnte dieses Wissen mit seinem Berufsethos nicht länger vereinbaren und erstattete Anzeige gegen seinen Auftraggeber. Wieder große Aufregung und verheerende Presse.

Es wurde daran erinnert, dass Petke in den neunziger Jahren Mitarbeiter des Landesamtes für Verfassungsschutz gewesen war. Ich übertrug Junghanns die internen Ermittlungen und fand, Petke müsse sein Amt ruhen lassen. Die Daten, mit denen Schoenland seine Vorwürfe zu belegen gedachte, waren nach Auskunft seines Rechtsanwaltes mehrfach gesichert und geprüft worden. Die Vorwürfe hatten offenbar Substanz, und viele trauten nach informellen Gesprächen mit erfahrenen Mitgliedern des geschäftsführenden Landesvorstands Petke die Tat auch zu. Mir war klar, dass ich als Innenminister doch länger an Bord bleiben musste, wenngleich mein Entschluss feststand, nicht wieder für den Landesvorsitz zu kandidieren und Ulrich Junghanns vorzuschlagen. Petke musste ich als Generalsekretär entlassen. Der neue Generalsekretär der Bundes-CDU, Ronald Pofalla, wollte ihn noch halten, auch die Kanzlerin zögerte mit ihrer Zustimmung. Sie telefonierte mit Platzeck, noch bevor ich ihn über meine Absicht informieren konnte. Als ich Petke gegenüber die Entlassung am 15. September 2006 mit fehlendem Vertrauen begründete, blieb er ganz kühl und sagte nur: »Gegen mich können Sie Junghanns nicht durchsetzen. Gegen mich bekommen Sie keine Mehrheit.« Am nächsten Tag verkündete er, dass er gegen Junghanns für den Parteivorsitz kandidieren werde. Damit waren die Fronten klar. Ich zog den Parteitag auf den 27. Januar 2007 vor. Unter einem Vorsitzenden Petke würde ich als Minister zurücktreten.

Angela Merkel kündigte ihre Teilnahme am Parteitag an. Ferner wollte sie mich wieder bei meiner Kandidatur für das Präsidium unterstützen, fügte aber hinzu: »Wir müssen verhindern, dass Sie möglicherweise scheitern.« War das eine indirekte Aufforderung, mich zurückzuziehen? Mit meinem Sohn Hendrik unternahm ich im Oktober trotz der parteiinternen Auseinandersetzungen eine dreiwöchige Reise nach Südamerika. In El Calafate am Fuß der Anden las ich in zusammengefassten Agenturmeldungen, dass ich verreist sei und nicht zur Aufklärung der E-Mail-Affäre beitrüge, auch habe es unter meiner Verantwortung finanzielle Unregelmäßigkeiten gegeben. Man wollte mich beschädigen, um Junghanns zu schwächen, aber ich wusste, dass die Vorwürfe unhaltbar waren.

Nach meiner Rückkehr las ich, dass der CDU-Politiker Friedbert Pflüger, der sich in Berlin um das Amt des Regierenden Bürgermeisters bewarb, gegen mich für das Präsidium kandidieren würde – mit der Unterstützung Angela Merkels. Pflüger rief mich sogar an, um mich zum Verzicht zu bewegen: Im Gegensatz zu mir brauche er das Amt. Ich konnte aber nicht zurück, weil ich (in Abstimmung mit Frau Merkel!) meine erneute Kandidatur bereits öffentlich verkündet hatte. Und hatte ich nicht Pflüger frühzeitig geraten, zuerst Berliner CDU-Landesvorsitzender zu werden? Drei Wochen vor dem Bundesparteitag versuchte selbst Ministerpräsident Roland Koch, mich von meiner Kandidatur abzubringen: Pflüger benötige den Präsidiumsposten für seine Stellung in der Hauptstadt-CDU, schließlich sei er als Parlamentarischer Staatssekretär zurückgetreten, um sich der Berliner Landespolitik zu widmen. Das konnte mich wenig beeindrucken. Ich erinnerte Koch daran, dass ich meinerseits auf das Amt des Berliner Innensenators verzichtet hatte, um in Brandenburg Wahlkampf zu führen, dass ich dort aber zunächst Parteivorsitzender geworden war. Warum sollte ich Pflügers Fehler ausbaden, der nicht diesen bewährten Weg gegangen war? Ich teilte Roland Koch mit, dass ich lieber mit wehenden Fahnen unterginge als diese einzurollen. Die Antwort war: »Das ist unpolitisch!«, was wohl mindestens soviel heißen sollte wie »ungeschickt«.

Angela Merkel bat mich ins Bundeskanzleramt zu einem Gespräch, das sie nach dem Staatsakt zum Volkstrauertag mit mir führen wollte. Ich hielt das für unnötig, sagte ihr das auch, aber sie blieb fest. Als wir uns sahen, bat sie mich, nicht zu kandidieren, obwohl sie mich ursprünglich ermutigt habe. Es sei besser für die Partei. Und das, nachdem mich ungefragt viele andere inzwischen wieder zur Kandidatur aufgefordert hatten. Ich sagte also noch einmal meinen Spruch mit den wehenden Fahnen auf. Tatsächlich erhielt ich auf dem Bundesparteitag in Dresden (27./28. November 2006) von den acht Kandidaten für die sieben Beisitzer im Präsidium mit 52 Prozent das schlechteste Ergebnis und konnte nicht wieder einziehen. Ich war nicht überrascht. Auf *Phoenix* sah ich das fröhliche Gesicht von Sven Petkes Ehefrau Katherina Reiche. Wolfgang Schäuble aber fuhr demonstrativ durch die große Halle zu meinem neuen Platz auf der Delegiertenbank, um sich bei mir zu bedanken: »Lass dich nicht beirren.« Wenig später schrieb mir Helmut Kohl, ebenfalls dankend und mich ermutigend. In den Kommentaren stieg ich zum letzten Konservativen in der CDU auf. Offensichtlich war die Zustimmung nach meinem Abgang größer als davor – eine Wirkung, die mir nicht behagte.

Zwischen Weihnachten und Neujahr feierten wir Hendriks 40. Geburtstag. Ich ging gelassen ins neue Jahr. Am 27. Januar begann unter großer Spannung der Landesparteitag in Frankfurt (Oder). Angela Merkel hielt eine allgemeinpolitische Rede und lobte die Leistungen der Brandenburger CDU unter meiner Führung. Sie erinnerte daran, dass die Bundesratsdebatte um das Zuwanderungsgesetz damals die im Wahlkampf stehende Bundes-CDU geeinigt habe. Und sie mahnte, dass auch die Brandenburger CDU nach dem Parteitag wieder zur Geschlossenheit finden müsse. Am Ende ihres Auftritts schenkte sie mir die von Leopold von Ranke herausgegebenen Werke Karl August von Hardenbergs, erschienen 1877 im Verlag Duncker & Humblot. Der Parteitag dankte mir mit stehenden Ovationen, obwohl ich zuvor in meiner Rede mit den Intriganten der E-Mail-Affäre abgerechnet hatte. Junghanns, der besser gesprochen hatte als sein Konkurrent, gewann die Abstimmung mit zwei Stimmen Vorsprung vor Petke. Als Thomas Lunacek, der Fraktionsvorsitzende, Petke zu seiner Wahl zum stellvertretenden Landesvorsitzenden gratulieren wollte, verschränkte dieser nur die Arme und sagte: »Lass mich in Ruhe, du warst doch auch für Junghanns!« Mit ebendiesem selbstzerfleischenden »Für mich oder gegen mich« beraubt sich die Partei auf Dauer aller Chancen. Nach diesem Ergebnis blieb ich Minister, noch immer mit der Absicht, im Sommer 2007 zurückzutreten. Am 1. April feierte ich mit meiner Familie, Freunden und Weggefährten mein 50-jähriges Dienstjubiläum. Evi spielte einen Walzer von Schubert. Platzeck richtete tags darauf zu meinen Ehren einen Empfang aus und bat mich, bis 2009 auszuharren, da sonst die Koalition auseinanderbreche.

Was blieb mir anderes übrig? Die entscheidende Frage war, ob die Brandenburger CDU vor der Landtagswahl 2009 zur Ruhe kommen und ob es möglich sein würde, zuvor die Nachfolgeprobleme zu lösen. Im Rahmen eines sommerlichen Abendessens bei uns zuhause zeigte mir der Chefredakteur des Magazins *Cicero,* Wolfram Weimer, einen Artikel, den Ulrich Junghanns als Vorsitzender des Berliner Bezirksvorstandes der Bauernpartei im Juli 1989 im *Bauernecho* geschrieben hatte. Ich war entsetzt, denn darin hieß es: »Was die Mauer betrifft, so lassen wir uns nicht deren Schutzfunktion ausreden – ganz einfach, weil wir den Schutz spüren vor all dem, was hinter der Mauer an brauner Pest wuchert.« Ich hatte den Artikel bis dahin nicht gekannt; Diktion und Sprache waren mir sehr zuwider.

Ich wollte nicht schon wieder Ärger und bat Herrn Weimer, leider vergeblich, den Artikel nicht zu veröffentlichen. Ich sprach mit dem neuen Generalsekretär Rolf Hilke und einigen anderen aus der Partei. Alle waren ein wenig ratlos, und ich empfahl Junghanns, Weimer anzurufen. Vielleicht konnte er das Schlimmste verhüten. An der politischen Zuverlässigkeit und Unbescholtenheit Junghanns' hatte ich keinen Zweifel, denn in den Stasi-Unterlagen gab es ja nichts Brisantes. Das war eben die Sprache, die man lernte, wenn man in einem Apparat wie der Bauernpartei tätig war, und es war auch die Sprache der PDS. Nicht zuletzt Junghanns' parteiinterne Gegner würden das natürlich gegen ihn verwenden. Einer von ihnen hatte in Bautzen gesessen, und er sagte zu mir sinngemäß: »Ich kann Junghanns nicht akzeptieren, und außerdem muss auch mal jemand mit mir sprechen. Junghanns macht das nicht. Ich will nicht mit 56 Jahren aus dem Landtag fliegen.« Es war ein Machtkampf, und es ging um persönliche materielle Sicherheit. Viele Abgeordnete hatten keine anderen beruflichen Aussichten. Die meisten Fraktionsmitglieder hätten nach ihrem Ausscheiden sehr viel schlechter dagestanden. Der *Cicero*-Artikel erschien im August 2007. Er verstärkte natürlich die Spannungen und Anfeindungen, und es kam zu erheblichen

Auseinandersetzungen im Parteivorstand, zu lauter rückwärtsgewandten Diskussionen, wie Junghanns richtig bemerkte. Keiner wollte an die Zukunft denken, obwohl die Kommunalwahlen 2008 bevorstanden.

Abschied mit gemischten Gefühlen

Mein 70. Geburtstag am 2. September rückte näher. Die Kanzlerin hatte sich zum Empfang angemeldet, und Helmut Kohl sollte beim Abendessen die Festrede halten. Ministerpräsident Platzeck eröffnete mir, dass er mir am 3. September den Verdienstorden des Landes Brandenburg verleihen wolle, den an die alte preußische Auszeichnung erinnernden »Roten Adlerorden«. Die SPD-Fraktion sei geschlossen dafür. Ich war einigermaßen überrascht. So befuhren wir also am 2. September am späten Vormittag mit Familie und Freunden, insgesamt fast 80 Personen, bei herrlichem Wetter die Potsdamer Gewässer. Meine vier Geschwister waren gekommen. Die Gäste waren verzaubert von der herrlichen Stadt- und Schlösserlandschaft mit ihren Flüssen und Seen. Wer zum ersten Mal in Potsdam war, verstand nun, warum ich an dieser Gegend so sehr hänge. Um 17.30 Uhr begann im Tennisclub der Empfang mit der Ansprache Angela Merkels; Evi begrüßte die Gäste. Es war noch so warm, dass wir draußen stehen konnten. Kohl traf gegen 18.15 Uhr ein und sprach, nachdem Frau Merkel den Empfang verlassen hatte.

Die Kanzlerin hielt eine launige Rede und sagte abschließend zu Evi, dass ich auch für sie als Parteivorsitzende nicht immer pflegeleicht gewesen sei. Dennoch legte sie offenbar Wert darauf, mich weiterhin in die Partei einzubinden. Sie sprach auch längere Zeit mit meinem Bruder Wulf, der sich erst wenige Tage zuvor als ehemaliger »Linker« in der CDU ebenfalls zu konservativen Positionen bekannt hatte. Kohls Rede ging uns allen sehr nahe. Leider habe ich sie nicht aufgenommen, weil ich fand, es gehöre sich nicht. Die Kinder waren stolz auf ihren Vater und die Enkelkinder auf ihren Nonno. Mit Hilfe von Fotos ließen sie meine siebzig Jahre Revue passieren, beginnend mit Bildern aus Kindertagen von meinen Geschwistern, Evi und mir. Der über 90-jährige Unternehmer Werner Otto und seine Ehefrau Maren waren auch dabei. Er sagte am Ende zu mir: »Jörg, schätze dich glücklich, dass du so etwas erleben darfst.« Wir tanzten zu Klängen einer Jazzkapelle und waren fröhlich bis in den frühen Morgen. Evi hatte sich ganz besonders bemüht, ein schönes Fest zu arrangieren, und es war ihr vortrefflich gelungen.

Am nächsten Morgen wurde mir um zwölf Uhr der Rote Adlerorden überreicht. Platzeck gratulierte und schenkte mir die berühmte zehnbändige Ausgabe der Werke Friedrichs des Großen mit Illustrationen von Adolph Menzel. Es spielte die ausgesprochen begabte elfjährige Geigerin Romina Bernsdorf. Dann begründete Matthias Platzeck die Ordensverleihung und lobte mich als einen wichtigen Vertreter der Bürgerlichkeit in Brandenburg. Die folgende Passage aus seiner Rede überraschte mich geradezu: »Freie Menschen übernehmen gern Pflichten. Sie empfinden dies nicht als Last, vielmehr gestalten sie die ihnen übertragenen Aufgaben mit Ernst, ohne zugleich den Humor zu verlieren. Denn zweifellos handeln Menschen, die sich aus Überzeugung einer Sache hingeben, aus besonders ethischen Motiven. Sie wollen anderen Menschen verlässliche Partner sein. Das erzeugt Vertrauen, ohne das eine freiheitlich demokratische Gesellschaft nicht existieren kann. Sehr geehrter Herr Schönbohm, politisch prägend und stets mit gehaltvoller Vernunft haben Sie in den vergangenen 17 Jahren dazu beigetragen, dem Land Brandenburg auf so vielfältige Weise ein neues Gesicht zu geben. Unprätentiös, sachorientiert und schnörkellos wie Ihre Politik, sie galt und gilt als zuverlässig für die Menschen, traditionsbewusst und zukunftsorientiert. Was Sie sich zur Pflicht machten, ist den Brandenburgerinnen und Brandenburgern ein wertvolles Stück bürgerliche Freiheit geworden. Sie haben sich um das Land verdient gemacht, deshalb verleihe ich Ihnen heute den Landesorden.« Am Ende sagt Platzeck: »Ein Mann, der Kultur und Geschichte liebt, schreckt nicht vor Körperkultur zurück. Sie ist Ausdruck von Freiheit, Disziplin und Verantwortung. Wer fit sein will, muss sich disziplinieren, Sport treiben und seine Freiheit in einer gewissen Askese zügeln. Gleichzeitig eröffnen ihm diese vermeintlichen Beschränkungen auch wieder außerordentliche Freiheiten, vor allem im fortgeschrittenen Alter. Mehr Bewegungsfreiheit, Unabhängigkeit, Vitalität. Sie, Herr Schönbohm, verkörpern dieses Ideal. Wenn Sie federnd in den Kabinettssaal spazieren, glaubt man kaum, dass Sie gestern Ihren 70. Geburtstag gefeiert haben.« Solche Worte hatte ich nicht erwartet.

Die Laudatio hielt Günter de Bruyn. Er berichtete über unsere ersten Gespräche und über die Übernahme der NVA. All das stellte er in einer Art und Weise dar, wie es eben nur ein Günter de Bruyn kann, wenn er zum Beispiel sagte: »Der General. Er war der erste dieses Ranges, der mir in meinem Leben begegnete und der auch gleich alle Vorurteile, die in mir gegen hochrangige Militärs geschlummert haben mochten, zunichte machte. Der General also sprach und diskutierte stets sachlich, verständlich und ehrlich, verschwieg keine Schwierigkeiten, auch nicht die unbewältigten, scheute sich nicht, auch an übergeordneten Stellen Kritik zu üben, hielt nicht hinterm Berg mit seiner freiheitlich demokratischen Überzeugung und war doch auch Andersdenkenden gegenüber immer um Verständnis bemüht.« Am Ende seiner Rede sagte de Bruyn: »Neuerdings sind auch wieder Diskussionen über die Frage, was Konservatismus bedeutet, im Gange, die zumindest zeigen, dass auch dieser Begriff einer klaren Inhaltsbestimmung bedarf. So gelehrt zum Teil diese Abhandlungen auch waren, haben sie so recht doch nicht überzeugen können. Ich rate deshalb allen, die es wissen wollen, sich zur Orientierung an eine in dieser Hinsicht vorbildliche Persönlichkeit zu halten, wobei ich dann besonders und eindringlich Jörg Schönbohm empfehlen kann.« Meine Frau, meine Geschwister, meine Freunde und ich waren gerührt, und ich war froh und glücklich, heimgekehrt zu sein nach Brandenburg. Nach diesem Tag und mit dieser Auszeichnung sagte ich zu Evi: »Ich habe mehr erreicht, als ich zu hoffen wagte. Und offensichtlich ist es mir abseits aller politischen Turbulenzen gelungen, glaubwürdig aufzutreten.« In einem langen und einvernehmlichen Gespräch mit Matthias Platzeck versprach ich ihm schließlich, bis 2009 durchzuhalten. Helmut Kohl hatte eben recht, als er sagte: »General, Sie müssen Ihre Aufgabe zu Ende führen!«

Trotz der großen Anerkennung gibt es leider auch viel Grund zur Skepsis. Ich sprach in Werder aus Anlass der Errichtung eines Ehrengrabes und Denkmals für eine Gruppe Werderaner Jugendlicher. Sie waren wegen ihres Widerstandes gegen die SED-Diktatur und die Bolschewisierung Ostdeutschlands 1950 verhaftet und 1952 bzw. 1954 in Moskau erschossen worden. Fast tausend weitere deutsche Opfer der Gewaltherrschaft des sowjetischen Diktators Stalin liegen in Massengräbern auf dem Donskoi-Friedhof in der russischen Hauptstadt, wo es seit 2005 einen Gedenkstein für sie gibt. Die meisten waren DDR-Bürger, hingerichtet in den Jahren 1950 bis 1954 nach Urteilen sowjetischer Militärtribunale, eingegangen in die Gesamtzahl von rund 1,6 Millionen Personen, die von 1930 bis 1956 in sowjetischen Straflagern und Kolonien zugrunde gingen. Zu den Ermordeten zählt auch der damalige CDU-Oberbürgermeister von Potsdam, Erwin Köhler.

Die Jugendlichen aus Werder waren noch Schüler gewesen, sie hatten für Freiheit demonstriert und die Repressionen verurteilt. Sie wurden verraten, soweit sie nicht ohnedies bekannt waren, und nach und nach verhaftet. Zwei ihrer überlebenden Klassenkameraden hatten nun die Ehrung organisiert und Asche aus der Hinrichtungsstätte in Moskau geholt, um sie in Werder beizusetzen. In ihrem Heimatort waren diese Jugendlichen vergessen gewesen. Niemand hatte öffentlich über die Sache gesprochen, weder ihre Familien noch Freunde oder Bekannte. Erst eine junge Wissenschaftlerin hatte alles recherchiert und aufgeschrieben.

Der Schulleiter, dessen Schule die Jugendlichen bis 1952 besucht hatten, hatte sich trotz mehrfacher Bitten zunächst nicht bereit erklärt, die beiden überlebenden Zeitzeugen zu einem Gespräch einzuladen. Warum nicht? Sogar der Bildungsminister hatte dieses Anliegen lange Zeit nicht durchsetzen können.

Freunde, Bekannte und andere Rückkehrer nach Brandenburg berichten mir immer wieder, dass im ländlichen Raum das Verhältnis zu den ehemaligen DDR-Bürgern distanzierter wird. Die erste Aufgeschlossenheit sei vergangen, man lebe sich im Alltag auseinander. Der eine, ein Bauer, kann kein Land mehr pachten, es heißt: »Der Junker ist groß genug.« Das Land geht vorzugsweise an auswärtige Pächter, die weit weg sind. Eine Frau hatte den elterlichen Hof übernommen, der nach der Flucht ihrer Familie enteignet worden war; damals war sie erst sieben Jahre alt gewesen. Heute wird sie im Dorf geschnitten. Die Leute kaufen nicht in ihrem Laden ein und kommen auch nicht in ihren Gasthof; sie und ihr Mann leben ausschließlich von Touristen. Man fragt: »Warum ist sie denn abgehauen?« Nach zehn oder fast zwanzig Jahren Arbeit bereuen manche Rückkehrer ihren Einsatz und sagen: »Die Ossis leben sich im Westen gut ein und werden angenommen, aber umgekehrt funktioniert das nicht. Warum beißen sie alle weg? Und warum sprechen wir nicht darüber?« Ja, warum sprechen wir nicht darüber?

Gott sei Dank gibt es in Brandenburg auch andere Beispiele. Das Denkmal für die Opfer des Speziallagers Nr. 5 in Ketschendorf wurde sehr gut angenommen und auch die Namenstafel, die ich nach langen Diskussionen im ehemaligen Speziallager Nr. 1 in Mühlberg mit anbringen konnte. Immer wieder hieß es, möglicherweise seien darunter auch Namen von Personen, die sich im Dritten Reich schuldig gemacht haben. Dabei war klar, dass die Insassen willkürlich verhaftet worden waren, um ein bestimmtes Soll zu erbringen und vor allem, um Jugendliche einzuschüchtern. Ich zitierte den Schriftsteller Orlando Figes und sagte, die Zeit des Flüstern unter Stalin ist vorbei. Wir müssen den Toten ein Gesicht geben. Zu unserer abendländischen Kultur gehört es, dass wir der Toten gedenken und sie nicht anonym verscharren. Schließlich gedenken wir auch kommunistischer Opfer, die oft genug Täter geworden sind (wie der russische Schriftsteller Warlam Schalamow oder der kommunistische Buchenwald-Häftling und spätere spanische Kulturminister Jorge Semprun ausführlich beschrieben haben). Dass die Kommunisten erst ab 1941, nämlich nach dem Ende des Hitler-Stalin-Paktes, am antifaschistischen Widerstand teilnehmen duften, hindert uns ja auch nicht daran, sie als Helden zu ehren. Vielleicht hat sich der Skandal um meinen Hinweis auf die Opfer sowjetischer Willkürherrschaft in Sachsenhausen gelohnt, trotz der Koalitionskrise und der Proteste der NS-Opferverbände.

Die Kommunalwahl in Brandenburg am 28. September 2008 machte den Intriganten deutlich, wohin ihre Aktionen geführt hatten. Die CDU fiel von 27,8 auf 19,8 Prozent, die SPD stieg von 23,5 auf 25,8 Prozent und die PDS von 21,3 auf 24,7 Prozent. In Potsdam war der Anteil der CDU auf 11,7 Prozent gesunken. Auf einmal war alles, was wir an Kompetenz und Zustimmung mühsam aufgebaut hatten, als Folge von Streit, Egoismus und Rachsucht verspielt. Ich konnte jetzt nicht mehr schuldig gemacht werden. Der Misserfolg wirkte auch auf Sven Petke und Katherina Reiche für kurze Zeit mäßigend. Die Besserwisser schwiegen, ließen aber den Parteivorsitzenden Junghanns nicht zur Ruhe kommen. Er entschied sich, als Parteivorsitzender zurückzutreten und seine undankbare Rolle Kultusministerin Johanna Wanka zu übergeben. Am 17. Januar 2009 wurde sie als Parteivorsitzende und Dieter Dombrowski als Generalsekretär bestätigt. Ich nahm mir vor, Dombrowski, der mir in der Vergangenheit den einen oder anderen Streit aufgenötigt hatte, keine Steine in den Weg zu legen.

Ende 2008 hätte mein Rücktritt als Innenminister wegen der offenen Nachfolgefrage die Partei ins Chaos gestürzt. Für die Wahlen im darauffolgenden Jahr zum Land- und Bundestag mussten wir Geschlossenheit zeigen. Die Partei dankte es mir, indem sie mich im Juli 2009 mit *standing ovations* zum Ehrenvorsitzenden wählte. Ich habe nun Sitz und Stimme in den Parteigremien auf Lebenszeit. Ich hoffe, dass es auf meine Stimme nie ankommen wird. Dass ich gelegentlich meinen Mund aufmachen werde, sollte niemanden überraschen. Ich fühle mich weiterhin nicht als Stimme »des Westens« und auch nicht als Stimme »des Ostens« sondern als die Stimme des wiedervereinten Deutschland. Johanna Wanka hat mit dem neuen Landesvorstand die leidigen Diskussionen beendet. Bei der Wahl am 27. September 2009 erzielte die CDU 19,4 Prozent, die SPD 31,9 und die PDS 28 Prozent der Stimmen. Platzeck entschied sich für eine rot-rote Koalition. Das hat mich enttäuscht, aber nicht überrascht.

Alle Zeichen, die von Platzeck ausgingen, vor allem die Liebkosungen für seine »Kaiserin«, für die Vorsitzende der PDS-Fraktion Kerstin Kaiser, hatten darauf hingedeutet. Nachdem er im Wahlkampf die Erfolge der Großen Koalition gelobt hatte, stellte er plötzlich die Unterschiede zur CDU heraus und teilte seinem Regierungspartner, der zehneinhalb Jahre lang in Brandenburg mitregiert hatte, rasch am Telefon mit, dass er nicht mehr gebraucht werde. Platzeck hatte offenbar Angst vor einer Handvoll Sozialdemokraten, die ihn möglicherweise nicht wiedergewählt hätten. Mit der Linken hat Platzeck im Landtag eine komfortable Mehrheit von zwölf Stimmen, mit der CDU wären es »nur« fünf gewesen. Sein Argument, man könne die PDS nicht länger ausgrenzen, zieht nicht. Opposition ist gerade in der parlamentarischen Demokratie *keine* Ausgrenzung, zumal die PDS auf kommunaler Ebene vielerorts mitregiert. Ausgrenzend wäre ein Verbot der SED und ihrer Nachfolgeorganisationen gewesen, nach dem Muster des Verbots von NSDAP und KPD. Gründe dafür hätte es gegeben.

Als mich die *Bild*-Zeitung fragte, ob Platzeck ein Verräter sei, wie Johanna Wanka behauptet hatte, sagte ich: »Um Verrat begehen zu können, muss man erst einmal für etwas stehen …« Nachdem er im Wahlkampf 2004 energisch gegen die PDS gekämpft hatte, bezeichnete Platzeck Brandenburg immer öfter als »Ostrepublik«. Im Wahlkampf 2009 knöpfte er sich pauschal die Westdeutschen vor. In seinem Buch *Zukunft braucht Herkunft* trauert Platzeck einer kleinen, ökologischen Alternativ-DDR nach, die nur wegen der Wiedervereinigung nicht zustande gekommen sei. Er sagt: »Mit der CDU haben wir in den letzten Jahren große Erfolge bei der Wirtschaftsförderung, bei der Bekämpfung der Arbeitslosigkeit und bei der Bildung gehabt. Aber jetzt müssen wir uns um andere Bereiche kümmern. Und das geht nur mit den Linken.«

Johanna Wanka wurde Oppositionsführerin. Mit einem loyaleren CDU-Nachwuchs hätte sie bestimmt mehr erreicht. Ministerpräsident Platzeck will die »neuen Fragen« mit Hilfe der alten Kader beantworten. Brandenburg hält auch das aus, wenngleich es nun ohne Not in seiner Entwicklung gebremst wird.

Wir sind jetzt da, wo wir schon einmal waren.

NACHWORT

Als junger Leutnant gewann ich 1960 einen Preis für einen Aufsatz, der von »Freiheit und Gehorsam« im Hinblick auf das Selbstverständnis des Soldaten handelte (nachzulesen in: *Leutnante heute. Über Fragen der Vergangenheit und Gegenwart,* Boppard am Rhein 1961). Das Thema lag auf der Hand nach der Niederlage des Dritten Reiches, die in ihrem karthagischen Ausmaß allgegenwärtig war, und nach den schrecklichen Verbrechen von Teilen der SS und der Wehrmacht, die man pauschal dem Prinzip Befehl und Gehorsam zuschrieb. Der ethisch begründete Widerstand im Sinne der Grabinschrift des Johann Friedrich Adolf von der Marwitz (1723–1781), »Wählte Ungnade, wo Gehorsam nicht Ehre brachte«, hat mich immer wieder intensiv beschäftigt. Es hatte gerade auch im Dritten Reich an Beispielen mutiger Befehlsverweigerung nicht gefehlt. Woraufhin haben die Männer des 20. Juli 1944 das Opfer ihres eigenen Lebens auf sich genommen? An die Meinung »der Leute«, »der Medien« oder an irgendeine öffentliche Stimmung hatten sie sich nicht halten können.

»Der freilich ist am leichtesten einzuschüchtern, der glaubt, dass alles zu Ende sei, wenn man seine flüchtige körperliche Erscheinung auslöscht. Das wissen die neuen Sklavenhalter …« Dieses Wort Ernst Jüngers, das mein Lehrer Hans Blasczyk 1957 in seiner Abiturrede zitierte, ist mir nicht mehr aus dem Kopf gegangen. Woher aber nimmt man die Bereitschaft, seine »körperliche Erscheinung« zu opfern? Auch der »Verfassungspatriotismus« reicht als Motivation nicht aus. Wenn der Mensch sich selbst das höchste Wesen ist, bringt er es im Allgemeinen nur zu einem förmlichen Protest unter Berufung auf eine geschichtliche Entwicklung, die es irgendwann schon richten werde. Die ständige Rede von der »Zivilgesellschaft« wird uns den existentiellen Ernst des Lebens nicht ersparen; die Diskussion darüber, ob die Bundeswehr in Afghanistan einen »Krieg« führt oder einen harmlosen »Stabilisierungseinsatz« absolviert, zeugt davon.

Die Eidesformel der Bundeswehr meint schon mehr. Wer sich verpflichtet, »der Bundesrepublik treu zu dienen und das Recht und die Freiheit des deutschen Volkes tapfer zu verteidigen«, ist zwangsläufig ein Konservativer. Er stellt sich auf den Boden der anthropologischen Tatsache, dass Menschen das verteidigen, was ihr Ein und Alles ist: ihre Familie, ihre Heimat, ihren Glauben. Wir müssen wissen, *wofür* wir frei sind. Bindungslos können wir wichtige Entscheidungen nicht treffen. Als Bürger und als Soldat braucht man einen Maßstab, der über das Leben hinausgeht, sonst kommen andere und geben ihn vor: Es war die NVA und nicht die Bundeswehr, die in ihre Eidesformel Anfang der sechziger Jahre jenen »unbedingten Gehorsam« übernahm, den Generalmajor Walter von Reichenau 1934 dem Eid auf Adolf Hitler eingefügt hatte.

Mein Erwachsenwerden fiel, wie gesagt, nach der Armut auf dem Lande mit der Rückkehr ins bürgerliche Leben zusammen. Mein Vater hatte anfangs sogar die Annahme des Kindergeldes verweigert, weil er meinte, der Staat habe auch kein Geld, und man lasse sich von der öffentlichen Hand ebensowenig etwas schenken wie von einem Fremden. Der leistungsneutrale Anspruch auf Wohlstand war noch nicht zu einem Menschenrecht aufgerückt. Gerade wir Kinder waren in den Nachkriegsjahren keineswegs unglücklich, und doch hatten wir ganz selbstverständlich die Hoffnung, dass unser Zustand einer vorübergehenden Not geschuldet sei. Wie uns ging es Millionen anderer Deutscher. Die Freude über unsere »Rückkehr« ins normale Leben hat mich tief geprägt. Die »alte« Bundesrepublik war im Rückblick eine paradiesisch anmutende Atempause der Weltgeschichte, eine Epoche des Friedens und Wohlstands, an der nun seit immerhin zwanzig Jahren auch die neuen Länder teilhaben.

Die weitere Entwicklung von »Spaßgesellschaft« und Massendemokratie ist in vielerlei Hinsichten über die Wertvorstellungen hinweggegangen, die noch vor wenigen Jahrzehnten prägend waren. Die Freiheit, die meine Eltern und Schwiegereltern über alles schätzten, gilt heute weniger als Gleichheit und soziale Gerechtigkeit. Ohne Freiheit und Schutz des Eigentums gibt es aber keinen wirtschaftlichen Erfolg, und ohne wirtschaftlichen Erfolg keinen Sozialstaat. Allein die Aussicht auf privaten materiellen Erfolg stimuliert die wirtschaftliche Leistungsfähigkeit und Risikobereitschaft. Die Klügeren unter den Sozialdemokraten haben das immer gewusst und beachtet. Während die Ansprüche an den Wohlfahrtsstaat immer weiter steigen, gerät persönlicher Reichtum zunehmend in die Kritik. Je größer die tatsächlich erreichte Gleichheit, desto skandalöser wirken offenbar verbleibende Reste von Ungleichheit. Das Soziale wird zum Religionsersatz. Auch »meine« evangelische Kirche wirkt daran mit – in einem Land, in dem kaum jemand hungern oder frieren muss.

Das Glück der Familie wird ersetzt durch das Glück des Einzelnen in zeugungsloser Selbstverwirklichung. Wer die erfüllende Gemeinsamkeit mit Kindern und Enkelkindern kennt, wer erlebt, wie die eigenen Kinder sich durch die Freude und Anteilnahme an *ihren* Kindern weiterentwickeln, der kann die »Gender«-Diskussionen nicht nachvollziehen, in denen elementare Lebensabläufe als gesellschaftliche »Konstruktionen« in Frage gestellt werden. Dieses Verwerfen tiefster Lebensbedürfnisse führt in die Irre. Diese Verwerfung geschieht ideologisch, aber auch durch grausame Taten.

Ernst Jünger schreibt am Anfang seines Buches *Auf den Marmorklippen* (1939): »Ihr alle kennt die wilde Schwermut, die uns bei der Erinnerung an Zeiten des Glückes ergreift. Wie unwiderruflich sind sie doch dahin, und unbarmherziger sind wir von ihnen getrennt als durch alle Entfernungen.« An diese Stelle erinnerte mich die Nachricht von der neunfachen Kindstötung in Brieskow-Finkenheerd, die mich zutiefst aufwühlte. Ich glaube, dass die Mehrheit nicht nur der deutschen Familien mit ihrem Schicksal glücklich und zufrieden ist, und dass es deshalb ehrlicher, wenn auch unspektakulärer ist, eine Lanze für das ganz normale Leben zu brechen. Ich halte diese Form des Lebens sogar für »fortschrittlich«: Das Neue gibt es nur dort, wo auch geboren wird.

Wenn »politisch sein« heißt, mit dem kritischen Bewusstsein über solche Erfahrungen und Grundbedingungen großzügig hinwegzusehen, sie nicht wertzuschätzen und konservative Ansichten zurückzuhalten, dann bin ich eben »unpolitisch«, wie mir an verschiedenen Stationen meiner Laufbahn bedeutet wurde. Eine Warnung aber hat sich nicht bestätigt: »Damit das klar ist, Schönbohm, ich finde, Sie taugen nicht für die Politik. Sie sind viel zu offen und vertrauensselig.« Tugenden wie Verlässlichkeit, Pünktlichkeit, Familiensinn, Aufrichtigkeit und Gesetzestreue stehen auch Politikern gut an. Nicht nur der konservative Bürger ist erleichtert, »wenn die Straßenbahnen wieder fahren«, wie man im Winter 1918/19 in Berlin sagte. Unser Leben ist insgesamt bürgerlich im Sinne von Rechtsstaat und öffentlicher Ordnung, Schutz des Eigentums und der Privatheit. Warum also erkennen wir die Bürgerlichkeit nicht als eine erstrebenswerte Lebensform an?

Die moderne Demokratie braucht »konservative« oder »bürgerliche« Lebensvorstellungen, wenn sie nicht in Bürgerkrieg oder Anarchie zerfallen soll. Sie braucht Bindemittel und Spielregeln »alter Art«, der sie sich auch offen und selbstbewusst versichern können muss. Nur eine gut erzogene und hochgebildete Elite ist in der Lage, in Politik und Wirtschaft auf internationalem Parkett zu bestehen. Das Ressentiment, mit dem solche Gedanken bei uns bekämpft werden, wirkt andernorts einfach nur kindisch und provinziell. Seit den ersten Pöbeleien, die ich als junger Soldat erlebte, bin ich bei der Friedensbewegung, bei den Hausbesetzern, bei den Nachrüstungs- und Wiedervereinigungsgegnern und merkwürdigerweise auch bei den DDR-Nostalgikern immer wieder auf dieselbe ausgeprägte Feindschaft des humanitären Denkens gestoßen, das den Staat und sein Gewaltmonopol nicht mehr als zivilisatorische Errungenschaft ansieht, sondern als einen Gegner, den man verdächtigen und bekämpfen müsse. In der äußerlich geschützten Bundesrepublik wanderte die Feindschaft

»nach innen«. Es wuchs der Konsensdruck, der meinen Widerspruchsgeist zunehmend anachronistisch erscheinen ließ.

In seinen *Betrachtungen eines Unpolitischen* hatte Thomas Mann noch ein feines Gespür für jene Auswüchse von Demokratie und Massengesellschaft, mit denen sich das humanitäre Denken unglaubwürdig macht. Der bekannte Konflikt zwischen »Zivilisation« und »Kultur«, den er im Ersten Weltkrieg noch als einen außenpolitischen erlebt hat, ist längst ein »innenpolitischer« Weltbürgerkonflikt geworden. Thomas Mann hatte sich mit seinem Buch, wie er später schrieb, den »Nivellierungstendenzen der heraufkommenden mechanisierten Zivilisation« entgegengestellt, der »seelische[n] Verödung, Geldherrschaft und Korruption der *politicians*« sowie dem, den er für den Agenten der damaligen Gegner Deutschlands hielt, dem linken »Zivilisationsliteraten«: »Ich kämpfte für ein Deutschland, das ich kannte und liebte, für ein Deutschland, das selbst in der Parvenu-Atmosphäre des Wilheminischen Kaisertums noch gedeihen konnte: eine geistige Haltung, die sich zur Musik, Metaphysik, Psychologie, einer pessimistischen Ethik und einem individualistischen und humanistischen Idealismus bekannte, das politische Element aber geringschätzend ausschied.« Im Sinne einer innen-, nicht außenpolitischen Aktualität seiner *Betrachtungen* bezeichne ich mich im Anschluss an Thomas Mann als einen Politiker, der Politik für die »unpolitische« Seite des Lebens gemacht hat.

Während der Schlussredaktion an diesem Buch gab es Nachrichten, auf die kurz hingewiesen sei: Die Moskauer Militärstaatsanwaltschaft hat bis Oktober 2009 fast 10 000 Deutsche rehabilitiert, die bis Ende 1953 in der SBZ und später in der DDR von sowjetischen Militärgerichten verurteilt worden waren. Über 90 Prozent der Antragsteller waren mit ihrem Rehabilitierungsbegehren erfolgreich, und das lässt den Rückschluss zu, dass die nationalsozialistische Täterschaft für eine Internierung nicht gerade eine notwendige Bedingung war. – Matthias Platzeck rechtfertigte die rot-rote Koalition unter Berufung auf Kurt Schumachers Bemühen im Jahre 1951, den 900 000 Veteranen der Waffen-SS, von denen die meisten ohne Schuld in eine »Pariarolle« geraten seien, »den Weg zu Lebensaussicht und Staatsbürgertum frei zu machen« (Schumacher). Dagegen ist nichts zu sagen, nur wäre Platzecks Vorbild nicht auf die Idee gekommen, deshalb ein Bündnis mit der Sozialistischen Reichspartei einzugehen, in der sich die verbliebenen Nationalsozialisten versammelt hatten. – Die Brandenburger rot-rote Koalition plant zu meiner Freude und zum Ärger Oskar Lafontaines erhebliche Einsparungen im öffentlichen Dienst. Die Linkspartei will darüber hinaus »die Aufarbeitung der DDR-Vergangenheit vorantreiben« und eine »Verklärung der SED-Diktatur« nicht mehr zulassen. – Die schwarz-gelbe Bundesregierung hat die Absicht bekundet, von der Bodenreform betroffenen »Alt«-Eigentümern ihr gestohlenes Land zu 25 Prozent des Verkehrswertes zum Kauf anzubieten, soweit es dem Bund gehört. Das betrifft immerhin eine halbe Million Hektar, ein Gebiet halb so groß wie das Saarland. Das würde der Wirtschaft in den neuen Ländern einigen Aufschwung geben.

Vielleicht sind wir doch weiter, als ich dachte.

Meiner Frau Eveline, die mich bei der Arbeit an diesem Buch tatkräftig unterstützt hat wie stets in unserem gemeinsamen Leben, danke ich von Herzen.

Dem Verleger Andreas Landt danke ich für seine Hilfe bei der Erstellung des Manuskripts.

Kleinmachnow, den 9. November 2009 J. Sch.

ANHANG

Bildnachweis

Roland Horn, Berlin: Abb. 1
Landt Verlag, Berlin: Frontispiz (S. 2)
Ministerium des Innern des Landes Brandenburg: Abb. 4
picture alliance/dpa: Abb. 28
picture alliance/Zentralbild: Abb. 24, 25, 26, 27, 30
Pressestelle Bundeswehrkommando Ost: Abb. 21, 22, 23
Schafgans, Bonn: Abb. 16
Archiv Familie Schönbohm: Abb. 2, 3, 5, 6, 7, 8, 9, 10, 11, 12, 13, 14, 15, 17
White House Photographer: Abb. 18, 19, 20, 29

Satz: Bettina Aigner, Berlin. Gesetzt aus Arno Pro
Druck und Bindung: Freiburger Graphische Betriebe GmbH & Co. KG

Der Verlag dankt den jeweiligen Rechteinhabern für die freundlich erteilte Genehmigung zum Abdruck. Rechteinhaber, die trotz intensiven Bemühens nicht ermittelt werden konnten, werden gebeten, sich an den Verlag zu wenden.

Printed in Germany
ISBN 978-3-938844-25-0

www.landtverlag.de